孙中山基金会丛书
孙中山基金会学术研究与文化交流委员会主办

孙中山研究

第七辑

林家有　主编

SPM
南方出版传媒
广东人民出版社
·广州·

图书在版编目（CIP）数据

孙中山研究. 第七辑 / 林家有主编. —广州：广东人民出版社，2019.12
ISBN 978-7-218-14167-1

Ⅰ. ①孙… Ⅱ. ①林… Ⅲ. ①孙中山（1866－1925）－人物研究－文集 Ⅳ. ①K827=6

中国版本图书馆 CIP 数据核字（2019）第 296634 号

Sun Zhongshan Yanjiu（Diqiji）
孙中山研究（第七辑）
林家有 主编
出 版 人：肖风华

版权所有　翻印必究

出版策划：王俊辉
责任编辑：胡扬文
封面设计：张竹媛
责任技编：吴彦斌

出版发行：广东人民出版社
地　　址：广州市海珠区新港西路 204 号 2 号楼（邮政编码：510300）
电　　话：(020) 85716809（总编室）
传　　真：(020) 85716872
网　　址：http://www.gdpph.com
印　　刷：广州市人杰彩印厂
开　　本：787 mm×1092 mm　1/16
印　　张：18　　　　字　　数：320 千
版　　次：2019 年 12 月第 1 版
印　　次：2019 年 12 月第 1 次印刷
定　　价：69.00 元

如发现印装质量问题，影响阅读，请与出版社（020-85716826）联系调换。

《孙中山研究》

顾　　问：石安海
总 编 辑：汤炳权
副总编辑：吕伟雄　罗国华　李　萍　赵立彬
　　　　　蔡高声　陆国良
编　　委：（按姓氏笔划排序）
　　　　　王　杰　李振武　宋德华　张　磊
　　　　　张宪文　张晓辉　林家有　赵春晨
　　　　　胡　波　姜义华　倪俊明　黄明同
　　　　　萧润君　章开沅
主　　编：林家有
副 主 编：王　杰　赵立彬

主 办 者：孙中山基金会
地　　址：广东省广州市天河北路618号
邮政编码：510630
电子邮箱：sunyatsen@163.com
电话号码：86-20-38800430

目 录

孙中山与中国共产党 …………………………………… 林家有（1）

孙中山民生主义的再认识 ………………………………… 宋德华（19）

摩里斯·威廉《社会史观》与孙中山晚年之民生主义 ………… 杨 琳（40）

论孙中山引入世界潮流为中国导向 ……………………… 王 杰（51）

梦想与践行：孙中山与1920年代的广东航空 …………… 楚秀红（64）

孙中山与黄埔军校早期政治教育研究（1924—1925） …… 沈志刚（76）

孙中山与建国湘军讲武堂 ………………………………… 李宗蔚（90）

1895年以前孙中山的人际关系

　　——以《孙中山年谱长编》为中心 ………………… 秦利国（98）

海外经历的不同影响

　　——孙中山等兴中会三杰的历史角色演进 …………… 莫世祥（109）

护法时期孙中山与唐继尧、熊克武的四川人事之争 ……… 谷小水　康定宾（126）

略论南北和议前期的孙中山与李纯 ……………………… 张建宇（136）

孙科对孙中山祖籍之争忽左忽右态度的历史真相

　　——兼谈孙中山祖籍之争的是与非 …………………… 邹佩丛（146）

台湾光复初期孙中山形象的民间塑造 …………………… 赵立彬（183）

孙中山的莲花情结与中山人的荷花世界 ………………… 胡 波（201）

孙中山与记忆史学
　　——以广州首义情结为中心 ················· 张金超（211）
第一次国际女权运动视角的孙中山 ············· 李兰萍（221）
从馆藏文物档案看翠亨孙家女性的中西形象 ····· 漆德红（235）
1925年至1949年广州大元帅府旧址的管理和使用 ····· 朱志龙（251）
十年来孙中山研究的状况及以后的发展趋向
　　——以《广东社会科学》刊发孙中山文章为中心 ········· 李振武（259）
《孙中山全集续编》参编札记 ··················· 李吉奎（271）
《孙中山史事编年》参编札记 ··················· 张文苑（276）

征稿启事 ·· （282）

孙中山与中国共产党

林家有

孙中山领导和发动的辛亥革命是中国共产党成立的源头，早期共产党人有许多都追随孙中山革命出生入死，对国家和民族贡献重大。在第一次国共合作期间，共产国际指导中国共产党与孙中山为代表的国民党合作，李大钊、陈独秀、毛泽东、周恩来等许多共产党人都是孙中山忠诚信赖的朋友和战友。孙中山重视共产党的作用和革命精神，共产党也一直敬佩孙中山对事业的忠诚，以及热爱国家和民族的情怀。孙中山与中国共产党的关系是一项重要的研究课题。本文只能粗略地作一些材料梳理和谈一些肤浅的看法，供学术界讨论参考。

一、辛亥革命对中国共产党成立的影响

1921年7月，中国共产党诞生，这是自1840年第一次中英鸦片战争以来，中国人民反对资本帝国主义侵略，中华民族觉醒的必然结果，也是中国人民反对本国封建主义剥削、压迫、奴役阶级觉醒的产物。孙中山领导的资产阶级民主革命是继洪秀全和北方义和团组织的农民战争而起的，进步的、民主的、代表新兴的资产阶级向西方学习而追随时代潮流的，爱国家、拯救民族的民族民主革命。辛亥革命的胜利和南京中华民国临时政府的成立，标志着中国封建君主专制统治中国旧时代的结束，以及共和民主政治制度的开始，说明中国的历史已经进入新的时代，建立一个新的代替封建君主专制统治的新中国成为中国先进知识分子和开明士绅的共同追求和理想。

中国是一个有五千多年文明史的大国，但又是一个贫穷落后的弱国。在20世纪中国先后被东西方大小各帝国主义国家侵略欺凌、霸占领土、掠夺资源，致使经济、文化、教育落后，广大民众连起码的生存条件都不具备。中国落后，但人民并不落后，他们以斗争求生存，只是缺乏先进思想的领导和伟大领袖的指引。旧民主主义

革命接连失败，新民主主义革命又起，中国的命运如何？中国的前途怎么样？这不能不引起中国的先进分子深思，矢志探求一条走向光明和复兴的未来的道路。

孙中山不是中国共产党的创造者，但他领导的辛亥革命对中国共产党的诞生则具有催生的重大意义。诚如金冲及先生在他的专著《二十世纪中国史纲》一书的《引言》中所指出的，"二十世纪，是一个充满动荡和剧变的不平凡的世纪"。"在人类的历史上，没有任何一个世纪在变化的规模和深度上能同二十世纪相比。在这一百年里，经历过两次世界大战，给人类带来深重的苦难。也是在这一百年里，社会的进步令人目不暇接：社会主义作为一种新的社会制度，从学说变为现实；被压迫民族的解放运动席卷全球；社会经济生活和科学技术日新月异地突飞猛进，给人类带来过去难以想象的进步。""对中国来说，这是决定我们民族存亡的一百年。"①

20世纪初年发生在中国影响最深远的事，无疑是孙中山领导的辛亥革命运动。这个革命运动从1894年孙中山在檀香山成立兴中会到1913年"二次革命"失败、袁世凯掌控孙中山建立的中华民国最高权力，历经18个年头。以孙中山为代表的革命党人、会党、清政府的新军发动反清，以及各地反剥削压迫的"民变"运动，一个接一个，但都以失败告终。1911年由于清廷新政改革的失误，造成绅士、新兴知识分子，各省巡抚、总督，乃至于新军和工业资本家，以及下层城市民众都投入反清斗争，造成清政府统治的全面危机。"三·二九"（4月27日）黄花岗起义后，10月10日中部同盟会发动新军在武昌起义，紧接着有十余省宣布"光复"，辛亥革命取得胜利。孙中山当选共和国的临时大总统，1912年元旦中华民国南京临时政府成立。孙中山宣布"国家之本，在于人民，合汉、满、蒙、回、藏诸地为一国，即合汉、满、蒙、回、藏诸族为一人"。实现"民族之统一""领土之统一""军政之统一""内治之统一""财政之统一"。②孙中山说："吾中华民国全体"国民"推倒满清专制政府、建立共和民国"，对内实行"天赋自由"，对外坚持"和平守法"，非出于自卫，"决不肯轻启战争"。③新的共和政府要"与各国交相提挈，勉进世界文明于无穷"④。

由此可见，辛亥革命不仅仅是结束了中国的封建君主专制旧制度，而最重要的是开创了中国共和和民主的新制度，这就从根本上改变了中国的发展路向，而且给中华民族带来许多新的思想和新的观念。西方的自由、民主、法制，发展工商业，重视教育、培养人才，实现男女平等，以及人民有权管理国家、天赋人权等等。这

---

① 金冲及著：《二十世纪中国史纲》第1卷，社会科学文献出版社2009年版，第1页。
② 孙中山：《临时大总统宣言书》，《孙中山全集》第2卷，中华书局2006年版，第1—2页。
③ 孙中山：《对外宣言书》，《孙中山全集》第2卷，第8页。
④ 孙中山：《对外宣言书》，《孙中山全集》第2卷，第19页。

些新思想的兴起，便加速了中华民族和人民的觉醒，为中国人民接受外来的先进思想和追赶先进的世界潮流奠定了基础。所以，辛亥革命不只是告别了封建皇帝，终结了中国的封建帝国的君主专制，极其重要的意义是它开辟了学习先进国家改革振兴的经验，树立了实现主权独立、政治民主、经济发达，以及社会的文明、和谐，人民的富裕、幸福等目标的发展新方向。诚如朱德所言："先进亚洲从此始，发扬真理更辉煌。"① 辛亥革命引起了全国的民主革命精神的高涨，为"以后中国革命的发展打开了道路"②。

关于辛亥革命给中国社会带来一些什么，我在以往的著作中有过很多论述，比如辛亥革命加速了中国社会变革的进程；加速了中国社会观念的更新，民权、人权、政党政治、法治思想的确立；促进了中华民族的觉醒，中华民族自觉统一体的形成③；以及中国教育开始走向近代化，农村和农民开始认识自己的作用，并主动地参与爱国、革命运动，要求改变自己的命运，④ 等等。

辛亥革命不同于近代中国以前所发生的任何一次革命运动，它是开辟了一个新的时代，传播新思想、新观念的民族、民主革命，不是封建时代以暴易暴、打倒一个旧皇帝又产生一个新皇帝的体制内的权力之争。这次革命造就了大量民主革命家，如朱德、董必武、谢觉哉、吴玉章、林伯渠、叶剑英等还成为早期中国共产党人。辛亥革命后，中国的新旧学堂一律改为学校，按照西方的教育理念，确立德、智、体、美全面发展的教育方针，为中国培养了大批具有新思想、新观念的新式人才，加上清政府派遣出国留学的大批学生的回国，形成了新的知识分子群体，他们在各个战线发挥作用，这就为中国的近代化起到标杆式的作用。辛亥革命前中国社会没有正规的、合法的政党；辛亥革命后，中国也出现了西方资产阶级政党、议会和国会⑤，这就改变了中国人民参与政治的方式，改变了过去只能通过上书陈情的形式，表达自己的政治主张和建设思想，极大地鼓舞了人民的政治热情。所以，把辛亥革命仅视为只赶跑一个封建皇帝，革命只推翻一个清政府，这是过低地评价辛亥革命的重大意义和影响。

然而，孙中山领导的辛亥革命也有局限，这主要表现在革命派形成不了一个团结、统一的领导集体，在斗争策略上重武轻文，但又无法组建一支忠于革命和人民的武装队伍，在组织政府之前舆论又准备不充分，因此当北洋政府和封建复辟势力

---

① 朱德：《辛亥革命杂咏》，《辛亥革命回忆录》第1集，文史资料出版社1981年版，插页。
② 朱德：《辛亥革命回忆》，《辛亥革命回忆录》第1集，第1页。
③ 参见林家有著：《辛亥革命与中华民族的觉醒》，广东人民出版社2011年版。
④ 参见林家有著：《辛亥革命与百年中国的社会变迁》，广东人民出版社2013年版。
⑤ 参见张玉法著：《民国初期的政党》，岳麓书社2004年版。

向革命党人反扑时，革命党几乎无还手之力。1913年7月12日，李烈钧在江西举兵讨袁，"二次革命爆发"，9月15日袁世凯通缉孙中山、黄兴、李烈钧等人，"二次革命"失败，便宣告辛亥革命要建立的资产阶级共和民主制度无法实现，辛亥革命已经建立的共和民主的资产阶级政治体制无法巩固，革命以失败告终。

成功的经验和失败的教训都是宝贵的精神财富。西方的民主政治制度在中国行不通，为什么？这固然跟中国的国情有关，跟中国人民的民主境界有关，跟两千多年的封建君主专制意识的影响也有关。为了反对袁世凯的专制复辟，寻求新的救国方法，忧国忧民的知识分子奋力在先，在孙中山领导的"二次革命"失败和唐继尧、蔡锷发动的护国运动受挫后，以北京大学为中心的陈独秀、李大钊、胡适等人则把希望寄托在中国青年的觉醒上，从思想文化入手启发和引导青年觉醒，催促青年中国之诞生。

1915年9月15日，陈独秀创办了《青年杂志》，从第2卷起改名为《新青年》，为月刊，在上海设总发行处，在全国设有74处分发行所，在新加坡也设有两处发行所，在全国影响很大。① 在创刊号上，陈独秀发表《敬告青年》一文，指出："青年如初春，如朝日，如百卉之萌动，如利刃之新发于硎，人生最可宝贵之时期也。青年之于社会，犹新鲜活泼细胞之在人身。新陈代谢，陈腐朽败者无时不在天然淘汰之途，与新鲜活泼者以空间之位置及时间之生命。人身遵新陈代谢之道则健康，陈腐朽败之细胞充塞人身则人身死；社会遵新陈代谢之道则隆盛，陈腐朽败之分子充塞社会则社会亡。"他希望中国青年要自主而非奴隶，要进步而非保守，要进取而非退隐，要开放走向世界，要实利而非虚文，要讲求科学而非靠想象。② 以《新青年》创刊为标志在中国掀起的初期新文化运动，高举科学和民主两面旗帜，它是学西方的新启蒙运动，也是作为辛亥革命的补充。它是"借思想文化以解决问题"的运动。③ 所以，新文化运动是辛亥革命的副产品，没有辛亥革命就没有新文化运动，但由于新文化运动提倡者陈独秀等人所走道路与孙中山为代表的革命党人企图发动护国、护法运动进行军事斗争，用武装的革命反对武装的反革命，武力统一中国的思想和做法存在着很多不同，因此，陈独秀等人掀起的新文化运动是与孙中山领导的护法运动和唐继尧、蔡锷等人发动的护国运动异向而行的。正因如此，在1919年

---

① 王光远编：《陈独秀年谱》，重庆出版社1987年版，第24页。
② 参见《独秀文存》，安徽人民出版社1987年版，第3—9页。
③ 林毓生：《中国意识的危机——"五四"时期激烈的反传统主义》，贵州人民出版社1988年版，第65页。

"五四运动"之前,并没有发现孙中山在文字或口头有肯定新文化运动的表现。① 然而,没有新文化运动的文化启蒙和民主、科学精神的高扬,中国青年人也不会有对俄国1917年的"十月革命"的积极响应,更加不会有1919年的"五四运动"和1921年的中国共产党的诞生。正因为如此,孙中山领导的辛亥革命和陈独秀发动的新文化运动都是"五四运动"和中国共产党诞生的总源头。

二、中国共产党的成立与孙中山联共

1921年7月23日晚,中国共产党第一次全国代表大会在上海法租界望志路106号(现兴业路76号)李汉俊胞兄李书城的住宅开幕。出席会议的代表有上海李达、李汉俊,武汉的董必武、陈潭秋,长沙的毛泽东、何叔衡,济南的王尽美、邓恩铭,北京的张国焘、刘仁静,广州的陈公博,旅日的周佛海,以及由陈独秀指定的代表包惠僧共13人。共产国际指派的代表马林和尼克尔斯基也出席了会议。共产党"一大"通过党的纲领,把在中国实现社会主义、共产主义作为共产党的奋斗目标。大会选举陈独秀、张国焘、李达组成中央局,选举陈独秀担任书记,张国焘负责组织工作,李达负责宣传工作。② 中国共产党的成立,表明以马克思主义作为思想指导、以争取工人阶级的利益作为根本的新的政党的诞生,为中国的政治增添了新的推动力,军阀主宰政治权力的局面发生了动摇。

1920年11月28日,孙中山由上海经香港抵广州,次日重组军政府。孙中山抵达广州的当晚在广东省署宴会上即发表演说,指出:"吾国必须统一,惟以民治为统一方法。然后可期永久。……武力不过辅助民治之不及,非不得已,不宜轻用。"孙中山说:"此次归来,即本斯旨,于广东实行建设,以树全国之模范,而立和平统一之基础。"③ 1921年1月1日,孙中山又在广州军政府发表演说,主张建立中华民国正式政府。此时的孙中山坚持与北方政府议和,实现南北统一,打破军阀专制,实行民治,但统率南北议和的机关必须设在广州。

孙中山考虑军政府只是一个军事指挥机构,为了利用粤海关的关税余款,以及参与国际事务必须成立正式的中华民国政府,经过孙中山与军政府的总裁反复协商,多数总裁也同意成立新的中华民国正式政府。在1921年1月1日,孙中山在军政府

---

① 参见林家有:《孙中山对新文化运动的态度》,《孙中山与中华民族的复兴》,中山大学出版社2017年版,第267—315页。
② 中共中央党史研究室:《中国共产党历史》第1卷(1921—1949)上册,中共党史出版社2011年版,第68—69页。
③ 陈锡祺主编:《孙中山年谱长编》下册,中华书局1991年版,第1320—1321页。

举行的南京临时政府成立纪念会上发表演说,他说:"此次军府回粤,其责任固在继续护法,但余观察现在大势,护法断断不能解决根本问题。"因为护法不过矫正北政府的非法行为,即达目的,于中华民国亦无若何裨益。"况护法乃国内一部分问题,对内仍承认北京政府为中央政府,对外亦不发生国际上地位之效力。"所以,"广东此时实有建立正式政府之必要"。① 随后,广州军政府发动讨伐桂系军阀陆荣廷的战事,粉碎陆荣廷图粤的阴谋。4月7日,国会非常会议参众两院联合在广州举行,通过《中华民国政府组织大纲》,并选举孙中山为非常大总统。5月5日,孙中山就任非常大总统。7月1日,孙中山正式下令讨伐桂系陆荣廷等。可见,此时孙中山在广州,日理万机,集中全力在组织政府和讨伐桂系军阀,在上海秘密成立的中国共产党,孙中山不可能知道,也没有发现孙中山对共产党成立的反应的文字资料。

1922年7月16日至23日,中国共产党在上海举行第二次全国代表大会,出席会议12人,代表全党195名党员,会议通过《中国共产党加入第三国际决议案》,从此中国共产党成为共产国际的一个支部,接受共产国际的领导。中共"二大"也选举了中央执行委员会,陈独秀被选为中央执行委员会委员长,蔡和森、张国焘、高君宇、邓中夏被选为中央执行委员。中共"二大"后,共产国际指示中国共产党要同孙中山的国民党合作,中共中央相继指派陈独秀、李大钊同孙中山联系,共产国际也指派马林、达林到桂林、广州同孙中山商谈国共合作有关问题。

1921年12月23日,共产国际马林,在张太雷陪同下由上海经长沙到桂林会见孙中山。马林与张太雷在桂林与孙中山商谈国共合作组织统一战线问题,自然也就会将中国共产党成立,以及它的组织、纲领和奋斗目标向孙中山报告,但是以往的研究说法各异,究竟马林同孙中山详细谈了一些什么?有没有谈到中共或与中共合作的问题?也没有见到孙中山的文字记载。② 1921年12月至1922年5月,孙中山由桂林返粤特设北伐大本营于韶州(今韶关)时,孙中山最关心的是发动群众支持北伐,并对滇、赣、粤各军的重组和教育,未见孙中山对中共或国共合作统一战线有任何表示。

李玉贞女士在她的《马林与第一次国共合作》一书中指出,中国共产党在成立时期明确表示对其他党派持排斥立场。孙中山对马林说,这几年许多青年知识分子对社会主义感兴趣,成立了一些小团体和党派,对于中国的政治生活毫无用处。③

---

① 孙中山:《在广州军政府的演说》,《孙中山全集》第5卷,第450—451页。
② 陈锡祺主编:《孙中山年谱长编》下册,中华书局1991年版,第1408—1413页。
③ 参见李玉贞:《马林与第一次国共合作》,光明日报出版社1989年版,第99—100页。

在《马林传》中她又说，孙中山在桂林与马林会见时，还企图说服张太雷多读一些中国传统哲学书籍，少接触那些共产主义之类的书。①李先生是引用国民党广西支部长邓家彦的回忆录《马丁谒总理纪实》。②邓说：孙中山在会见中说"中国有一道统，尧、舜、汤、武、周公、孔子相继不绝。余之思想基础即承认道统而发扬光大耳"。直到2012年李玉贞女士在《国民党与共产国际》（人民出版社）一书中，仍然引用邓家彦的《马丁谒总理纪实》一文，说明李先生非常坚持邓家彦关于孙中山的思想来源于中国道统的看法。但查遍孙中山的文集，以及参加马林与孙中山在桂林会谈的国民党胡汉民、许崇智、陈少白、曹亚伯、孙科等等的回忆也没有发现邓家彦所说的孙中山的思想只来源于中国道统，所以要张太雷少读"共产主义之类的书"的说法。这完全是邓家彦为了配合台湾反共、抗俄的思潮胡编乱造的奇文。该文发表后反应不一，连美国哥伦比亚大学著名孙中山研究专家韦慕庭在他1976年出版的《孙中山：壮志未酬的爱国者》（哥伦比亚大学英文版）一书中对邓家彦的说法都不以为然。但台湾一些人将邓家彦的奇文收入《国父年谱》。1976年台湾吴相湘教授在《国父年谱应彻底改编》一文中就指出邓家彦的《马丁谒总理纪实》一文，以及1969年台湾出版的《国父年谱》（增订本）记载孙中山先生与马林的答语，"完全歪曲孙先生话语的对象和深意"③。对于邓家彦回忆马林去桂林的路线，以及在桂林与孙中山见面和孙中山所谓对马林的谈话内容，陈锡祺先生主编的《孙中山年谱长编》进行分辨，对邓家彦的回忆多持异议。邓家彦是企图说明孙中山的思想主要来自中国传统的道统，说孙中山对于外来的包括马克思和俄国的社会主义革命都保持抵制的态度，这显然是与历史事实相违背的，纯是意识形态的张扬。在他的晚年，台湾"中研院"近代史所郭廷以等人访问邓家彦时，他对孙中山的思想来源于道统的问题才避而不谈。从孙中山对俄国十月革命的态度，以及他决心联合"以平等待我之民族共同奋斗"去审视，孙中山不仅不反对别人看马克思主义、社会主义的书，他自己也主动地阅读马克思主义和社会改革的书。所以他对于中国共产党的成立和青年学习新文化，追随新的世界潮流主要是正确地导引和肯定，并无恶意地批评和指责。更不可能有劝说革命青年不要看马克思主义的书的事发生。有关孙中山对马克思和社会主义的态度，在几年前，我在《孙中山社会建设思想研究》一书就做了详细的陈述和评议，这里不再重复。④从已经出版的《联共（布）、

---

① 李玉贞：《马林传》，中央编译出版社2002年版，第129页；李玉贞：《马林与共产国际》，台北"中研院"近代史1996年版，第100页。
② 载台北《革命文献》第9辑，第203—207页。
③ 陈锡祺主编：《孙中山年谱长编》下册，中华书局1991年版，第1408—1413页。
④ 林家有等著：《孙中山社会建设研究》（修订本），中山大学出版社2009年版，第47—60页。

共产国际与中国国民革命运动（1920—1925）》的共产国际档案也没有发现孙中山有向共产国际、苏联政府发表有关对中国共产党不尊重或批评的信件、电函，以及不让青年接受马克思主义的言论。然而，这个时期孙中山不认可苏联支持吴佩孚、反对张作霖，以及担心苏联出兵占领我国东北，因此孙中山给列宁写信，给苏联驻中国的代表越飞写信，劝说苏联要正确地把握当时中国各派军阀斗争的实质，正确地看待和处理南北两个政府的主张，以利于实现中国的统一。①

孙中山虽然不是马克思主义者，但他对于马克思主义、社会主义不仅不反对，而且他还有社会主义的思想。但他认为中国有中国的国情，中国不能像西方那样由工人罢工、起义推翻资本主义政权，实行无产阶级专政。

对于何谓马克思主义？中国共产党成立前后，在中国青年或知识分子中，真正了解的人不多。为此，重视宣传马克思主义是中共成立后的重要任务。据华南地区马克思主义最早的传播者、中国共产党早期的理论家杨匏安指出：马克思主义就是由马克思确立的思想体系。他的《资本论》一书，劳动者奉为经典，"马氏以唯物的史观为经，以革命思想为纬，加之他在英法观察经济状态之所得，遂构成一种以经济的内容为主之世界观，此其所以科学的社会主义也"。科学社会主义的中心内容则是经济为基础，经济基础变，一切社会上之政治，以及精神皆随经济构造的变化而变化，生产力变动，社会组织必随之而变动。② 以上是杨匏安1919年11月在《广东中华新报》说的话。1922年3—4月，杨匏安在《马克思主义浅说》一文中又作了补充，他说：人类从社会的生活需要，而生产和解决衣食住的问题，"不知不觉之间，自然成就了一种关系。这一种关系，就是相应于这社会物质生产力的发达程度的生产关系。生产关系的总和，构成社会经济的构造，这就是社会的真实的基础构造。凡社会上法律的、政治的、及一切精神上的构造，都建筑在这个基础的上面，并且相应于此而产生一种社会的自觉。生产衣、食、住的方法，可以决定社会上、政治上、及精神上一切的生活法。人类的自觉，不能决定人类的生活法；但是人类的社会的生活，倒可以决定人类的自觉"③。中国共产党是按照马克思主义作为思想指导建立起来的，但对马克思主义的解析，共产党人的分歧很大，对于经济是基础的看法分歧不明显，对如何实现马克思主义建立社会主义，则分歧很大，多数都是强调阶级斗争推动历史的前进，革命战争是推动历史前进的唯一的手段和方法。对于这种观点孙中山则不同意。他在他的有关社会主义的言论中，早在1911年12

---

① 中共中央党史研究室第一研究部译：《联共（布）、共产国际与中国国民革命（1920—1925）》，第1集，北京图书馆出版社1997年版，第163—167页。
② 中共珠海市委党史研究室编：《杨匏安文集》，珠海出版社1996年版，第168—170页。
③ 中共珠海市委党史研究室编：《杨匏安文集》，第192页。

月30日在上海晤见中国社会党本部长江亢虎时就指出,在中国应广为鼓吹社会主义。孙中山说:"余对此主义必竭力赞成之。此主义向无系统的学说,近三五年来研究日精,进步极速,可惜吾国人知其名者已鲜,解其意者尤稀,贵党提倡良可佩慰。余意必广为鼓吹,使其理论及于全国人心目中;至于方法,原非一成不变者,因时制宜可也。"他还表示他是一个"完全的社会主义家","余此次携来欧美最新社会主义名著多种"。两天后孙中山赴南京就任临时大总统之日,他托人将外文书籍《社会主义概论》《社会主义之理论与实行》《社会主义发达史》《地说原论》四种送交中国社会党部,另附一函,建议该党创办一所研究社会主义的学校。孙中山告诉江亢虎:"顾贵党之精晓西文者代为译述,刊行为鼓吹之材料"①。后来孙中山又说,中华民国成立"政治革命已告成,余更拟发起一更巨之社会革命,此社会革命之事业不用兵力,而用和平办法"。中国资本主义制度,"今尚无之。中国无须与大资本团抵抗"②。虽然实现中国社会主义的方法与西方不同,但今后中国应采行社会主义,孙中山晚年做民生主义演讲时,说他的"民生主义,就是社会主义"。由此可见,孙中山的社会主义与中国共产党在马克思主义指导下的科学社会主义不同,因此他对中国共产党成立后即提倡和发动工人罢工反对资本家的斗争持观望的态度,但他不批评指责,也不肯定,更不鼓励。1919年以后孙中山领导的中国国民党与1921年陈独秀领导的中国共产党基本上是各说各的话,各干各的事,属于独立斗争,没有合力革命的行动。

孙中山对中国共产党的态度的转变,1922年6月国民党员陈炯明在广州发动炮轰总统府谋害孙中山的反革命叛变是关键。他由对共产党的消极的态度转变为积极的,接受共产国际的劝告,开始重视共产党人李大钊等对他改进国民党的作用。诚如孙中山所说:"此次陈炯明叛变,非惟文与诸同志所不及料,亦天下之人所不及料。""祸患生于肘腋,干戈起于肺腑,不但国事为所败坏,党义为所摧残,文与诸同志为所牺牲,即其本身人格信用亦因以丧失无余。"③ 正当孙中山进退两难,一筹莫展,孤立无援时,共产党人在党刊《向导》周报纷纷发表文章,表示对孙中山的关怀和支持,并表示愿与孙中山及其国民党"左派"合作,共同发动工农大众进行国民革命,打倒军阀,谋求中国统一。蔡和森发表《武力统一与联省自治——军阀

---

① 孙中山在上海与江亢虎的谈话,原题为《大总统与社会党》,上海《民立报》1921年1月1日;参见孙中山故居纪念馆、中山市孙中山研究所编:《论民生主义与社会主义》,广东人民出版社2008年版,第12—13页。
② 《西报记孙逸仙之革命谈》,原刊上海《时报》1912年4月5日,参见《论民主主义与社会主义》,广东人民出版社2008年版,第21页。
③ 孙中山:《就陈炯明叛变事件致海外同志书》,《孙中山选集》,人民出版社1981年版,第511页。

专政与军阀割据》一文，指出："我们既不梦想一个将就现状或超越现状的宪法来统一，更不梦想大批军阀来统一；我们惟望结合伟大的革命群众的势力，尤其是最能革命的工人阶级的势力来统一。"蔡和森认为孙中山"梦想借外力以废督裁兵，或则仍然梦想联合几派现存的势力来统一，或则梦想改变一些纸上的制度来和平改良"的主张都不能解决中国的问题。他指出，孙中山再次强调废督裁兵和联合军阀势力来解决政局是不现实的，在中国只有彻底进行民主革命，除此之外没有别的出路。① 陈独秀还在《向导》周报第18期，发表《资产阶级的革命与革命的资产阶级》一文，指出"反抗帝国主义"及"联络无产阶级"是全世界殖民地或半殖民地资产阶级民主革命所特有的共同原则，他劝告孙中山千万不要忘记这两件大事，否则又将走向歧途。《向导》第9期又发表某人撰写的《国民运动的革命军和革命宣传》一文，提醒孙中山注意，中国国民运动中，"最堪注意的一种现状，就是缺少由一个政党主持有规则的、有计划的、有组织的宣传"。中国革命至今无好结果的唯一原因，就是旧的观念仍然盛行，总是认为用一种什么政策就可以阻止外国的干涉，中国的国民革命就会大奏凯歌。文章指出这种天真的想法不改变，中国就没有独立和统一的可能。该文强调，中国的问题是民族独立和实现国家统一、民主和富强的问题。而要达到上述目的，唯一的出路是全体国民起来打倒军阀和帝国主义列强。②

1922年12月5日，共产国际第四次代表大会在莫斯科召开，这次会议就《中国共产党的任务》作了决议，指出：孙中山领导的1911年革命，虽然建立了中华民国，但目前仍处在资产阶级革命的准备阶段。实际上，中国现在是由一系列掌握在督军手里的独立区域构成的，而新兴资产阶级还不能掌握政权。共产党不能屈服于这些政权的任何一个，因为这些集团的代表人物都与某个帝国主义国家保持联系。中国共产党人的任务，就是要在民主基础上，以实现中国的统一的倡导者的身份开展活动。"中国共产党人要提出统一的中华人民共和国的口号"，要为"实现同唯一不追求帝国主义目标的大国——苏维埃俄国结成联盟的独立自主政策而斗争"，"共产党人应该坚决反对军阀集团的任何军事主张，以一支能够联合民主主义因素的力量的姿态开展活动"，保证做到不是通过一个军事集团战胜其他军阀集团的方法，而是依靠下层人民群众的斗争取得革命胜利来实现中国的统一。③

根据共产国际的决议，苏俄代表越飞，以及中国共产党的李大钊、林伯渠等人开始同孙中山会谈，传达了共产国际的关于中国问题的决议。1922年9月后，陈独

---

① 蔡和森：《武力统一与联省自治——军阀专政与军阀割据》，《向导》第2期（1922年9月20日）。
② 林家有、周兴樑著：《孙中山与国共第一次合作》，四川人民出版社1988年版，第104—105页。
③ 中共中央党史研究室第一研究部译：《联共（布）、共产国际与中国国民革命（1920—1925）》，第1集，北京图书馆出版社1997年版，第161—163页。

秀、李大钊、马林分别拜访孙中山，共同讨论"振兴国民党，以振兴中国"，并讨论了共产党员以个人身份加入国民党等问题。不久，李大钊首先加入国民党，随后陈独秀、张国焘、蔡和森、张太雷等人，也由国民党张继介绍，孙中山亲自主盟，以个人身份加入国民党。与此同时，中共中央机关也由上海迁往广州。

此时的孙中山便改变了过去依靠英、美、德、日和西南军阀，以及皖、奉系军阀联合起来打倒曹锟、吴佩孚的北洋军阀，实现中国统一，振兴中国的幻想，转变为依靠苏俄和中国共产党的帮助，改组国民党，实行国共合作，发动广大下层民众支持和参加国民革命，统一中国的新战略。这是孙中山追随时代潮流迈出的坚定步伐，也是他革命思想的巨大进步和发展。

1922年12月6日，孙中山致函列宁，指出"前次贵国对中国的声明（按，指1920年9月27日苏俄发表的第二次对华宣言），给中国人民带来很大的希望，并争取了中国民心，使人们把俄国看作中国的朋友"，在苏俄的帮助下，他能保证"中国摆脱帝国主义列强而取得民族解放"。并说"北京政府现在是帝国主义列强的仆人和工具，故此，与北京政府打交道，实际上就意味着与列强打交道"，表示他拟派遣代表团近期赴莫斯科，与列宁和其他同志磋商保护中俄合法利益应该采取的行动。① 与此同时，孙中山还派遣张继前往北京，会见苏俄全权大使越飞，邀请他南下上海商谈合作事宜。

1923年1月1日，苏维埃社会主义共和国联盟正式成立，简称"苏联"。1月2日，孙中山在上海国民党改进大会发表演说，指出："党的进行，当以宣传为重"，宣传的效力，比军队的力量还大。他要求党员要以苏联十月社会主义革命的胜利作为"宣传得力"的典范，称赞苏联宣传的力量"不但及于国内，并且推及国外"。孙中山说：只要"我们能够宣传，使中国四万万人的心都倾向我党，那便是大成功了"②。随后苏联驻华代表越飞南下上海与孙中山会谈苏联与孙中山的国民党合作事宜，并于1月26日签署《孙文越飞宣言》。在会谈中孙中山声明"中国最要最急之问题，乃在民国的统一之成功，与完全国家的独立之获得"，要求苏联切实厉行1920年9月27日俄国对中国通牒列举之原则，废除俄国与中国签订一切不平等条约，并声称中国当时不具备实行共产制度或苏维埃制度的条件，所以"共产组织，甚至苏维埃制度，事实均不能引用于中国"。越飞对孙中山的声明表示理解，并对中东铁路的管理和外蒙古问题作了说明，越飞说：中东铁路问题，可通过中俄会谈

---

① 林家有编：《孙中山全集续编》第3卷，中华书局2017年版，第278—279页。
② 孙中山：《在上海中国国民党改进大会的演说》，《孙中山全集》第7卷，中华书局2006年版，第6—7页。

来解决。并说：俄国在外蒙古没有实施帝国主义政策，或使其与中国分立的企图。①《孙文越飞联合宣言》的签署表明苏联与孙中山的国民党"盟友"关系的正式确立。孙中山联俄的目的，很明显，就是争取苏俄在政治、经济和军事上的支持，发动国民革命，统一中国。台湾李云汉先生在他的《从容共到清党》一书中，说孙中山联俄是在"防制俄患"，②这种说法缺乏根据。1983年我曾发表过《孙中山联俄的主要原因和目的》一文，对李先生的孙中山联俄目的在防俄的观点表示异议，详细材料在此不再列举，可参阅我这篇小文。③

中国共产党是苏联掌控的第三国际的一个支部，因而孙中山联俄也必然要联共，而联共又要扶助农工，因为中国共产党是代表工人、农民阶级根本利益的党。

《孙文越飞联合宣言》发表，表明孙中山思想的变化。该宣言发表后，孙中山于2月21日，即从上海经香港抵达广州，重新成立陆海军大元帅府，就任大元帅，并指派廖仲恺等人进行国民党改组的有关工作。与此同时，苏联也指派鲍罗廷到广州帮助孙中山完成改组国民党，并准备召开有共产党人参加的中国国民党第一次全国代表大会。1924年1月在广州召开的国民党"一大"是一次具有重大历史意义的大会。"一大"不仅选举产生了新的国民党领导机构，也在苏联帮助下决定建立国民党陆军军官学校，培养军事和其他方面的管理人员。国共两党共同组建了国民革命军，在苏联军事顾问指导下，发动国民革命，进行统一中国的武装斗争。

1924年1月在广州举行的中国国民党第一次全国代表大会，通过国共首次合作的政治宣言，标志孙中山与中国共产党的关系由各自独立进行反帝反军阀斗争，转变为合力革命，掀起国民革命的新高潮。但由于这次国共合作的形式是由共产党员以个人身份加入国民党作为党内合作实现的，这带有明显的实用主义的弊端。国民党是代表资产阶级利益的政党，一下子要其改变为代表资产阶级、小资产阶级、工人阶级、农民阶级的利益的党，这有很大的困难，也正因为跨党的党员问题引起国民党内一些人反对，因此国共合作后，国民党便分裂为左右两派。共产党是代表工人、农民阶级及一切被压迫被剥削的下层人民的利益的党，它要为国民党所代表的各阶级利益奋斗，又要为工农阶级的利益奋斗，这也是两难。为此，共产党内对于以个人身份加入国民党也引起党内一些人反对。国民党要为实现西方的共和民主政治目标奋斗，共产党要为实现社会主义、共产主义理想奋斗。所以，国共两党为了反帝反封建军阀，实现中国的统一的目的时可以团结、合作，而一旦短期目标实现，

---

① 《孙文越飞联合宣言》，《孙中山全集》第7卷，中华书局2006年版，第51—52页。
② 李云汉著：《从容共到清党》，台湾商务印书馆1966年版，第192页。
③ 林家有：《孙中山联俄的主要原因和目的》，原载中山大学《孙中山研究论丛》第1卷（1983年），又见林家有著：《孙中山振兴中华思想研究》，广东人民出版社1996年版，第521—554页。

分歧、矛盾便突显出来，如果各自不能调整自己的政策，都以利己集团利益奋斗，要长期合作便产生困难。第一次合作时，孙中山坚持共产党以个人身份参加国民党的方式实行合作，人称"党内合作"，这种"党内有党""党内有派"的合作，存在的时间越久，问题就越多。孙中山坚持"党内合作"，不同意实行党派不分大小一律平等的"党外合作"的原则，是孙中山思想的局限。

三、孙中山逝世后，中国共产党对孙中山革命和建设国家事业的继承

孙中山为了国家的统一、中华民族的振兴，呕心沥血，不惜一切地努力奋斗。由于斗争的曲折艰辛，加上帝国主义支持南北军阀相互勾结破坏他的革命和统一国家事业，孙中山身心受到极度摧残，他只活了59岁就逝世了。孙中山逝世，共产国际发表两个宣言，一个是致"中国的同胞们、工人、农民和劳动群众"；另一个是致"世界各国的工人们"。在第一个宣言中声称"孙中山体现了整个东方形势，东方已经开展反对欧美帝国主义国家殖民奴役的斗争"。宣言还指出："孙中山作为一个先行者，作为中国革命团体的组织者和领袖"，为"世界无产阶级和东方民族革命运动作出了伟大的贡献"[①]。中共中央、俄国共产党中央，以及许多国家的领导人和友好人士纷纷发表哀悼孙中山的文章和函电，美国《纽约时报》和英国《伦敦时报》都发表怀念孙中山的社论。由此可见，孙中山逝世是全世界进步国家和人民的重大损失，也是中国和中华民族的重大损失。孙中山为中国的独立、民主和富强的奋斗精神，以及他留下的斗争经历、思想、理论、经验和教训都是重要的宝贵的精神财富。所以，人民敬仰他、缅怀他、纪念他。自孙中山逝世后，研究孙中山的人那么多，出版的研究成果那么多，在中国历史上也前无古人。

读孙中山的书，继承孙中山的事业，研究孙中山的思想，弘扬他的爱国爱民的精神，学习孙中山廉洁奉公，全心全意做人民的公仆，树立文明、敬业、爱国的优秀品德，成为当今中国各族人民和华侨的崇高追求和效忠国家的榜样。

中共中央总书记、中华人民共和国国家主席习近平于2016年11月12日，在北京纪念孙中山先生诞辰150周年大会上发表讲话，指出："孙中山先生是伟大的民族英雄、伟大的爱国者、中国民主革命的伟大先驱，一生以革命为己任，立志救国救民，为中华民族作出了彪炳史册的贡献。"并明确坚定地表示"中国共产党人是孙

---

① 施滉著、刘彭陶译：《孙中山评传》，云南人民出版社1996年版，第235—236页。

中山先生革命事业最坚定的支持者、最忠诚的合作者、最忠实的继承者。在他生前，中国共产党人坚定支持孙中山先生的事业。在他身后，中国共产党人忠实继承孙中山先生的遗志，团结带领全国各族人民英勇奋斗、继续前进，付出巨大牺牲，完成了孙中山先生的未竟事业，取得新民主主义革命胜利，建立了人民当家做主的中华人民共和国，实现了民族独立、人民解放。在这个基础上，中国共产党人团结带领中国人民继续奋斗，完成了社会主义革命，确立了社会主义制度"①。习总书记的讲话将孙中山与中国共产党的关系讲得非常清楚和明白。

中国国民党和中国共产党这两个宗旨不同、信仰不同、代表不同阶级利益的政党之所以能联合在一起，能够两度合作，共同组成统一战线，当然不是孙中山或共产党某些人物意志的产物，也不是偶然的巧合，它有阶级、政治、思想方面的具体原因，也有外国的因素，但也不能否认孙中山和他的思想在国共合作中所起的作用。

第一次国共合作是中国共产党和孙中山共同倡议的，但合作能够顺利地建立，主要应该归功于孙中山。如果孙中山不接受共产党人提出的反帝反封建军阀、建立民主革命联合战线以合力进行国民革命的主张，并主动地采取联俄、联共和扶助农工的政策，积极地依靠共产国际和共产党人的帮助改组国民党，就不可能有第一次国共合作；如果没有孙中山坚决排除国民党右派的干扰，亲自主持召开国民党第一次全国代表大会，重新解释三民主义，国共合作就不会有共同遵循的政治纲领，没有这个纲领也就不会有国民党"一大"以后形成的、以孙中山为首的国共两党共同组合的民主革命联合战线，当然也就不会有北伐战争的胜利；国共合作建立后，要不是孙中山一次又一次地挫败邓泽如、冯自由、张继、谢持、邹鲁等人的破坏，国共合作就一天也不能维持。总之，孙中山在第一次国共合作中的作用是有目共睹的，是关键性的。

第二次国共合作是在孙中山逝世后第十个年头开始酝酿的。从第一次合作到第二次合作，中间经过了国共第一次合作分裂后的十年内战。当时国民党的情况，正如当时中共领导人张闻天所说：国民党"一方面有着全国性的政权和强大军事力量，并且有十年一党专政的统治；另一方面国民党过去十年的反动统治，失去人民的同情与信仰，且有了过去与共产党斗争的经验，惧怕共产党力量的壮大。故它一方面表示自大主义，不愿以平等地位来与共产党合作；另一方面惧怕共产党力量壮大，将来夺去抗日领导、危害其统治地位，故想尽方法来削弱共产党力量，因此，在两党合作的过程中，仍然有许多的障碍与困难"②。但由于日本帝国主义发动全面

---

① 习近平：《在纪念孙中山先生诞辰150周年大会上的讲话》，《广州日报》2016年11月12日，A2版。
② 任弼时：《中国抗日战争的形势与中国共产党的工作和任务》，中央统战部、中央档案馆编：《中共中央抗日战争统一战线文件选编》（下），档案出版社1986年版，第125页。

侵华战争，民族矛盾上升为主要矛盾，加上抗日战争形势的发展，中国共产党和国民党爱国将领共同努力，迅速打破国民党及其领导人蒋介石消灭共产党人的企图，使得国共两党以及其他爱国的民主党派之间能够合作。

但是，人所共知，国共第二次合作的政治基础是孙中山的三民主义。为什么孙中山已过世十二年了还要以孙中山的三民主义作为第二次合作的政治基础？这有两方面的原因：一是在当时只有孙中山的三民主义能够比较充分地体现当时中国各阶级、各政党的愿望和要求，为当时中国所必需；二是只有孙中山的三民主义才能统一当时全中国各党派的思想和认识，才能团结和号召国民党及其他党派共同合作，肩负抗日战争，拯救中国的历史使命。1937年7月15日，中国共产党向全国同胞公布国共合作宣言，宣言指出："孙中山先生的三民主义为中国今日之必需，本党愿为其彻底的实现而奋斗。"① 1938年3月12日，毛泽东在纪念孙中山先生逝世十三周年的演说中又明确指出："为了实行三民主义，扩大统一战线，战胜我们的敌人日本帝国主义，还一定要从革命实践中发扬艰苦奋斗、不动摇、不妥协的革命精神，才能达到。所以我们纪念孙中山，如果不是奉行故事的话，就一定要注意这样的三项：第一，为三民主义的彻底实现而奋斗；第二，为抗日民族统一战线的巩固与扩大而奋斗；第三，发扬艰苦奋斗、不屈不挠、再接再厉的革命精神。我以为这三项是孙先生留给我们的最中心最本质最伟大的遗产，一切国民党员，一切爱国同胞，都应接受这个遗产而发扬光大之。判断一个人究竟是不是孙先生的忠实信徒，就看他对这三项宝贵遗产的态度如何而定。"②

由此可见，中国共产党是将孙中山的三民主义作为宝贵的精神遗产加以继承的，是以"孙先生的忠实信徒"，为打败日本侵略者，"为三民主义的彻底实现"同国民党进行第二次合作的。

1937年6月14日，中共的董必武在《解放周刊》发表《共产主义与三民主义》一文，指出："孙中山先生的伟大，正因为他遗留给我们还有革命的三民主义。什么是革命的三民主义呢？这散见于中山先生的许多著作之中，而在《中国国民党第一次全国代表大会宣言》中详尽明显地规定了起来。"还说："国共分裂以后三民主义的革命没有被国民党发扬光大起来，而南京政府日趋极端，反把国民党第一次全国代表大会宣言的精神完全抛之脑后。除在恭诵总理遗嘱时念到'第一次全国代表大会宣言'等字以外，再也无人省记了！国民党本身已不睬其第一次全国代表大会

---

① 《中共中央公布国共合作宣言》，中央统战部、中央档案馆编：《中共中央抗日战争统一战线文件选编》（下），档案出版社1986年版，第9页。
② 《毛泽东在纪念孙中山先生逝世十三周年及追悼抗战阵亡将士大会上的演说词》，中央统战部、中央档案馆编：《中共中央抗日战争统一战线文件选编》（下），档案出版社1986年版，第95—96页。

宣言中所规定的三民主义，别人不相信三民主义有什么奇怪呢？"国民党提倡国民党"一大"宣言中的革命的三民主义时，便"与中国共产党有第一次合作；淹没了三民主义的革命性，遂与共产党睽离。现在国民党又有转向恢复革命的三民主义之征候，所以将重新与共产党合作"①。可见，国共两党的合作与分裂同对孙中山三民主义的态度都有密切关系。

当时中共领导人张闻天在1939年7月29日发表《拥护真三民主义 反对假三民主义》一文，指出："今天在抗日阵线中，对于三民主义有两种不同的立场：一种立场，是在于努力保存与发展三民主义中的基本的革命精神，使之成为全民族争取现阶段内革命之彻底胜利的战斗的政治纲领；另一种立场，是在于削弱与掩盖三民主义中基本的革命精神，保存与发展三民主义所包含的一些消极的与保守的因素，而使之成为一个不彻底的、富于妥协性的或片面的一民主义的政治纲领。"张闻天说："我们历来认为三民主义乃是半殖民地半封建的中国，经过反帝反封建的统一战线政策（孙中山先生当时具体规定为联俄、联共、唤起农工的三大政策），以争取民族独立、民权自由、民生幸福的民主共和国的胜利的政治纲领，这个纲领曾经孙中山先生亲自具体的规定于国民党第一次全国代表大会的宣言与纲领中。我们对于孙中山先生的全部著作也是历来从这种观点去研究，而且我们相信也只有从这种观点出发，才能真正保存与发展孙中山先生一切著作中的革命精神，使之成为中华民族解放斗争中一个思想的武器。"②

1940年1月，毛泽东在《新民主主义论》中指出："我们共产党人承认'三民主义为抗日民族统一战线的政治基础'，承认'三民主义为中国今日之必需，本党愿为其彻底实现而奋斗'，承认共产主义的最低纲领和三民主义的政治原则基本上相同。但是这种三民主义是什么三民主义呢？这种三民主义不是任何别的三民主义，乃是孙中山先生在《中国国民党第一次全国代表大会宣言》中所重新解释的三民主义。……只有这种三民主义，才是真三民主义，其他都是伪三民主义。只有《中国国民党第一次全国代表大会宣言》里对于三民主义的解释才是'真释'，其他一切都是伪释。"③ 1941年8月，叶青发表《与毛泽东论新民主主义》一文，就新民主主义的基本意义、新民主主义的世界性质、新民主主义的中国背景，以及新民主主义的政治、经济、文化等问题同毛泽东驳难。但是通读全文，叶青只不过是要强调"中国除了需要三民主义以外，不需要任何主义"，此外没有什么新内容。他要说的

---

① 董必武：《共产主义与三民主义》，载《解放周刊》第1卷第6期，1937年6月14日。
② 洛甫（张闻天）：《拥护真三民主义反对假三民主义》，载《三民主义与共产主义》，自修出版社1939年7月版。
③ 毛泽东：《新民主主义论》，《毛泽东选集》第2卷，人民出版社1991年版，第689页。

问题是"用三民主义去统一全国人底思想,以集中全国人民底意志,来谋力量上的团结和行动上的一致","谁不相信三民主义,谁就是自外于中国"。① 也即是说,要国共合作吗?可以,条件是共产党人放弃信仰共产主义、信仰他们的"假三民主义"。这种观点当然立即遭到中国共产党人的奋起驳击。

由此可见,国共两党(国民党左派除外)对孙中山三民主义的认识是明显不一样的,过去国共两党长期来只是就孙中山的三民主义在纠缠在争论,好像除此之外,孙中山的思想则没有其他可谈之处,这是对孙中山思想的不理解和误解。国民党反共,因而反对孙中山在"一大"宣言中解释的三民主义精神。共产党为了维护国共合作,强调只有承认在国民党"一大"宣言中解释的体现联俄、联共、扶助农工三大政策的三民主义,国共两党才有共同政治基础,才能继续合作。国民党人不敢公开否认孙中山的国民党"一大"宣言,也不敢公开承认孙中山重新解释的三民主义,当然就不敢承认孙中山的三大政策。国民党将三民主义视为同共产党搞关系的一种手段,当国民党同共产党合作时,他们强调要以孙中山的三民主义作为政治基础;当他们同共产党闹摩擦搞分裂时,也是打着什么维护孙中山三民主义纯洁性的旗帜,其实是他们自己暌离孙中山的三民主义。所以,国共合作的形成与分裂虽有种种原因,但其中同对孙中山及其思想抱什么态度,是一个重要的原因。可见,孙中山及他的三民主义是前两次国共合作的共同政治基础。

时至今日,国共两党的情况已经发生了很大的变化。在祖国大陆,共产党作为执政党早已实现了孙中山的三民主义,并在社会主义建设中取得举世公认的成就。当前,中共明确指出,当今中国正处在社会主义初级阶段,初级阶段的主要使命就是在共产党领导下实现多党合作,共同发展经济和建设和谐的社会,完善民主制度,团结各族人民实现祖国的和平统一,以及实现中华民族伟大复兴的中国梦。当今中国要坚持和弘扬孙中山的民族意识和家国情怀,坚持两岸一家亲,共同发展,造福人民的理念。孙中山的一个民族(中华民族)建立一个民族国家的思想,仍然具有生命力和历史使命感。所以,弘扬孙中山的精神,坚持共产党的强国富民思想和孙中山的一个中国的原则,与各党各派共同承担复兴中华的使命,仍然具有重大的意义。

在台湾,现在连孙中山的三民主义都不谈了,三民主义研究所,孙中山研究所都被取消废弃了。国民党的信仰是什么?理想是什么?也十分模糊,这是国民党这个"百年老店"的重大失误。国民党不信三民主义了,又不认同共产党具有中国特色的社会主义,唯一的只有共同守护中华文化,坚持一个中国原则,反对"台独",提倡两岸中国人一家亲,两岸同胞团结和共同发展,与全国人民一起共同复兴中华,

---

① 载《抗战与文化》杂志第5卷第10、11期。

造福两岸中国同胞。中国国民党是孙中山缔造的革命党,背离孙中山的事业和思想,也就是背叛孙中山,在台湾背叛孙中山,也就是背叛中国。到这个时刻,作为孙中山一贯尊崇的"友党"中国共产党,只能坚决与反对孙中山的反动派进行斗争、再斗争,除此之外,别无选择。

孙中山的三民主义思想是他指导民主革命的理论和学说,研究孙中山的革命,当然要研究孙中山的三民主义,但只研究三民主义,只讲孙中山的三民主义,不研究不宣传孙中山的其他思想,也是极其片面和失误的行为,对此学术界也难辞其咎。其实孙中山的思想包括哲学、政治学、经济学、社会学、文化学、教育学多个方面的内涵,只研究孙中山的三民主义和孙中山的所谓真假三民主义是不能真正反映孙中山作为一个追求中国独立、民主和富强的伟大政治家和思想家的本质的。因为孙中山爱国,所以他放弃自己救人的崇高医生职业,转变为从事救国救民的革命事业,但革命不是他的目的,建设繁荣富强的国家,建设一个"天下为公",实现自由、平等、民有、民治、民享的社会,才是他的理想。他奋斗一生就是要让国人过着和平的富裕的幸福的生活,实现幼有所教,壮有所为,老有所养。所以爱国、革命、建设是孙中山全部思想的核心。我们研究孙中山国家建设、社会建设、经济建设、文化建设、教育建设、生态文明建设、海防建设的思想不仅仅是为了孙中山,主要目的应该是总结他的思想的正误、成功与失败,从而得到启迪,为我们建设国家,实现振兴中国、复兴中华服务。总之,中国共产党是孙中山无比信赖的友党,共产党是孙中山事业的忠诚继承者、奋斗者和完成者。我们研究孙中山,就是要还原一个真实的孙中山,保存孙中山的精神财富,让孙中山的品德和家国情怀传承下去,让国人认识孙中山、学习孙中山,树立正确的价值观和为人民服务的公仆精神,消灭剥削和压迫,实现国民共同富裕。

我们对人物真相的求索是永无止境的,所以研究孙中山也不应该停止不前,还要继续努力。中国共产党也要与时俱进,坚决彻底清理腐败分子,树立社会主义核心价值观,发扬全心全意为人民服务的精神,为国家的统一、民族团结、社会民主,实现全民共同富裕,让国民过上美满幸福生活的伟大理想努力奋斗。只有全面、正确地理解孙中山,传承历史记忆,才能正确地了解孙中山与中国共产党之间关系的真相,也只有如此,才能正确理解中国共产党人研究孙中山、诠释孙中山的生平事功和思想、精神的意义和目的,给中华民族各族人民树立一个团结、统一和繁荣富强的效法榜样。

(作者单位:中山大学孙中山研究所)

孙中山民生主义的再认识

宋德华

在孙中山创立的三民主义中，民生主义是一个颇为独特的组成部分。它属性上与社会主义相交织，欲达至的目标带有预防性，提出后受革命党人认同程度最低，这都使得相比于民族和民权主义，对民生主义的解读更为不易。也许正因如此，孙中山自宣扬民生主义之始，就对其有更多答疑解惑式的辨析，甚望人们懂得其真意，把握其精髓，以求将其作为长远的指针。可以说，置于历史发展的长河来看，民生主义的重要性显得尤为突出。

学界对孙中山民生主义的研究，已取得丰厚成果，许多结论富于真知灼见，为后人进一步探索创造了条件。[①] 本文拟在此基础上，就民生主义几个有所忽略、尚存歧义的问题，从另外的角度作补充性的论析。

一、问题缘起："主观社会主义"质疑

民生主义与社会主义有关联，论者都承认这一点，并大都采用列宁的说法，将其称之为"主观社会主义"。所谓主观社会主义，就是只在"主观"上认同社会主义，实际上却奉行资本主义；其理论是一种具有空想性、反动性的民粹主义思想，其土地纲领则属于纯粹的、先进的资本主义。按此说法，孙中山对社会主义的认知就非常浅陋，存在很大差错，在主客观之间，也充满了难以理喻的矛盾。然而，以此对照孙中山关于民生主义的大量论述，常常令人疑窦丛生："主观社会主义"之说，在民生主义的史实中，很难得到充分的证明，是对列宁的论断理解有误，还是这一论断本身就不够完善，显然成了一个值得探讨的重要问题。

---

① 学界已发表的关于民生主义的论文，数量很多，观点不一。近年出版的由林家有、张磊主编的《孙中山评传》，其中第八章第五节"民生主义思想"及第七节第五点"社会历史观点——民生史观"（见该书下册，广东人民出版社2014年，第872—902、923—929页），对民生主义的论述颇具代表性。

先回到原点，看看列宁究竟怎么说。为了尽量完整准确，这里需要多做一些摘引。在《中国的民主主义和民粹主义》一文中，列宁对孙中山的民生主义作了三方面的评价。

第一，赞扬其民主主义精神："孙中山纲领的每一行都渗透了战斗的、真诚的民主主义。……这是带有建立共和制度要求的完整的民主主义。……是真正伟大的人民的真正伟大的思想；这样的人民不仅会为自己历来的奴隶地位而痛心，不仅会向往自由和平等，而且会同中国历来的压迫者作斗争。……没有真诚的民主主义的高涨，中国人民就不可能摆脱历来的奴隶地位而求得真正的解放，只有这种高涨才能激发劳动群众，使他们创造奇迹。在孙中山纲领的每一句话中都可以看出这种高涨。"①

第二，批评其民粹主义理论："……中国民粹主义者的这种战斗的民主主义思想体系，首先是同社会主义空想、同使中国避免走资本主义道路、即防止资本主义的愿望结合在一起的，……先进的中国人……从欧美吸收解放思想，……因此必然产生中国民主派对社会主义的同情，产生他们的主观社会主义。他们在主观上是社会主义者，因为他们反对压迫群众和剥削群众。但是中国这个落后的、半封建的农业国家的客观条件，……只提出了这种压迫和这种剥削的一定的历史独特形式——封建制度。……因此，这个中国民主主义者的主观社会主义思想和纲领，事实上……仅仅是消灭封建剥削的纲领。孙中山的民粹主义的实质，他的……所谓社会主义理论的实质就在这里。从学理上来说，这个理论是小资产阶级'社会主义者'反动分子的理论。因为认为在中国可以'防止'资本主义，认为中国既然落后就比较容易实行'社会革命'等等，都是极其反动的空想。"②

第三，辨析和肯定其资本主义取向："孙中山可以说是以其独特的少女般的天真粉碎了自己反动的民粹主义理论，承认了生活迫使他承认的东西……没有用自己反动的经济理论来捍卫真正反动的土地纲领……中国社会关系的辩证法就在于：中国的民主主义者真挚地同情欧洲的社会主义，把它改造成为反动的理论，并根据这种'防止'资本主义的反动理论制定纯粹资本主义的、十足资本主义的土地纲领！……历史的讽刺在于：民粹主义为了'反对'农业中的'资本主义'，竟然实行能够使农业中的资本主义得到最迅速发展的土地纲领。在亚洲一个最落后的农民国家中，是什么经济必要性使得最先进的资产阶级民主主义土地纲领能够被人接受

---

① 列宁：《中国的民主主义和民粹主义》，中共中央马克思恩格斯列宁斯大林著作编译局编：《列宁选集》第2卷，人民出版社1972年第2版，第424、425页。
② 列宁：《中国的民主主义和民粹主义》，《列宁选集》第2卷，第425—426页。

呢？这是因为必须摧毁以各种形式表现出来的封建主义。……在土地方面实行国有化以保证资本主义最迅速的发展。"①

他总结说："以孙中山为代表的资产阶级革命民主派，正在尽量启发农民群众在政治改革和土地改革方面的主动性和勇敢果断精神，从中正确地寻找'复兴'中国的道路。……由于在中国将出现许多个上海，中国无产阶级将日益成长起来。它一定会建立这样或那样的中国社会民主工党，而这个党在批判孙中山的小资产阶级空想和反动观点时，一定会细心地辨别、保存和发展他的政治纲领和土地纲领的革命民主主义内核。"②

应该说，从总体上看，列宁对孙中山民主主义的评价很高，许多见解非常深刻和精辟。但其中有一点，即关于孙中山的民生主义是"主观社会主义"、反动的民粹主义的说法，并不符合事实。考察列宁作此判断的依据，是孙中山一篇题为《中国革命的社会意义》的论文。这篇论文，原本为孙中山1912年3月底在南京同盟会会员饯别会演说的前半部分，于同年7月先被译成法文在国外发表，随即又被转译成俄文登载于俄国的《涅瓦明星报》。③ 列宁的评论，就是据此而作。将此半篇演说词与演说全文相对照，可明显看到取舍所带来的副作用，即由于缺少后半部分，欲准确传递演说原意，已受影响。更紧要的是，此篇译文中有两句非常关键的话，完全译错。一句是"我们有可能预防资本主义制度的进攻"，在演说原文中并无此句，亦无此意；④ 另一句是"……考虑如何防止资本主义在最近将来的孳生崛兴"，在演说原文中也并无此句，亦无此意。⑤ 能旁证这两句话翻译错误的，是同一时期，这半篇演说还有一种英译文，以《中国的下一步》为题在国外刊载，其中相对应的两段，与演说原文基本一致，也没有"预防资本主义"或"防止资本主义"的语句和

---

① 列宁：《中国的民主主义和民粹主义》，《列宁选集》第2卷，第426—428页。
② 列宁：《中国的民主主义和民粹主义》，《列宁选集》第2卷，第428页。
③ 见《孙中山全集》第2卷，中华书局1982年版，第324页注释。此注释中的日期"一九二四年四月一日"，应为此年"三月三十一日"，见黄彦编《孙文选集》中册，广东人民出版社2006年版，第282页。
④ 相对应的两段话，演说原文为"英美诸国因文明已进步，工商已发达，故社会革命难。中国文明未进步，工商未发达，故社会革命易。英美诸国资本家已出，障碍物已多，排而去之故难。中国资本家未出，障碍物未生，因而行之故易"，而译文则为"因为英国和美国有高度的文明和发达的工业，要在那里实现社会革命确是难事。我们的中国还没有发展到那种地步，故社会革命对我们来说就比较容易。我们有可能预防资本主义制度的进攻，在资本主义国家里对既得利益是紧抱不放的，要打破这种利益是困难的。在中国既无资本家，也没有既得利益，因而进行这种革命就比较容易"。《孙中山全集》第2卷，第319、325页。
⑤ 相对应的两段话，演说原文为"吾人当此民族、民权革命成功之时，若不思预防，后来资本家出现，其压制手段恐怕比专制君主还要甚些，那时杀人流血去争，岂不重罹其祸乎"，而译文则为"如果我们从中华民国存在之日起就不去考虑如何防止资本主义在最近将来的孳生崛兴，那么等待我们的就是比清朝专制暴政还要酷烈百倍的新专制暴政，要挣脱这种新的暴政就必须用流血手段。那是何等暗淡的前途"。《孙中山全集》第2卷，第320、326页。

意思。① 列宁对民生主义的评析，固然是以整篇论文（即半篇演说词）为据，但非常清楚的是，他之所以将孙中山与俄国民粹主义者相类比，认为他"也具有完全同样的民粹主义色彩"，②进而将民生主义判定为空想与务实、反动与进步并存的"主观社会主义"，最重要的凭证就是因为孙中山的思想"首先是同社会主义空想、同使中国避免走资本主义道路、即防止资本主义的愿望结合在一起的"，"认为在中国可以'防止'资本主义，认为中国既然落后就比较容易实行'社会革命'"，他"根据这种'防止'资本主义的反动理论……'反对'农业中的'资本主义'"。这一凭证中再三强调的"防止资本主义"，采用的就是前述两句错译之语。可以说，正是错误的翻译，导致了列宁对"主观社会主义"的误判。

那么，孙中山的原意与错译之意，究竟差别在哪里？简要地说，孙中山所要"预防"的，只是资本主义的"流弊"，而并不是资本主义。这种流弊，是指少数大资本家的垄断，指社会普遍存在的贫富悬殊，它是欧美资本主义长期发展导致的恶果，也是社会主义思潮得以兴盛和社会革命得以酝酿的根源。孙中山并不一概反对发展资本主义，恰恰相反，他充分肯定资本主义给欧美带来的文明和富强，欢迎和期盼中国资本主义的勃兴，还大力主张引入外资，开发生产力，使中国成为"最富之国"。不过，他特别担心中国资本主义发达之后，也会出现欧美式的流弊，因此有必要提前预防，这就是用"国家社会主义"来防止资本家的私人垄断，以避免重蹈西方民生困苦的覆辙。他认为欧美的流弊已积重难返，而中国的流弊尚未出现，若预防在前，会比较容易收到成效。这些含意，本来在孙中山演说的前半部分，已大致可见，而在演说的后半部分，更是表达得非常清晰。③ 可惜俄译文未全文翻译，已译部分，又弄错了至关重要的两句。

既然孙中山并不主张"防止资本主义"，反而主张发展资本主义，民生主义自然也就不是民粹主义，不是"主观社会主义"；其属性如何，就还需要依据他对民生主义的全部论述，重新加以界定。

---

① 前段在英译文中为："夫英美两国文明既进步，工业复发达，是以欲求有一社会革命，实为难能之事。然我国则尚未达此阶段，故社会革命易于实现也。盖英美之资本家于既得权利已根深蒂固，将何求以驱除之？至若我国资本家与既得利益均尚未出现，故欲达社会革命之目的，实在为简易之事也。"后段为："如吾人于共和初成之日而不预谋及此，一旦资本主义渐次成长，则其所予吾人之压迫，必将更甚于吾人所推翻之专制政体。当此之时，吾人又将经过一大流血时代。此种情形，岂非可悲可叹？"《孙中山全集》第2卷，第328页。
② 列宁：《中国的民主主义和民粹主义》，《列宁选集》第2卷，第424页。
③ 见孙中山：《民生主义与社会革命——在南京同盟会员饯别会的演说》（一九一二年三月三十一日），《孙文选集》中册，第282—288页。

二、基本性质：聚焦民生的社会主义

首先值得关注的是，对于民生主义的归属，孙中山本人的认定从不含糊，总是将其等同于社会主义或共产主义。在长达二十多年的时间里，民生主义的内容虽有变化发展，这一自我定性则始终没有改变。

对此，他有多种表述，角度不一。有的以国家政策立论："故一面图国家富强，一面当防资本家垄断之流弊。此防弊之政策，无外社会主义。本会政纲中所以采用国家社会主义政策，亦即此事。现今德国即用此等政策，国家一切大实业如铁道、电气、水道等务皆归国有，不使一私人独享其利。"① 有的以革命目的立论："今吾国之革命乃为国利民福革命，拥护国利民福者，实社会主义。"② 有的以人民利益立论："民生主义，则抵抗少数资本家，使人民共享生产上之自由。故民生主义者，即国家社会主义也。"③ 有的直接以两大主义的关系立论："……共产主义就是最高的理想来解决社会问题的。我们国民党所提倡的民生主义，不但是最高的理想，并且是社会的原动力，……分别共产主义和民生主义，可以说共产主义是民生的理想，民生主义是共产的实行。所以两种主义没有什么分别，要分别的还是在方法。……这次国民党改组，许多同志因为反对共产党，便居然说共产主义与三民主义不同，在中国只要行三民主义就够了，共产主义是决不能容纳的。然则民生主义到底是什么东西呢？……民生主义就是共产主义，就是社会主义。所以我们对于共产主义，不但不能说是和民生主义相冲突，并且是一个好朋友……"④

这表明至少从主观来说，孙中山认同并确信民生主义是属于社会主义而非资本主义。作为一名真诚的民主革命领袖，孙中山如此坚守社会主义的立场，自有其经过深思熟虑的道理，是判断民生主义性质的一个重要参照。

当然，一种主义的性质如何，不能完全依照创立者的自我称谓，还必须考察这一主义有哪些根本性取向，以对其属性作出客观评判。准此，用较为公认的标准来衡量，民生主义有两大取向，可说与社会主义若合符节。

---

① 孙中山：《民生主义与社会革命——在南京同盟会员饯别会的演说》（一九一二年三月三十一日），《孙文选集》中册，第287页。
② 孙中山：《社会革命与社会主义——在武汉各界欢迎会的演说》（一九一二年四月十一日），《孙文选集》中册，第296页。
③ 孙中山：《民生主义即国家社会主义——在上海同盟会员欢迎茶会的演说》（一九一二年四月十六日），《孙文选集》中册，第298页。
④ 孙中山：《三民主义·民生主义第二讲》（一九二四年八月十日），《孙文选集》上册，第620—621、626—627页。

一是以公有反对资本家的垄断性私有。在孙中山看来，资本家对财富的垄断，正是一切社会问题产生的根源："夫吾人之所以持民生主义者，非反对资本，反对资本家耳，反对少数人占经济之势力垄断社会之富源耳。试以铁道论之，苟全国之铁道皆在一二资本家之手，则其力可以垄断交通，而制旅客、货商、铁道工人等之死命矣。土地若归少数富者之所有，则可以地价及所有权之故，而妨害公共之建设，平民将永无立椎〔锥〕地矣。"① 要打破这种垄断，只有实行公有，因而他特别推崇亨利·乔治和马克思的公有论："综二氏之学说，一则土地归为公有，一则资本归为公有。于是经济学上分配，惟人工所得生产分配之利益，为其私人赡养之需。而土地、资本所得一分之利，足供公共之用费，人民皆得享其一分子之利益，而资本不得垄断以夺贫民之利。斯即社会主义本经济分配法之原理，而从根本上以解决也。……社会主义家则莫不主张亨、麦（麦克司，即马克思——引者注）二氏之学说，而为多数工人谋其生存之幸福也。……亨氏之土地公有、麦氏之资本公有，其学说实得社会主义之真髓。"②

二是谋求所有人的幸福。他将社会主义称之为人道主义，因为它们有着共同的核心价值："人道主义主张博爱、平等、自由，社会主义之真髓亦不外此三者，实为人类之福音。我国古代若尧舜之博施济众、孔丘尚仁、墨翟兼爱有近似博爱也者，然皆狭义之博爱，其爱不能普及于人人。社会主义之博爱，广义之博爱也。社会主义为人类谋幸福，普遍普及，地尽五洲，时历万世，蒸蒸芸芸，莫不被其泽惠。此社会主义之博爱，所以得博爱之精神也。……社会主义之主张，实欲使世界人类同立于平等之地位，富则同富，乐则同乐，不宜与贫富苦乐之不同而陷社会于竞争、悲苦之境。"③

这些取向不是社会主义的全部，但确是社会主义之所以为社会主义而具有的本质性特征。孙中山认定民生主义就是社会主义，他所认可的这些社会主义的"真髓"、自然也就是民生主义的精粹所在。据此将民生主义归入社会主义思想阵营，应该说有充分的理据。

如果说民生主义可称之为社会主义，那么，它属于何种社会主义？孙中山生活的年代，社会主义早已经历了长期的演变，出现了众多流派，各流派虽有继承性和

---

① 孙中山：《民生主义即国家社会主义——在上海同盟会员欢迎茶会的演说》（一九一二年四月十六日），《孙文选集》中册，第298页。
② 孙中山：《论社会主义——在上海中国社会党党员大会的演说》（一九一二年十月十四日至十六日），《孙文选集》中册，第354、355、358页。
③ 孙中山：《论社会主义——在上海中国社会党党员大会的演说》（一九一二年十月十四日至十六日），《孙文选集》中册，第348、356页。

共同点，存在的差别也非常明显。若仅以社会主义相称，而不确定其特有的性质及与其他流派的异同，这一称谓就会显得相当空泛。事实上，孙中山的民生主义是在整个社会主义思想发展史的基础上建立起来的，他对各流派既有批判，也有继承，更有自己独特的创见。

对于社会主义思想发展史，孙中山一直保持高度关注，不断作出自己的评判。早在提出民生主义之初，他就指出欧美社会党所倡导的"民生主义"即社会主义是一种很繁博的科学，"其中流派极多，有主张废资本家归诸国有的，有主张均分于贫民的，有主张归诸公有的，议论纷纷"。① 数年后，他应中国社会党之邀，在上海发表论社会主义的专题演讲，将社会主义流派分为"共产社会主义""集产社会主义""国家社会主义"和"无政府社会主义"等四种，又合并为"集产"与"共产"两派，并详加评介说："夫所谓集产云者，凡生利各事业，若土地、铁路、邮便、电政、矿产、森林皆为国有。共产云者，即人在社会之中，各尽所能，各取所需，如父子昆弟同处一家，各尽其生利之能，各取其衣食所需，不相妨害，不相竞争，郅治之极，政府遂处于无为之地位而归于消灭一途。两相比较，共产主义本为社会主义之上乘。然今日一般国民道德之程度未能达于极端，尽其所能以求所需者尚居少数，任取所需而未尝稍尽所能者随在皆是。……狡猾、诚实之不同，其勤惰、苦乐亦因之而不同，其与真正之社会主义反相抵触。说者谓可行于道德、智识完美之后，然斯时人民道德、智识既较我人为高，自有实行之力，何必我人之穷思竭虑，筹画于数千年之前乎？我人既为今日之人民，则对于今日有应负之责任……即应改良今日社会之组织，以尽我人之本分。则主张集产社会主义，实为今日唯一之要图。凡属于生利之土地、铁路收归国有，不为一二资本家所垄断渔利，而失业小民务使各得其所，自食其力，既可补救天演之缺憾，又深合于公理之平允。斯则社会主义之精神，而和平解决贫富之激战矣。"② 他肯定共产社会主义为"上乘"之理想，但不主张马上实行，因为还不具备实行的道德条件，若要强行，只能适得其反；也不主张今人为实行此主义过度操心，因为数千年实在相隔遥远，未来应交给更高明的后人去操办。所以，今日所实行的社会主义，只能是集产社会主义。孙中山对共产主义的概括还比较片面，但其不选共产主义作为当下"要图"的理由却非常实在，其理智性在后来的历史中也得到了有力的印证。

十月革命和五四运动发生之后，社会主义思想在中国得到了迅速而广泛的传播，

---

① 孙中山：《三民主义与五权分立——在东京〈民报〉创刊周年庆祝大会的演说》（一九〇六年十二月二日），《孙文选集》中册，第168页。
② 孙中山：《论社会主义——在上海中国社会党党员大会的演说》（一九一二年十月十四日至十六日），《孙文选集》中册，第347页。

孙中山敏锐地意识到社会主义"这种学说和思想现在流入中国来了，中国一班新学者也是拿他来研究。因为社会主义现在中国很流行，所以共产主义现在中国也是很流行。……我们要研究这个问题，便要先把他的源委、性质和定义来研究清楚"。①为此，他对社会主义思想流派又从纵向演变的维度，重新做了梳理，以马克思学说为界标，分成"乌托邦派"和"科学派"。

他评述前者说："在马克思的学说没有发表以前，世界上讲社会主义的，都是一种陈义甚高的理论，离事实太远。……这个乌托邦和中国黄老所说的'华胥氏之国'②意思相同……专从理想上来把社会来改良成一个安乐的国家，便有这种子虚乌有的寄托。这种寄托是由于人类受了很多痛苦，那些极有道德和悲天悯人的人，见了很不忍心但是又没有力量去改良，所以只好说理想上的空话，作一种寄托。……所以从前一般讲社会主义的人多半是道德家，就是一般赞成的人，也是很有良心、很有道德的。只有在经济上已经成功、自私自利、不顾群众生活的资本家才去反对，才不理社会问题。……但是从前讲社会主义的人都是乌托邦派，只希望造一个理想上的安乐世界，来消灭人类的痛苦。至于怎么样去消灭的具体方法，他们毫没有想到。"③也就是说，乌托邦派的动机和目的都很好，就是空想太多，办法太少，无法付诸实践。这种社会主义，显然已经过时。

对以马克思学说为代表的"科学派"，孙中山有很多赞美之词。他颂扬马克思说："实业革命以后，研究社会问题的人不下千百家，其中研究最透彻和最有心得的，就是大家所知道的马克思。马克思对于社会问题好像卢骚对于民权问题一样。在一百多年以前欧美研究民权问题的人，没有那一个不是崇拜卢骚为民权中的圣人，好像中国崇拜孔子一样。现在研究社会问题的人，也没有哪一个不是崇拜马克思做（今通用"作"——引者注）社会主义中的圣人。……马克思所著的书和所发明的学说，可说是集几千年来人类思想的大成。所以他的学说一出来之后，便举世风从，各国学者都是信仰他，都是跟住他走……"④。马克思"专从事实与历史方面用功，原原本本把社会问题的经济变迁阐发无遗。……用他的聪明才智和学问经验，对于这些问题作一种极透彻的研究，把古人所不知道和所不能解决的都通通发明出来。他的发明是全凭着经济原理。……这种解决社会问题的原理，可以说是全凭事实，不尚理想。……这种研究社会问题的办法，就是科学方法。故马克思所求出解决社

---

① 孙中山：《三民主义·民生主义第一讲》（一九二四年八月三日），《孙文选集》上册，第596页。
② 华胥氏之国，古代传说中的理想之国，有关记载最早见《列子·黄帝》。
③ 孙中山：《三民主义·民生主义第一讲》（一九二四年八月三日），《孙文选集》上册，第598—600页。
④ 孙中山：《三民主义·民生主义第一讲》（一九二四年八月三日），《孙文选集》上册，第598—600页。

会问题的方法，就是科学的社会主义"。①

在极力推崇马克思和他的学说的同时，孙中山也明确表示并不赞同这一学说所讲的一些道理。这些道理大致有三个，即"以物质为历史的重心"说、"阶级战争"说、剩余价值说。他所作的批评，在理论层面显得非常薄弱，主要集中于事实层面，②其具体议论限于篇幅，此处不能详述。要而论之，尽管孙中山对马克思主义的基本观点存在诸多简单化的理解甚至误读，并不足以证明马克思学说本身的缺失，但他有一个很大的可取之处，就是能紧密联系当时世界和中国的现实，对马克思当年所没有见到或预见到的事实，作出了新的分析，得出了新的结论，为推动马克思学说的发展，至少提供了新的思路。其中尤其值得注意的是，他特别强调理论一定要以事实为据，要经受得起实践的检验，认为"从他（指马克思——引者注）的学说出世之后，各国社会上所发生的事实便与他的学说不合，有的时候并且相反。……第一国际共产党和第二国际共产党的主张太不相同，所以后来马克思党徒的纷争更是利害。这都是马克思在当时所没有料到的。……依他的判断，资本发达到极点的国家，现在应该到消灭的时期，应该要起革命。但是从他至今有了七十多年，我们所见欧美各国的事实和他的判断刚刚是相反。……到今日，各国的资本家不但不消灭，并且更加发达，没有止境，便可以证明马克思的学理了"。③以事实修正理论，对马克思的学说既要继承，又要根据时代的变迁而发展，这正是一种马克思主义的态度。至于怎样发展，当然需要做很多艰苦、细致、深入的研究工作，孙中山当时还没有条件做到这一点，但他指示的路径无疑很有借鉴价值。

既然空想社会主义已经翻篇，科学社会主义又有待更新，而"现在各国的社会主义，各有各的主张，所以各国解决社会问题的方法也是各有不同"，④这就促使一心要解决中国社会问题的孙中山，对社会主义重新进行建构。⑤其成果，就是推出了民生主义这一新的社会主义流派。

对于何以命名为民生主义，孙中山作过很多阐释，可概略归纳为这样两点：

第一，用民生来确定其社会主义特有的内涵和范围。他解释说，"民生"是中

---

① 孙中山：《三民主义·民生主义第一讲》（一九二四年八月三日），《孙文选集》上册，第598—601页。
② 孙中山：《三民主义·民生主义第一讲》（一九二四年八月三日），《孙文选集》上册，第601—616页。
③ 孙中山：《三民主义·民生主义第一讲》（一九二四年八月三日），《孙文选集》上册，第610、611页。
④ 孙中山：《三民主义·民生主义第一讲》（一九二四年八月三日），《孙文选集》上册，第598页。
⑤ 孙中山认为，中国也需要有符合自身国情的社会主义："惟我国与各国社会之状态不同，则社会主义施展之政策，遂亦因之而又激烈、和平之不同矣。各国尚多反对社会主义之政府，我国则极赞成采用社会主义者也。然则我国主张社会主义之学子，当如何斟酌国家社会之情形，而鼓吹一种和平完善之学理，以供政府之采择乎。"孙中山：《论社会主义——在上海中国社会党党员大会的演说》，一九一二年十月十四日至十六日，《孙文选集》中册，第348页。

国惯用的名词，意为"国计民生"，原本涵义有限，但"今日科学大明，在科学范围内拿这个名词来用于社会经济上，就觉得意义无穷了"。对此意义，他以"人民的生活"为纲，下了这样的定义："可说民生就是人民的生活——社会的生存、国民的生计、群众的生命便是。"① 他又进一步辨析说："共产主义和社会主义两个名词，现在外国是一样并称的，其中办法虽各有不同，但是通称的名词都是用社会主义。现在中国有人把社会主义同社会学两个名词作一样的看待，这实在是混乱。……社会学的范围，是研究社会的情状、社会的进化和群众结合的现象；社会主义的范围，是研究社会经济和人类生活的问题，就是研究人民生计问题。所以我用民生主义来替代社会主义，始意就是在正本清源，要把这个问题的真性质表明清楚，要一般人一听到这个名词之后便可以了解。……民生主义，究竟和社会主义有没有分别呢？社会主义中的最大问题就是社会经济问题，这种问题就是一班人的生活问题。因为机器发明以后，大部分人的工作都是被机器夺去了，一班工人不能够生存，便发生社会问题。所以社会问题之发生，原来是要解决人民的生活问题。故专就这一部分的道理讲，社会问题便是民生问题，所以民生主义便可说是社会主义的本题。"② 孙中山借用"民生"一词，划清社会主义与社会学的界线，区分"通称"的社会主义与专门解决"社会经济问题"的社会主义的不同，揭示"人民的生活问题"是"社会问题"发生的深层根源，这就非常清楚地表明民生主义的确不是泛泛而谈的社会主义，而是有着特定内容即以解决人民生活及社会经济问题为专项的社会主义。

第二，用民生来表达其社会主义特有的理论和取向。此点主要针对"以物质为历史的重心"而发，别树一帜地提出了"以民生为社会历史的中心"③ 的观点。他自述民生主义创立之初，之所以不讲社会主义而只讲民生主义，就是经过"详细研究，反复思维"之后，"总觉得用'民生'这两个字来包括社会问题，较之用'社会'或'共产'等名词为适当，切实而且明瞭，故采用之"，而想不到"欧战发生之后，事理更明，学问更进，而马克思宗徒亦有发明相同之点"，由此"足见吾党之提倡民生主义正合夫进化之原理，非同时髦学者之人云亦云也"。④ 这里所说的"马克思宗徒"，是指一位名叫莫里斯·威廉（Maurice William）的美国学者。据介绍，这位学者本为马克思的信徒，因见同门互相纷争，便以为"一定是马克思学说还有不充分的地方"，于是加以深究，发表意见说"马克思以物质为历史的重心是

---

① 孙中山：《三民主义·民生主义第一讲》（一九二四年八月三日），《孙文选集》上册，第593页。
② 孙中山：《三民主义·民生主义第一讲》（一九二四年八月三日），《孙文选集》上册，第596—598页。
③ 孙中山：《三民主义·民生主义第一讲》（一九二四年八月三日），《孙文选集》上册，第616页。
④ 孙中山：《三民主义·民生主义第一讲》（一九二四年八月三日），《孙文选集》上册，第604页。

不对的，社会问题才是历史的重心，而社会问题中又以生存为重心，那才是合理"。[1] 孙中山对此说赞赏不已，将其与民生说紧密挂起钩来："民生问题就是生存问题，这位美国学者最近发明与吾党主义若合符节。这种发明就是民生为社会进化的重心，社会进化又为历史的重心，归结到历史的重心是民生，不是物质。"[2] 由此，威廉的"生存"说，就转换成孙中山的"民生"说，以前者为理论基石，以后者为事实论证，两者合为一体，共同成为了"社会进化的定律"。[3] 对于这一定律，孙中山充满了自信，比喻其对于社会主义思想的发展，有着创立日心说一样的价值："从前的社会主义错认物质是历史的中心，所以有了种种纷乱。这好像从前的天文学错认地球是宇宙的中心，所以计算历数，每三年便有一个月的大差，后来改正太阳是宇宙的中心，每三年的历数才只有一日之差一样。我们现在要解除社会问题中的纷乱，便要改正这种错误，再不可说物质问题是历史中的中心，要把历史上的政治、社会、经济种种中心都归之为民生问题，以民生为社会历史的中心。先把中心的民生问题研究清楚了，然后对于社会问题才有解决的办法。"[4] 将历史演变归结为社会进化，将社会进化归结为人类生存，将人类生存等同于民生，这就是孙中山所构建的因果之链。这就意味着，只有民生才是历史真正的中心和内核，只有解决民生问题才是解决一切社会问题的锁钥，民生主义从而在理论和取向上也成了一种独特的社会主义。

从上述两点看，以民生来定义社会主义，确实有很大的创意。在众多的社会主义思想流派中，它非常明确地将社会问题浓缩为民生问题，以此作为贯串历史与现实的基本线索，在理论和方法上自成一体、与众不同，形成了具有独特标志的社会主义，堪称建立有中国特色社会主义学说的最早尝试。当然，作为一种探索，限于

---

[1] 孙中山：《三民主义·民生主义第一讲》（一九二四年八月三日），《孙文选集》上册，第603页。威廉，工人出身，早年曾加入美国社会劳动党，1921年出版了《社会史观：马克思主义经济史观的辩驳》一书。

[2] 孙中山：《三民主义·民生主义第一讲》（一九二四年八月三日），《孙文选集》上册，第603—604页。

[3] 关于此项定律，孙中山作了多种论证。例如，着眼于人们经济利益之间的调和："社会上大多数的经济利益之所以要调和的原因，就是因为要解决人类的生存问题。古今一切人类之所以要努力，就是因为要求生存；人类因为要有不间断的生存，所以社会才有不停止的进化。所以社会进化的定律是人类求生存，人类求生存才是社会进化的原因。阶级战争不是社会进化的原因，阶级战争是社会当进化的时候所发生的一种病症。这种病症的原因，是人类不能生存。因为人类不能生存，所以这种病症的结果便起战争。"［孙中山：《三民主义·民生主义第一讲》（一九二四年八月三日），《孙文选集》上册，第607—608页］又如，着眼于生产与消费的关系："……实业的中心是在什么地方呢？就是在消费的社会，不是专靠生产的资本。……因为实业的中心要靠消费的社会，所以近来世界上的大工业都是照消费者的需要来制造物品。近来有知识的工人，也是帮助消费者。消费是什么问题呢？就是解决众人的生存的问题，也就是民生问题。所以工业实在是要靠民生。民生就是政治的中心，就是经济的中心和种种历史活动的中心，好像天空以内的重心一样。"（同前，第616页）

[4] 孙中山：《三民主义·民生主义第一讲》（一九二四年八月三日），《孙文选集》上册，第616页。

种种条件，民生主义在学理上还并不成熟，许多概念、命题或结论，还值得进一步商讨和完善。①

三、思想内涵：以公平正义为核心

民生主义最初创立时，以"平均地权"为纲领，其思想内涵还相当单薄。经过长时段积淀，到1924年孙中山系统演讲民生主义，其作为一种比较完备的学说，思想内涵已十分丰富。置于这一内涵之中，原初的纲领不再处于统领之位，而思想本身则成为主要结晶，展现着民生主义的精华。

由于来源的驳杂，民生主义涉及的思想相当宽泛。如前所述，中国的仁爱大同思想，西方各种流派的社会主义，特别是亨利·乔治的"单税社会主义"和马克思的科学社会主义，都对民生主义的构建产生过不同程度的影响。尽管如此，正像孙中山将其社会主义称之为民生主义，以显示其独特性一样，他在民生主义的思想内涵上也有自己的特别之点。这就是他在宣扬民生主义思想时，始终围绕着一个核心，即公平正义观。

在这一观念中，最重要的概念是"平"字。早在1903年，他就以"平均"作为施行平均地权之纲的原理："盖天下万事万物无不为平均而设，如教育所以平均智识，宫室、衣服所以平均身体之热度，推之万事，莫不皆然。则欧美今日之不平均，他时必有大冲突，以趋剂于平均，可断言也。"②这个道理虽还极为宽泛，谈不上有多少学理，却也明确表达了对平均法则的一种信仰。后来，他通过以社会主义纠社会达尔文主义之偏，大大深化了对此道理的认识："社会主义不独为国家政策之一种，其影响于人类世界者既重且大。循进化之理，由天演而至人为，社会主义实为之关键。动物之强弱，植物之荣衰，皆归之于物竞天择、优胜劣败。进化学者遂举此例，以例人类国家，凡国家强弱之战争，人民贫富之悬殊，皆视为天演淘汰之公例。故达尔文之主张谓世界仅有强权而无公理，后起学者随声附和，绝对以强权为世界唯一之真理。我人诉诸良知，自觉未敢赞同，诚以强权虽合于天演之进化，而公理实难泯于天赋之良知。故天演淘汰为野蛮物质之进化，公理良知实道德文明

---

① 孙中山自己也留意到这一点，特地在演讲中表示："民生主义这个问题，如果要从学理上详细来讲，就是讲十天或二十天也讲不完全，况且这种学理现在还是没有定论的。所以单就学理来讲，不但是虚耗很多时间，恐怕讲演理论越讲越难明白。"[孙中山：《三民主义·民生主义第二讲》（一九二四年八月十日），《孙文选集》上册，第617页]此需另撰专文讨论，这里姑暂从略。

② 孙中山：《复某君述平均地权主张并告在檀香山肃清保皇流毒情形函》（一九〇三年十二月十七日），《孙文选集》中册，第133页。

之进化也。……社会主义所以尽人所能，以挽救天演界之缺憾也。其所主张，原欲推翻弱肉强食、优胜劣败之学说，而以和平慈善消灭贫富之阶级于无形。……我人所抱之唯一宗旨，不过平其不平，使不平者底于平而已矣。"① "不平"即为倚强凌弱、以富欺贫，是一种重物轻人的野蛮进化，而"平"则为讲求公理良知、符合道德文明的进化，求"平"以去"不平"，成了孙中山对社会主义亦即民生主义宗旨最简明的概括。

孙中山谈"平"之时，常常使用"平均"一词。用语虽然古老，其实质却全然不同于西方的均产主义或中国传统的均平思想。他分辩说："尝考欧西最初社会主义之学说，即为'均产派'，主张合贫富各有之资财而均分之。……其主张激烈，均分富人之资财者，于事理上既未能行，于主义上亦未尽合。故欲主张平均社会生计，必另作和平完善之解决，以达社会主义之希望。……均分富人之资财，表面似合于均产之旨，实则一时之均，而非永久之均也。故欲永弭贫富之阶级，似不得不舍此而另作他图矣。"② 他又解释道："北方同胞误会吾党民生主义，以为劫富济贫，扰乱社会秩序。此荒谬绝伦，公理上绝无此事，富人幸勿恐怕。要知民生主义，富人极应赞助提倡之。何则？民生主义盖防止富人以其富专制、毒害贫民。譬如英、奥等国，君主国也，而政治之进步与民主国无异，……君主虽有君主之位，无君主之权以害人民也。……预为富人劝告，预为贫人防备。此即民生主义也。"③ 不图"一时之均"，而求"永久之均"；不搞"劫富济贫"，而防恃富害贫，——这清楚显示民生主义之"平"，已完全不是旧式的平均主义，而是一种灌注了新的时代精神的现代公平正义理念。

作为这一理念最有代表性的体现，就是强烈反对资本家和地主阶级的剥削压迫，坚决主张维护工农民众的权益。他主要以欧美国家为例，对资本家的"专制"一再严加抨击，而对人民的痛苦深表同情："夫美洲之不自由更甚于专制国。盖专制皇帝且口不离爱民，虽专横无艺，犹不敢公然以压抑平民为帜志。若资本家则不然。资本家者，以压抑平民为本分者也，对于人民之痛苦全然不负责任者也。一言蔽之：资本家者，无良心者也"，④ "实业发达，世界财力悉归少数资本家之掌握，一般平

---

① 孙中山：《论社会主义——在上海中国社会党党员大会的演说》（一九一二年十月十四日至十六日），《孙文选集》中册，第345—347页。
② 孙中山：《论社会主义——在上海中国社会党党员大会的演说》（一九一二年十月十四日至十六日），《孙文选集》中册，第344—346页。
③ 孙中山：《应以国利民福为前提并正确理解民生主义——在北京国民党成立大会的演说》（一九一二年八月二十五日），《孙文选集》中册，第310—311页。
④ 孙中山：《社会革命与社会主义——在武汉各界欢迎会的演说》（一九一二年四月十一日），《孙文选集》中册，第296页。

民全被其压制,是与专制政府何异。……今坐视资本家压制平民而不为之所,岂得谓之平等乎",①"欧美……地主(主要指土地资产阶级——引者注)、资本家既占优胜之地位,工人遂处于劣败之地位矣。法律上又保护资本家与地主之专利,故地主益垄断其地权,资本家益垄断其利权,而多数之工人虽尽其劳动之能力,反不能生存于社会。……英伦最富之区也,人口之众达六百万奇。每至冬季,其饥民辄居全埠六分之一。以富庶之区,人民尚不免于饥寒,非生产之供应不足,实分配之未能平允故也。……以生利之工人且不能免于饥寒,而分利之地主、大资本家反悠游自在,享社会无上之幸福,何其不平之甚耶"。② 正是这种极端的不平,使孙中山看到了西方繁荣富强背后的重大缺陷和危险。对于中国农民的困苦,他于国共合作兴起农民运动之后,也开始高度关注,在"革命党和农民的第一次见面"会上发表演说时指出:"中国几千年来立国,大多数的人都是农民。现在的农民是怎么样呢?一般农民所处的境遇都是最艰难和最痛苦的,没有幸福可言。……一年辛苦到晚,该是担了多少水旱天灾的忧,受了多少风雨寒热,费了多少的血汗劳动,才收获若干谷米。……商人用极平的价买得谷米之后,一转手之劳,便用极高的价再行发卖,中间一买一卖,赚很多的钱,都不关你们农民的事。而且你们所耕种的田大多数都是租来的,租钱又贵,所以你们每年辛辛苦苦得来的钱,都是为商人和田主空劳动的。……你们这种生活,凡是买进的衣服器具都要用很高的价,花很多的钱,卖出的谷米只照很低的价,得很少的钱,这就是受经济的压迫。因为受了很大的经济压迫,所以你们农民便是很穷,所处的地位便是很低。"③ 压迫和剥削者不同,社会严重不平不均的结果则一样。

针对既是典型的西方病症,又是世界性现象的贫富悬殊、经济压迫问题,孙中山提出以"共享"为原则的解决思路。这一原则以前述土地、资本的全社会公有为前提,落脚点则是公平合理地分配。一是要按劳取酬,余利则公之社会使人人得以分享,"……人工宜得多数生产之余利,地主、资本家则按其土地、资本生之应得之利息可矣。其分配人工酬报之多寡,应视其劳心劳力之多寡;其劳动大则酬报多,其劳动小则酬报亦小。余利公之于社会,以兴社会各种之事业。凡为社会之分子,

---

① 孙中山:《平均地权与土地国有——在太原同盟会晋支部欢迎会的演说》(一九一二年九月十九日),《孙文选集》中册,第324—325页。
② 孙中山:《论社会主义——在上海中国社会党党员大会的演说》(一九一二年十月十四日至十六日),《孙文选集》中册,第357页。
③ 孙中山:《农民要结成团体实行民生主义——在广州农民党员联欢大会的演说》(一九二四年七月二十八日),《孙文选集》下册,第505—506页。

莫不享其余利一分子之利益。斯即分配最平允之方法，而社会主义学者所深主张者也";① 二是国家要将公有获得的利益，最大限度地造福于人民，实行"国家社会主义，公有即为国有，国为民国，国有何异于民有！国家以所生之利，举便民之事，我民即共享其利",② "如果交通、矿产和工业的三种大实业都是很发达，这三种收入每年都是很大的。假若是由国家经营，所得的利益归大家共享，那么全国人民便得享资本的利，不致受资本的害，像外国现在的情形一样。……我们要解决中国的社会问题，和外国是有相同的目标。这个目标，就是要全国人民都可以得安乐，都不致受财产分配不均的痛苦。……就是要共产。所以我们不能说共产主义与民生主义不同。我们三民主义的意思，就是民有、民治、民享。……就是国家是人民所共有，政治是人民所共管，利益是人民所共享。照这样的说法，人民对于国家不只是共产，一切事权都是要共的。这才是真正的民生主义，就是孔子所希望之大同世界"。③ 可以说，按劳分配是"共享"的底线，而全体人民免受任何剥削压迫之苦、共同幸福安乐则是"共享"的理想境地。

对于实行"共享"原则的前景，亦即理想中的"社会主义之国家"的概貌，孙中山以"教育""养老""病院"为大宗，作了具体解说和勾勒，④ 并补充道："其他如聋哑残废院，以济大［天］造之穷；如公共花园，以供暇时之戏。人民平等，虽有劳心劳力之不同，然其为劳动则同也。即官吏与工人，不过以分业之关系，各执一业，并无尊卑贵贱之差也。社会主义之国家，人民既不存尊卑贵贱之见，则尊卑贵贱之阶级自无形而归于消灭。农以生之，工以成之，商以通之，士以治之，各尽其事，各执其业，幸福不平而自平，权利不等而自等。自此演进，不难致大同之

---

① 孙中山：《论社会主义——在上海中国社会党党员大会的演说》（一九一二年十月十四日至十六日），《孙文选集》中册，第356—357页。

② 孙中山：《论社会主义——在上海中国社会党党员大会的演说》（一九一二年十月十四日至十六日），《孙文选集》中册，第361页。

③ 孙中山：《三民主义·民生主义第二讲》（一九二四年八月十日），《孙文选集》上册，第634—635页。

④ 就教育而言，"圆颅方趾，同为社会之人，生于富贵之家即能受教育，生于贫贱之家即不能受教育，此不平之甚也。社会主义学者主张教育平等，凡为社会之人，无论贫贱，皆可入公共学校，不特不收学膳等费，即衣履书籍，公家任其费用。尽其聪明智宪［慧］，分专各科，即资质不能受高等教育者，亦按其性之所近授以农、工、商技艺，使有独立谋生之材。卒业以后分送各处服务，以尽所能。庶几教育之惠，不偏为富人所独取，其贫困不能造就者亦可以免其憾已"；就养老而言，"社会之人，为社会劳心劳力辛苦数十年，而至衰老，筋力残弱，不能事事。社会主义学者谓其有功社会，垂暮之年，社会当有供养之责，遂设公共养老院收养老人，供给丰美，俾之愉快而终其天年，则可补贫穷者家庭之缺憾"；以病院而言，"人类之尽忠社会，不慎而偶染疾病，富者固有医药之资，贫者以无余资终不免沦落至死，此亦不平之事也。社会主义学者遂主张设公共病院以医治之，不收医治之费，而待遇与富人纳资者等，则社会可少屈死之人矣"。［孙中山：《论社会主义 在上海中国社会党党员大会的演说》（一九一二年十月十四日至十六日），《孙文选集》中册，第363页］

世。"① 这幅图景，即使置于今日，其美好也不禁令人怦然心动。

四、实施方式：革命还是改良

对如何实现民生主义，孙中山先后提出过平均地权、土地国有、禁止私人资本垄断、大产业国有及耕者有其田等举措。这些举措的具体内容，学界研究已多，而作为实施方式，它们应算作革命还是改良，似还不大为论者所留意。实际上，弄清这一点，对于深刻理解民生主义既不仅因应时代变迁，又力求结合中国国情的特质，很有必要。

将民生主义的实施视为革命，这是论者通常的看法。这一看法并无不妥，因为孙中山在许多论述中，总是将民生主义与革命联结在一起。最早的代表性说法，见于三民主义（"三大主义"）首次出现的《东京〈民报〉发刊词》一文，文中写道："今者中国以千年专制之毒而不解，异种残之，外邦逼之，民族主义、民权主义殆不可以须臾缓。而民生主义，欧美所虑积重难返者，中国独受病未深，而去之易。……吾国治民生主义者，发达最先，睹其祸害于未萌，诚可举政治革命、社会革命毕其功于一役，还视欧美，彼且瞠乎后也。"② 实行民生主义被称为"社会革命"，按照革命党人的设想，其将与实行民族和民权主义的"政治革命"一道完成。此后，孙中山论民生主义，一直没有改变社会革命的用语，民族、政治、社会三种革命的并列，也屡见于他相关文献之中。

然而，细加考究，实行民生主义不只有革命的一面，还有改良的一面，而且后一方面还更贴近中国实际。这种革命与改良并存，并落脚于改良的取向，从孙中山1906年的一次演说中，就可以清楚地看出来。

一方面，民生主义的实行从头到尾，都始终离不开"社会革命"这一主旨："文明越发达，社会问题越着紧。……古代农工诸业都是靠人力去做成，现时天然力（指机器生产力——引者注）发达，人力万万不能追及，因此农工诸业都在资本家手里。资本越大，利用天然力越厚，贫民怎能同他相争，自然弄到无立足地了。……凡有识见的人［人］，皆知道社会革命，欧美是决不能免的。……文明有善果，也有恶果，须要取那善果，避那恶果。欧美各国善果被富人享尽，贫民反食恶果，总由少数人把持文明幸福，故成此不平等的世界。我们这回革命，不但要做

---

① 孙中山：《论社会主义——在上海中国社会党党员大会的演说》（一九一二年十月十四日至十六日），《孙文选集》中册，第363—364页。
② 孙中山：《民族民权民生三大主义——东京〈民报〉发刊词》（一九〇五年十月二十日），《孙文选集》中册，第157页。

国民的国家，而且要做社会的国家，这决是欧美所不能及的。……刚才所说社会革命，在外国难，在中国易……中国行了社会革命之后，私人永远不用纳税，但收地租一项，已成地球上最富的国。……这社会革命的事业，定为文明各国将来所取法的了。总之，我们革命的目的是为众生谋幸福，因不愿少数满洲人专利，故要民族革命；不愿君主一人专利，故要政治革命；不愿少数富人专利，故要社会革命。这三样有一样做不到，也不是我们的本意。达了这三样目的之后，我们中国当成为至完美的国家。"①

另一方面，正是由于实行了民生主义，恰好又避免了"社会革命"的发生："……社会问题隐患在将来，不像民族、民权两问题是燃眉之急……凡是大灾大祸没有发生的时候，要防止他是容易的；到了发生之后，要扑灭他却是极难。社会问题在欧美是积重难返，在中国却还在幼稚时代，但是将来总会发生的。到那时候收拾不来，又要弄成大革命了。革命的事情是万不得已才用，不可频频伤国民的元气。我们实行民族革命、政治革命的时候，须同时想法子改良社会经济组织，防止后来的社会革命，这真是最大的责任。……社会党所以倡民生主义，就是因贫富不均，想要设法挽救；……这真是前车可鉴，将来中国要到这步田地才去讲民生主义，已经迟了。这种现象中国现在虽还没有，但我们虽或者看不见，我们子孙总看得见的。与其将来弄到无可如何才去想大破坏，不如今日预筹个防止的法子。况且中国今日如果实行民生主义，总较欧美容易得多。因为社会问题是文明进步所致，文明程度不高，那社会问题也就不大。"②

以上两方面看似矛盾，实相统一。民生主义之所以为革命，是因为它要消除贫富之间的重大悬殊和冲突，使一个由少数富人垄断财富的社会，变成全体人民公平共享劳动成果的社会，在此根本性质及最后结果的意义上，它完全属于一场革命性的变更；与此同时，从实施民生主义的直接目的和具体方式来说，又是为了避免或防止革命，企图用和平改良的办法，完成革命的任务。此外，还可从中西存在重大差异的角度，解读民生主义既是革命又是改良的双重属性：对于欧美而言，由于贫

---

① 孙中山：《三民主义与五权分立——在东京〈民报〉创刊周年庆祝大会的演说》（一九〇六年十二月二日），《孙文选集》中册，第167—171页。
② 孙中山：《三民主义与五权分立——在东京〈民报〉创刊周年庆祝大会的演说》（一九〇六年十二月二日），《孙文选集》中册，第167—168页。他还说道："今试设一问，社会革命尚须用武力乎？兄弟敢断然答曰：英、美诸国社会革命或须用武力，而中国社会革命则不必用武力。"[孙中山：《民生主义与社会革命——在南京同盟会员饯别会的演说》（一九一二年三月三十一日），《孙文选集》中册，第283—284页]又更为明确地表示："惟今日讲民生主义，可以不用革命手段，只须预为防范而已。此其与欧美不同处。但机会却不可失。"[孙中山：《平均地权与土地国有——在太原同盟会晋支部欢迎会的演说》（一九一二年九月十九日），《孙文选集》中册，第325页]

富不均已极为严重,社会革命势必不可避免,但要取得成功也很难;对于中国而言,目前还未发生严重的社会问题,但将来总会发生,与其日后像欧美一样陷入革命的困境,不如现在就用改良的办法消弭"隐患",防止革命的出现。因此,民生主义的实行,革命与改良一身而二任,它以实现社会革命目的为指向,而又以采取改良方式为手段,两说各具其义,并存不悖。

民生主义中改良的一面,在孙中山此后的解说中,得到更大的扩展。原本他认为只有中国才适合预先进行民生改良,欧美则难以避免引起"大破坏"的社会革命,但通过继续考察西方社会现实,尤其是一战以来的最新发展之后,这一看法发生了很大的改变。

他以"社会进化的定律"作为理论依据,对西方"社会进化的事实"作了这样的分析:"近几十年来社会是很进化的,各种社会进化的事实更是很复杂的。就是讲到经济一方面的事实,也不是一言可尽。但是用概括的方法来讲,欧美近年来之经济进化可以分作四种:第一是社会与工业之改良;第二是运输与交通事业收归公有;第三是直接征税;第四是分配之社会化。这四种社会经济事业,都是用改良的方法进化出来的。从今以往,更是日日改良,日日进步的。……这四种社会经济进化,便打破种种旧制度,发生种种新制度。社会上因为常常发生新制度,所以常常有进化。"① 出现这种"改良"进化的原因,是资本家与工人的利益乃至大多数人的利益得到了"调和":"因为社会上的生产很大,一切生产都是很丰富,资本家固然是发大财,工人也可以多得工钱。像这样看来,资本家改良工人的生活,增加工人的生产力,工人有了大生产力,便为资本家多生产,在资本家一方面可以多得出产,在工人一方面也可以多得工钱。这是资本家和工人的利益相调和,不是相冲突。社

---

① 孙中山:《三民主义·民生主义第一讲》(一九二四年八月三日),《孙文选集》上册,第605、607页。对此四种进化,孙中山还有详细的描述,略谓:第一种,"就是要用政府的力量改良工人的教育,保护工人的卫生,改良工厂和机器,以求极安全和极丰富的工作。……这种社会进化事业在德国施行最早,并且最有成效。近来英国、美国也是一样的仿行,也是一样的有成效";第二种,"就是要把电车、火车、轮船以及一切邮政、电政、交通的大事业都由政府办理,用政府的大力量去办理那些大事业,然后运输才是很迅速,交通才是很灵便。……这种事业的利弊,在德国明白最早,所以他们的各种大运输交通事业老早就是由国家经营。就是美国私有的大运输交通事业,在欧战期内也是收归政府办理";第三种,"也是最近进化出来的社会经济方法。行这种方法就是累进税率,多征资本家的所得税和遗产税。行这种税法,就可以令国家的财源多是直接由资本家而来。……欧美各国近来实行直接征税,增加了大财源,所以更有财力来改良种种社会事业";第四种,"更是欧美社会最近的进化事业。……货物分配制度……可以改良,可以不必由商人分配,可以由社会组织团体来分配,或者是由政府来分配。譬如英国新发明的消费合作社,就是由社会组织团体来分配货物。欧美各国最新的市政府,供给水电、煤气以及面包、牛奶、牛油等食物,就是用('用'似乎为'由'之误——引者注)政府来分配货物。像用这种分配的新方法,便可以省去商人所赚的佣钱,免去消耗者所受的损失。就这种新分配方法的原理讲,就可以说是分配之社会化,就是行社会主义来分配货物"。见孙中山:《三民主义·民生主义第一讲》(一九二四年八月三日),《孙文选集》上册,第605—607页。

会之所以有进化，是由于社会上大多数的经济〈利益〉相调和，不是由于社会上大多数的经济利益有冲突。社会上大多数的经济利益相调和，就是为大多数谋利益。大多数有利益，社会才有进步。……欧美各国从这种种经济利益相调和的事业发达以后，社会便极有进化，大多数便很享幸福。"① 这里所讲的经济领域改良、调和的事实，的确在很大程度上真实反映了西方资本主义经历早期发展之后，对自身内在矛盾、冲突、危机等所采取的新的解决办法和取得的显著成效。孙中山据实而论，不因抨击资本家和资本主义就对其自我调节、自我更新视而不见，应该说是一种相当客观的实事求是的态度。

既然改良和调和所起的"进化"作用非常明显，那么，欧美要解决贫富不均的社会问题，就不是只能采用革命的办法，也可以采用和平的办法。对此两种办法及其可行性，孙中山专门进行了讨论。② 他评介说，在社会党内，有主张"用革命手段来解决一切政治、经济问题"的"马克思派"（也称"激烈派"），还有主张和平办法、"用政治运动和妥协手段去解决"的另一派。前者的办法在俄国十月革命时已经采用，用于解决政治问题"可算是完全成功"，但用于解决经济问题"还不能说是成功"，由此便知"纯用革命手段，不能完全解决经济问题"；后者的办法，就是"社会与工业之改良"等四种方法（见前述），"欧美各国已经陆续实行这四种方法，不过还没有完全达到所期望的目的"。③ 可以说，两派各有其道理，也各有其得失。

对于到底应采用哪种办法为好，孙中山并未给出正面回答，只是强调："这两派的办法，都是社会党所主张的和资本家所反对的。现在欧美的工商业进步到很快，资本发达到极高，资本家专制到了极点，一般人民都不能忍受。社会党想为人民解除这种专制的痛苦，去解决社会问题，无论是采用和平的办法或者是激烈的办法，都被资本家反对。到底欧美将来解决社会问题是采用什么方法，现在还是看不出，还是料不到。"不过，有一种趋势很明显，就是由于资本家的反对，许多主张用和平手段来改良社会的人，也"渐渐变更素来的主张，去赞成激烈的办法，也一定要用革命手段来解决社会问题"，"现在资本家要保守自己的私利，也是用种种专制的

---

① 孙中山：《三民主义·民生主义第一讲》（一九二四年八月三日），《孙文选集》上册，第607—610页。

② 革命与和平两种办法，是就大的分类而言。在此大类之下，还有很多互有差异的具体办法。对此，孙中山亦作了明确的论述："至于世界各国，因为情形各不相同，资本发达的程度也是各不相同，所以解决民生问题的办法各国也是不能相同。我们中国学者近来从欧美得到了这种学问，许多人以为解决中国民生问题也要仿效欧美的办法。殊不知欧美社会党解决社会问题的办法，至今还是纷纷其说，莫衷一是。"[孙中山：《三民主义·民生主义第二讲》（一九二四年八月十日），《孙文选集》上册，第617页]

③ 孙中山：《三民主义·民生主义第二讲》（一九二四年八月十日），《孙文选集》上册，第617—618页。

方法来反对社会党，横行无道。欧美社会党将来为势所迫，或者都要采用马克思的办法来解决经济问题，也是未可定的"。① 他没有像原来一样断言革命必不可免，是因为关注到了改良调和所取得的重大进步，大多数人的利益和幸福由此得到了扩增，社会问题的解决有可能另辟蹊径；但他又清醒看到"资本家专制"仍极为严重，革命呼声仍然有增无已，也不能说革命就一定不会发生。坚守革命立场与注重改良方式，以新的认知再次得到了统一。

如果说，要解决欧美的社会问题，革命与改良的办法可以二取其一，那么，要解决中国的民生问题，孙中山则十分肯定地表示，只能采用改良之法。之所以如此，是因为中国有着与欧美不一样的"事实"，这就是欧美贫富悬殊，而中国贫富差别不大，"中国人大家都是贫，并没有大富的特殊阶级，只有一般普通的贫。中国人所谓'贫富不均'，不过在贫的阶级之中，分出大贫与小贫。其实中国的顶大资本家，和外国资本家比较，不过是一个小贫，其他的穷人都可说是大贫。……可见中国人通通都是贫，并没有大富，只有大贫、小贫的分别。……中国到今日脱离封建制度虽然有了二千多年，但是因为工商业没有发达，今日的社会情形还是和二千多年以前的社会情形一样。中国到今日，虽然没有大地主，还有小地主。在这种小地主时代，大多数地方还是相安无事，没有人和地主为难"。② 他也留意到由于受"欧美的经济潮流"的影响，中国社会的贫富差距正在拉大，"所受的头一个最大的影响就是土地问题"，在上海和广州，地价飞涨，"地主便变成了富翁，和欧美的资本家一样了"，"中国现在受欧美的影响，社会忽生大变动，不但是渐渐成为贫富不齐，就是同是有土地的人也生出不齐"，但这一问题还不像欧美那样严重，解决起来还比较容易，"如果我们的地主是像欧洲那种大地主，已经养成了很大的势力，便很不容易做到。不过中国今日没有那种大地主，一般小地主的权力还不甚大，现在就来解决，还容易做到。如果现在失去了这个机会，将来更是不能解决"，"中国现在最大收入的资本家只是地主，并无拥有机器的大资本家。所以我们此时来平均地权，节制资本，解决土地问题，便是一件很容易的事"。③ 因此，由具体国情所决定，中国实行民生主义就只能用改良的办法，而不能用马克思的革命办法，"……我们讲到民生主义，虽然是很崇拜马克思的学问，但是不能用马克思的办法到中国来实行。这个理由很容易明白，就是俄国实行马克思的办法，革命以后行到今日，对于经济问题还是要改用新经济政策。俄国之所以要改用新经济政策，就是

---

① 孙中山：《三民主义·民生主义第二讲》（一九二四年八月十日），《孙文选集》上册，第619页。
② 孙中山：《三民主义·民生主义第二讲》（一九二四年八月十日），《孙文选集》上册，第621—622页。
③ 孙中山：《三民主义·民生主义第二讲》（一九二四年八月十日），《孙文选集》上册，第622、628、631页。

由于他们的社会经济程度还比不上英国、美国那样的发达，还是不够实行马克思的办法。俄国的社会经济程度尚且比不上英国、美国，我们中国的社会经济程度怎么能够比得上呢？又怎么能够行马克思的办法呢？所以照马克思的党徒，用马克思的办法来解决中国的社会问题是不可能的"。①

孙中山的"大贫小贫"和"小地主时代"论显然并不严谨，但他看到了中国与欧美、俄国有着不同的国情，将中国社会经济问题归结为实业不发达、经济发展程度不高，是患贫而非患不均，也颇中肯綮。以此为据，他反对机械套用马克思主义，主张师其意而不用其法，另外提出了不同于革命的改良之法，并以"阻止私人的大资本"、预防贫富大不均为重点，这不仅在学理的探求上难能可贵，而且在历史和现实的洞察上也富有远见。将民生主义的实行既定性为革命，又落脚为改良；既肯定两者之间的差异，又找到两者之间的联系，力图用改良来预防革命，消弭革命，完成革命；一切从实际出发，而不是单纯从信仰出发，孙中山解决民生主义采用革命与改良所作的这种理解和诠释，为当时人及后人都提供了一个极有教益的范例。

（作者单位：华南师范大学历史文化学院）

---

① 孙中山：《三民主义·民生主义第二讲》（一九二四年八月十日），《孙文选集》上册，第632页。他还进一步补充说："现在一般青年学者信仰马克思主义，一讲到社会主义，便主张用马克思的办法来解决中国社会经济问题，……不知中国今是贫，不是患不均。在不均的社会，当然可用马克思的办法，提倡阶级战争去打平它。但在中国实业尚未发达的时候，马克思的阶级战争、无产专制便用不着。所以我们今日师马克思之意则可，用马克思之法则不可。我们主张解决民生问题的方法，不是先提出一种毫不合时用的剧烈办法，再等到实业发达以求适用；是要用一种思患预防的办法来阻止私人的大资本，防备将来社会贫富不均的大毛病。这种办法才是正当解决今日中国社会问题的方法……"（引同前，第633页）

摩里斯·威廉《社会史观》与孙中山晚年之民生主义

杨 琳

The Social Interpretation of History: *A Refutation of the Marxian Economic Interpretation of History* 直译为《社会史观：对马克思经济史观的反驳》，系美国社会党人士摩里斯·威廉（Maurice William）所著。根据前言，此书初稿于 1919 年 7 月完成，但未立即出版，1920 年 7 月印发少量私行本，直到 1921 年方由纽约索特里公司公开发行①。1922 年，艾伦昂温有限公司曾翻印过此书②，可见威廉之《社会史观》自面世后不久便在英国伦敦实现了海外销售。作为一个马克思主义的信奉者并长期参与美国社会主义运动，威廉在书中却对国际社会主义运动以及马克思主义理论提出大胆质疑，且认为人类求生存才是社会进步的力量。他的观点不仅体现了威廉本人思想之转变，而且在某种程度上反映出第一次世界大战结束后复杂的国际政治形势。相关资料显示，孙中山曾仔细阅读过威廉的这本著作，还多次提及书中的论断，这引起不少学者的关注。正如《马克思主义与社会史观》③译者序所言："孙中山先生说他创立民生主义数十年，而著者最近发明，适与他的主义若合符节，但究竟著者的学理和孙先生的主义相同相异之点是什么，凡研究先生主义的人都有彻底了解之必要"，实则提出了一个有待继续深入的课题，即摩里斯·威廉《社会史观》与孙中山民生主义的关系。本文试从比较研究的角度，简析威廉《社会史观》对孙中山晚年民生主义的影响。

---

① Preface to first general edition, Preface to private edition, Maurice William, *The Social Interpretation of History*: *A Refutation of the Marxian Economic Interpretation of History*, New York: Sotery Publishing Company, 1921.

② Maurice William, *The Social Interpretation of History*: *A Refutation of the Marxian Economic Interpretation of History*, London: George Allen & Unwin Ltd, 1922.

③ ［美］摩里斯·威廉著，刘芦隐、郎醒石译：《马克思主义与社会史观》，上海民智书局 1927 年版。

一、孙中山对《社会史观》的阅读和了解

孙中山在什么时候以何种方式得到《社会史观》一书，目前尚无资料说明。但孙中山读过此书并且熟悉其内容当是无疑。

1924年1月21日，孙中山发表对中国国民党第一次全国代表大会演说词，即《关于民生主义之说明》，里面便提到了威廉氏：

>　　"民生"二字，为数千年已有之名词。至用之于政治经济上，则本总理始，非独中国向无新闻，即在外国亦属罕见。数年前，有一服从马克思主义之学者，研究社会问题，发现社会上之生计问题，与马克思学说有不符合之点，于是提出疑义，逐条并举，征求同党解答，历时一年之久，而应征者无一人，乃将其著作公诸于世，名之曰"历史之社会观"。其要点之大意有云："在今日社会进化中，其经济问题之生产与分配，悉当以解决民生问题为依归"云云。由此可见本总理所创民生主义之名词，至今已有学者赞同矣。由此亦可知"民生"二字，实已包括一切经济主义。①

此段引文有两点值得注意：第一，孙中山至迟在1924年初就已读过《社会史观》。他虽未详言其作者，但对该书成书之原委以及内容要旨比较清楚。第二，孙中山之所以援引威廉著作中的观点，实际上是为提倡民生主义寻找论据，换言之，该书某些思想主张与孙中山所谓民生主义有相通的地方。

1924年8月3日，孙中山在广州发表民生主义第一讲，当论述民生问题的重要性时，他再次提及威廉：

>　　近来美国有一位马克思的信徒威廉氏，深究马克思的主义，见得自己同门互相纷争，一定是马克思主义学说还有不充分的地方，所以他便发表意见，说马克思以物质为历史的重心是不对的，社会问题才是历史的重心，而社会问题中又以生存为重心，那才是合理。民生问题就是生存问题，这位美国学者最近发明适与吾党主义若合符节。这种发明就是民生为社会进化的重心，社会进化又为历史的重心，归结到历史的重心是民生，不是物质。我们提倡民生主义二十多年，当初详细研究，反复思维，总觉得用"民生"这两个字来包括社会问

---

① 孙中山：《孙中山全集》第9卷，中华书局1986年版，第112页。

题,较之用"社会"或"共产"等名词为适当,切实而且明了,故采用之。不图欧战发生之后,事理更明,学问更进,而马克思宗徒亦有发明相同之点。此足见吾党之提倡民生主义正合夫进化之原理,非同时髦学者之人云亦云也。①

通观整篇演说,孙中山十分赞同摩里斯·威廉以人类求解决生存问题为历史重心的说法,肯定威廉的学说符合社会进化事实。孙中山进一步指出,民生问题就是生存问题,故民生主义早于威廉学说问世前,就已道出社会进化的原理。他推崇《社会史观》的目的同样在于论证其民生主义。

上述两段引文早已有学者言及②,不再赘述。值得注意的是,若将威廉《社会史观》与孙中山《三民主义·民生主义》进行文本比较,可以发现孙中山的确多次借鉴或直接引用过威廉对相关问题的表述,这也证明孙中山熟知《社会史观》。两者间具体的文本比较与分析详见后文。

二、《社会史观》对孙中山有无影响的争论

最早注意到《社会史观》与孙中山民生主义之关系的据称为杜威③,此后相继有一批学者对这一问题进行过探讨,而以威廉本人的论述最为详尽。

1932年1月16日,William J. Gies发表了题为《〈社会史观〉与三民主义之关系》一文,他认为孙中山早年深受马克思主义的影响,1924年4月以后,由于研读了《社会史观》,思想发生很大转变,具体表现在:第一,反对马克思唯物史观而赞同威廉之社会史观;第二,反对阶级斗争而主张通过四大方式实现社会经济的和平进化,即社会与工业之改良、运输与交通收归公有、直接征税与分配之社会化;第三,反对马克思重视生产者以及控制生产的做法,支持威廉强调消费者和社会分配的原则;第四,抛弃布尔什维克理论体系而倾向于美国,重新声明中国同西方国家之间合作的重要性。④ 文中还涉及 John McCook Roots⑤, Harley Farnsworth

---

① 孙中山:《孙中山全集》第9卷,第365页。
② 崔书琴:《民生主义与共产主义》,《国立武汉大学社会科学季刊》1936年第6卷第1期;夏良才:《孙中山的民生主义与摩里斯·威廉的〈社会史观〉》,《历史研究》1988年第1期。
③ Author's Introduction, Maurice William, *Sun Yat-sen Versus Communism*, Baltimore: The Williams & Wilkins Company, 1932, p. xvii.
④ William J. Gies, The Relationship between *The Social Relationship of History* and *San Min Chu I*, seen from *Sun Yat-sen Versus Communism*, p. 177.
⑤ John McCook Roots, Sun Yat-senism, *Asia*, (May, 1927).

MacNair[①] 等其他学者的相关研究。

1932 年 2 月,威廉著《孙中山与共产主义》出版,全书从文本对比的角度试图证明《社会史观》极大地影响了孙中山。威廉先是将孙中山有关民族主义、民权主义的演说与其后来民生主义的讲演做比较,得出结论,即孙中山对布尔什维克主义、马克思主义以及阶级斗争的立场,由支持转为反对。威廉进一步对比他的《社会史观》与孙中山之民生主义,并总结出两者间 25 处彼此相似的段落或观点,从而坚信他的学说促成了孙中山晚年思想立场的变化。[②] 其实质是细化 William J. Gies 等人的论断。

James T. Shotwell 对孙中山晚年是否因《社会史观》一书发生思想立场的转变持相对模糊的态度,他于 1932 年发文着重阐释威廉的学说在孙中山协调民族、民权、民生三大主义从而使之成为一体的理论构建中所发挥的作用。他解释说,"民生"在西方话语里没有对等词汇,孙中山早期常使用社会主义来表达他理想中社会改革的含义,但社会主义自产生起就是对民族主义的反思和民主主义的质疑,而威廉主张的社会主义根本上反对阶级斗争,专重作为消费者的社会大多数分子的利益,这不但能解决孙中山政治哲学面临的难题,也符合当时中国的实际,即人民普遍贫穷民生问题极其迫切,因而威廉的理论为孙中山所接受并予以大量引用。[③]

崔书琴是国内学者中较早注意到威廉《社会史观》与孙中山民生主义之关系的学者。1936 年,他曾撰述《民生主义与共产主义》,全文分绪言、民生主义与马克思共产主义、中山先生对于马克思共产主义的批评、民生主义的演进、民生主义理论的基础和民生主义的实施办法共六个部分。在绪言里面,他明确指出威廉本人在《孙中山与共产主义》一书中夸大了《社会史观》对孙中山的影响以及威廉所用材料的局限和论述上的错误。在民生史观方面,他强调孙中山在民国元年便阐述过民生史观的概念,只是未将此学说发挥出来,并非在阅读《社会史观》以后才提出的。[④]

1937 年 11 月,《天下》月刊第 5 卷第 4 期"专论"栏目刊载了《摩里斯·威廉对孙中山所谓的影响》一文[⑤],作者系黄邦桢和袁贤能,他们的主要观点如下:

---

① Harley Farnsworth MacNair, *China in Revolution*, Chicago University Press, 1931.
② Maurice William, *Sun Yat-sen Versus Communism*, Baltimore: The Williams & Wilkins Company, 1932.
③ James T. Shotwell, Sun Yat-sen and Maurice William, *Political Science Quarterly*, (March, 1932).
④ 崔书琴:《民生主义与共产主义》,《国立武汉大学社会科学季刊》1936 年第 6 卷第 1 期。
⑤ P. C. Huang & W. P. Yuen, The Alleged Influence of Maurice William on Sun Yat-sen, *Tien Hsia Monthly*, Vol. 5, No. 4 (1937). *Tien Hsia Monthly* was first published in August 1935 in Shanghai by the Kelly & Walsh Ltd. The last issue was in September 1941. It contains columns like "editorial commentary", "articles", "translations", "book reviews" etc, aiming at an interpretation of China to the west.

首先，孙中山1924年4月26日以前，并没有支持马克思主义和苏俄。1923年1月，孙中山接见了苏俄派往中国的代表阿道夫·越飞并与之进行了多次交谈。为消除各方疑虑，孙中山与阿道夫·越飞向新闻界发布了一份联合声明，称共产主义或苏维埃政治制度不适合中国，因为当时中国还不具备实现共产主义的条件。他听取苏联政府的建议，希望能够获得苏联政府许诺的财政资助并取消旧存的不平等条约，只是在寻求任何可能的帮助。孙中山真实的立场是实践三民主义，实现实业计划并完成中国的统一和独立。故不存在发生从支持马克思主义到反对马克思主义的变化。

其次，威廉的论证漏洞百出。如1924年4月26日以前孙中山并不知晓《社会史观》一书，毫无明证；孙中山花几个月的时间去研读它实属夸大其谈；将民族民权的演说内容与民生主义混为一谈，得出前后立场不同的论断，不符合逻辑；除了断章取义，对孙中山多处演说引文进行误读，并举例说明，将孙中山赞同列宁鼓舞被压迫民族争取独立解放事业之言论误以为支持布尔什维克革命，其实质是反抗帝国主义履行"锄强扶弱"的观念；"革命尚未成功"并非指资本主义生产还未被推翻，而是民族民主革命尚未成功；建立"完美之政府"并非社会主义社会之最后阶段，而是林肯所讲"一个民有、民治、民享的政府"。

继之，黄邦桢、袁贤能进一步比较了孙中山与马克思在社会主义、历史观和阶级斗争几个方面的思想差异。孙中山提倡的社会主义不是马克思所说的社会主义，而是"民享"的意思，通过平均地权和节制资本实现土地和资本的社会化；孙中山提及的斗争也并非马克思所说的资产阶级与无产阶级之间的斗争，而是被压迫者反抗暴虐统治者，正义对强权的斗争。

可见，黄邦桢、袁贤能完全不赞同以威廉为代表的西方学者的论点，他们认为孙中山前后立场一致，并未发生任何变化；至于《社会史观》与孙中山民生主义之间的关系，虽肯定威廉的学说对孙中山有一定影响，但强调两者之间也存在重大差别。

上世纪40年代，孙中山民生史观与威廉社会史观之关系亦成为学者争论的话题。鲁彤指出两者意思相似，不过两者的命运却大不同。孙中山的民生史观能立足中国的现实因而贡献颇多，威廉的社会史观脱离美国的实际故惨遭忽视，直到后人以为威廉的学说对孙中山产生了影响才对其加以关注。① 叶青称孙中山民生史观与威廉社会史观完全相同，"国父提倡民生主义时，对于威廉的意见，凡被他认可的，都尽量采纳。所以不仅在史观方面，就是在其他方面，他与威廉相同相似之处亦多。

---

① 鲁彤：《孙中山先生的民生主义和惠廉氏的社会史观》，《经济导报》1942年创刊号。

可以说民生主义第一讲的三分之二参考了威廉底著作"。孙先生的民生史观和对马克思学说的认识,皆与威廉的著作有渊源上的关系。①

赵慎安虽肯定孙中山多处引用威廉《社会史观》,但否认孙中山因威廉理论而转变其对马克思主义的立场,更从时间性上证明孙中山提出民生思想以及其他有关历史进化动力和社会互助原则的主张,均早于威廉之《社会史观》。他视孙中山引用威廉《社会史观》的现象为"创发于自己,取证于事物,斯亦学者常有之态度",而将两者的关系归结为,"威廉博士的学说证实了民生史观的学术价值,充实了民生史观的理论根据",而孙先生却补充了威廉博士学说上的不足,更提出了解决人类生存问题的具体方案。②

及至80年代,吴相湘在《孙逸仙先生传》里讨论民生史观与社会史观时,也略及威廉其人其书对孙中山的影响,他基本上延续了崔书琴的看法,未能继续展开探讨。③ 夏良才对威廉学说和孙中山民生主义之关系有过专门研究,他认为孙中山主要把威廉的消费论纳入了他的民生主义范畴。威廉以人类求生存为社会进化的中心,又将生存问题归结为满足消费需求,故社会之优劣在于它能否提供足够的消费品。孙中山后来注重消费财富分配的社会化以及在讲演民生主义时专门讨论"吃""穿"等具体消费问题,可以说受到威廉的某种启发。④

综上所述,各学者的分歧在于威廉《社会史观》对孙中山晚年民生主义的影响究竟是什么,以及影响的程度有多大。以威廉为代表的西方学者认为《社会史观》使孙中山从支持马克思主义转而反对马克思主义,显然与事实不符。Shotwell 主要从三民主义的体系化出发强调威廉学说为孙中山提供了理论借鉴,简言之,即非马克思主义的社会改良主义。夏良才提出孙中山吸收了威廉的消费论,晚年特别注重消费问题,以"养民"为目的将生产领域和流通领域同时纳入民生主义范畴。这可视为民生主义在社会经济各环节的延伸,与彻底贯彻民生主义题旨一致。民生史观与社会史观的比较研究,侧重三民主义的哲学基础,学者虽均承认两者间的密切关系,但对孙中山的民生史观是否来源于威廉的社会史观未达成共识。要弄清楚这些问题,必须做两种详细考察:其一,分析威廉学说与孙中山晚年提倡民生主义主张之异同;其二,梳理孙中山民生主义之发展脉络,明了其理论本身的"因袭"与"沿革"。

---

① 叶青:《国父底民生史观与威廉底社会史观》,《三民主义半月刊》1943年第3卷第7期。
② 赵慎安:《威廉博士及其社会史观》,《革命思想》1958年第1期。
③ 吴相湘:《孙逸仙先生传》,台北远东图书公司1982年版,第1682—1686页。
④ 夏良才:《孙中山的民生主义与摩里斯·威廉的〈社会史观〉》,《历史研究》1988年第1期。

三、《社会史观》与《三民主义·民生主义》文本比较与分析

前文已提及威廉对《社会史观》与《三民主义·民生主义》进行过详细的文本比较①，他从美国传教士毕范宇三民主义英译本②里总结的孙中山民生主义讲演概要中挑出 25 个主题，涉及民生主义的定义、民生主义和社会主义共产主义的关系、西方社会党内的分歧、马克思对社会主义的贡献、对马克思唯物史观的批判等。每个主题之下，威廉都充分罗列《社会史观》可能影响孙中山的文字段落以比照孙中山有关民生主义的演说内容。

但威廉并未接触过《三民主义·民生主义》中文原本，对孙中山三民主义的了解亦十分有限，文本解读方面存在重复和牵强附会的情况。具体而言主要有以下几点：第一，"民生主义和社会主义共产主义的关系"，孙中山引文讲的是为何采"民生"二字而不直接使用西方流行的"社会主义"，威廉却节选了批判马克思主义阶级斗争及论证社会史观合理性的观点与之对应；第二，"人类求生存是历史的中心"与"民生是一切经济活动的中心"都是在讨论历史进化的动力和社会重心的问题；第三，关于主张社会改良反对阶级战争之激进手段，只是论述侧重点不同，如专讲欧美近世出现的四大改良政策，强调对抗阶级存在共同利益，双方冲突可以协调；关于"平均地权与节制资本"，威廉用国家直接征税对比孙中山民生主义的两大政策，实属附会之说。且不论孙中山"平均地权"的思想早于威廉的学说，就是晚年正式提出的"节制资本"在民国初年就已萌芽，而且与西方国家社会主义关系密切，这很难说受到威廉的影响；另外对"民生主义和共产主义的关系"以及马克思主义理论不适用于当时的中国，威廉无视孙中山所述始终联系中国的实际，简单地认为在这些问题上孙中山参考了他的学说有点强人就己。

威廉的文本研究存在诸多不足，没能准确认识孙中山借鉴《社会史观》的实情。现根据威廉《社会史观》英文本与孙中山《三民主义·民生主义》演说中文原本，就两者相关之处，归纳要点并附引文，绘表如下。

---

① Maurice William, *Sun Yat-sen Versus Communism*, pp. 73—172.
② Frank W. Price, *San Min Chu I: The Three Principles of the People*, Shanghai: China Committee, Institute of Pacific Relations, 1927.

摩里斯·威廉《社会史观》与孙中山晚年之民生主义

The Social Interpretation of History 与《三民主义·民生主义》之文本比较

要点引文	The Social Interpretation of History	《三民主义·民生主义》
人类求生存是社会进化的动力,是历史的重心	A study of the outstanding phenomena of history brings to light the fact that the propelling motive behind all social change is the quest for a solution to the problem of existence… All past history is but a record of trials and experiences man has encountered in his efforts to make secure his earthly existence.(p. 76)	民生问题就是生存问题,这位美国学者最近发明适与吾党主义若合符节。这种发明就是民生为社会进化的重心,社会进化又为历史的重心,归结到历史的重心是民生,不是物质(第365页);民生就是政治的中心,就是经济的中心和种种历史活动的中心,好像天空以内的重心一样。(第377页)
阶级战争是社会进化的果,不是社会进化的因;社会之所以进化是为满足社会大多数分子作为消费者的需求。在求生存上,彼此利益一致。	All social advance has been registered not as the result of conflict of interest at the point of production, but in response to the common interests of the majority as social beings.(p. 76) The class struggle is an effect, not a cause. It is due to insecurity in the means of existence. The economic interests of the majority as consumers coincide and society advances in response to the economic interests of the majority as social beings and consumers.(p. 77) Marx was a social pathologist. He studied social pathology and mistook the phenomena he observed for the laws of social biology.(p. 80)	社会之所以有进化,是由于社会上大多数的经济利益相调和,不是由于社会上大多数的经济利益有冲突……社会上大多数的经济利益之所以要调和的原因,就是因为要解决人类的生存问题……阶级战争不是社会进化的原因,阶级战争是社会进化的时候所发生的一种病症。这种病症的原因,是人类不能生存……马克思研究社会问题所有的心得,只见到社会进化的毛病,没有见到社会进化的原理。所以马克思只可以说是一个"社会病理家",不能说是一个"社会生理家"。(第369页)
剩余价值不是从工人劳动中剥削出来的,而是社会上所有有用分子共同创造的。	In modern society it is not alone the immediate workers of a given industry that contribute toward the creation of social values, but every useful member of society, directly and indirectly, contributes something toward the creation of these values…(example, The Ford Automobile, pp. 102—105)	(以中国纱厂布为例)所有工业生产的盈余价值,不专是工厂内工人劳动的结果,凡是社会上各种有用有能力的分子,无论是直接间接,在生产方面或者是在消费方面,都有多少贡献。这种有用有能力的分子,在社会上要占大多数。(第369—370页)

（续上表）

近世欧美社会进化的四种方式	Although the operations of Social Evolution in capitalist society are bewildering in their complexity, it is yet possible to discern that they are working out in four well-defined forms: (1) Social and industrial reforms; (2) public ownership of the means of transportation and communication; (3) direct taxation; (4) governmental activity in the distribution of consumable wealth. (p.115)	近几十年来社会是很进化的，各种社会进化的事实更是很复杂的。就是讲到经济一方面的事实，也不是一言可尽。但是用概括的方法来讲，欧美近年来之经济进化可以分作四种：第一是社会与工业之改良；第二是运输与交通事业收归公有；第三是直接征税；第四是分配之社会化。这四种社会经济事业，都是用改良的方法进化出来的。（第366页）
消费问题的重要性	Distribution of consumable wealth is the aim and end of all social change; the effort to solve the basic problem of security in the means of life. All social changes which seek to multiply production are not in themselves, but a means to an end. (p.126) Social concern in distribution springs from a double motive: (1) maximum efficiency in the distribution of the socially created wealth; (2) the stimulation of efficiency in production through efficiency in distribution. (p.127)	（以汉冶萍公司为例）由汉冶萍这一个公司的情形来考究，实业的中心是在什么地方呢？就是在消费的社会，不是专靠生产的资本。汉冶萍虽然有大资本，但是生产的钢铁在中国没有消费的社会，所以不能发展，总是不能赚钱。因为实业的中心要靠消费的社会，所以近来世界上的大工业，都是照消费者的需要来制造物品。（第376页）

（注：表中引文页码依据的分别是 Maurice William, *The Social Interpretation of History*: *A Refutation of the Marxian Economic Interpretation of History*, New York: Sotery Publishing Company, 1921；《孙中山全集》第9卷，中华书局1986年版，2011年重印）

威廉的《社会史观》很大程度上是对第一次世界大战前后国际社会主义运动的反思，由此延伸到对马克思主义的批判，进而试图提出新的社会进化理论。他主张的社会史观包括几个鲜明的观点，如社会进化的动力是人类求解决生存问题，社会进化的方式是改良，社会进化的推动者是作为消费者的社会大多数分子，而一种社会制度的优劣存废在于它能否满足人类的生存需求。但他并未正面论述这些观点，而是通过全面批判马克思主义以论证他理论的正确性。可以说，社会史观与对马克思主义的反驳是威廉此书的两条线索一个中心。从上表可以看出，孙中山晚年有关民生主义的演讲中，借鉴威廉著述的地方主要也在这两个方面。

就民生史观与社会史观而言，孙中山用"民生"代替"生存"二字，很自然地将民生问题上升到史观的高度。民生是历史的重心，是社会进化的动力，同时民生关乎社会大多数人的生存需求，解决民生问题要调和共同利益，而非依靠阶级斗争的手段。孙中山多次强调民生的重要性，其中有谓，"人类之在社会，有疾苦幸福之不同，生计实为其主动力。去［盖］人类之生活，亦莫不为生计所限制，是故生计完备，始可生存，生计断绝，终归于淘汰。社会主义既欲谋人类之幸福，当先谋人类生存"①，这段话被认为是孙中山民生史观的最初说明。但细究起来，孙中山此处所论乃生计决定人类的生存和生存的状态，尚未涉及社会进化的动力、方式、过程等基本问题，故民生史观初具雏形还是在1924年讲演民生主义之时，且参考了威廉的表述和理论。至于孙中山死后，民生史观被后人不断阐发，值得另外加以探究。

另外在对马克思主义的批判上，孙中山也直接引用了威廉的表述。如表中所列：阶级斗争是社会进化的果，不是社会进化的因；社会大多数分子作为消费者的利益是可以协调的；剩余价值由社会上所有有用分子共同创造等等。孙中山还特别重视欧美社会进化中四种改良方式，尤其通过国家和合作社实现"分配之社会化"。这些都与威廉的说法极其相似，但是否可以据此认为威廉影响了孙中山对马克思主义的立场呢？则又不然。孙中山提倡民生主义就是要预防社会革命，他与阿道夫·越飞的联合宣言清楚地表明了他的立场，他只不过强调当时的中国还不具备实行马克思社会主义的条件，但他从未如威廉那样全面地质疑马克思主义。

结　论

孙中山在民生主义第二讲里面，着重阐释了解决中国社会问题的两大具体办法，即"平均地权"和"节制资本"。"平均地权"主要包括照价征税、照价收购以及涨价归公三项内容，"节制资本"则指节制私人资本，同时发展国家资本和引进外国资本，两大政策的核心是实现"均"与"富"的目标。1905年孙中山将"平均地权"列入同盟会的纲领；1912年他在南京向同盟会会员做告别演说时提倡"国家社会主义"；1924年1月中国国民党在广州召开第一次全国代表大会，孙中山正式提出"平均地权"和"节制资本"作为国民党民生主义的两大"最要之原则"。若

---

① 《孙中山全集》第2卷，中华书局1982年版，第510页。

检视孙中山有关民生主义的演说，土地和资本是他一直关注的，具体到如何平均地权如何节制资本也有一条清晰的发展线索①，都体现了孙中山民生主义的一贯性。

这种一贯性并不影响孙中山对其他学说的借鉴和吸收，又充分说明他思想的开放性。就威廉《社会史观》对孙中山晚年民生主义的影响而言，有些侧重思想的启发，如民生史观的提出，将民生作为历史的重心和社会进化的动力；但更多是表述上的借鉴，如孙中山对马克思主义的认知，实际是借威廉对马克思主义的批判来解答他对欧战以后国际社会主义运动，以及对马克思主义的认识，他的思想和立场并不因威廉的《社会史观》发生转变；有些则并无什么关联，如"平均地权"和"节制资本"的两大政策，一方面这两大政策的很多内容形成于威廉学说产生之前，另一方面孙中山在提出两大政策时除了考虑中国的历史与实际，也参考了西方的一些社会经济理论，如亨利·乔治的"单税社会主义"，及西方盛行一时的国家社会主义。所以，不可否认威廉学说对于孙中山晚年民生主义的影响，但也不应夸大其影响的作用。

（作者单位：中山大学历史学系）

---

① 对"平均地权"和"节制资本"内涵与发展的研究，以及孙中山民生主义阶段性与一贯性的探讨，可参看王杰所著《孙中山民生思想研究》一书，首都经济贸易大学出版社，2011年版。

论孙中山引入世界潮流为中国导向

王 杰

在近代中国,孙中山不算是接触世界潮流的第一人,但他却是名副其实将世界潮流引入中国并引发中国影响于世界的第一人。① 在中国追求民族独立和国家富强的历史进程中,孙中山的名字与推翻封建帝制、创建民主共和国的"破天荒"记录相辉映,他的历史地位也无他人可替代,其思想与功业不仅作用和彪炳于当时,还将继续影响着现世和未来。

孙中山之所以能令同时代人难以望其项背,其功业表现于多层次和多维度,荦荦之大端者,在于他直面列强的瓜分豆剖和民族危亡,勇于担当,矢志振兴中华,一以贯之地对近代中国做出三个适应"世情"与"国情"的审视:以世界潮流为中国导向,以平民的根本利益为共和国定性,以"中国式"的发展路向为未来定位,从而将中国民众引向民主觉醒,将中华民族带入近代的世界文明。

一、孙中山是世界潮流的弄潮儿

有一句警语很精辟:"世界潮流,浩浩荡荡。顺之者昌,逆之者亡。"——这是孙中山毕生的思想结晶之一,也是他用来指导中国民主革命的思想方针。如果借用时间差的概念来表述,可以说:当大多数中国人还以"仰视"的眼光来探知世界的时候,孙中山已经用世界的眼光来"俯视"中国,进而引导中国的社会走向了。

近代以降,广东骤然为国人瞩目:中国近代史从此发端,西方列强的坚船利炮先是从这里打开了侵略中国的大门,中国从此陷入了危机。"危机",既潜伏着亡国的危险,也激发着新生的机遇。中西文化接踵在此间碰撞交汇,同时也催促和鞭策

---

① 段云章指出:"孙中山是近代中国放眼世界的人士中的最杰出者。"参见段云章:《放眼世界的孙中山》,中山大学出版社1996年版,第1页。

着地处前沿而又不甘屈辱的广东有识之士睁眼看世界，敢为人先，"师夷之长技"，探步救亡。在这个意义上说，孙中山的世界眼光得益于天时与地利的"恩赐"。

孙中山的故园香山县，毗邻港澳：与香港隔海相望，石岐距澳门仅30公里。孙中山出世之前，香港已被英国占领了20多年，而居民大多为香山人士的澳门，已被葡萄牙人租占了300余年。殖民主义者的入侵兼及双重意义，经过火与血的洗礼之后，港澳地区的商品经济现形生机，中西文化在冲突碰撞中渐次融和，交杂互动。"近水楼台"的香山人，在饱受民族危机刺激之时，也潜移默化地接受了海洋文明与开先意识。孙中山的父亲始有赴澳门做鞋匠的经历，胞兄孙眉则远涉重洋赴檀香山谋生，后来成了当地的农场主。

孙中山"远观历代，横览九洲"的世界眼光，① 得益于少年的机遇、积淀与升华。1879年，13岁的孙中山随母亲越洋探访远在夏威夷"淘金"的胞兄孙眉，"始见轮舟之奇，沧海之阔，自是有慕西学之心，穷天地之想"。② 这是他对西方世界的最早感悟。尔后，他在檀香山、广州和香港等地接受西式教育，大学选择学习西医。至26岁大学毕业，对西方及西学持续十多年的耳闻目睹，比照家乡的反差，积淀了对西人富强之"大经"的思考，萌发了步武西方、改良中国的志向。经两年西医师的历练，他完成了从医人到医国的思想转变。1894年秋，上书李鸿章，试图通过朝廷大员推行地方改革，未果，促使他决然选择"医国"的职业道路。

组织檀香山兴中会，是孙中山踏上职业革命家道路的标志。"以申民志而扶国宗"为使命，③ 矢志以世界眼光"共挽中国危局"，以"振兴中华"，体现在他以"取法乎上"的思维效法西方：揭橥"三民主义"，采行政党作业，运用现代舆论，缔造民主政体，创建"中国式"的建设路向。他强调，"要择地球上最文明的政治法律来救中国，最优等的人格来待我们四万万同胞"，通过民主主义的启蒙和民主革命运动的洗礼，使中国与西方文明接轨，在世界的东方"造起一个二十世纪头等的共和国来"，④ 早日实现与欧美文明并驾齐驱，将中国的命脉汇入世界潮流。

---

① 按：应该指出，孙中山于1890年致书郑藻如说的这句话，其"程度"多少有"自夸"的成色，但可以肯定的是，孙中山正是朝着这一方向努力，且见久久为功，有志竟成。参见《致郑藻如书》，《孙中山全集》第1卷，中华书局1981年版，第1页。

② 孙中山：《复翟理斯函》，《孙中山全集》第1卷，中华书局1981年版，第47页。陈锡祺指出："这几句话，传神地反映了近代中国一个天资极高的农家少年初次走向世界的感受，也体现了青年时代的孙中山的眼光、气魄和襟怀。我一直认为，这些话对理解孙中山早年的思想有着十分重要的意义。从那时起，直到晚年，孙中山的目光始终注视着广阔的世界，把中国问题和世界大势联系起来进行思考。他正是在走向世界的过程中，融汇中西文化，再加上自己的独创，构建了他那独特的革命思想体系。"参见段云章：《放眼世界的孙中山》"序"，第1页。

③ 孙中山：《檀香山兴中会章程》，《孙中山全集》第1卷，第20页。

④ 孙中山：《在东京中国留学生欢迎大会的演说》，《孙中山全集》第1卷，第280—281页。

二、"三民主义"是迎汇世界潮流最鲜明的思想旗帜

倡行"三民主义",可以视为孙中山在中国呼唤世界潮流的先声,也是他领导民主革命的思想纲领。

频繁闪烁于孙中山言论中的民族主义、民主主义、社会主义(民生主义),是为当时流行并影响于世界的三股进步潮流。孙中山广纳博思,将之作为20世纪中国民主革命的鲜明旗帜,有一个渐进的过程。"三民主义"的思想雏形可以追溯到1894年的《檀香山兴中会盟书》,其时提出"驱除鞑虏,恢复中国,创立合众政府"的口号,① 已蕴含民族、民权的因子,可以视为民族、民权最简要的表述。经过10年的酝酿,②"三民主义"于1905年10月(同盟会成立后两个月)正式揭橥于《〈民报〉发刊词》中:"三大主义,曰民族,曰民权,曰民生。"

三民主义的提出,非其时之思想家能望其项背也。它揭示了中国的社会基本矛盾,指明了迎汇世界潮流的三大奋斗目标。

民族主义是三民主义的政治旗帜,其趣旨是"驱除鞑虏,恢复中华"。因为清王朝不仅是一个由满洲贵族"宰制于上"的封建专制政府,而且已经成为"洋人的朝廷"。"反满"的提出对广泛的社会动员具有重大意义。民族主义的另一取向是避免中国被瓜分,争取民族的独立。《民报》发刊词把消弭"外邦逼之"与"异种残之"并列为民族主义"殆不可须臾缓"的历史使命。"非革命无以救垂亡","先倒满洲政府",而民族主义的反帝意蕴当或涵含其中。

民权主义是三民主义的核心,它揭示了封建主义和人民大众的矛盾,昭示了主

---

① 孙中山:《檀香山兴中会盟书》,《孙中山全集》第1卷,第20页。
② 黄宇和探讨了伦敦蒙难之后,孙中山在伦敦的所见所闻对完成其三民主义构思的影响。民族主义方面:访英前,孙中山的民族主义思想的主流是"反满",但到伦敦后他经历了另一种民族主义——近代欧洲民族主义。如,孙中山被拘禁的消息传出后,数千百的伦敦民众认为该举有损英国尊严而愤然结集在清使馆周围的自发运动,给孙中山留下了深刻的印象。英国上下为庆祝维多利亚女皇登基60周年盛大典礼,也引起孙中山的思考:第一,来自香港殖民地的华人警察作为大英帝国的一部分参加操阅,与代表主权独立的日本前来道贺的"富士"军舰参加海军检阅,形成强烈的反差,中华民族的尊严何在? 第二,清朝驻英公使罗丰禄与罗马教皇代表同坐一辆马车,手摇纸扇,显极为出格。第三,女皇起程的信号发出后那种举国欢腾、所有乐团同奏国歌的景象十分感人,而中国此时还没有一首国歌! 第四,几天后的海军阅兵,不仅气势磅礴,而且各道贺兵舰不是来朝的贡使,而是与英国平起平坐的使节,连日本也有此资格。这些自然让孙中山感触很深。民权主义方面:孙中山旅居伦敦期间,曾参观过上下议院,也可能听过议会辩论,最后还是属意香港政府式的"行政主导",认为这样的模式更有利于把一盘散沙的中华民族团结和调动起来。民生主义方面:"看惯了香港殖民地奢侈生活的孙中山,做梦也没想到过在英国老家的英国人会贫穷到那个样子。所以,正如他自己说的,便构思了民生主义,其精髓是平均地权,征收增了值的土地税以帮助穷人发展。"参见《孙中山的中国近代化思想溯源》,《孙中山与中国近代化》(上),第94—100页。

权在民的终极目标。民权主义的主调是：揭露和批判封建专制主义剥夺人权的弊端，宣示必须经由"国民革命"之途径推翻封建帝制，代之以"民主立宪"的共和制度，终结"以千年专制之毒而不解"之社会病态，赋予民众与共和"国体""变革"相适应的"天赋人权"。至于政体的擘划，亦当一体为民权主义铺路。

民生主义是三民主义的"社会革命"纲领，希冀解决土地与资本两大问题。最初提出的"平均地权"，意欲征收增了值的土地税以帮助穷人发展，还缺乏具体的操作内容。后来逐渐增加了"土地国有""节制资本""耕者有其田"等内容，其内蕴为防止土地、资本垄断，以振兴民族工商业，复苏民生，"合全国之资力"，壮大国有经济实力，臻国家于富强。民生主义实质上是最大限度发展民生经济的方略。

孙中山说："余之谋中国革命，其所持主义，有因袭吾国固有之思想者，有规抚欧洲之学说事迹者，有吾所独见而创获者。"[①] 陈旭麓指出："孙中山思想的主体建筑——三民主义，其思想资料有因袭、有规抚，规抚又多于因袭，由此形成他特有的三民主义思想体系——创获。三民主义揭示了近代中国民族、政治、经济上的三大矛盾，它与夷夏之防、民本思想和大同思想有联系，但不是这三者的综合，而是孙中山自己常说的得力于林肯的'民有、民治、民享'纲领的启导。孙中山的三民主义固然根源于近代中国的民族、政治、经济三大矛盾，但没有规抚是构筑不起三民主义的思想体系的。"[②] 要之，三民主义反映了中国近代半殖民地半封建社会的主要矛盾，体现了人民群众争取独立、民主和富强的愿景，标志着民主主义革命有了鲜明的旗帜。

随着民主主义革命阶段的发展，孙中山于捍卫共和国的关键年头，受各被压迫阶级民主联合战线形成的必然趋势所激发与促动，接受了俄国共产党和中国共产党的帮助，确立了联俄、联共、扶助农工的三大政策，把早期的三民主义作了新的解释（或称新三民主义）：民族主义明确了反帝任务，"民族解放之斗争，对于多数之民众，其目标皆不外反帝国主义而已"；民权主义进一步揭露军阀、官僚的暴戾恣肆，重新审视了西方社会的议会政治，赞美"比较代议政体改良得多"的苏维埃"人民独裁政体"，推进"主权在民"原则的实施；民生主义强调"耕者有其田"之必须，阐发了"使私有资本不能操纵国民之生计"的思想。毛泽东曾对新三民主义有过评说："革命的三民主义，新三民主义或真三民主义，是联俄联共扶助农工三大政策的三民主义。没有三大政策，或三大政策缺一，在新时期中，就都是伪三

---

① 《孙中山全集》第7卷，第60页。
② 陈旭麓：《"因袭"、"规抚"、"创获"——孙中山的中西文化观论纲》，中国孙中山研究学会编：《孙中山和他的时代》（下），中华书局1989年版，第1791页。

民主义,或半三民主义。"毛泽东强调新三民主义是"中国今日之必需"①。可见,新三民主义是旧三民主义的发展,反映了新的历史特点,表现了革命民主派在新阶段的进步性与实践性,并成为第一次国共合作的政治思想基础。

有学者不赞成三民主义有新旧之分,林家有在他的文章中介绍学术界对新的三民主义的看法时指出:"孙中山的三民主义思想有一个从不完善到逐渐完善,有一个不断发展的深化过程,作为一种思想体系,孙中山的三民主义前后期都没有发生实质性的变化,但就其涵盖的内容去看,后期的三民主义具有明确的反帝内容,和对以工农为主体的劳动人民在社会变革中的作用和地位有明确的解说。所以,孙中山前后期的三民主义的内容不完全一致,孙中山的三民主义如果没有新旧之分,它则有前后期之别。不过作为国民党的理论基础——三民主义思想,它始终是一个资产阶级的思想体系,它始终也没有发生根本性的转变。这也是确实无疑的。"②

大多数学人观点基本相同,认为旧三民主义是孙中山在中国旧民主主义革命阶段政治思想的结晶,但"没有明确地提出彻底反对帝国主义、反对封建主义的口号"。而新三民主义则不同了,孙中山在重新解释民族主义时,把民族主义概括为:对外反对帝国主义,中国民族自求解放;对内求中国各民族一律平等。在重新解释民权主义时指出,"近世各国所谓民权制度,往往为资产阶级所专有,适成为压迫平民之工具",并且提出建立"为一般平民所共有,非少数人所得而私"的人民共和国的主张。此外,还提出了"耕者有其田"和"节制资本"的主张,使民生主义得到了新的发展。③

大凡一种社会思潮,必须得到相当程度的社会确认,在相当的范围内传播,并在相当程度上为社会接受,转化为个体的思想、情绪、意愿和需要等,这就是社会思潮的社会共鸣性。三民主义在19—20世纪之交的中国,正是通过孙中山领导的持续的舆论宣传战,使其进步思想得以广泛传播,八方唱和。辛亥革命前,革命舆论为民主革命鸣锣开道,《民报》与《新民丛报》关于革命与保皇大论战最终取胜,不失为传世的范例。及至后来以《建设》杂志、上海《民国日报》、《广州民国日报》、《中国国民党周刊》为代表的报刊连同海外同行并肩作战,在捍卫民主共和、推动国民革命的进程中,充分发挥了导向作用,以"三民主义"武装工农兵,一度成为20世纪20年代中国社会的风潮,激起了社会的广泛共鸣。

---

① 毛泽东:《新民主主义论》,《毛泽东选集》,东北书店1948年版,第257页。
② 林家有:《中国国民党"一大"宣言和孙中山的三民主义讲演》,《孙中山研究文集》,广东人民出版社1996年版,第238—239页。
③ 王汝丰:《论孙中山由旧三民主义到新三民主义的转变》,《北京大学学报》1974年第6期。

三、政党作业是效法世界潮流较成功的实践

孙中山从步入职业革命家的第一天开始,就引入世界潮流的政党作业。政党作业与他领导的革命事业相伴随、共始终,他本人膺任政党(含早期政治团体)领袖垂三十年。

1894年11月,孙中山在檀香山成立"兴中会",虽然是一个秘密的革命小团体,还不具备政党的性质。毋庸置疑,它的组织架构、纲领、章程、盟书等要件,则是遵循政党的规则运作的。因为"秘密""匆促""海外"与"局部",亟需不断的改进与完善,却已将组织政党的意识付诸于行动,宣告一个"雏形"的政党横空出世,成为中国民主革命的第一个领导机构。

在孙中山看来,檀香山兴中会的成员多为工人或小商业者,其使命与能量尚不足以承担起推翻"满清"、建立合众政府的大任;再者,檀岛地域距离中国本土太远,有失地利之影响及接济之优势。翌年初,孙中山回到香港,与"辅仁文社"合作,组建兴中会总机关。"辅仁文社"的骨干杨衢云、谢缵泰等人乃具有强烈革命意识的知识志士,香港与广州水陆交通便利,易于联络和接应。兴中会立足香港后,很快在广州、日本横滨等地组建分会,并于同年10月在广州策动第一次反清武装起义。

广州起义未经发动即告失败,孙中山偕郑士良、陈少白走避日本,开始流亡革命家的生涯,在海外华侨视革命为"洪水猛兽"的艰难时期,他奔走呼号革命组织的发展,革命力量的积聚,与杨衢云分别在中国、日本、南洋、非洲、美洲的顺德、香山、澳门、长崎、马关、西贡、新加坡、麻加剌斯、哥林堡等地建立20多个兴中会分会。[①] 经过10年的努力,于1905年8月在日本东京成立全国性的革命组织——中国同盟会。

8月20日,中国同盟会成立,与会志士庄严宣誓:"驱除鞑虏,恢复中华,创立民国,平均地权,矢信矢忠,有始有卒,如或渝此,任众处罚。"众人推举孙中山为总理,黄兴为执行部庶务。总部下设执行、评议、司法三部;国内外分设9个支部,各省区成立分会。大会授权孙中山、黄兴、章炳麟等制订同盟会《革命方略》,包括《军政府宣言》《对外宣言》《略地规则》等11个文件(全部文件于1906年秋冬间制定出来)。这标志着孙中山领导下的民主革命有了一个全国性的领导中枢。

---

① 林一厂著、李吉奎整理:《林一厂日记》(上),中华书局2012年版,第301—303页。

同盟会成立后，留日学生相继入会者400余人，孙中山"始信革命大业可及身而成"。尔后，孙中山委派同盟会会员分赴国内建立分会、联络同志，发动武装反清起义。其间，同盟会内部曾发生过两次反对孙中山的"风潮"，这是因缺乏必要的沟通产生的误解，亦属正常现象。孙中山则专心为武装反清大业奔走联络，其领袖地位并未受到太大的影响。可以说，孙中山领导下的同盟会，"其存在的七年，也是清末民初社会多变的七年……同盟会领导了全国资产阶级民主革命，推翻了晚清封建专制王朝的统治，并在新旧交替之中起到了极其重要的作用"①。

1911年10月，武昌起义爆发，孙中山还在国外，湖北革命党人即把他"当做革命领袖，用他的名义来号召群众和组织群众"，这也从侧面说明孙中山通过同盟会的纲领及同盟会的领导，对武昌起义起了指导作用。及至孙中山从海外返国，各省代表几乎全票（17票中得16票）选举孙中山为中华民国的临时大总统。

1912年4月，孙中山卸任临时大总统，到各地宣传民生主义，推动实业建设。以宋教仁为首的部分同盟会会员为推进政党政治和责任内阁作了很大努力。为实现理想的民主政治，宋教仁以同盟会会员为骨干，于同年8月联合统一共和党等4个小党，在北京组建一个能左右政局的大政党——国民党。孙中山对宋教仁的主张表示赞成，认为建立健全的大政党，是民国的基础，通过政党内阁来实现民主政纲。孙中山参加了国民党成立大会，被推举为理事长，不久便委任宋教仁为代理。其间，孙中山多次发表关于政党政治的演说，主张通过政见的论争代替意气与权利之争，通过党德的修为净化党争的风气，以建设健康的朝野竞争政治。

1913年初，国民党在参众两院议员选举中大获胜利，袁世凯控制下的御用政党惨遭失败。3月20日，袁氏指使凶手刺杀宋教仁。宋案后，孙中山是"党人中最先觉悟和主张武力讨袁"者，"是'二次革命'的策动者和精神领袖"。② 二次革命失败，孙中山被迫逃亡日本，革命形势跌入低谷，革命党人组织涣散、精神萎靡不振，面对袁世凯政权的通缉与追杀，很多党人主张避开袁氏锋芒，"十年以后再谈革命"。孙中山目睹前途一片茫然之危局，挺身而出，于流亡日本的艰险岁月中，急急组织中华革命党。

对中华革命党的评价，孙中山于组党初年曾有过中华革命党属"秘密结社性质，不属于政党"的表述，坊间（后人）亦有说孙中山搞分裂、组党是大倒退。需要明辨的是——中华革命党，应该是有血性的、有担当的革命政党，它在建党初期

---

① 马敏：《最近25年大陆中国同盟会史研究的回顾与展望》，中国孙中山研究会、孙中山故居纪念馆编：《孙中山·辛亥革命研究回顾与前瞻高峰论坛纪实》，社会科学文献出版社2011年版，第1页。
② 章开沅、林增平：《辛亥革命史》下册，人民出版社1980年版，第489—491页。

为讨论党章就开过20多次会议，而且在国内和海外建立了支部，组织相对健全，无愧是革命低潮时的反袁旗帜！没有中华革命党于艰险时期的中流砥柱作用，中国民主革命或停顿或消退，革命进程不知要延缓多少年！

经过护法运动的洗礼之后，以吐故纳新为基调的国民党"一大"，以及第一次国共合作的建立，是孙中山政党作业的成功范例。论者赞扬了孙氏改组国民党、实行国共合作、重新解释三民主义的伟大功勋，指出召开国民党"一大"，建立第一次国共合作，是"'适乎世界之潮流，合乎人群之需要'，为'摆脱艰难顿挫'的困境，继续前进，开创新的革命局面，采取的一项极为重大的英明战略决策"；"中国革命史上一个前所未有的巨大高潮，由此澎湃而起"；国共合作"正是我们民族团结、奋起的一种有效形式"。①

由国共合作建立起来的全国反帝反封建的联合战线，掀起了近代中国民主革命前所未有的高潮，将孙中山政党作业的成就推向高巅。尤有甚者，孙中山以党治国的纲领亦在此间得以实践。以党治国的施行，可以看作孙中山"训政"到"宪政"程序的过渡期（试验期），以民权主义作为落脚点的党治模式，昭示着宪政的曙光，给孙中山的党治理论和实践烙上深刻的时代印记。

四、缔造民主共和国是跻身世界潮流里程碑式的建树

孙中山在政体上效法西方，追赶世界潮流的目标矢志不移，就是要"取法西人的文明而用之"，"建一头等民主大共和国，以执全球的牛耳"。

创建共和政制，是中国历史最伟大的开先，也是孙中山引领"古老的东方"走向世界潮流的最伟大贡献。"考察各国的政治得失和古今国势强弱的道理"，鞭策着他变革中国政治亟须"取法乎上"的实践。"取法乎上"，就是要跟上时代的先进潮流——既然民主共和政治经已成为时尚的世界潮流，中国就应该择之试验："择地球上最文明的政治法律来救我们中国，最优等的人格来待我们四万万同胞。"那种怀疑中国同胞不能共和的说法，"是不知世界的进步，不知世界的真文明，不知享这共和幸福的蠢物了"。因此，"若我们今日改革的思想不取法乎上，则不过徒救一时，是万不能永久太平的"。孙中山借古鉴今，指出，我们老是失误于以为中国四千年的文明（有时他又说五千年的文明）很好，不肯改革，但是我们今天落后了，"若此时不取法他现世最文明的，还取法他那文明过渡时代以前的吗？……兄弟愿

---

① 陆仁：《历史的必然，革命的需要》；刘大年：《序言》，均载中国史学会编：《中国国民党"一大"六十周年纪念论文集》，中国社会科学出版社1984年版。

诸君救中国，要从高尚的下手，万莫取法乎中，以贻我四万万同胞子子孙孙的后祸"。① 以是，为了实现这一崇高的愿景，他从1895年组织第一次未遂武装反清起义伊始至辛亥革命爆发，在海外奔走了16个年头，足迹踏遍亚、美、欧。

共和肇建，将中国引入世界近代潮流，开辟了亚洲第一个民主共和政体的新纪元。作为一座"里程碑"，它标志着一个以自给自足为经济主导的、王权专制为政治指导的、墨守成规为文化引导的传统社会，向以多元发展为经济模式的、民主共和为核心价值的、取法乎上为文化取向的现代社会转型。

首先，确立了中国适乎世界潮流的最基本的国家理念与原则。《临时大总统宣言书》宣示："国家之本，在于人民。合汉、满、蒙、回、藏诸地为一国，即汉、满、蒙、回、藏诸族为一人。"其根本要旨，是法定"国家之本，在于人民"；强调"民族之统一""领土之统一"等五个"统一"。

其次，制定了中国历史上第一部具有民主共和性质的国家新法《中华民国临时约法》，明晰了民主共和的新政治体制。《中华民国临时约法》公示："中华民国之主权属于国民全体"；"中华民国人民一律平等，无种族、阶级、宗教之区别"；人民得享人身、居住、言论、集会、结社、通信、信仰等自由，人民有保有财产及营业之自由及请愿、诉讼、考试、选举等权利。普罗大众民主、自由、平等的政治权利第一次得到法律确认。《临时约法》特别明确了政治体制三权分立原则和责任内阁制度，以防止中央权力的过度集专："中华民国以参议院、临时大总统、国务院、法院行使其统治权"；"临时大总统受参议院弹劾后，由最高法院审判官互选九人组织临时特别法庭审判之"。有学人指出，这一"由法律体系代替个人专断行政"的首创，可谓中国"现代化在政治领域的一块界碑"。②

再次，掀起了革故鼎新的时代新风，为国民展示民国的新形象。民国开元，万象更新。孙中山主持下的南京临时政府于3个月内颁布了30多项移风易俗的新规章，包括废止前清官称、施行剪辫、禁止刑讯、消除鸦片、杜绝赌风、革除缠足等传统陋习；倡导政府官员树立新观念，做人民公仆，全心全意为"四万万皇帝"服务。学人指出："南京临时政府存在时间确实短暂，其众多政策未能在实践中接受检验，然而其首创精神和制度创造，为我国走向现代社会开辟了前进道路，指明了方向。"③

共和肇建，使中国民主制度反哺世界近代潮流，掀动了亚洲民族解放运动的新

---

① 孙中山：《在东京中国留学生欢迎大会的演说》，《孙中山全集》第1卷，第279—282页。
② 布莱克：《现代化的动力》，四川人民出版社1988年版，第21页。
③ 张宪文：《南京临时政府开创中国民主共和新时代》，《孙中山·辛亥革命研究回顾与前瞻高峰论坛纪实》，第96页。

觉醒。作为"排头兵",它的"反哺"体现于两大层面:打击了殖民主义列强在中国的统治,造成了亚洲霸权主义的恐慌;鼓舞了受压迫民族争取民族自决的斗志,推动了亚洲地区民族解放运动的勃兴。

对中华民国的崛起,最为痛心疾首的是日本帝国主义。前日本首相、军阀、元老山县有朋如丧考妣:"日本不希望中国有一个强有力的皇帝,日本更不希望那里有一个成功的共和国。日本所希望的是一个软弱无能的中国,一个受日本影响的弱皇帝统治下的弱中国,才是理想的中国。"其军国主义者更担心中国的民主风潮会危及天皇的统治:"日本帝国将为民主国欤?抑为君主国欤?此所谓天下成败之秋也。"以至有人哀叹"鼠疫乃有形之病,共和制乃无形之病"也!① 还有发弦外之音者,他们在为中华民国的诞生将会刺激朝鲜等殖民地的民族解放运动而忧心忡忡!此外,法国驻华公使也对中国的变动将引起"我殖民地内部的混乱"而惶恐不安。

中华民国的崛起,最为深受鼓舞的是越南等亚洲弱小国家。1912年初,越南民族解放运动的领袖潘佩珠等组织革命者分赴广州建立越南光复会,以"驱除法贼,恢复越南,建立越南共和国"为纲领,孙中山、黄兴亲自在南京接见潘佩珠,把援助越南视为"我辈不可辞之义务",欢迎越南革命者来两广学习军事,主动为越南民族解放运动培养革命骨干。一花引来百花开。中华民国的崛起,民主主义的激励,有力地推动了"亚洲的觉醒",印度尼西亚、朝鲜、缅甸、印度、马来亚、菲律宾等国的民族解放运动闻风而起,接踵而来。列宁对此高度关注,由衷赞美:"亚洲的觉醒"与欧洲"无产阶级的夺取政权"相呼应,将之称为"标志着20世纪初所揭开的全世界历史的一个新阶段"。中国反哺世界潮流,举凡可见一斑。

饮水思源——没有革命的理论,就没有革命的运动。列宁曾以《中国的民主主义与民粹主义》为题,对孙中山的三民主义予以极高的评价:"孙中山纲领的每一行都渗透了战斗的、真诚的民主主义。""这是带有建立共和制度要求的完整的民主主义",是"真正伟大的人民的真正伟大的思想"。② 这不仅是对三民主义的最高评价,也是对中华民国推动世界民主浪潮的诚心赞誉。

五、开创"中国式"路向是比肩世界潮流的典范

语云:南橘北枳,水土易也。世界潮流导入中国,需要浸润本土,切合水土,

---

① 参见王晓秋:《应加强对辛亥革命世界意义的研究和阐发》,《孙中山·辛亥革命研究回顾与前瞻高峰论坛纪实》,第27页。

② 孙宁:《中国的民主主义与民粹主义》,《列宁选集》第2卷,人民出版社1972年版,第424页。

进而改良水土，优化本土。同理，任何一种先进的思潮，应兼具时代精神和民族形式，反之，则会堕入民族虚无主义。

孙中山对此感慨良多，仅靠辛亥的"炮弹"和民元的"炮竹"驱不散积淀了两千多年的专制阴霾；民主主义潮流的引入，需要净化封建的污泥浊水，培育"中国式"的民主土壤与政治生态。

孙中山于1921年3月与日本的老知交宫崎滔天、萱野长知作过推心置腹的交谈，道出了回眸辛亥后十年的肺腑之言："世界在变化，不过中国国民始终还是中国国民。随着时代的变化，虽然也可以看出思想多少有些进步，但其实质仍是中国的。如果我中国国民对我们的主张有几分了解，我将喜出望外；多少年来我们所主张的三民主义，我认为它没有更改的必要，并期待此一主义得以贯彻实行。"① 从这些宫崎亲自记录的话语，我们或许可以揣摩孙中山于"若失"中所流露的"若得"心境。也就是说，他对国民仍对三民主义缺乏了解曾经"槁木死灰"，但他坚信三民主义"没有更改的必要"。倘能进而及之，将"喜出望外"——如何将三民主义扎根于中国广大民众心中，换句话说，如何将世界先进的理念中国化，这才是引入世界潮流的"正果"。

孙中山毕生"外察世界潮流"，内检国情现状，将从泰西求知所获的救国理论试验于本土，在浸润了两千多年封建风绪的历史土壤上，刻意培育民主共和的新苗，凿开了近代文明的新天，由此而谱出了独具中国特色的社会变革的乐章。

检视1894年孙中山的《上李鸿章书》，可以发现孙中山对风行的洋务救国思潮表示异议，开始设想一个"以中国之人民材力，而能步武泰西，参行新法"，不下20年驾驭欧洲之上的治国方案。用他的话来说，这是"富强之大经，治国之大本"。此可认为是孙中山"中国式"建设道路构思之滥觞。

1905年创建同盟会，揭橥三民主义学说，尔后又"将外国的规制和中国本有的规制融和起来"，完成"因袭""规抚""创获"之过程，倡行五权宪法。这一政体上的"中国式"构架，虽然未及践行，却闪耀着中西方文化"融和"的思想火花。

1912年元旦，中华民国横空出世，国歌呼唤"揖美追欧，旧邦新造"，也寓意要体现中国的特式。

江河百转，经过"二次革命""三次革命"，尤其是第一次护法战争失败寓居沪上之后，孙中山为发阐启蒙，将攻破"人心之大敌"的理论起名为《孙文学说》，将"味同嚼蜡"的会议通则改名《民权初步》，刻意赋予中国式的元素。

---

① 宫崎寅藏：《广东行》，《宫崎滔天全集》第1卷，日本平凡社1978年版（李吉奎译、黄友谋校）；孙中山：《与宫崎滔天、萱野长知的谈话》，《孙中山全集》第5卷，第482页。

1924年，孙中山在民权主义的演说中强调指出："中国几千年以来都是独立国家，从前政治的发达，向来没有假借过外国材料的。中国在世界之中，文化上是先进的国家，外国的材料向来无可完全仿效。欧美近来的文化才比中国进步，我们羡慕他们的新文明，才主张革命。此刻实行革命，当然是要中国驾乎欧美之上，改造成世界上最新、最进步的国家。"① 仿效欧美，驾乎欧美，诚可谓用西人而不为西人所惑，能役西人而不为西人所奴！这是何等的中国气魄！又是何等境界的"中国式"！

在道德建设问题上，孙中山一面追踪世界道德的新动向，主张迎汇世界道德新潮流，一面又审慎恢复中国"固有的道德"，在扬弃、吸收、赋新的基础上，融汇中西道德之精华，构建新的道德大厦。孙中山指出："欧洲之所以驾乎我们中国之上的，不是政治哲学，完全是物质文明。……至于讲到政治哲学的真谛，欧洲人还要求之于中国。"② 针对民国初年新旧文化嬗替，新旧道德冲突与整合时期，一般人"无所适从"，一些人醉心新文化、排斥旧道德的状况，孙中山强调"好的"道德应该保存，不好的才可以放弃。他根据革命斗争的需要，对"忠孝、仁爱、信义、和平"等道德进行诠新与规范，进而指出："三民主义非列宁之糟粕，不过演绎中华三千年来汉民族所保有之治国平天下之理想而成之者也。"③ 这可视为孙中山关于道德建设之"中国式"。

关于国际间的平等协调。孙中山指出："使外国之资本主义以造成中国之社会主义，而调和此人类进化之两种经济能力，使之互相为用，以促进将来世界之文明。"④ 在这里，孙中山用"调和"这样一个哲学命题介入经济建设，而且是要调和国际间不同的"两种经济能力"，以促进中国经济的发展，这确实是一种具有国际眼光的思维取向。"调和"实际上是通过合作（协作），通过利用外资、引进外才等互利，使双方增进了解，增强交流，从而谋求一定程度的契约或整合，达到"互相为用"的目的，以创造合作、共通（共容）和共进的人类文明成果，这无疑又是对世界文明的一种诠释。

孙中山毕生学习西方，博采众长，早期仿效西方共和政治，晚年主张以俄为师，其思想旨趣，是吸纳世界一切先进的思想为我所用。他的民生主义包罗众优，即"所谓'社会主义''共产主义'与'集产主义'均包括其中"⑤。他民生主义的内

---

① 孙中山：《三民主义·民权主义》，《孙中山全集》第9卷，第344—345页。
② 孙中山：《三民主义·民族主义》，《孙中山全集》第9卷，第230—231页。
③ 孙中山：《与日人某君的谈话》，《孙中山全集》第9卷，第532页。
④ 孙中山：《孙中山全集》第6卷，第398页。
⑤ 孙中山：《关于民生主义之说明》，《孙中山全集》第9卷，第112页。

涵的科学性当有待众家评说，但它追求一个"孙氏理想"的社会主义，又是他"取法乎上"之思维取向的最具体体现。这种体现，乃"中国式"最稳定的思想内核的展示。

为了宣传自己的革命理论，孙中山在《孙文学说》中创说"知难行易"（其实1894年《上李鸿章书》提出"穷理之浅深以为取用之多少"已寓此意，只是未成系统），知与行乃对立统一之互动，不是孰难孰易的问题。"知难行易"说的可贵之处，有通过实践进行检验的品格，有"行先知后"的合理内核，但不是"行—知—行"认识规律的全过程，并割裂了知行关系。尽管如此，他为了打开真理之门，对视为固常的传统思想大发异议，显示了他的理论勇气。[①] 在这里，孙中山不仅自己挑战"传统"，也鞭策他人向"传统"挑战，开了孙氏"中国式"变革思维之先河。

社会变革就是变革传统，使传统更适合现实，进而服务于现实。为了增强民众赶追世界潮流的自信心，孙中山指出："世界主义在欧洲是近世才发表出来的，在中国，二千多年以前便老早说过了。我们固有的文明，欧洲人到现在还看不出。不过讲到政治哲学的世界文明，我们四万万人从前已经发明了很多；就是讲到世界大道德，我们四万万人也是很爱和平的。但是因为失了民族主义，所以固有的道德文明都不能表彰，到现在便退步。"他一针见血地指出：欧洲人现在讲的世界主义，其实就是"有强权无公理的主义"，英国话所说的"能力就是公理"，"就是以打得的为有道理"；中国人的心理，向来不以打得为然，以讲打的就是野蛮，这种不讲打的好道德，就是世界主义的真精神。他激发国人自尊自励："中国四万万人是亚洲世界主义的基础，有了基础，然后才能扩充。所以我们以后要讲世界主义，一定要先讲民族主义，所谓欲天下者先治其国。把从前失去的民族主义从新恢复起来，更要从而发扬光大之，然后再去谈世界主义，乃有实际。"[②]

孙中山引入世界潮流促进中国的社会变革的思想及实践活动所凸显的诸种变征，闪耀着一种"法古不为其惑，役古不为其奴；法西不为其惑，役西不为其奴"的光辉哲理。这便是孙氏"中国式"社会变革理念之精髓所在。

（作者单位：广东省社会科学院）

[①] 陈旭麓：《因袭·规抚·创获——孙中山的中西文化观论纲》，《孙中山和他的时代》（下），第1794—1795页。
[②] 孙中山：《三民主义·民族主义》，《孙中山全集》第9卷，第231页。

梦想与践行：孙中山与1920年代的广东航空[①]

楚秀红

作为中国民主革命先驱人物孙中山先生，在寻求救国的路径中十分重视借助和发展航空，为广东培养了一批航空人才，打下了一定的航空建设基础。在广东航空纪念碑上，刻着12名航空先驱的名字，其中有5人来自香山（中山），他们分别是朱卓文、杨仙逸[②]、张惠长、陈庆云、杨官宇。[③] 也许这个统计不够准确，但由此显见以孙中山先生为首的香山（中山）航空人物在近代广东航空发展史上扮演着重要角色，占据着重要地位。孙中山及其革命追随者的航空追求大致可分为几个阶段：辛亥革命前的海外宣传与谋划、民国成立伊始的制度建设、二次革命中的日本建校及三次开府广州时的努力建设。

一、早期海外见闻与初步筹备

1895年兴中会首次广州起义失败后，孙中山开始流亡生涯，国外的见闻和经历使他认识到航空对于革命和国防的重要，在关注各国政治军事发展的同时，他尤注意飞机的发明和运用。辛亥革命前，他在国外一面为革命筹款，一面鼓励、组织海外华侨学习飞行技术，为革命空军培育力量。

1909年9月，孙中山停留英国期间[④]，时广东恩平华侨青年冯如在美国奥克兰

[①] 2012年中山市社科规划立项课题"1920年代的中山（香山）、中山（香山）人——以《广州民国日报》为中心"阶段性成果，项目编号：201218。

[②] 杨仙逸（1892—1923），字学华，号铁庵，香山北台人。早年就读于夏威夷大学、美国加利福尼亚州哈里大学机械专修科、美国茄弥斯大学航空系，领有美国飞行会证书。毕业后回国组织国民党飞机队并任空军队长。

[③] 《广东航空纪念碑上的航空先驱和英烈》，关中人等著：《五邑华侨与中国航空》第1卷，附件二，全国航空史研究会2003年版，第367页。

[④] 孙中山：《孙中山全集》第1卷，中华书局1981年版，第466页。

市驾驶自己设计制造的有动力飞机试飞成功，轰动一时。1910年，孙中山到美国后，立即指示旅美同盟会会员组织有志青年学习飞行及飞机制造技术。檀香山成立同盟会分会时，他又鼓励分会同志筹办中华飞机制造公司。同年11月7日，孙中山在给美国军事学家咸马里（Homer Lea，又称荷马李）的信中，谈论飞机的摄影作用："至于你对飞机在战争中用途的见解，我已一再拜读，至为赞佩。你的所有论证均极正确。完全赞成你在第一部分的论述……你忽略一事：飞机和飞船（可操纵气球）能做极好的摄影，有助于指挥官准确判断敌情。"① 1911年1、2月间，冯如再次在奥克兰做飞行表演，此时孙中山方行抵旧金山②，据说他闻讯后立即赶赴表演现场并发表演说。这之后，同盟会会员李绮庵呈文孙中山，告其准备在美国成立飞船公司，他复信李绮庵谓："飞船习练一事，为吾党人材中之不可无，其为用自有不能预计之处，不独暗杀也。"③ 是年9月14日，孙中山又致函旅美革命党人肖汉卫，称"飞机一物，自是大利于行军，唯以无尺寸之地党人，未有用武之地以用此耳"。他又致信旅美同志，谓："阮伦兄等谋设飞船队，极合现时之用，务期协力助成，以为国家出力。"④

中华民国成立后，孙中山在国内及海外华侨中继续倡行"航空救国"，并主要从培育人才、设立机构、购买并自制航空器械着手。1912年初，受孙中山鼓励，同盟会芝加哥洪门筹饷局出巨资购买飞机并运抵南京。1913年初，美国华侨成立中华飞机制造公司，并制成第一架飞机回国参加讨袁。二次革命失败后，孙中山等转往日本组建中华革命党，并趁机创办中华革命党飞行学校。据载，"1914年至1915年间，孙中山先生又在日本西京八幡八日市亲自督促周应时、夏重民主持成立中华革命党航空学校一所，聘日人坂本三郎、立花寿一、星野米藏三人负责教练。留日华侨青年参加学习有30名：冯超俊⑤、陈庆云、陈泽景（兄弟）、刘秀谋、李文耀、韩鲲、陈正敷、马栋廷、梁焕廷、胡汉贤、马少汉、曾苏⑥、刘民瞻等。使用飞机为美制'士丁时'，英制'旋风号'。"⑦

有档案显示，上述陈庆云应是由英国转学而来。约在1914年2月10日，孙中

---

① 《孙中山全集》第1卷，第490页。
② 《孙中山全集》第1卷，第525页。
③ 《孙中山全集》第1卷，第521页。
④ 《孙中山全集》第1卷，第539页。
⑤ 应为马超俊。
⑥ 疑是曾苏汉，中国国民党党史会藏"环龙路档案"中有此人1922年自香港写给孙中山的信件，其中谈到与李绮庵合作一事。
⑦ 陈晋：《广东航空史略》，《广州文史》存稿，第3辑。

山函促其"回日本读习飞术",而是年正月十三日陈已入 Hendon beatty school of flying①,学费亦已交一半(五十磅),所不敷者再一半学费而已。考虑到已缴费用无法退回且在此毕业较快,他马上复函孙中山说明,并表示"今接来电后三思数次无可如何,特付函奉告。未审先生若何,祈为示知"。言外之意,他更倾向于继续留在英国这家飞行学校,并请求孙资助他另一半学费。同时,他又表示"如若先生决意使弟回日本时,祈接此信后即惠回一电,弟即装束回国"②。不久,该校因故停办。

1915年③,孙中山命驻美洲中华革命党总支部部长林森在红木城(Redwood City)创办航空训练机构,即美洲飞行学校。校长黄伯耀,聘美籍人员为教师,科别分为飞机工程、机械修护,学生有叶少毅、吴东华、张惠长、陈庆云、谭南方、陈干、李光辉、孙龙光、杨仙逸、蔡司度等。1917年毕业,先后携带飞机4架回粤。④ 他们毕业当年,中华革命党美洲总支部又选派其中的张惠长、吴东华等往美国人开办的"寇提斯"航空学校继续学习以获得美国飞行执照。⑤ 这些人回国后成为中国航空事业的先驱和骨干。⑥ 1916年6月,孙中山命令中华革命党航空学校教官和学生带机迁回山东潍县,组成中华革命华侨义勇军飞机队,配合居正的东北军进行威慑性飞行,参加讨袁战争,⑦ 轰炸济南山东督军府,有力地支援了地面作战。袁世凯暴毙后,以孙中山为首的革命党人购买飞机、组织飞机队的活动并未放松。同时又委派旅日侨胞伍平一在菲律宾马尼拉筹设航空学校。⑧

1917年,孙中山令毕业于日本中华革命党航空学校的胡汉贤到加拿大创办中华革命党航空学校。当年,孙中山接见了在海外学过飞行和飞机结构技术的杨仙逸,畅谈航空救国大计,杨遂决意回国效力革命。⑨ 1918年,香山华侨陈耀垣响应孙中山"航空救国"倡议,支持发起成立"图强飞机有限公司",集款购机,培育航空人才。⑩ 1920年,又委托陈树苹(萍)、蔡荃湘组织杨著昆、杨仙逸、蔡司度等参与筹划,该公司得以在美国旧金山开办,专门培养中国飞行人员。同时,指派杨仙逸在国内挑选周宝衡、陈卓林、杨官宇、黄秉衡等人赴美国学习航空。又在美国招选

---

① 应系英国伦敦亨顿比蒂飞行学院。
② 《陈庆云上总理函》,"中国国民党人物书札",环龙路档案01128。
③ 一说1914年,见毕居正《孙中山的航空救国思想及其影响》,《军事历史》1993年第3期。
④ 陈晋:《广东航空史略》,《广州文史》存稿,第3辑。
⑤ 《早期归侨空军人员吴东华》,《中山文史》总第16辑,第68页。
⑥ 毕居正:《孙中山的航空救国思想及其影响》,《军事历史》1993年第3期。
⑦ 《孙中山全集》第1卷,第975页。
⑧ 陈晋:《广东航空史略》,《广州文史》存稿,第3辑。
⑨ 毕居正:《孙中山的航空救国思想及其影响》,《军事历史》1993年第3期。
⑩ 见2014年11月12日中山市翠亨村孙中山故居纪念馆《陈耀垣先生纪念展览》附陈耀垣大事年表。

黄光锐、林伟成等已有飞行执照的人员继续深造。1922年，这批人先后回国，成为革命空军的骨干力量。①

可见，孙中山倡导航空救国②，发展航空事业是从国外华侨中开始着手推进的。因其故乡"广东地处沿海，毗连港澳，海外华侨众多。而华侨旅居海外，以国势积弱，一向被人歧视和欺侮，因此总是希望祖国富强。他们得风气之先，冀挟一技以报国，以是研习航空者遂蔚为风气。所以，广东早期的航空事业是华侨回国效力以成，后来在广州虽设航校造就了不少人才，但国外学成航空归来投效者仍络绎不绝，华侨自始至终成为近代广东航空的基本力量。"③ 故有人说："广东空军最初系孙中山先生得华侨的赞助，培植起来的。迨革命政府成立于广州，更力谋建立革命空军。"④

二、开府广州与军事航空的打造

孙中山曾计划"以两广为根据地，出师北伐，统一全国，进而在这国土上建立起民主主义政权"。⑤ 随着政治和军事斗争的变化推进，孙中山在广州曾先后三次建立与北京方面相对峙的西南政权。其航空事业也因应时势，由海外筹备转入国内正式打造，而军事航空建设便成为当时孙中山的重大决策。

1. 从护法军政府航空处到援闽粤军航空队

为恢复被北京政府破坏的《中华民国临时约法》及国会，1917年7月，孙中山从上海南下广州，建立护法军政府。9月，就任中华民国军政府海陆军大元帅⑥，这是他第一次在广州建立政权。10月间，护法战争爆发，孙中山决定各路大军会师武汉，大举北伐。为配合此次军事行动，1918年初，孙中山指示在大元帅府下专门设立航空处（之后扩为航空局），任命旅美归侨机械专家鹤山人李一谔为处长，香山人张惠长为副处长。同在该处服役的还有学成归来的陈庆云、蔡司度（诗渡）、张惠寒等。航空处被称为革命空军的雏形组织⑦，又被视为广东空军的正式组建。⑧ 当

---

① 毕居正：《孙中山的航空救国思想及其影响》，《军事历史》1993年第3期。
② 关于航空救国思想由谁最早提出，学术界看法不同，一说系恩平人冯如原创，一说是孙中山首提。具体参加黄汉纲《谁是第一个提出"航空救国"主张的中国人》，《航空史研究》1996年第1期，第43页。
③ 黄严：《近代广东航空事业》，《广州文史资料》第40辑，广东人民出版社1989年版。
④ 陈晋、刘锦涛：《回忆广东空军》，《广州文史》第26辑。
⑤ 李昭：《孙中山与李济深》，《"孙中山北伐与梧州"学术研讨会论文集》，1999年11月。
⑥ 陈锡祺主编：《孙中山年谱长编》上册，中华书局1991年版，第1053、1057页。
⑦ 黄严：《近代广东航空事业》，《广州文史资料》第40辑，广东人民出版社1989年版。
⑧ 毕居正：《孙中山的航空救国思想及其影响》，《军事历史》1993年第3期。

时，云集在孙中山周边的各路护法力量各有打算，掌握广东的桂系军阀又唆使政学系排斥孙中山。1918年5月，非常国会通过《修正军政府组织法》，将军政府大元帅制改为七总裁负责制，孙中山被迫离粤返沪，以示与西南军阀决裂，首次护法运动遂告失败。

离开广州后，孙中山仍关注广东航空队伍的发展，具体涉及人才培养、管理与飞机购买。这从1918年9月19日陈庆云的来信即可了解一二。作为"幼荷培植，长从奔走"的追随者，陈庆云特别解释他与已经转行经商的飞行者谭根之接触，"不过欲借以演习技术，并非轻于去就，变更宗旨也"。因得知陈炯明由日购回飞机而无人驾驶，即主动请缨"邀集同学诸人连翩前往，组织援闽飞机队"。① 1919年2月18日，他复函林森，请他就近告知杨仙逸、张惠长赴汕头襄助陈炯明建立粤军航空队。4月19日，他又致函杨仙逸，希望他们发挥"对于飞机学问，研究素深"的优势，"力展所长，羽翼粤军，树功前敌"。5月12日，赶赴福建漳州的杨仙逸来函，报告因于财政器械欠缺，而其自置之器械尚未携来，故修理与制造种种工程诸多束手。拟荐用一戚属来当司库并顺便捎来器械。② 6月，杨仙逸、张惠长奉命在福建漳州成立援闽粤军航空队，队长为陈应权，实际总指挥则是杨仙逸，队员有蔡司度、叶少毅、李光辉、吴东华等人，前后拥有飞机6架。飞机队的参战，大大增强了援闽粤军回师广东驱除桂系的战斗力。1920年9月，杨仙逸、张惠长驾机轰炸广州莫荣新督军署，迫使桂系军阀退出广州。是年底，杨仙逸受孙中山指派，率领精心挑选的30余人赴美学习航空，并受命到日本、檀香山和墨西哥等地筹款购机。此行所到各地，华侨踊跃捐款，共购买飞机12架，其中杨仙逸之父、檀香山华侨杨著昆一人就捐购4架。这批飞机运回国以前，在美国奥克兰被北京政府收买的奸细纵火烧毁6架，激起华侨极大义愤，遂又捐款购机，补足12架。③ 在孙中山宣传感召下，1919年和1922年美国华侨又分别成立图强飞机公司和中国旅美航空学会等机构和组织④，为当时的中国航空事业培养了一批飞行和工程技术人员。

2. 重组护法军政府及孙陈矛盾中的航空局

第一次护法失败后，孙中山在上海一边著书宣传三民主义、五权宪法，一边密切关注时局变化，寻求东山再起。1920年10月底，陈炯明率粤军克复广州。11月28日，孙中山返抵广州，重组护法军政府。次年5月，就任中华民国非常大总统，

---

① 《陈庆云上总理函》，"中国国民党人物书札"，环龙路档案02407。
② 《杨仙逸上总理函》，"中国国民党人物书札"，环龙路档案13595。
③ 毕居正：《孙中山的航空救国思想及其影响》，《军事历史》1993年第3期。
④ 方雄普：《美国华侨的航空救国活动》，《华侨华人历史研究》1988年第2期。

开启第二次护法战争,矛头直指控制北京政权的直系军阀。①

孙中山这次回广东主持革命政府,特设立海陆军大元帅府航空局,任朱卓文为局长。航空局下辖两个飞机队,张惠长为第一飞机队队长,水上飞机5架;陈庆云②为第二飞机队队长,陆上飞机4架,随军北伐。受孙中山倚重的朱卓文与张惠长还有表亲关系,朱的女儿朱慕菲曾跟随张学习飞行技术,后被誉为我国第一个女飞行员。③当时,香山籍华侨青年飞行员陈神护也应孙中山电召回国加入第二飞机队。

1921年7月8日,孙中山致信廖仲恺谈编撰《国防计划》一书的设想。该书目录涉及航空建设的竟多达9项,包括:建设新航空港、制定航空建设计划、举行全国空军攻防战术演习、向列强定制飞机以进行仿制、聘请外国航空教练训练空军、使空军建制标准化、发展航空制造工业、训练一支立于不败之地的空军、研究列强在远东地区空军力量与中国防空的关系。④至11月间,随着孙中山、陈炯明两方关系的不断紧张,航空局面临着解散改组的可能。当时报载,陈炯明有将航空局长朱卓文撤职并将该局改组编配北伐一说。"查解散航空局原因系孙中山于两月前与美国购买飞机四架,当孙出发巡桂时,搬运之事未暇兼顾,着朱卓文前往小吕宋运回。朱遂请邓铿派舰到某处接收,邓对于此事不敢擅专,答谓须请命于陈总司令,朱则谓我奉孙先生命令,谁敢延玩?邓答之曰只知服从陈总司令,不知其他。两人大起冲突,其后孙科、陈庆云知其事,前往调解并即赴梧晋谒陈炯明,只述孙氏意见请派舰前往接收该项飞机,当时陈已首肯。及陈氏返粤后,邓氏将此事之颠末告之于陈并请辞职,陈大不谓然,遂欲下令将该局解散,而派舰接收之议亦即取销。"⑤

1922年初,杨仙逸率黄光锐、林伟成等一批航校青年及购置的飞机由美返国。2月,孙中山颁发北伐动员令,计划投入飞机20架⑥,并进行航空局改组,局长仍为朱卓文,提拔张惠长任副局长兼第一飞机队队长,陈庆云任第二飞机队队长。同时,孙中山还指示在广州大沙头成立由朱卓文兼任校长的航空学校。朱卓文在外洋订购军事飞机。⑦3月27日,张惠长率领广东飞机队(12架)向韶关出发,参加北伐。⑧

---

① 田子渝:《孙中山与北伐》,《湖北大学学报》1997年第5期。
② 一说陈应权。见《航空局长朱卓文》,《中山文史》总第16辑。
③ 《中国第一个女飞行人员朱慕菲》,《中山文史》总第16辑,第58页。
④ 陈锡祺主编:《孙中山年谱长编》下册,中华书局1991年版,第1364页。
⑤ 《广东航空局之改组说》,《申报》1921年11月26日,第11版。
⑥ 《中山决定北伐方针》,《盛京时报》1922年2月15日,第2版。
⑦ 《孙文派人劝唐返桂》,《盛京时报》1922年2月23日,第2版。
⑧ 《北伐声中之粤湘军》,《晨报》1922年4月5日,第2版;《空军元老张惠长》,《中山文史》总第16辑。

4月27日，飞机陆战队配合"同安"舰长温树德、江防司令陈策率各省海军军官收复勾结直系的北洋谋叛各舰。①5月4日，孙中山以大元帅名义声讨徐世昌，发布北伐总攻击令。两天后，北伐军分三路进攻江西，张惠长、陈庆云率飞机队进驻韶关及赣南一带配合作战，大壮声威。6月16日，广州陈炯明部发动兵变，次日晚，航空局长朱卓文被捕；②7月15日，广州大沙头飞机厂被焚，内有飞机两架被焚毁。③广东空军遭遇重创。

北伐军回师广州途中，在韶关遭陈军阻击。同时受曹锟、吴佩孚及广西陆荣廷旧部沈鸿英在赣西的袭击，三面受敌。报称"北伐军对于陈军之总攻击虽力战，然以弹药告匮，致遗弃飞机、大炮等物，死伤千余人，降者亦多而退至南雄方面。因是一般人相传北伐军之归粤一无成算"。④飞行员吴东华在对抗福建李厚基的作战中受伤，造成终生不育。⑤8月9日，北伐回师最终失利，遂向赣、湘、闽、滇等地分途退却。孙中山知势不可为，乘英舰经香港转沪⑥，第二次护法失败。孙中山重返上海，居沪期间，他对革命的挫折有了更清醒的认识，在积极谋求党外合作、国际合作的同时，依然热心空军实力的打造，以备卷土重来。11月30日，他复函美洲华侨郑次豪谓："此间不日当开设飞行学校，如欲专飞机，请即回国便可，现时已得有高等飞机师，与美国无异。"⑦12月6日，他任命正在美国培训航空人员和募款购机的杨仙逸为广东航空局长。⑧杨奉命重建粤军飞机队，全力配合东征讨陈。

陈炯明所部占领广州后，也成立航空局，任陈应权、林安为正副局长，陈神护任飞机队飞行员，⑨并派飞行家林福元赴沪购买飞机。⑩在相持战中，孙陈两方均加紧武装空军，展开空中打击。期间，陈部曾依托飞机，由海道赴孙中山家乡香山县剿办朱卓文、吴铁城等，并占据香山全境。⑪

3. 大沙头航空局的重建

1923年1月16日，滇、桂军克复广州，陈炯明及其部属退据惠州及东江、潮

---

① 邹鲁编著：《中国国民党史稿》第3篇，东方出版中心2012年版，第1096页。
② 《战后之广东现状》，《申报》1922年6月27日，第7版。
③ 《孙陈相持之要讯》，长沙《大公报》1922年7月23日，第2、3版。
④ 《暗淡纷扰之粤局》，《中华新报》1922年8月7日，第3版。
⑤ 《早期归侨空军人员吴东华》，《中山文史》总第16辑，第68页。
⑥ 《孙中山昨日离广州》，《中华新报》1922年8月10日，第2版；《南北政局谈》，《申报》1922年8月10日，第4版。
⑦ 罗家伦编：《国父批牍墨迹》，1955年版，第185页。
⑧ 陈锡祺主编：《孙中山年谱长编》下册，第1532页；《国父全集》第4册，台湾"中央文物供应社"1977年版，第435页。
⑨ 《归侨飞行员陈神护》，《中山文史》总第16辑，第69页。
⑩ 《广州形势日趋险恶》，《泰东日报》1922年7月20日，第7版。
⑪ 《孙陈相持之粤中形势》，长沙《大公报》1922年7月6日，第2版。

梅地区。① 陈部航空局解散，机构人马转赴云南。② 2月21日，孙中山返回广州，在农林试验场③成立陆海军大元帅府④，就任大元帅职，管制海陆各军⑤，第三次在广东建立革命政权。这时，提上议事日程的是在大沙头重新组建航空局，继续组织航空飞机队讨逆，并建立大沙头飞机装配厂。3月2日，任命杨仙逸继任航空局局长。黄光锐、林伟成分别任第一、二飞机队队长，有6架陆机和2架水机。稍后，又命杨仙逸赶设广东飞机制造厂，责成机械师自造飞机。杨聘请两个美国航空工程师偕中国工程师卢维溥、杨官宇、黄璇、吴势、杨标等参与协助，最终研制成功。7月，孙中山偕夫人宋庆龄亲自到大沙头机场出席自造飞机试飞开幕礼，与新机合影留念。⑥ 并以宋庆龄的英文名"ROSAMONDE"音译命名为"乐士文"号。⑦ 孙中山曾自豪地说："飞机自己可造，比之外国所造优甚，此后当陆续自造，不须外来矣"。⑧ 为表彰杨仙逸等人的功勋，孙中山特题赠"航空救国"的横幅。⑨ 在当时，研制新机实属不易，杨仙逸等十分注重对旧机的保养和维修以最大限度延长其服务寿命。⑩ 东征讨陈期间，孙中山尤其倚重空军，多次亲临航空局视察⑪，对其成绩予以鼓励、表彰和犒赏。⑫

当时，陆海军大元帅府的辖区主要是广州及其周边地区，即广东境内从西江、北江到珠江约占全省面积三分之一的地区。在这个辖区内，粤、桂、滇、湘、赣、川等各军曾各霸一方，各自扩充其实力，争夺地盘，垄断税收，使军令、政令不能统一。而当时广东境内东面有陈炯明，南面有邓本殷，桂系沈鸿英侵粤已至肇庆、四会等地区。孙中山乃命空军由大沙头起飞，轰炸沈鸿英部，迫使沈部溃退，折回广西，使粤省局势渐趋稳定。⑬ 受孙所托，杨仙逸、张惠长、陈庆云等还亲率飞机

---

① 陈锡祺主编：《孙中山年谱长编》下册，第1553页。
② 《归侨飞行员陈神护》，《中山文史》总第16辑，第69页。
③ 滇军总司令亦同设该处。后因这地方狭小，实属不敷办公，且为办事便利，决定迁往广州士敏土厂办公。（《大本营决迁士敏土厂》，《申报》1923年4月8日，第11版）
④ 又说系海陆军大元帅府。见陈锡祺主编：《孙中山年谱长编》下册，第1591页；丁身尊主编：《广东民国史》上册，广东人民出版社2004年版，第316页。
⑤ 陈锡祺主编：《孙中山年谱长编》下册，第1585、1586页。
⑥ 《孙大元帅偕夫人行新造飞机开幕礼》，《广州民国日报》1923年8月23日，"本省要闻"，第3版；《孙大元帅夫人乘乐士文式飞机时之摄影》，《广州民国日报》1923年8月24日，"特别纪载"，第3版。
⑦ 《大元帅临视试演飞机》，《广州民国日报》1923年8月11日，第3版。
⑧ 《孙中山先生与中国早期航空事业》，《中山文史》第16辑。
⑨ 王兆犇：《国民党空军初创情况》，《广州文史》存稿第3辑。
⑩ 《飞机队赶修旧机》，《广州民国日报》1923年9月18日，"本省要闻"，第3版。
⑪ 《大元帅视察航空局补志》，《广州民国日报》1923年8月21日，"本省要闻"，第3版。
⑫ 《大元帅大犒三军》，《广州民国日报》1923年9月15日，"本省要闻"，第3版。
⑬ 陈晋、刘锦涛：《回忆广东空军》，《广州文史》第26辑。

队东征讨伐陈炯明，反复轰炸惠州及其外围之敌，并派员赴美订购军用轻便陆机多架投入战斗，有力地支援了地面部队。① 由于惠州城垣坚固难攻，杨仙逸等决定利用水雷改装为重型炸弹，为地面部队开辟攻城通道。② 1923年9月20日，在距惠州前线附近的梅湖河面工程船上，杨仙逸等因水雷爆炸牺牲。③ 孙中山惊闻噩耗，哀伤不已④，决定对遇难的烈士隆重悼念，进行厚葬。⑤ 并亲题"志在冲天"四个大字镌刻于墓碑之上。9月27日，颁布大元帅令，优抚杨仙逸等烈士，并追认杨仙逸为陆军中将。⑥ 当时，杨仙逸的故乡香山各界也举行悼念，并计划筹办杨仙逸纪念学校。⑦ 之后，一度规定每年九月二十日为空军节，杨仙逸有"中国民主革命的空军之父"之称。

杨仙逸遇难后，为保证航空局正常运作，孙中山立即在白沙召集飞行员会议，谕令航空局全体人员照常供职。9月30日，又命陈友仁继任局长。⑧ 据称，当时"航空部只有3架旧飞机，不是什么要职，被人讥笑为吹热气的部长。孙中山是迫于国民党右派的排除压力，不便提拔陈去掌控有实力的部门"⑨。陈友仁继任后，可谓真抓实干，一面扩大原有航空修理组为飞机修理厂，改任杨官宇为厂长，一面致力于讨伐陈炯明及北伐和联络接待工作。从当时的报道中可知孙中山对以陈为首的航空局大为倚重：1924年4月23日，即命陈友仁速派飞机赴博罗协攻惠州，所需之款饬财政委员会赶筹。⑩ 4天后，孙再次函催。⑪ 同时，又命陈友仁与广东兵工厂厂长马超俊克日运炸药等赴东江，供轰炸惠州城陈炯明叛军之用。⑫ 5月12日，训

---

① 《飞机杀敌之准备》，《广州民国日报》1923年8月18日，"本省要闻"，第3版；《飞机队谕运用品忙》，《广州民国日报》1923年9月10日，"本省要闻"，第6版；《飞机连日之动作》，《广州民国日报》1923年8月23日，"本省要闻"，第3版。
② 《杨局长战情之报告》，《广州民国日报》1923年9月17日，"特别纪载"，第2版。
③ 《杨苏谢遇难殉国》，《广州民国日报》1923年9月24日，第3版；《杨公仙逸治丧办事处启示》，《广州民国日报》1923年10月12日，第2版。
④ 陈锡祺主编：《孙中山年谱长编》下册，第1691—1692页。
⑤ 《出殡纪事》，《广州民国日报》1923年10月15日，第7版。
⑥ 《大元帅命令》，《广州民国日报》1923年10月1日，第2版；《杨仙逸等追悼会预志》，《广州民国日报》1923年10月2日，第6版。
⑦ 杨添霭：《赠陆军中将先严仙逸杨府君》，《广州民国日报》1923年10月22日，第2版；《香山各界追悼杨仙逸》，《广州民国日报》1923年11月5日，"各属新闻"，第7版；《筹办纪念杨仙逸校》，《广州民国日报》1926年1月7日，"各属新闻"，第6版。
⑧ 陈锡祺主编：《孙中山年谱长编》下册，第1694页。
⑨ 陈元珍：《民国外交强人陈友仁：一个家族的传奇》，生活·读书·新知三联书店2010年版，第127页。
⑩ 《广州民国日报》1924年4月25日。
⑪ 《广州民国日报》1924年4月28日。
⑫ 《广州民国日报》1924年4月29日。

令航空局长陈友仁参与接待法国飞行家。① 6月14日报载，孙中山决定要坐飞机出发前方督战，表示其精神奕奕，但左右均阻止。彼时孙电邀陈友仁入府，预备飞机于三五日间出发。② 6月21日，广州电称大元帅令航空局长陈友仁拨飞机二架，助左翼湘军作战。③ 9月18日，饬航空局长陈友仁调拨军用飞机四架，克日派员驾驶赴韶关听候调遣。后又电召陈友仁至韶关，商派飞机协助北伐等事宜。④

1924年11月，陈友仁随孙中山北上，张治中（时任党代表）接任航空局长一职。不久张返回黄埔军校，局长职务由苏联顾问李縻将军代理，黄光锐任飞机队长。此时留学国外学成航空技术人员，先后回国者日众，有刘植炎、黄毓沛、黄毓铨、邓粤铭、叶耳芬、李仲唐、聂光汉、吴建文、周柏成等。⑤ 总之，杨仙逸及其之后的香山（中山）人张惠长、陈庆云、杨官宇、刘植炎等都受到孙中山航空救国思想和活动的影响，积极投身于航空事业，广东空军继续在东征和北伐中配合作战。⑥

三、国共合作与空军的新发展：广东航校的建立

1924年，国共两党在苏联和共产国际的牵引和推动下⑦实现首次合作，孙中山的广东革命政府得到苏联的援助。苏联除供给经费、飞机、弹械外，还派出教官协助培养人才。6月16日，孙中山在黄埔军校开学典礼上提出立体战的精辟论述，强调建立空军的重要意义，其训词曰："自航空机参加战斗序列后，在国际主权之划分言之，往昔所争之领水领土，今有领空之划分，造地球成形以来之异象；就其效力言之，已打破兵舰、潜艇、战车之偏枯性能，极控制三界之能事，故欲因应现代国防之需要，非扩充空军力量不为功。"⑧ 军校开办不久，孙中山即指示航空局筹办航空训练机构。9月，便在广州东山正式成立空军专门学校即广东军事飞机学校（又称广东军事飞行学校，简称航校）。校长初由德籍教练雅尔泰（又译亚尔太)⑨

---

① 《大本营公报》第14号。
② 香港《华字日报》1924年6月14日。
③ 上海《民国日报》1924年6月23日。
④ 《令拨运飞机赴韶》，《广州民国日报》1924年9月19日、10月2日、10月3日，第6版。
⑤ 陈晋、刘锦涛：《回忆广东空军》，《广州文史》第26辑。
⑥ 《将有大帮新飞机抵粤》，《广州民国日报》1923年10月16日，第7版；《李飞机师匪巢脱险记》，《广州民国日报》，1924年7月14日，第6版。
⑦ 杨奎松：《中间地带的革命：国际大背景下看中共成功之道》，山西人民出版社2010年版。
⑧ 《帅座对军校开学演词》，《广州民国日报》1924年6月20日，"特别纪载"，第3版。
⑨ 一说由时任航空局长李縻兼任。杨安尧：《广东航空学校小史》（新编文史笔记丛书）。

兼任。① 杨官宇、黄光锐等被聘为兼职教官。② 第一、二期学员均从黄埔军校第一、二、三期毕业生中挑选,包含部分共产党员。③ 早期学员较少④。校址后从广州东山迁往大沙头、白云机场新址。⑤

可见,复杂多变的政治、军事斗争,使孙中山"航空救国"思想不断深化。加之空军在戡平内乱、统一南北的斗争中多有建功,孙中山对航空的认识从最早的"自是大利于行军"⑥,到后来的"致胜的武器",最后又发展到"极控制三界(领土、领海、领空)之能事",明确提出必须"发展航空事业"。他从指导思想、战略方针、组织领导,到人才培育等方面做了大量开创性贡献。而且他"始终把握一点,即将航空力量置于统帅部直接监控之下,而不像当时世界他国通常的做法,将空军隶属于陆军或海军,从而奠定了中国独立空军的雏形"⑦。

这一时期以孙中山为首的香山籍航空人士,以广东为根据地与由各派军阀竞相操控的北京政府分庭抗礼,争取一切可能的力量以统一南北。诚然,当时广东航空的任务和使命比较单一,即服务于华南对抗北京当局的政治、军事斗争。当时,南北之间一直存在着"暗流涌动",如粤省主张联省自治的陈炯明与直系曹锟、吴佩孚的互通声气与暗中携手,但在泾渭分明的大格局下,香山人与粤籍其他空军同仁,因政见上的"志同"而道合,较能团结跟随孙中山的革命步伐,其内部纷争相对淡然。

1925年3月,孙中山去世,香山航空人一时群龙无首,加之时局扰攘多变,尤其是二次北伐完成全国形式统一后,国民党内"兄弟萧墙",内部派系斗争不断加剧,富庶的南粤备受各方关注和觊觎。随着不同势力相继坐镇粤省,这一时期围绕在孙科周边的以张惠长、陈庆云为主要代表的香山人在广东航空领域内的作为呈现复杂多变的面相。在国民党各派系尔虞我诈的纷争中,在中央与地方的争权夺势中,香山航空人充满着迷惘、危机、摇摆等各种混合状态,但因香山乡谊观念的影响,在省内,他们尚能合力应对粤籍其他地区同仁的挑战。"由于广东空军分两大派别,其主要成员是以在外国学习飞行回来的前辈飞行员作中坚和在广东航空学校第三期甲、乙班的毕业生为骨干,形成以张惠长为首的中山派和以黄光锐为首的四邑派,

---

① 陈晋:《广东空军史略》,《广州文史》存稿第3辑。
② 《航空前辈杨官宇》,《中山文史》总第16辑,第41页。
③ 毕居正:《孙中山的航空救国思想及其影响》,《军事历史》1993年第3期。
④ 陈晋《广东空军史略》(《广州文史》存稿,第3辑)说8人;杨安尧《广东航空学校小史》(新编文史笔记丛书)说10人。
⑤ 陈晋、刘锦涛:《回忆广东空军》,《广州文史》第26辑。
⑥ 《孙中山全集》第1卷,第539页。
⑦ 宋力、刘中刚:《孙中山的航空救国》,《民国春秋》1996年第4期。

明争暗斗，后来随着广东航校第四五六期毕业生和从国外回来的飞行员大量增加，两派的声势亦随之壮大，斗争更为复杂。"① 在国内，受大西南及省籍区域意识支配，他们留恋广东、立足广东并捍卫广东。另外值得一提的是，这一时期，香山航空人除了自觉不自觉地介入各种政治和军事斗争外，还用力筹划开辟民用及商用航空事业，并取得相当成就，这在当时实为难能可贵。

1929年6月1日，去世四年后的孙中山遗体由北京转运至南京中山陵安葬，国民政府举行隆重的移陵仪式——奉安大典。为配合此次典礼活动，此前广东航空局特派出中山籍飞行员刘植炎驾机到孙中山先生故乡翠亨村进行一次航拍，留下了一张十分珍贵的翠亨村航拍照。这张航拍照，至今一直陈列在翠亨孙中山故居纪念馆内，表明后人对孙中山先生的尊崇和永恒纪念，同时也诠释着孙中山及其追随者航空救国的梦想与追求。

(作者单位：中山市翠亨孙中山故居纪念馆)

---

① 钟锦棠：《广东空军反陈投蒋始末》，《南天岁月——陈济棠主粤见闻录》，广东人民出版社1987年版，第517页。

孙中山与黄埔军校早期政治教育研究（1924—1925）

沈志刚

黄埔军校以俄为师引进的党代表制与军事、政治并重的教育模式，开创了中国军事教育以及军队建设的新纪元。就狭义而言，政治教育是特指对于政治知识、政治学说等学科专业性的教育。但在黄埔军校的语境下使用政治教育一词时，其内涵要丰富得多，如增进官生的革命精神，使之自觉遵守革命纪律，坚定其对国民党主义之信仰，强化其完成国民革命之使命等都属于政治教育的内容。① 正如曾担任黄埔军校政治部主任的包惠僧所说："当时的政治教育方针并不是灌输他们有关政治学科的系统知识，而是用历史的事实与革命的需要促进与提高他们对于现实政治的认识而已。"②

黄埔军校开办初期，诸事千端万绪，孙中山指派的政治教官如汪精卫、胡汉民、邵元冲，多身兼党政要职，不能常驻军校，政治教育也无成规可循。在当时的黄埔学生看来，政治课就是每周的演讲，因为戴季陶离职后，"中间有好几个月政治部没有主任"，但"每星期有人来演讲，也还是一样"③。从1924年8月中旬"扣械案"发生到1925年底第二次东征结束，广东将近两年的政局，"几乎大半是在战争状态中，黄埔学生没有一期能够在校平安受课"④。从某种程度而言，黄埔官长的演讲、训话与黄埔学生开办的各种刊物在政治教育的实操中显得更为主流。

黄埔军校的创建既有国际和国内的背景，又有历史和现实的考量，而这二维向度的中心是孙中山。当前，学界关于孙中山与黄埔军校的研究多以孙中山为主体而

---

① 《政治服务细则》，广东革命历史博物馆编：《黄埔军校史料（1924—1927）》，广东人民出版社1982年版，第182页。
② 《包惠僧回忆录》，人民出版社1982年版，第158页。
③ 慕：《本校政治工作的历史发展》，《黄埔潮半周刊》1925年第24期。蒋超雄也把汪、胡、邵等人的政治课程视作"精神讲话"，见蒋超雄：《我在黄埔军校学习的回忆》，中国人民政治协商会议广东省委员会等编：《广东文史资料》第37辑（黄埔军校回忆录专辑），广东人民出版社1982年版，第38页。
④ 杨其纲：《本校之概况》，《黄埔军校史料（1924—1927）》，第89页。

较少从黄埔军校的角度来看孙中山的作用；对黄埔军校政治教育的研究，又大多以周恩来为代表的共产党人及主要由共产党人参加的政治部为中心，而对孙中山以及政治部以外的也同样参与军校政治教育的黄埔官长则关注得不多。其实，在黄埔军校早期的政治教育中，孙中山占有重要的地位。本文以黄埔官长的演说以及黄埔所办刊物为考察中心，以孙中山为主线，对黄埔军校早期政治教育的实操情状作一探讨。

一、"做革命军"与"不怕死"：孙中山对黄埔官生的政治教育

孙中山生前一共到过黄埔军校五次①，其中对黄埔官生的正式演说有两次——开学典礼和北上告别。尤其是他在军校开学典礼中的演说，对黄埔官生的影响最大。1924年6月16日清晨6时，孙中山偕夫人宋庆龄乘江固舰出发前往黄埔，胡汉民、汪精卫、谭延闿、许崇智、杨希闵、刘震寰等广东军政要人随行，孙中山到校后进行了简单的视察工作，即于9时20分赴礼堂发表演说。②

孙中山开篇便自陈"中国十三年的革命，完全是失败"，接下来便以之反衬取得成功之俄国革命的伟大。这其中自然有向俄方示好的用意，但主要还是想通过总结俄国革命取得成功的经验，找出中国革命失败的教训——我们"只有革命党的奋斗，没有革命军的奋斗"，进而提出对黄埔学生的要求和期望——"要用这个学校里的学生做根本，成立革命军。诸位学生，就是将来革命军的骨干"，他甚至不避讳在场的杨希闵、刘震寰等滇、桂军阀，而直言"现在广东同我们革命党奋斗的军队，本来不少，我都不敢说他们是革命军"。这种"弃卒保车"式的推心置腹，虽不够理智，却充分地表露出其处境的无奈，更增加了黄埔军校官生的使命感。王逸常就对此印象深刻："我们当进校新兵教育期满之后，总理到黄埔校阅时第一次训话，很坦然的说当时在广东的滇桂军靠不住，很慈祥的期望我们成为真正的革命军。"③

---

① 第一次即是6月16日的开学典礼；第二次是参加8月4日在黄埔军校举行的巴甫洛夫追悼会；第三次是8月31日"扣械案"发生后来校视察；第四次是11月3日北上前来校发表告别演说；第五次是11月13日乘船北上时经过黄埔时驻足。
② 以上报道见《帅座赴军校开幕盛况》，《广州民国日报》1924年6月17日，"特别记载"。
③ 逸常：《我们应该站在党的观念上纪念总理》，《韩江潮》1926年纪念总理号，《黄埔军校史料汇编》第1辑，第2册，广东教育出版社2012年版，第148页。笔者按：《黄埔军校史料汇编》第1辑，共有22册，均由广东教育出版社于2012年出齐，以下对第1辑各册引注时省去出版社和出版时间。

接下来，他具体谈到如何做革命军的问题，提出要学习革命先烈"不要身家性命"的唯一长处。接着讲述了革命先烈们从前参加革命时人既少又缺枪，却能以一敌百，甚至以一敌五百的革命见识，从而解构了黄埔官生因人数少、装备差而可能出现的畏难心理，进而又凭借自己的革命经验和眼光，向黄埔官生加油打气，输送信心，"现在这个学校有了五百人，以诸君很好的根本，如果真是有革命之气，只用这五百人，和五百只枪，便可以做一件很大的革命事业"。他并进一步解释此"革命之气"，便是以先烈为标准做一个不怕死的革命军人。为了向黄埔学生灌输不怕死的精神，孙中山直接以自己做例子，将自己打造为一个"后死的革命党"形象，"从前每次革命的时候，我常常参加，总没有一次贪生畏死；但是每次流血，都没有流到我的身上，所以今天还能够同诸君讲话，把不怕死的道理，口传至诸君"。孙最后总结道，"所以要诸君不怕死"，是要"造成我理想上的革命军"，从而凭借之以开展救国救民的革命事业，他并强调"我一生革命，便是担负这种责任"，进而要求黄埔官生"从今天起，共同担负这种责任"。①

孙中山在黄埔军校开学典礼的演说中，或隐或显地将自己化身为对黄埔官生政治教育的素材当中，其自我塑造的孙中山形象或许有真有假，但他将自己置身其中的革命渲染，取得了很好的教育效果。在他对黄埔官生的演说中并没有重点宣讲三民主义，个中缘由可能是他已将黄埔军校当做三民主义的当然奉行者（或者由于他已经派了胡汉民讲授党义，故不再强调）；也可能是他认为对于黄埔军校官生而言，"做革命军"和"不怕死"更为实用。正如蒋先云所说："我校教导团的士兵，受训练最久的，也不过六七个月，以他们的粗浅脑筋当难明白主义的精髓，可是革命军三字，早已印在他们的脑筋里。"② 当时的听众一期生蒋超雄，事后很久对孙中山先生勉励他们做一个不怕苦不怕死的革命军人的讲话，还有着"极为深刻的印象"③。从黄埔官生后来的思想言行来看，做"真正的革命军"俨然成为官生的一种信仰，是黄埔精神的重要内容之一。

1924年11月3日，孙中山来黄埔军校发表北上的告别演说，新组建的广东大学的学生也一并前来听训。面对这"文学生"和"武学生"，孙中山主要介绍了其北上的原因，分析了全国的局势，向听训学生说明虽然其北上可能不会有很大成就，可能还有危险，但为宣传革命起见还是毅然前去。这里他虽未再言及"不怕死"，却改用了实际行动来诠释，其无畏无私、一心为革命的形象因为其客死北京而更显

---

① 以上二段关于孙中山演说文字，皆出自1926年国民革命军中央军事政治学校政治部所印之《孙总理讲演集》，载《黄埔军校史料汇编》第1辑，第10册，第135—149页。
② 蒋先云：《由前敌归来》，《中国军人》第2号，《黄埔军校史料汇编》第1辑，第2册，第251页。
③ 蒋超雄：《我在黄埔军校学习的回忆》，《广东文史资料》第37辑（黄埔军校回忆录专辑），第38页。

伟大。正如王逸常所言："总理很毅然的以为此去对于大局上即无好大效果，亦可借此去宣传，设立党部，总理坚决果敢之气，在我们脑海中，永久盘旋着深刻的印象。"①

二、不在场的孙中山与军校政治教育：黄埔官长口中的孙中山

孙中山一共到过黄埔军校五次，即便算上黄埔学生有到广东高师听孙中山讲三民主义的时间②，孙中山本人与黄埔官生直接打交道的次数也并不多，但是，曾经长时间追随孙中山开展革命活动，与孙中山有过近距离接触，并对孙中山有过直观的观察与了解的廖仲恺、蒋介石、汪精卫等黄埔官长，在对黄埔官生进行的政治教育中时常以孙中山作为素材。在信息不对称条件下，孙中山的近随们经常会利用他们与孙中山的接触经历（有时也是独占性的接触经历）来塑造孙中山的形象，这样的孙中山形象可知可感，更加鲜活，其感染力自不同于一般人敷衍场合的空洞陈词和口号式标语。化身为军校政治教育素材中的孙中山，本人虽不在场却胜似在场，在早期的黄埔军校政治教育中占有重要地位。

在初期的政治教官中，汪精卫开设的"中国国民党史"课比较受学生欢迎③。他的讲演"非常引人注意"，"素日有人来校演说，同学们总是打瞌睡提不起精神来听"，而他"今日讲二时之久，竟无一人蹈以前现象"。④ 从张隐韬1924年7月1日所记日记来看，他还把汪所讲的"全篇意旨"，写在了他的"讲演杂记"上，可惜已不得见。1925年上海三民公司出版了"汪精卫讲授并手自记录"的《中国国民党

---

① 逸常：《我们应该站在党的观念上纪念总理》，《韩江潮》1926年纪念总理号，《黄埔军校史料汇编》第1辑，第2册，第148页。
② 蒋超雄：《我在黄埔军校学习的回忆》，《广东文史资料》第37辑（黄埔军校回忆录专辑），第38页。
③ 在黄埔军校初期，戴季陶、胡汉民、邵元冲等虽有军校政治教官的职务或名分，但所起的政治教育的作用却比较边缘。戴季陶为政治部主任，但他在任不久，便因为同情共产党与国民党张继、谢持产生冲突而愤然离校〔见王仰清、许映湖标注：《邵元冲日记（1924—1936）》，上海人民出版社1990年版，第20页〕，可谓无甚建树；胡汉民负责党义课，刚开学时也曾至校演讲，但由于孙中山对之倚重很深，他所兼党政工作既重且繁，因此对黄埔军校的课程有时也难以兼顾；邵元冲担任"各国革命史"的讲授，的确是付出不少精力，但可能因为其所讲内容都是外国之事，听讲学生未必有兴趣，且他讲课时声音也不够洪亮，坐在后排的张隐韬就无法听清，以至于开课两周，张尚不知授课先生姓甚名谁，只在日记中记以"某先生"。见《张隐韬日记（续）》，中国革命博物馆党史研究室：《党史研究资料》1988年第9期，第5页。
④ 《张隐韬日记（续）》，中国革命博物馆党史研究室：《党史研究资料》1988年第9期，第6页。

史概论》一书，该书开头部分应是汪精卫在黄埔军校的讲稿①，自第一章第四节（该书共一章，40页）"中国最近革命运动与时代背景"开始，主要以孙中山的革命活动为主线，但已不是当年原稿，因为内中已提到孙中山的逝世，且语气已有针对"读者"的立论，②不再是以"兄弟我"的演讲方式行文，故而无法判断书中的孙中山形象是汪的授课原貌还是后来的修饰，但可以肯定的是，汪精卫在讲授国民党史时，孙中山自然会经常"出现"。

作为军校的第一任党代表，廖仲恺在对黄埔官生的演说中也经常通过塑造孙中山的形象来进行政治教育。1924年5月15日，廖仲恺第三次到黄埔军校，对黄埔官生演讲"作事必须有恒心"③，演讲中他以孙中山为例，要求学生"要以吾党总理为效法"来养成决心与恒心。他具体提到在同盟会时期，党员不明白开会的程序和方法，于是孙中山嘱托廖将他所写的英文版《民权初步》译成中文，"给我们同志，和中国国民研究"，但廖仲恺以为这种书"干燥无味，太没意趣"，所以没有上心。结果孙中山从美国回来后，"每见面，必常常询问"。廖仲恺用"总理对区区一本书，始终不忘"的故事，来塑造孙中山"恒心之坚韧"的形象，也同时以他自己与孙中山对《民权初步》的重要性认识程度上的差距来衬托孙的伟大，"兄弟追随总理约二十余年，他的性格思想，知之最详"，"总理很少闲谈，且很不轻易下一断语"，"而他的断语通常看透十年以后所需要做的事情"。④廖仲恺所举孙中山的事例或许还可以有别种的解读，但他想通过塑造孙中山的伟大形象来教育黄埔官生的努

---

① 汪精卫在《概论》书中开篇说道"兄弟对诸君讲授中国国民党史，实在有点困难"，继而对做党史应经过的搜集史料、审定史料、编纂史料的三种方法作了介绍，这在张隐韬日记中有所印证，见《张隐韬日记（续）》，中国革命博物馆党史研究室：《党史研究资料》1988年第9期，第6页。

② 如汪精卫在介绍孙中山的革命生涯时，将之分为四个时期，目的是帮助"读者"记忆，见汪精卫：《中国国民党史概论》，上海三民公司1925年版，第15页。

③ 据国民革命军中央军事政治学校政治部1926年3月所印：《廖党代表讲演集》，此篇的讲话时间写为1924年6月28日（见《黄埔军校史料汇编》第1辑，第9册，第598—600页），但在1927年6月由国民革命军中央军事政治学校编《黄埔丛书》之《精神教育》一书中收录此篇时时间修正为1924年5月15日（见《黄埔军校史料汇编》第1辑，第13册，第38页）。[美]陈福霖、余炎光所著《廖仲恺年谱》（湖南出版社1991年版，第258页）和广东省社会科学院历史研究室编之《廖仲恺集》（中华书局1983年版，第174页）均采用后出之修正版时间，但未作说明。笔者经与《蒋介石年谱初稿》互证，廖仲恺1924年6月28日对黄埔学生的讲话应为"学生当耐受军事训练"。因为6月28日蒋介石对黄埔学生演说基本军事之切要时有少数学生"开学五十天来"，"和没有进过本校似的，总以为校里的生活干燥无味，动作完全机械"的批评，廖仲恺演说"学生当耐受军事训练"篇中有"刚才兄弟听到校长讲这一大篇话，不觉发生了一点感想"，"各位都是革命的同志"，"怎么还说这个学校里的生活太机械，太枯燥无味……"的话，因此，6月28日廖的演说不是"作事应当有恒心"篇。而且，廖在演说"恒心"篇时明言是第三次到校，一期生5月5日入校，5月15日廖第三次到校较为合理，不大可能6月28日才第三次到校。

④ 《党代表廖仲恺先生第二次讲演词——作事必须有恒心（1924年5月15日）》，《黄埔军校史料汇编》第1辑，第13册，第38—40页。

力是显而易见的。6月24日,廖仲恺陪同鲍罗廷和高和洛夫将军来军校,继两位俄国人之后,廖对黄埔官生发表"革命党应有的精神"①的演讲,他借俄国人选择与孙中山合作一事,来强调当时中国只有孙中山是"有热心、有魄力的革命领袖",继而希望黄埔官生"要跟着本党总理,一心准备革命"②。在这里,廖仲恺借俄国人的眼光以说明孙中山的伟大,虽有"挟俄自重"之嫌,但也不失为一种造成黄埔官生对孙中山产生崇拜的妙招。

黄埔开办初期,各项工作千端万绪,党代表和政治教官大都身兼数职,难以常常驻校。而蒋介石在校长任上,"巨细躬亲,殚精擘画"③,真可谓尽心尽力。从某种程度而言,军校开办初期蒋介石对黄埔官生的训话,扮演了军校政治教育的主要角色。而在这些训话中,蒋介石也常常以孙中山作为素材。1924年6月29日,蒋介石对一期生演说俄国党员活动的方式及成效。他首先介绍了俄国共产党人感化他人的强大能量,"他们无论到一个什么社团,都能使那个社团的人受他们的感化",接着指出,这是因为他们党员"最有团结力",到别的团体里活动时,都有统一的意志和行动,而普通社会的人,"既无统属,又无团结,好像散沙一样",一遇到"有组织有统属"的俄国党员,就会在不知不觉中受到感化,"皆变为他们的同志"。接着他以孙中山为榜样进一步说道:"我们的总理孙先生,学问、道德、思想,都是和列宁一样,本来早该成功,无奈我们一般做党员的人,不能像俄国党员的奋斗精神,来赞助总理革命,所以至今还不能成功",继而要求校内五六百党员④提起精神努力于革命工作。⑤

蒋介石对三民主义的宣讲,也不是从学理入手,而是从孙中山的伟大形象的建构入手。1924年7月24日,蒋介石对一期生讲明军校与党的关系,在宣讲三民主义时,他说"我们总理这十几年来所讲的话,都是极平实,句句可以应用的,他是以心理、统计、社会伦理、哲学逻辑、政治、经济、军事等各种学问为根据,再拿中国的风俗习惯、历史法度以及各种的情形为中心,而参考各种的科学,斟酌损

---

① [美]陈福霖、余炎光著:《廖仲恺年谱》,湖南出版社1991年版,第263页。1927年《黄埔丛书》之《精神教育》一书,收录此篇时题作"革命党应有的精神之伸义",见《黄埔军校史料汇编》第1辑,第13册,第43页。因为同日鲍罗廷的演讲被题为"革命党应有的精神",而廖仲恺讲话在鲍罗廷之后,且廖的演说更像是对鲍罗廷和高和洛夫演说的解释说明与借题发挥,因此《黄埔丛书》将廖此篇命名为"伸义"似更为合理。
② 《党代表廖仲恺先生第四次讲演词——革命党应有的精神之伸义(1924年6月24日)》,《黄埔军校史料汇编》第1辑,第13册,第43—46页。
③ 万仁元、方庆秋主编:《蒋介石年谱初稿》,档案出版社1992年版,第180页。
④ 黄埔军校的学生入校后都被要求加入了国民党。
⑤ 蒋介石:《第十四次训词(1924年6月29日)》,《黄埔军校史料汇编》第1辑,第12册,第496—497页。

益",才发明的三民主义。① 他从阐述三民主义的发明者以及发明过程的可靠性,来说明三民主义的可靠性,可谓另辟蹊径。黄埔开校初期,国共两党尚未发生争端,校内的主要思想斗争是针对无政府主义。在1924年的7月底8月初,军校有一学生名熊敦向蒋介石请求退学,理由是他的思想已转变,信奉了无政府主义,② 蒋介石针对这一现象召集学生训话。他有意避免学理的抽象性对政治教育效果的弱化,而是从孙中山的伟大天才形象的建构着手,指出"我们的聪明实在是及不上总理,总理的思想实在是比我们高出一等","若叫我们自己去想主义,六十年也不一定能够想的像总理所想的那末完全,或许一二百年也想不出来",他甚至自我贬低,"像我这样的人",独自想不出救国的方法,"或者因为发了神经病早已死掉,亦未可知"。在批判要求退党的学生之后,他要求学员对于三民主义,"绝对要服从,不准有一毫怀疑",否则就是叛党,就是敌人。③

孙中山北上时,途经黄埔军校,辗转上海、日本,入京时已是扶病之躯④。他得病的消息传来时,黄埔官军正准备第一次东征,参加东征的部队有教导团(一期生大部在教导团服役)、刚入学不久的二期生以及一小部分第三期入伍生(第三期开始实行入伍生制,即新生入学先受三个月入伍生教育,期满考试合格,始编为正式学生)⑤。1925年2月9日,东征部队到达常平,此时黄埔军虽未与敌军交战,但沿途纪律尚好,蒋介石借机训勉官兵时,将孙中山得重病的原因归结于"革命革了几十年,没有一个军队能按照他的主义去做,所以抑郁成病",进而勉励将士,"我们是真正革命军","我们一定要去救大元帅的病",因此要求官兵继续严守纪律,奉行孙中山的主义,并且还将官兵严守纪律的行为与孙中山的病情连在一起,说孙得知官兵严守纪律后,"不但嘉奖我们,而且病也好了大半",继而对官兵提出期望,"要大元帅的病好,全仗你们努力"。⑥

孙中山去世的消息传回广州时,黄埔官兵正在前线作战,为不影响前军士气,

---

① 蒋介石:《第十六次训词(1924年7月24日)》,《黄埔军校史料汇编》第1辑,第12册,第511页。
② 后来蒋查到该学生实际是因为在外面找到了差事,怕以此借口,学校会不准其退学,故这样说。见蒋介石:《第十八次训词(1924年8月2日)》,《黄埔军校史料汇编》第1辑,第12册,第524页。
③ 蒋介石:《第十七次训词(1924年7月30日)》,《黄埔军校史料汇编》第1辑,第12册,第513—515、518页。
④ 孙中山北上时途经黄埔,并曾莅校巡查,观看了一期生在鱼珠圩演习战术,当时他就颇有感触地对蒋介石说:"本校学生能忍苦耐劳、努力奋斗如此,必然继续我之生命,实行本党主义,今我可以死矣。"见万仁元、方庆秋主编:《蒋介石年谱初稿》,第263页。
⑤ 陈适等:《孙中山黄埔建军纪要》,中国人民政治协商会议全国委员会文史资料研究委员会编:《第一次国共合作时期的黄埔军校》,文史资料出版社1984年版,第31页。
⑥ 蒋介石:《在常平训勉士官》,《青年军人》第2期,《黄埔军校史料汇编》第1辑,第1册,第13—14页。

胡汉民没有立即传讯前线。直到 3 月 21 日打下兴宁城后，胡汉民才将讣闻传达行营。蒋介石于 27 日集合两教导团训话，不仅重申了孙的病因是主义不能彻底实行外，也将矛头指向了东征的对象——陈炯明，"陈炯明叛党以来，已有三年之久，而党员不能除掉这个区区叛徒，所以忧愤成疾，以致于死"，进而要求官兵要继续努力，消灭陈炯明。① 3 月 30 日上午，东征军在兴宁县北门外开追悼孙中山及阵亡将士大会，蒋介石再次说明总理生病的第一原因是"陈炯明造反叛党"，因此提醒官兵第一要紧的任务，就是"要杀陈炯明"。② 4 月 5 日，蒋介石赶回军校本部参加孙中山追悼会，晚上向第三期入伍生追忆了孙中山北上前与他的谈话，孙中山说看到黄埔学校的精神，死了也可以安心瞑目了，"如果前二三年，我就死不得，现在有这些学生，一定可以继承我未竟之志"，进而让黄埔学生"明了我们的责任何等重大"，要如何努力才对得起总理。③

孙中山去世时，汪精卫一直伴随左右，因此对孙中山逝世前后的情形最有发言权。他 5 月 8 日从北京来到汕头④，11 日受许崇智邀请，在汕头粤军总司令部行营参加孙大元帅第三次纪念周，首次发表了"孙大元帅北上之经过"的讲演，主要介绍了孙虽带病入京，仍抱病工作，闻知段祺瑞以尊重不平等条约换取外交团承认其临时执政地位时，"极为震怒"，并认为这是加重其病促其死亡的重要原因。他尤其提到孙去世前夜"一息奄奄，翻来覆去"之时，还念着"和平""奋斗""救中国"三句话。汪并把孙中山与华盛顿、列宁做了比较，认为从革命结果而言，中国国民革命尚未成功，孙比之华、列尚有遗憾，但从革命的环境和勇气而言，孙却是史无前例的伟人。⑤ 5 月 17 日，汪精卫在广州参加中国青年军人联合会第一次全体职员联席会再次讲演孙中山北上情形，仍然强调孙中山对段祺瑞承认列强一切不平等条约以换取公使团承认临时执政地位的做法，"十分愤恨"，认为孙中山的病"固然是难治之症，但是经过此番刺激，实是促其寿命之大原因"⑥。孙中山听闻段祺瑞丧权卖国时震怒不已以致加重了病情固是汪精卫亲自观察的事实，但他屡次将黄埔官生

---

① 蒋介石：《对本校全体官兵训话（1925 年 3 月 27 日）》，《黄埔军校史料汇编》第 1 辑，第 13 册，第 92 页。
② 蒋介石：《对本校全体官兵训话（1925 年 3 月 30 日）》，《黄埔军校史料汇编》第 1 辑，第 13 册，第 94 页。
③ 万仁元、方庆秋主编：《蒋介石年谱初稿》，第 334 页。
④ 《汪精卫抵汕头》，《广州民国日报》1925 年 5 月 12 日，"要闻"。
⑤ 汪精卫：《孙大元帅北上入京之经过》，《汪精卫全集》第 3 集，上海三民公司 1929 年版，第 29—36 页。汪的讲话也被简录刊登于 1925 年 5 月 15 日的《广州民国日报》"要闻"栏目。
⑥ 《中国青年军人联合会第一次全体职员联席会记录之汪精卫同志演讲》，《中国军人》第 6 号，《黄埔军校史料汇编》第 1 辑，第 2 册，第 440 页。

的仇恨引向北方军阀①，也意在提醒黄埔官生（也包括广东其他军队）国民革命的最终目的是打倒北洋军阀、统一全国，这也是孙中山一生所未了的志愿。

三、黄埔刊物中的孙中山与军校政治教育：黄埔官生对孙中山的认知与宣传

黄埔军校的学生，限于年龄和阅历，入校前大多数对孙中山了解不多②，多是处于"朦朦胧胧想革命，知道孙中山是伟大人物"③的状态。除了上述孙中山的近随而外，黄埔一般官长对孙中山的了解也十分有限。开始时，他们大都属于黄埔官长建构孙中山形象的接收方，即"他觉"的对象，而当他们对孙中山有所认知获得"自觉"以后，又开始主动参与建构孙中山形象以教育他人，此时他们又成为"觉他"的主体。黄埔军校开办的各种刊物为一般官生"觉他"提供了平台，也是黄埔军校早期政治教育的重要组成部分，这与周恩来的开创性贡献大有关联④。值得注意的是，黄埔官生对孙中山的认知与宣传并非完全是对官长的简单响应或转手贩卖，有时也有其主观能动性的一面。

孙中山生前已被比作中国之华盛顿，被称为"国父"⑤。孙中山去世后，国民党更是大力塑造其"国父"的尊荣和地位。3月21日，留守广州的胡汉民等人发表

---

① 1925年9月6日，汪精卫在中国青年军人联合会第十七次大会作政治报告时仍然强调，孙中山知道与段（按，段祺瑞）、张（按，张作霖）合作进行国民革命无望时，"在病骨支离中抑郁奋斗而死"。见熊受暄笔记：《汪精卫先生在本会第十七次大会中之政治报告》，《中国军人》第8期，《黄埔军校史料汇编》第1辑，第2册，第564页。

② 当然，也有个别学生在入校前就曾与孙中山有过接触，如黄埔二期王大文就曾在新加坡聆听过孙中山、黄兴等人革命演讲而受到革命思想的影响。见王大文：《考入黄埔二期的前前后后》，《第一次国共合作时期的黄埔军校》，第283页。

③ 《徐向前回忆录》，第214页。

④ 1924年11月，周恩来接任黄埔军校政治部主任一职后，首先领导健全了政治部的机构，设指导、秘书、编纂三股，指定专人负责，并着人编辑油印小报《壁报》（又称《士兵之友》），"走出了黄埔军校办报的第一步，是后来校内众多报刊的源头"。见曾庆榴：《共产党人与黄埔军校》，广州出版社2013年版，第99页。

⑤ "国父"一词来自晚清梁廷枏所著之《海国四说》，书中称华盛顿为美国"国父"。见潘光哲：《华盛顿在中国——制作"国父"》，台北三民书局2006年版，第27—28页。之后，"国父"一词被国人转借以尊称孙中山，李恭忠的研究表明在孙中山去世以后，各地悼念活动中"国父"的尊称开始流行。见氏著：《中山陵：一个现代政治符号的诞生》，社会科学文献出版社2009年版，第346—347页。但陈蕴茜据相关资料指出在1924年7月20日，国民党广州青年党员已开始称孙为"国父"。见陈蕴茜：《崇拜与记忆：孙中山符号的建构与传播》，南京大学出版社2009年版，第65页。也有资料表明孙中山被称为"国父"的时间可以追溯到1912年，这年1月9日，美国华人严韶（A. S. Yim）在写给孙中山的信中称孙中山"像华盛顿一样"，"是中华民国的国父"。见胡伯洲、胡波等译：《海外友人致孙中山信札选（一）》，《民国档案》2003年第1期。有学者认为这是各种文献中第一次以"国父"称誉孙中山，见赵立彬：《民国初年孙中山对名誉事件的反应》，《广东社会科学》2017年第1期。

《继承总理遗志完成国民革命》的宣言，内中称"今孙大元帅不幸薨逝，汉民等痛丧国父"①。3月31日的《广州民国日报》的社论标题也取"国人应以建祠堂庙宇之热诚来建国父会堂"②。3月30日蒋介石在兴宁城外追悼孙中山的演说中也直陈"我们孙总理就是我们中国的国父……我们的国父这次晋京……"③。但是，这种政治化的包装没有在黄埔军校官生中得到回应，黄埔学生更多地以"母亲"的意象称孙中山。

中国青年军人联合会刊《中国军人》于1925年2月20日创刊，在《创刊号》的扉页印有一孙中山像，像之两边书有"革命尚未成功，同志仍需努力"的警联，像之底端写着"中华民国的母亲，农工兵学的指导者，东方国民革命的领袖"④。1925年3月30日，参加兴宁城外孙中山追悼会的黄埔官生写了一篇祭文，内中虽提到孙中山是民国之父，但这主要是从孙中山领导辛亥革命的功绩而言，而当军校官生进入语境时，孙中山则被视为"慈母"，官生则自视为"孩提"。⑤《青年军人》第4期扉页也贴了一张孙中山先生遗像，遗像下方的介绍文字称他为"中华民国的慈母"⑥，同期还登有陈自能编词并谱曲的《追悼中山先生歌》，内中第二段唱词是："为了社会而死，为了群众牺牲，三十余年的奔走革命！同胞们呀！丧失了崇高的导师，伟哉革（命）的首领，哀哉中华民国的慈母，人类的救星！"⑦

为什么黄埔官生一直用"慈母"作为孙中山的意象呢？当时的入伍生队第四连郑峻生认为，孙中山的去世对于他们黄埔官生——革命军人的意义与一般被压迫民众是不同的，"因为其他的被压迫者对于孙中山的关系是间接的"，而他们革命军人是直接的；对一般被压迫者而言，他们"不过损失了一个救主和指导者"，然而青年军人们却是"死了我们的母亲"，因为在他看来，"我们青年军人是他产生的胎儿"。⑧黄埔官生对孙中山的"慈母"意象，反映出黄埔官生心态的不成熟，但却是他们"去政治化"的真情流露。"慈母"没有"国父"的威严和政治的冷峻，却多

---

① 《胡汉民等继承总理遗志完成国民革命宣言》，《海陆军大元帅大本营公报》1925年第9号。
② 曙风：《国人应以建祠堂庙宇之热诚来建国父会堂》，《广州民国日报》1925年3月31日，"社论"。
③ 蒋介石：《对本校全体官兵训话（1925年3月30日）》，《黄埔军校史料汇编》第1辑，第13册，第94页。
④ 《孙大元帅像》，《中国军人》创刊号，《黄埔军校史料汇编》第1辑，第2册，第167页。
⑤ 《本校全体官佐士兵祭文（1925年3月30日）》，《青年军人》1925年第5期，《黄埔军校史料汇编》第1辑，第1册，第134页。
⑥ 《孙中山先生遗像》，《青年军人》第4期，《黄埔军校史料汇编》第1辑，第1册，第43页。
⑦ 陈自能编并谱：《追悼孙中山先生歌》，《青年军人》第4期，《黄埔军校史料汇编》第1辑，第1册，第45页。
⑧ 郑峻生：《总理逝世后我们应有的精神和觉悟》，《青年军人》第4期，《黄埔军校史料汇编》第1辑，第1册，第52—53页。

了一份"母""子"间的柔情和赤诚，这说明早期黄埔校生对孙中山的尊崇是不掺杂政治修饰的，他们也并非仅把孙中山当做一个表象的象征符号。

孙中山的去世，在一些黄埔官生中间引起了悲观和动摇，"就是国民党中有一部分的党员也是如此，他们以为：失了领袖，国民党就要解体；革命政府，不但不能发展，反恐不能维持下去"①。因此，很多黄埔官生在纪念孙中山时时常会将他与列宁并提，不光从二人地位上类比，更因为"列宁同志的死，在无产阶级革命进程中，并不发生若何的影响"，② 他们借列宁去世后俄国共产党不受影响继续努力革命的寓意相互砥砺，号召大家继承总理未竟事业，不能因为失去了首领和导师就停止工作，反而应该更加努力"完成我们首领未成的工作"③，而且，"纪念他不独是因主观的情感表示敬爱他一人，还更要替他继续着用客观的理性实行解放受帝国主义压迫的四百兆国民"④。

更有人从唯物史观的角度来看待孙中山的逝世，针对《京报》3月5日所载张作霖认为"中山一旦逝世，国民党必将分裂而消灭"一句，指出张作霖认为孙中山的事业是孙个人意志里产出的，因此认为孙一死则"他的事业不能离开他而继续进展"，批判张作霖这种无聊想法是"天纵之圣"的"奴性的唯心史观"。作者接着指出孙中山发动的国民革命和他的三民主义是以现实的经济条件做基础生发的，是历史进程的必然结果，不会因为孙中山的去世而消灭，他并进而将孙中山比作"一位久经航海的老舟师"，虽已离去，但是留下了"很明晰的航海图"——三民主义，"制有很正确的指南针"——中国国民党，"我们只要头脑冷静知道这两件宝物之重要，爱护珍惜，慎重运用，亦必能跟着老舟师所定的必由之道以渡登彼岸"。文章还用列宁去世后，日本一些贵族军阀"弹冠相庆"认为苏维埃的基础将会动摇类比，指出列宁去世已经一年多了，不惟苏俄无恙，列宁的主义"且弥漫全世界而日以发皇"，接着鼓励大家按总理的革命方略，努力去做，"那么我们自身便是无量数的孙中山"，因此对于孙的离去不必惊慌失措，⑤ 用唯物史观的理性和科学来看待孙中山的去世，这比一般情感性的呼吁更有说服力。

---

① 榦廷：《中山先生去世后的悲悼恐怖与努力》，《青年军人》第4期，《黄埔军校史料汇编》第1辑，第1册，第50页。
② 达辛：《死去了的领袖与活着的我们》，《中国军人》第4号，《黄埔军校史料汇编》第1辑，第2册，第327页。
③ 陈赓：《孙中山先生之死!》，《青年军人》第4期，《黄埔军校史料汇编》第1辑，第1册，第47—49页。
④ 明斋：《怎样的纪念中山先生?》，《中国军人》第4号，《黄埔军校史料汇编》第1辑，第2册，第341页。
⑤ 侠公：《从唯物史观所见之中山先生死的问题》，《中国军人》第4号，《黄埔军校史料汇编》第1辑，第2册，第322—326页。

黄埔官生对孙中山的集中了解和宣传，应是由孙中山的逝世触发。孙中山家事遗嘱中有"余因尽瘁国事，不治家产"一句，在有些黄埔官生看来，他牺牲的精神，淡泊的节操，"真可以惊动鬼神"。杨润身对比了一些所谓的革命家，"整日价被黄金，娇妾，赫赫烈烈的官衔闹得不得清场"，不禁感慨"怎么样望他们能牺牲能奋斗呢？"因此，他号召黄埔官生做真正的革命军人——淡泊权力，不恋家室。① 入伍生队第五连学生熊受暄有感于孙中山不畏艰难，百折不挠的精神，呼吁青年军人"做一件事，必定要使这件事成功"，他具体说道，"在辛亥以前，我们的孙总理受了多少的挫折与苦楚，他总是百折不回，满清没有推倒，他是不终止的。辛亥以后，国事益非，他犹是一日不安，领导我们去做革命的工作；大家的责任，他一个人完全担负了"，而现在国事蜩螗，孙中山也已为革命牺牲，因此青年军人们"应当牺牲个人一切权利与快乐，去努力于革命运动"。②

　　孙中山弥留之际仍大呼"和平""奋斗""救中国"的情状，首先经汪精卫讲述并宣传开来，按梁启超的话说这对于宣传孙中山"足抵一部著作，足贻全国人民以极深之印象"③。孙中山去世前的这几句呼喊，是对孙中山一生投身革命事业的最好诠释，也成为宣传孙中山的绝佳材料。胡汉民在1925年4月14日的《广州民国日报》刊文勉励海内外同志时，也以孙中山在弥留之际呼"和平""奋斗""救中国"，"若断若续，达四十余次"，进而呼吁同志"膺斯艰巨"，"团结淬厉"，使孙中山"和平奋斗救中国之遗命，终有实现之一日"。④ 周恩来在1925年《党刊》总理纪念号写有一篇《孙文主义》的文章，在以大事记的形式铺陈了孙中山的一生之后，特别用孙中山垂死犹大呼"'和平''奋斗''救中国'不已"的场景，来表达孙的热烈雄壮崇高伟大。⑤ 广州北较场黄埔分校的吴明在发文批判军队部落思想时，

---

① 杨润身：《怎么样才做得"革命军人"的我见》，《青年军人》第4期，《黄埔军校史料汇编》第1辑，第1册，第56页。

② 熊受暄：《今后我们的责任》，《青年军人》第5期，《黄埔军校史料汇编》第1辑，第1册，第91—92页。

③ 1925年3月14日，即孙中山去世的第三天，梁启超等人赴孙中山北京行馆吊奠。吊奠后，由汪精卫等招待。期间，梁曾问及孙中山病逝情形，汪即略述梗概，说道孙中山自十一日夜半以后，说话已不能连贯，只是断断续续以英语或粤语或普通话，呼"和平""奋斗""救中国"等语。梁启超听后"极感叹"，并说"此足抵一部著作，并足贻全国人民以极深之印象"。见《各方对于中山之哀悼》，《申报》1925年3月18日，"国内要闻"。笔者推断，梁启超的一席话可能对汪精卫有所启发，他在3月19日北京悼念孙中山大会的发言，专就孙中山弥留之际大呼之"和平"（汪演讲中作"平和"）"奋斗""救中国"展开演讲。详见汪精卫：《"平和"！"奋斗"！！"救中国"！！！——民国十四年三月十九日在北京追悼孙总理大会演讲》，《汪精卫全集》第3集，第26—28页。

④ 《胡汉民勉励海内外同志》，《广州民国日报》1925年4月14日，"国哀录"。

⑤ 周恩来：《孙文主义（一）》，《党刊》1925年总理纪念号，陈以沛等合编：《黄埔军校史料（续编）》，广东人民出版社1994年版，第381页。

提到孙中山"一息尚存，犹然号呼（先生临终时尚呼救国和平）不已"，来刻画孙"日日谋全国之利益而奋斗，日日求中国之和平"的形象，进而对"军人政客乃以地方主义相号召"表示愤怒，认为孙不能目睹国民革命的成功就是因为部落思想——地方主义造成的，继而号召青年军人廓清部落思想。①

担任军校政治教官和英文秘书的甘乃光为介绍孙中山，特撰写《孙总理事略》，按他当时的认知水平对孙中山的一生做了简要的梳理，集中体现了孙中山百折不挠的革命精神和为革命事业忧劳而死的伟大形象。②之后，甘又委托刘燧元、梁式、汤橙波三同志选取孙中山生命中若干重要节点编成剧本，交付青年工作团排演。于是三人选取了孙中山伦敦蒙难、成立同盟会、永丰舰蒙难、弥留之际四个场景编成四幕剧本，并将该剧本刊载于潮州分校总政治部1925年出版的《韩江潮》。话剧具有独特的艺术表现形式，在表达上强于演说和文章，借人物设定和台词往复，可以重现历史场景，渲染效果更好。剧本对孙中山的历史经历做了艺术化的演绎，尤其第三、第四两幕政治教育和宣传的用意较为明显。在第三幕孙中山蒙难永丰舰中，编剧者以代表帝国主义的夏税务司和意欲调停的魏邦平为反衬，塑造出孙中山和蒋介石临危不惧、斗争到底的革命形象，着重刻画了陈炯明及其军队的罪恶和歹毒。③第四幕着力刻画了孙中山弥留之际的虚弱无力、奄奄一息，尤其孙最后"眼一开一闭"似梦呓一样断断续续呼出"和平……奋斗……救中国……"④的场景再现，催人泪下，渲染效果极佳。

四、结语

黄埔军校早期政治教育的开展并不限于政治课堂，政治教育的实施者也并非尽属政治部。其他黄埔官长的演说、训话，黄埔官生排演的话剧、出版的刊物、谱写的歌曲等都能起到政治教育的作用，这些都是黄埔军校政治教育的组成部分。因此，并不是只有那些被命名为"政治教育"的活动才起到政治教育的作用，从结果导向性来看，有时那些不被称为"政治教育"的活动往往比政治教育的效果更佳。

孙中山作为国民党的领袖，黄埔军校的创办者，他对于黄埔军校早期的政治教

---

① 吴明：《廓清部落思想》，《中国军人》第5号，《黄埔军校史料汇编》第1辑，第2册，第382—383页。
② 甘乃光：《孙总理事略》，《中国军人》第4号，《黄埔军校史料汇编》第1辑，第2册，第310—319页。文中将"四大寇"的另三人误作杨心如、杨鹤龄、陆皓东。
③ 关于避难永丰舰的资料来源应是蒋介石撰写之《孙大总统广州蒙难记》（上海明智书局1922年版）和谢盛之等编《陈炯明叛国史》（福州新福建报经理部1922年版）。
④ 《国父剧本》，《韩江潮》1925年，《黄埔军校史料汇编》第1辑，第2册，第118—132页。

育有很大的影响。他不仅是黄埔军校早期政治教育的直接参与者，也同样是其早期政治教育的重要内容。一般黄埔官生对孙中山的了解，经历了从"他觉"的客体到"觉他"的主体的身份转变，并以黄埔所办刊物为平台宣传孙中山。在这一过程中，他们也对孙中山产生了不同于官长塑造的独特性认知，这从侧面说明了黄埔官生对军校早期政治教育中的孙中山内容并非只是单向接收。孙中山在黄埔军校早期政治教育中的影响力在其去世后的纪念活动中达到峰值。廖案发生以后，黄埔官生又经历了相似的追悼、纪念廖仲恺的活动，而这在一定程度上弱化了孙中山纪念的政治教育意义。后来，中国青年军人联合会与孙文主义协会斗争激烈化，双方都常常搬出孙中山作为攻击对方的武器，这也对孙中山在政治教育中的形象有所损害。而总理纪念周、孙中山逝世周年和诞辰等制度化纪念活动，其政治教育的效果则须另当别论了。

（作者单位：中山大学历史学系）

孙中山与建国湘军讲武堂

李宗蔚

讲武堂是指清末民初时期，我国中央和地方各级政府为维护统治阶级利益，以培养适应近代战争需要的军官团队为目的，在效仿欧美及日本军校的规章制度和教材课程基础上，创办的一批新式军事学堂。它是中国近代史上，"中学为体，西学为用"，中西文化在军事方面结合的典型。

孙中山在三次建立广州革命政权的过程中，也指导追随者们开办了数所革命讲武堂。它们中以建国湘军军长谭延闿1925—1926年间在广州创办的建国湘军讲武堂（又称国民革命军第二军军官学校）办学最为成功。

一、建国湘军讲武堂的创办

建国湘军讲武堂是在孙中山"培养革命军人、骨干"思想的指导下，创建"黄埔军校"并成功办学的刺激中，领导"北伐"推翻北洋军阀的关键时期，"应时而生"。

1924年1月，孙中山召开了中国国民党第一次全国代表大会，并主持通过了对国民党进行改组，实行"联俄、联共、扶助农工"三大政策的决议。以此为标志，第一次国共合作正式开始。在与苏俄及中国共产党接触过程中，孙中山对自己以往失败的经历和苏俄十月革命成功的经验进行了系统总结，不禁发出"有了好骨干，成了革命军，我们的革命事业便可以成功"[1]，"如果没有革命军，中国的革命永远还是要失败"[2]的感慨，并认识到成立革命军校、培养革命骨干的重要性。

---

[1] 孙中山：《开办军校的唯一希望是创造革命军——在黄埔陆军军官学校开学礼的演说》，《孙中山著作丛书——论军事及对军人演讲》，广东人民出版社2009年版，第346页。

[2] 孙中山：《开办军校的唯一希望是创造革命军——在黄埔陆军军官学校开学礼的演说》，《孙中山著作丛书——论军事及对军人演讲》，第346页。

1923 年 8 月—1924 年 3 月期间，孙中山通过派遣代表团访苏、致函各方代表、主持召开内部会议等多种形式积极推动革命军校的建设工作。在他的努力下，1924 年 6 月，黄埔军校正式开学。至 1925 年 3 月，孙中山辞世为止，黄埔军校共招生三期，培养学员（毕业和在读）2600 余人。在短短数月间，黄埔军校学员先后参加了平定广州商团叛乱、第一次东征讨伐陈炯明等役，并在其中起到中流砥柱的作用，可谓办学效果显著。

1924 年 9 月，孙中山在韶关发表《北伐宣言》，任命谭延闿为总司令，以建国湘军为主力，组建北伐军，第三次出师征讨北洋军阀。同年 11 月，建国湘军在由江西赣州向吉安行军过程中，遭受北洋军伏击，由出发前的五个军三个纵队缩编为八个团，损失惨重。痛定思痛，1925 年 1 月，建国湘军军长谭延闿在广东韶关设立湘军整训处，决意裁汰老弱病残，整顿建国湘军，并效仿黄埔军校，着手开展建国湘军讲武堂的筹办工作。

二、建国湘军讲武堂的办学

建国湘军讲武堂的办学，是孙中山领导的国民革命的重要部分。1925 年 2 月，在国民革命即将到达高潮之际，建国湘军讲武堂开班授课，同年秋改称国民革命军第二军军官学校。1926 年 8 月，在国民革命进入最后的"篇章"——北伐之时，建国湘军讲武堂停办。

在短短一年多的时间里，建国湘军讲武堂共办学三期。办学地址原为广州番禺学宫（现广州市中山四路 42 号），后迁至广州天字码头原江防司令部旧址（现广州市长堤南堤）。根据《建国湘军第一期同学录》《国民革命军第二军军官学校第二期同学录》《谭延闿日记》等史料，可将建国湘军讲武堂办学历程归纳如下：

第一期开班于 1925 年 2 月，至 1925 年 9 月毕业，学制约 8 个月，同年 12 月 1 日举行毕业典礼，共有登记在册教官 52 人，学员 361 人。[①] 第一期教官职务职位具体设置有督办 1 人，党代表 2 人，堂长 1 人，教育长 1 人，管理部长 2 人（前任、现任），副官主任 1 人，主任教官 1 人，政治委员 4 人，兵器教官 2 人，战术教官 1 人，地形筑城教官 3 人，卫生学教官 1 人，英语算数教官 1 人，区队长 3 人，区队附 12 人，助教 9 人，秘书 1 人，军需正 1 人，教育副官 1 人，副官 4 人。第一期学员具体被分配为三个区队进行学习训练，其中第一区队 116 人，第二区队 118 人，第三区队 124 人，另外还有牺牲烈士 3 人。

---

① 《建国湘军第一期同学录》（1925 年 12 月），武汉市档案馆藏，bD211/0168。

第二期开班于1925年4月，至1926年2月毕业，学制约为10个月，共有登记在册教官71人，学员440人。① 第二期教官职务职位具体设置有督办1人，党代表2人，校长1人，教育长1人，副总监2人，考试委员1人，管理部长1人，政治部长1人，教官3人，主任教官1人，政治主任4人，政治委员1人，副官主任1人，地形教官2人，筑城教官2人，兵器教官1人，战术教官3人，卫生教官1人，区队长3人，区队附9人，助教10人，教育副官2人，副官4人，军械员1人，书记1人，军需3人，训练员9人。第二期学员具体被分为三个区队进行学习训练。三个区队按序号列为第四、五、六区队。

第三期又称中央军事政治学校附属军官补习班，开班于1926年3月，同年8月毕业，学制约6个月。② 1926年3月，广州国民政府决定改组黄埔军校，并在此基础上合并广州一带其他军事学校，正式成立"中央军事政治学校"。受此影响，建国湘军讲武堂在同月招收的第三期学员，随即隶属中央军事政治学校。因本期学员均是现役军官，所以自成一队，称军官补习班。

三、建国湘军讲武堂的治学特点

建国湘军讲武堂的治学是在孙中山思想及其实践的指导下进行的。建国湘军讲武堂的治学特点如下：

（一）办学宗旨。有别于传统讲武堂"忠君爱国"的办学宗旨，建国湘军讲武堂将"三民主义"奉为圭臬，以"造就革命军人"为办学宗旨。在建国湘军讲武堂办学前，孙中山就已开始用"三民主义"对建国湘军进行改造。1924年2月23日，他在广州黄沙建国湘军驻地发表演讲，表示"希望湘军从今天以后，都能变成革命军"，"变成用一可以敌百的革命军，然后我们的三民主义才能够完全实行"。③ 建国湘军讲武堂的整个办学历程，均受"三民主义"思想影响，明确提出"造成革命的基本军人，这是我们创办讲武堂的本旨"④，"务使兵士彻底的了解主义，所以三民主义，是一以贯之，不可须臾离的"⑤，"主义之灌输，精神之衔接，与大元帅则造革命军人之旨，固无时而或有异也"，"凡为革命军人，当以能副先大元帅革命军人

---

① 韶山毛泽东同志纪念馆：《介绍〈国民革命军第二军军官学校第二期同学录〉》，《湘潮》1985年第9期，第12页。
② 《谭延闿日记》（手稿），1926年8月9日，台湾"中央研究院"藏。
③ 孙中山：《孙中山全集》第9卷，中华书局1986年版，第499—506页。
④ 《建国湘军第一期同学录》（1925年12月），武汉市档案馆藏，bD211/0168。
⑤ 《国民革命第二军军官学校第二期同学录》（时间不详），私人资料。

之实与否为衡"。①

（二）教学目的。建国湘军讲武堂办学过程中，始终只有一个教学目的，那就是打倒帝国主义，打倒军阀，完成孙中山的遗愿——实现"中国之自由平等"。为鼓励学员以此作为奋斗目标，建国湘军讲武堂特别在第一期学员的毕业同学录中刊载了以下这段话："国民革命的目的在求中国之自由平等。中国所以不自由平等，由于受不平等条约之束缚。加以束缚于中国者，实惟帝国主义。助帝国主义为虐者，实惟军阀。故国民革命军之任务，在打倒帝国主义，打倒军阀。勖武湘军讲武堂诸同志以智仁勇之者，肩此任务，为民前驱"②。

（三）教官组成。在孙中山的领导下，国共两党精诚合作，不分主义、不分党派，为实现"中国之自由平等"而共同奋斗。受此影响，建国湘军讲武堂教官队伍可谓精英荟萃，汇聚了多位国共两党风流人物。

以建国湘军讲武堂第一期教官为例。从整体学历、资格上看，第一期登记在册教官中，有迹可寻者35人，可分为以下六个团体：1. 前清官员出身，以督办谭延闿为代表。谭延闿，字祖庵，湖南茶陵人，进士及第，曾任清翰林院编修职。2. 前清军事学堂出身，以教育长谭道源为代表，其他还有前管理部长岳森。谭道源，湖南湘乡人，清朝末年毕业于湖南弁目学堂。3. 国内军事学校毕业出身，以兵器教官谢慕韩为代表，其他还有副官主任熊士炎，兵器教官柳大琦，战术教官杨请缨，地形教官周之矞、章伟、周翰宗，区队长张启祚，区队附李文实，助教邹公瓒、刘显簧。谢慕韩，字絮群，湖南耒阳人，1915年毕业于保定陆军军官学校第三期炮兵科。4. 国外军事学校出身，以堂长陈嘉祐为代表，其他还有管理部长张以祥、主任教官李国良。陈嘉祐，字护方，湖南湘阴人，毕业于日本陆军士官学校第8期步兵科。5. 国外大学出身，以前党代表廖仲恺为代表，其他还有党代表汪兆铭，政治委员方维夏、李六如、罗良干。廖仲恺，广东归善（今惠州惠阳）人。1902年赴日本留学，先后入早稻田大学经济预科、中央大学政治经济科学习。6. 其他来历及出身不详，计有政治委员钟忠，卫生学教官陈忠烈，英语算数教官王寿昌，区队长周骏德、谢荣松，区队附万世杰、倪克美、彭奇、黎超斌、李揆、何慕超，军需正邓梗楠，副官陶高培。

再以建国湘军讲武堂第二期部分教官为例。从教官个人素质上看，中国共产党中央委员会主席、中华人民共和国中央人民政府主席毛泽东，曾任建国湘军讲武堂第二期政治主任教官。中华人民共和国国务院副总理李富春，曾任建国湘军讲武堂

---

① 《谭延闿日记》（手稿），1926年8月9日，台湾"中央研究院"藏。
② 《建国湘军第一期同学录》（1925年12月），武汉市档案馆藏，bD211/0168。

第二期兼职教官。中华人民共和国最高人民检察署副检察长李六如,曾任建国湘军讲武堂第二期政治委员。

(四)学员来历。在孙中山人格魅力的感召下,大批有知识、有理想的爱国青年汇聚广州,加入国共两党,并争相报考黄埔军校、建国湘军讲武堂、大本营讲武堂、中央直属滇军干部学校等革命军校,以做一名革命的军人为荣。

从学员籍贯上看,建国湘军讲武堂以湖南籍学员为主,外国籍和其他省籍入读学员较少。建国湘军讲武堂第一期共有登记在册学员361人。其中湖南籍352人,江西籍3人,湖北籍2人,广东籍1人,四川籍1人,河南籍1人,安徽籍1人。建国湘军讲武堂第二期共有登记在册学员440人。其中湖南籍422人,江西籍6人,湖北籍6人,广东籍1人,河南籍1人,广西籍1人,朝鲜籍2人,籍贯不详1人。

从学员出身上看,建国湘军讲武堂招收学员主要是建国湘军兵士和社会学生。前者以国民党陆军中将刘清凡为代表,后者以萧克允烈士为代表。刘清凡,字如山,湖南安化人,1917年中学毕业后入湘军当兵,后考入建国湘军讲武堂第二期。毕业后历任东路军交通处处长、第二路军参谋、桂系第七军参谋处长等职。抗战爆发后,率部参加淞沪会战。1941年6月,因功授少将军衔。抗日战争结束后,因功授中将军衔。萧克允,又名萧武信,是萧克上将二哥,湖南嘉禾县人。1924年入湖南统计江西所学习,后考入建国湘军讲武堂第二期,在校期间加入中国共产党。毕业后分配至国民革命军第二军服役,参加北伐。"四一二"事变后,萧克允脱离第二军,参加南昌起义。同年12月,回乡建立中共基层组织,积极组织农民暴动,开展武装斗争。1928年初参加湘南起义,后随部队上井冈山。1933年在湖北通城战斗中牺牲。

(五)日常教学。有别于其他非革命类军校只重军事学科教学忽略政治思想培养的缺陷,建国湘军讲武堂日常教学中,高度重视思想政治工作,坚持军事、政治学习两手抓,两手硬。军事教学上,建国湘军讲武堂将整个军事课程分为学科和术科两大类。学科主要教授战术、筑城、交通、兵器、卫生、地形、英语、算数等科目,术科则为实践科目,在野外进行,如在广州沙河瘦狗岭山上搞战术演习和构筑工事。政治学习上,建国湘军讲武堂专门成立了政治部,通过政治教员向学员讲授《农民运动问题》《中国社会各阶级分析》《剩余价值学说》《中国近代革命史》《三民主义》等课程。① 除日常课程学习外,国共两党领导人还经常到建国湘军讲武堂演讲,宣传孙中山的革命思想。如1925年9月7日,讲武堂教官、共产党员李富春

---

① 冯志远:《回忆第二军军官学校》,《文史资料存稿选编军事机构》下,中国文史出版社2002年版,第919页。

在讲武堂内就悼念孙中山发表讲话;① 1925年11月4日,建国湘军军长、国民党员谭延闿在讲武堂内,用一个小时的时间,向学员们讲述了孙中山提出的"革命党人不妥协"思想。②

(六)学员毕业去向。建国湘军讲武堂学员毕业后,多服务于中国共产党和中国国民党。以第一期学员为例。毕业后有史可考学员89人,其中任军队军职82人(中将1人,少将3人,上校2人,中校11人,少校19人,上尉24人,中尉10人,少尉3人,军职不明9人),任地方职务1人,参加中国共产党革命工作4人,去向不明2人。以第二期学员为例。毕业后有史可考103人,其中任军队军职84人(中将2人,少将8人,上校4人,中校10人,少校24人,上尉18人,中尉9人,少尉4人,军职不明5人),任地方职务7人,参加中国共产党革命工作8人,去向不明4人。(详见下表)

建国湘军讲武堂学员毕业去向表(有史可考)

毕业去向		第一期	第二期
加入中国共产党		戴世荣(烈士)、冯菊生(平江特委成员)、刘展怀(新宁县县长)、张经武(中将)	陈东日(烈士)、董用威(被捕就义)、彭玉珊(被捕就义)、谭醒吾(从事工人运动)、萧克允(战斗中牺牲)、谢朝梁(战斗中牺牲)、谢南岭(被捕就义)、颜祥钦(被捕就义)
加入南京国民政府,担任军职或地方职务	中将	苏公望	刘清凡、万成渠
	少将	文荣林、夏建寅、罗震升	范继陶、黄华国、李楚藩、廖汉文、夏定华、谢慕庄、徐君虎、杨焜
	上校	刘子奇、黄道尊	罗赤霞、谢铮、颜润泽、曾舜耕
	中校	曾吾日、戴勋、冯英、贺中杰、李邦藩、刘磊、刘树成、鲁任昌、沈熙宁、唐植成、王燊	陈煦新、段人范、李继唐、李可才、唐修式、吴声镐、张荣陆、周本烈(工兵)、朱声应、曾甲

---

① 《谭延闿日记》(手稿),1925年9月7日,台湾"中央研究院"藏。
② 《谭延闿日记》(手稿),1925年11月4日,台湾"中央研究院"藏。

(续上表)

	少校	曾拔群、陈迪光、陈斐章、陈盖夫、戴若会、冯振球、贺迪元、胡厚基、胡庆华、胡鑫、李碧峰、李建业、宁烈、潘子建、彭道彝、杨碧蘅、袁南山、郑钧、周启瑞	陈恢泰、陈鹏、陈新民、陈瑜、邓雄英、范兆文（工兵）、洪子卿、旷畴、李小荃、李志竣、刘德钧、刘世庵、龙得时、卢景江、宁丙、彭政、申孔嘉、沈立三、吴安德、夏其祥、谢绍焜、熊飞（工兵）、尹为宪、欧阳宏
	上尉	曾笏筠、曾毅、陈枚甫、郭威（辎重兵）、黄君山、黄逸夫、李谷春、李育吾、刘立昌、刘维芝、刘镇龙、卢荣鑫、罗勋、彭树声（工兵）、王振武、文壮武、吴鸿勋、许嘉初、晏才超、周国梁、周克武、周少恒、陈大芳、刘俊安	蔡毓灵、陈柏松、陈震、龚肃寰、黎养廉、刘次贤、毛全、彭庆用、谭久贵、童镇、汪澄清（工兵）、向树人、谢绍贤、杨斌、杨楚材、于毅、詹道岱、朱瑾
	中尉	陈瑞、欧阳果、谭振元、伍凤飞、谢瑞麟（工兵）、杨子杰（骑兵）、张振东、周凤山、周志颢、周子藩	曹铁翼、陈国璋、陈俊陆、黄镇北、李培仁、欧阳华（宪兵）、谭英（辎重兵）、唐华栋、周弼（通信兵）
	少尉	李仲箎、刘镇南、文振斌	陈化龙、蒋懿、李子珍、刘斌
	军职不明	陈声孚、陈琦、唐非吾、王觉源、萧阳初、周庭藩、叶文科、陈歼仇、文少山	赵湘、邓炳煌、王国勋、卢庆善、刘镇楚
	任职地方	蔡性章	左作霖、郭斗、刘克横、徐恂、上官襃、唐兴曜、彭杰
去向不明		彭文畅、张远猷	朱曹承、邓敦厚、李乘云、刘炳焘

四、小结

根据前文所述，小结如下：

一、建国湘军讲武堂是谭延闿北伐兵败后，以整顿湘军为目的，在广州番禺学宫旧址内创办的一所新式军事学堂。它主要面向湘籍子弟和建国湘军兵士招生，办学思想源于孙中山"培养革命骨干"理念，办学自信始于黄埔军校的成功。

二、建国湘军讲武堂是一所革命的军校，尽管其存办时间短，招收学员少，但它的整个办学历程是在孙中山思想的指导及革命行为的实践下完成的。它以培养拥有"三民主义"的革命军人为办学宗旨，以实现"中国之自由平等"为教学目的，是国民革命的重要组成部分。

三、建国湘军讲武堂是第一次国共合作的产物。它的教官队伍群星闪耀，汇集了以毛泽东、李富春、谭延闿为代表的一批国共两党风流人物。在他们的教育下，学员的成才率极高，涌现了以张经武、萧克允、刘清凡、万成渠等为代表的一批优秀学员。这批学员在他们老师的带领下，南征北战，名载史册。

（作者单位：中山市翠亨孙中山故居纪念馆）

1895 年以前孙中山的人际关系
——以《孙中山年谱长编》为中心

秦利国

一、前言

美国著名学者萧邦奇指出:"革命并不是主要只依靠非个人的社会、经济力量或意识形态斗争就能解释的过程。相反,革命是男人和女人们的故事。这些处于不同的社会关系和推进力中的人们,常常是别无选择地被卷入他们不能控制和引导的革命形势和风暴之中。"① 因此,我们研究孙中山早年的人际关系可以了解走上革命道路的过程,以及这些关系对他以后人生道路的影响。《孙中山年谱长编》是陈锡祺教授主编的关于孙中山先生的一部史料性著作,是 1991 年为纪念辛亥革命 80 周年由中山大学孙中山研究所承担编撰的。据陈铮所说:"这本年谱是迄今为止中国大陆出版的规模最大、内容最丰富的孙中山年谱,也比台湾增订本的《国父年谱》更为充实和完备。《年谱》不仅占有大量的常见的资料,如《孙中山全集》《国父全集》《革命逸史》《中国国民党史稿》《中华民国开国前革命史》《中国革命运动二十六年组织史》《中华民国革命逸史》《孙逸仙传记》《孙中山与中国革命》《宫崎滔天全集》《宫崎滔天年谱》《南方熊楠日记》《建国月刊》《传记文学》《万国公报》《地球报》《申报》《民立报》《民国日报》《时报》《国民党周刊》等。还有许多档案史料,如英国外交部档案和日本外务省档案、日本外交文书等。"② 因此,我们以它为依据来呈现孙中山这一时期的人际关系就显得更为可信与真实。

---

① [美]萧邦奇著、周武彪译:《血路——革命中国中的沈定一传奇》,江苏人民出版社 2010 年版,第 8 页。
② 陈铮:《精审赅备的〈孙中山年谱长编〉》,《历史研究》1993 年第 1 期。

孙中山研究一直是近代史研究中的热门课题，所出成果可谓浩如烟海。对于孙中山的人际关系问题学术界也有不少成果，如林广志的《澳门华商与孙中山的行医及革命活动》一文探讨了孙中山早年与澳门华商的关系。① 胡波的《论孙中山人际关系的价值取向》一文说明了孙中山人际关系的价值取向及其这种取向所产生的影响。② 迟云飞的《孙中山与晚清革命党人社会背景的再认识》说明了孙中山早期革命所依靠的力量。作者认为在兴中会时期，孙所依靠的社会力量是背离传统体制的，1901年以后，他转向了新政中产生的追求民族主义目标的新知识分子。③ 还有大量有关孙中山的著作中也有涉及其1895年以前的人际关系问题的。但是关于他早年的人际关系对于他的革命所产生的影响，学术界关注得还是比较少。本文主要依据《孙中山年谱长编》这一主要史料，简要梳理在1895年即广州起义之前孙中山主要的人际关系，从而进一步探求这些人际关系对其革命所产生的影响。

二、1895 年以前孙中山的主要人际关系

1895年以前孙中山处于青年阶段，他主要在求学。这一时期的人际关系主要限制在他与家人、老师、同学等之间。

1. 家庭关系

1866年，孙中山出生在广东省香山县翠亨村，诞生时家道中落，家中除父母外，尚有祖母黄氏、兄眉、姐妙茜。④ 在这些家庭成员中，他的长兄孙眉对他的影响极大。1869年孙眉至本乡南蓢地主程名桂家做长工，1871年，孙眉随程名桂去檀香山，据《年谱》记载："孙眉到檀香山后，最初和郑强同在一个华侨办的菜园里当工人，月薪十五元，他每月汇寄十元回家，这样工作了十一个月。接着转到一个夏威夷人开设的农牧场当长工，又做了几年。后来孙眉跑到茂宜岛去垦荒耕种，开始进行少量的雇工剥削，慢慢地积累起资本，开设了商店和牧场。"⑤ 孙眉的发家对孙中山本人、他的家庭及以后的革命事业都有重要影响。

1872年，6岁的孙中山由于家庭贫苦，不得不开始参加劳动。"他随着他的四姐到金槟榔山打柴，拾取猪菜。每年还要替人牧牛几个月，换回牛主用牛给孙家犁翻二亩半地的工价。有空时，就帮家中做零活，在日常劳动中，他的身体锻炼的很

---

① 林广志：《澳门华商与孙中山的行医及革命活动》，《历史研究》2012年第1期。
② 胡波：《论孙中山人际关系的价值取向》，《学术研究》1996年第10期。
③ 迟云飞：《孙中山与晚清革命党人社会背景的再认识》，《史学月刊》2003年第12期。
④ 陈锡祺主编：《孙中山年谱长编》上，中华书局1991年版，第4页。
⑤ 陈锡祺主编：《孙中山年谱长编》上，第10页。

结实。"① 这样的生活经历,对孙中山以后的民生主义思想的产生有着重要影响,他自己说:"幼时的境遇刺激我……我如果没出生在贫农家庭,我或不会关心这个重大问题(民生主义)。"②

2. 革命志士

心存反清意识的孙中山一直在寻找反抗清朝的志士仁人。用他自己的话说:"数年之间,每于学课余暇,皆致力于革命之鼓吹,常往来于香港、澳门之间,大放厥辞,无所忌讳。时闻而附和者,在香港只陈少白、尤少纨、杨鹤龄三人,而上海归客则陆皓东而已。若其他之交游,闻吾言者,不以为大逆不道而避之,则以为中风病狂相视也。予与陈、尤、杨三人常住香港,昕夕往还,所谈者莫不为革命之言论,所怀者莫不为革命之思想,所研究者莫不为革命之问题。四人相依甚密,非谈革命则无以为欢,数年如一日。故港澳间之戚友交游,皆呼予等为'四大寇'。此为予革命言论之时代也。"③ 这三人后来一直是孙中山进行革命的得力助手,而归客于上海的陆皓东也是他坚定的支持者,直到广州起义失败后被杀害。

1891年结识另一位革命志士杨衢云,据冯自由称:"杨名飞鸿,原名合吉,字肇春,又号衢云,福建漳州府海澄县三都乡人。……其为人仁厚和蔼,任侠好义,尤富于国家思想。尝习拳勇,见国人之受外人欺凌者,辄抱不平。初与谢缵泰等创设辅仁文社于香港,以开通民智为务。乙未春孙总理自檀岛返,衢云与之志同道合,遂加入兴中会。"④ 当然孙中山在这一时期也结识了其他的一些志同道合的朋友,据《年谱》载:"先生继续物色反清志士,畅谈时政。冯自由称,先生在'广州行医期间,时得同志左斗山、魏友琴、程璧光、程奎光、王质甫、程耀宸诸人。'"⑤ 这些革命志士对孙中山的革命事业产生了巨大的影响,他们中大多都是孙中山的忠实信徒,终其一生都追随孙中山,但有些也与孙中山意见相左,对革命产生一定的破坏作用。

3. 传教士

据孙中山自己回忆:"到1885年我18岁时为止,我一直过着像我那个社会阶层一般中国青年所过的那种生活。不同的只是,由于我父亲皈依基督教并任职于伦敦布道会(按,这是孙中山编造的说辞),我有较多的机会和广州的英美传教士接

---

① 陈锡祺主编:《孙中山年谱长编》上,第11页。
② 陈锡祺主编:《孙中山年谱长编》上,第11页。
③ 陈锡祺主编:《孙中山年谱长编》上,第52页。
④ 冯自由:《革命逸史》上卷,新星出版社2009年版,第15—16页。
⑤ 陈锡祺主编:《孙中山年谱长编》上,第67页。

触。"① 孙中山与传教士接触，还是他十三岁到檀香山就学时。因其兄在夏威夷发家，使他能够接受一般人接受不到的西式教育，1879 年进入意奥兰尼学校学习，1882 年又入奥阿厚书院，在这些西方的学校中大多都有传教士在活动，这对他影响很大。1883 年孙中山就想受洗加入基督教，最终因孙眉反对而未能加入。但从这时起传教士成为孙中山人际关系网络中不可缺少的一个社会群体，他们对孙中山的革命事业产生了重大而深远的影响。

传教士韦礼士可能是孙中山认识的第一个传教士，《年谱》载："先生除平日功课外，还诚笃地参加各种宗教的聚会和课程。早晚在学校教堂的祈祷，星期日在圣安德勒堂的礼拜，他都参加。韦礼士主教和他的夫人，对先生特别关怀，圣经的课程，也是韦礼士亲自讲授的。"② 这时的孙中山才 17 岁，由于其在檀岛想加入基督教，被其兄孙眉着令回国。但这时的孙中山与以前大为不同，带着在西方学校接受的西式思想和自己的反清志向回到了清王朝统治下的家乡，他向村民抨击清政府的腐败，这年秋天与陆皓东一起毁坏了北极殿神像，被迫转赴香港。同年进入香港的拔萃书室读书。在这里孙中山在他的汉文老师区凤墀的介绍下认识了美国传教士喜嘉理。而区凤墀本人也是传教士。据冯自由称："孙总理之汉文教师区凤墀，为广州有名之基督教宣教师，总理在檀香山基督教学校毕业后，返香港乃拜区为师，发奋学习国文。当其在港教会受洗礼时，名籍下尚署孙日新，盖取大学汤之盘铭'苟日新、日日新、又日新'之义，其后区为之改号逸仙，而逸仙之名逐渐轰传于世界。"③ 可见区凤墀也是传教士，对后来孙中山在广州的革命活动帮助很大。在喜嘉理的劝说下，孙中山和陆皓东一起加入了基督教，从此孙总理成为了一名基督教徒。在后来的革命活动中，他凭借着基督教徒的身份得到了众多传教士的帮助。

1887 年孙中山进入香港西医书院学习，在这里他结识了对其以后革命产生重要影响的另一位传教士康德黎，康德黎此时担任香港西医书院的教务长。在香港西医书院学习期间，他和康德黎建立了深厚的友谊，这对他以后流亡伦敦期间产生了重要影响。总之，孙中山在这一时期和传教士建立的这种人际关系对他发动广州起义以及以后的革命活动产生了重要作用。

4. 日本人

孙中山在 1895 年以前与日本人的接触是比较少的，这与他早期的求学经历有关，但是在广州起义之前他与日本人发生了联系。据《年谱》载：1895 年 1 月，

---

① 孙中山：《我的回忆》，湖北人民出版社 2003 年版，第 2 页。
② 陈锡祺主编：《孙中山年谱长编》上，第 33 页。
③ 冯自由：《革命逸史》上卷，新星出版社 2009 年版，第 22 页。

"先生在香港某慈善团体举办的宴会上由康德黎介绍结识梅屋庄吉。1月5日下午，又往中环大马路28号梅屋照相馆拜访，交谈良久。……是为先生与梅屋交往之始。嗣后，梅屋对先生革命事业给予巨大帮助。"① 1895年3月，孙中山又与日本驻香港领事中川恒次郎会晤，请求其援助。在《年谱》中我们看不出1895年前的孙中山与其他日本人的交往，但之后由于广州起义的失败，孙中山流亡日本，广泛结交日本各界人物，为其革命事业提供助力。

5. 华侨

华侨这一社会群体对孙中山的革命事业提供了巨大的资金支持。由于其兄孙眉也是华侨的成员，因此，孙中山可以说很早就与华侨发生了联系，同时，由于他早年在檀岛读书，结识华侨也变得相当容易，在某种程度上孙中山自己也是华侨。在《年谱》中，能够看出除了与其兄的接触外，他最早与华侨接触是在1894年。这一年他上书李鸿章失败以后，产生了以武力推翻清王朝的想法，再一次到檀岛寻求帮助，但这时"华侨风气尚极闭塞，闻总理有作乱谋反言论，咸谓足以破家灭族，虽亲戚故旧亦多掩耳却走。经总理多方游说，奔走数月，仅得同数十人。"② 这可以看作孙中山与华侨发生联系的开始。之后组织华侨兵操队，为回国起义作准备，但是由于这些华侨"因各人对军事训练的兴趣不同，不能持久，宣告解体。"③ 至于归国起义的经费，得到华侨的资助就更少了，孙中山自己回忆说："兴中会成立后，不图风气未开，人心锢塞，在檀鼓吹数月，应者寥寥，仅得邓荫南与胞兄德彰二人愿倾家相助，及其他之亲友数十人之赞同而已。"④ 可见其革命道路的艰难。

总的来说，在1895年以前孙中山利用华侨这一群体来进行革命是不大成功的，但他一直没有放弃这一群体，就在发动广州起义之前的几个月，他从檀香山回香港的途中经过日本横滨，仍然与华侨陈清等接触。在广州起义失败以后，孙中山流亡海外，华侨成为他进行革命所依靠的主要力量。

6. 会党

孙中山最早与会党接触是在1876年，《年谱》载："当时翠亨附近一带乡村如石门坑、信福隆、峨眉、大象埔、山门等，都设有三合会的武馆。孙中山常和村塾同学杨帝贺、孙梅生等，偷偷跑去观看三合会员练武技击。回到家里，便仿效起来，舞弄拳棒。"⑤ 1895年以前的孙中山与会党的直接联系不是很多，但是可以看出他的

---

① 陈锡祺主编：《孙中山年谱长编》上，第79—80页。
② 陈锡祺主编：《孙中山年谱长编》上，第74页。
③ 陈锡祺主编：《孙中山年谱长编》上，第76页。
④ 陈锡祺主编：《孙中山年谱长编》上，第33页。
⑤ 陈锡祺主编：《孙中山年谱长编》上，第21页。

好友郑士良与会党有直接联系,甚至郑自身就是会党。"1888年,郑士良辍学回乡,开设同生西药房,为联络会党机关,被推为三合会首领。"① 孙中山在广州起义之前也运动过会党参加起义,1895年3月下旬,他"偕陆皓东、郑士良等到广州建立兴中会分会,联络会党、绿林、游勇、防营、水师等"。② 5月,又"在港接纳三点会首领,并亲自切实调查其实力。约定时间在茶楼饮茶,先生入时,凡起立者即会员。先生如约前往,至十余处,每处茶客起立者约数十人,喜出望外。实则其头目事先邀集工人充数,为一骗局。"③ 会党可以说是1895年以后,孙中山进行革命所依靠的主要力量,但他没有认识到会党本身的局限性,致使发动革命屡屡受挫。

7. 传统士绅阶层

由于孙中山接受的是西式教育,再加上他一直进行反清的活动,所以从总体上来看,他与清朝国家体制培养出的传统士大夫阶层接触不是很成功,但是在1895年以前,他努力地与这些士大夫们接触还是取得一定的成就。1894年春夏间,他和陆皓东一起赴上海寻求上书李鸿章的门径,这时在上海结识王韬、郑观应、陈廷威、宋耀如等官绅。虽然,孙中山没有见到李鸿章,但是这些官绅在他寻求晋见李鸿章的过程中提供了许多的帮助。孙中山还以他自身的医术来结交这些官绅。"先生以医术结交于军政各界、督抚司道以其学术优越,咸器重之。先生因得以高谈时政,放言无忌。虽语涉排满,而闻者仅目为疯狂,不以为意。粤中官绅潘宝璜、潘宝琳、刘学询等署名赞助者数十人,无有疑为挟有危险性质者。"④ 这样所带来的效果是有人向粤督谭钟麟告密,他大笑曰:"孙文一医生耳,其创农学会,李少帅且赞助之,虽好狂言,何至遽反耶?"⑤ 在这一时期他还结识了程璧光、左斗山、魏有琴、程奎光等官绅。广州起义失败后,孙中山成为维护清朝体制的士大夫们心中的叛贼,因此,与他们的关系越来越疏远了。

三、人际关系的特征

1895年以前的孙中山还处于青年时期,他的众多人际关系尚处于成长时期,但是我们仍可看出这些人际带有某种特点,而这些特征也在孙中山以后的人际关系网络中表现得尤为明显。

---

① 陈锡祺主编:《孙中山年谱长编》上,第48页。
② 陈锡祺主编:《孙中山年谱长编》上,第85页。
③ 陈锡祺主编:《孙中山年谱长编》上,第88页。
④ 陈锡祺主编:《孙中山年谱长编》上,第85页。
⑤ 陈锡祺主编:《孙中山年谱长编》上,第86页。

1. 孙中山的人际关系与其成长经历有着密切的关系。1866 年出生的孙中山在 1895 年时不满三十岁，可以说他的革命事业才刚开始。这一时期的人际关系与他自身的成长经历有着密切的关系。尤其是孙中山与传教士的关系，少年的孙中山家庭穷苦，他兄长孙眉在檀岛发家后，他没有选择接受清王朝传统的教育，而是远赴檀岛接受西式教育。在这些西方的学校中，他有机会去接触这些传教士，听传教士对他的思想洗礼。因此，尽管遭到其兄的极力反对，他还是毅然地加入了基督教，成为基督教徒。而基督教徒这一身份，为他以后流亡海外时提供了极大帮助。再如与华侨的交往，他赴檀岛后，他自身可以说成为了一名华侨，与他们的接触具有了一种身份的认同，也是非常自然的事情。

2. 在这些人际关系中更多的带有某种现代的因子。出生于传统体制下的孙中山在国外受到了西式的教育，他的人际关系网络与出生于清王朝传统的知识分子相比可以说表现得更具现代性。不到三十岁的孙中山为反抗清朝就去寻求日本人的帮助，尽管日本人对其的帮助可能有他们自身的目的，但是这可以看出孙中山人际关系的现代性，这对于当时在清朝的大部分知识分子来说是不敢想象的。再如他加入基督教一事，我们可以看出其敢于突破传统精神。1883 年，他的长兄孙眉知道了他想在檀岛加入基督教以后，就命令他回国，但是这一年他还是在香港加入了基督教。与传教士接触对当时绝大多数的中国士人来说是相当少有的，更别说加入基督教了。

3. 地缘的倾向在孙中山的人际关系中显得更为明显。胡波指出孙中山有其乡情乡谊的地缘价值取向。1895 年以前，这种地缘价值取向表现得更为明显。追随孙中山的革命志士大多都是广东人，1895 年即广州起义前夕，梁启超致汪康年的信中说："孙某，非哥中人，度略通西学，愤嫉时变之流，其徒皆粤人之商于南洋、亚美及前之出洋学生，他省甚少。"① 可以看出孙中山人际交往中的地缘取向。与他交往的传教士大部分也是在广东地区活动，如后来与他关系密切的传教士区凤墀等。他所交往的会党主要是活动于广东地区的会党，不管是三合会还是三点会都是在当时活跃于广东地区的主要会党。与他结交的官绅也大多是广东人，连他到上海见的郑观应也是广东人。有学者分析："在 1895 年以前，兴中会中注册会员有 153 名。在这些人中几乎全是广东人，而且其中差不多有半数是广东的同乡。"② 可见孙中山在人际交往中的地缘取向。

4. 孙中山的人际关系更多地表现出务实倾向。务实的人际关系在孙中山进行革命的过程中表现得比较明显，只要对他革命有利的人他都可以交往，在广州起义之

---

① 陈锡祺主编：《孙中山年谱长编》上，第 83 页。
② 转引自胡波：《论孙中山人际关系的价值取向》，《学术研究》1996 年第 10 期。

前去寻求日本人的帮助,尽管在当时中日战争刚发生,日本给中国人民带来了灾难,但他仍然去劝说日本人给他提供帮助,推翻清政府。他与陈少白、杨鹤龄等人的交往更多的是因为他们志趣相投,有同样推翻清政府的志向。孙中山与会党的交往表现了更多的务实色彩,对会党完全是利用他们来为革命服务。林广志的研究表明,孙中山在1893年离开澳门一个很重要的原因是:"澳门华商对其'改造中国'的理想过于冷淡,他在澳门找不到志同道合的'热心同志'。"① 他与在粤官绅的结交仍然是为了自己的革命事业。务实的人际关系在孙中山以后进行革命的过程中表现得更为明显。因此,我们会看到在不同时期,孙中山的人际关系网络也在变化。正是因为他的务实主义的倾向使他不断变化交往对象和扩大交往范围。

5. 他接触更多的是边缘知识分子。由于孙中山接受的是西式教育,可以看做是中国新型一代的知识分子。但当时的中国传统知识分子仍然占据着主流,作为新型一代知识分子的代表,他的人际关系网络中多为新型知识分子。而这些新型知识分子在当时的中国仍然是处于边缘的知识分子,这也是孙中山所依靠的主要革命力量。迟云飞教授对兴中会的骨干成员做了一个考察,指出这些骨干成员的一些共同特征:"一、他们与孙中山一样没有受过系统的中国传统教育,他们所拥有的是有关西方的技术和知识。二、他们没有进士举人甚至秀才的传统功名。三、他们没有显赫的家族和地位。四、他们大多是孙中山的同乡广东人,或广东的出国华侨。五、他们大多是基督教徒。"② 显然,我们可以看出这些人是脱离传统体制的边缘知识分子,这也在很大程度上制约着孙中山的革命活动,也是孙中山以后革命屡屡碰壁的原因之一。

四、对其人生道路的影响

上文中我们谈到了1895年以前孙中山的人际关系网络,虽然在这一时期,他的人际关系表现的比较简单,但是对他本人及以后的人生道路的确产生了深远而长久的影响,同时也影响着孙中山后来的人际关系网络。

一个人的人际关系网络必然对他自身产生重要的影响,孙中山在1895年以前的人际关系网络对他自身产生了重要影响。不管是在物质方面还是在思想方面,对他的影响首先是他的长兄孙眉。1879年,孙中山跟随母亲去檀岛,孙眉把他送进意奥兰尼学校就读,虽然"该校收费较其他学校高,但孙眉爱弟心切,不吝资助,故学

---

① 林广志:《澳门华商与孙中山的行医及革命活动》,《历史研究》2012年第1期。
② 迟云飞:《孙中山与晚清革命党人社会背景的再认识》,《史学月刊》2003年第12期。

生始终未转校。"① 该校教师大多都是英国人，以英语授课，刚入学的孙中山"完全不懂英语，教师让他坐着看了十天，先生渐渐体会到英语的拼写方法，读写二者均有很快的进步。"② 他对英语的熟练掌握，对他以后周游世界各地消除了重要的语言障碍。孙中山在檀岛的学习对他产生了重要影响，他自己说："忆吾幼年，从学村塾，反识之无。不数年得至檀香山，就传西校，其教法之善，远胜吾乡。故每课暇，辄与同国同学诸人，相谈衷曲，而改良祖国，拯救同群之愿于是乎生。当时所怀，一若必使我国从皆免苦难，皆享福乐而后快者。"③ 可见在檀岛的学习对他的革命理念也产生了重要的影响。孙眉对孙中山在港澳地区的学习也多有资助，"凡总理所需学资，均允源源供给，故总理在香港肄业医学多年，用度宽裕，皆德彰所给予者也。"④ 可见其兄孙眉对他的资金支持。没有这种支持，孙中山很难接受到先进的西学知识，而这些西学知识是孙中山宣传革命的重要来源。传教士对孙中山的影响似乎更大，1886 年孙中山决定学医，他是在传教士喜嘉理的介绍下，才进入广州博济医院学习。而 1893 年孙中山离开澳门后，在广州开药店，仍然得到传教士的帮助，"先生初在广州开业，悬牌于双门底圣教书楼，书楼内进为基督教礼拜堂，传教士为王质甫。"⑤ 从其后来的经历可以看出，对他本人影响最大的传教士可说是他在香港西医书院的老师康德黎。广州起义失败后，当他流亡伦敦遭到清政府驻英公使诱禁时，是康德黎帮他度过了这一段惊险的历程。⑥

任何革命道路都不可能是一帆风顺的，孙中山的革命历程也不例外。纵观他的一生，革命屡屡受挫，但他仍不放弃，这与他的革命信念是分不开的。这种革命信念的树立，在很大程度上是得益于他独特的人际关系。1895 年以前是孙中山革命起步的阶段，在这一可以说是他革命信念重要的确立时期，他的人际关系对他的影响是显而易见的，尤其是传教士对他反清意识起了推波助澜的作用。广州起义失败以后，孙中山远赴檀岛，他的长兄仍然一直鼓励他，"先生旋赴檀岛晤德彰商再举计划，德彰慰勉有加，且属勿馁初志。"⑦

由于孙中山务实的人际关系，结交的大多都是有利于自己开展革命活动的一些人，这些人际关系对他当时及以后开展革命活动都产生了重要影响。1894 年上书李鸿章失望后，他赴檀岛准备举行反清起义，到达檀岛后，他先"莅茂宜牧场就商于

---

① 陈锡祺主编：《孙中山年谱长编》上，第 26 页。
② 陈锡祺主编：《孙中山年谱长编》上，第 26 页。
③ 陈锡祺主编：《孙中山年谱长编》上，第 34 页。
④ 陈锡祺主编：《孙中山年谱长编》上，第 47 页。
⑤ 陈锡祺主编：《孙中山年谱长编》上，第 66 页。
⑥ 可参见孙中山：《伦敦蒙难记》，《孙中山全集》第 1 卷，中华书局 1981 年版。
⑦ 陈锡祺主编：《孙中山年谱长编》上，第 104 页。

乃兄，德彰嘉其志大言大，首赞成之，且划拨财产一部为助，复致书檀山正埠亲友为总理先容。于是正埠有志侨商何宽、邓荫南……先后加入总理所倡设之兴中会，并募得义捐数万元。总理得款后，乃于是年十一月归香港大举进行，旋檀同志邓荫楠、陈南、宋居仁等亦先后回国参与义举，德彰大有力焉。"①而传教士也为广州起义的发动积极提供帮助，孙中山在檀香兴中会成立以后，组织华侨兵操队，他的老师芙兰蒂文牧师给他提供了"寻真书室之校外操场为兵操之用"。②在后来的革命活动中，传教士对他的革命活动提供了众多的帮助，会党更是直接参与他的革命，但他在这一时期并没有认识到会党的局限性，导致其以后众多革命起义的失败。日本人在广州起义之前为他提供了武器的支援，但这一时期他与日本人的接触还不是很多。他在早期所结交的那些革命志士们一直是他革命的坚定支持者，在广州起义中，他的好友陆皓东英勇就义，其他的革命志士也在积极参加着革命活动。在早年被称为"四大寇"的陈少白、尤列在广州起义失败后，仍然积极奔走进行革命活动。"乙未九月广州失败之后，总理奔走海外，力谋举兵，百折不磨。少白在香港主持《中国日报》，宣扬革命，不遗余力。少纨创中和堂于南洋群岛，且发刊《图南报》，开南洋革命报纸之先河。"③

当然，我们不可否认，孙中山的这些人际关系对他的革命事业有时也产生过一些负面的影响，他所努力结交的一些人，并不都去听从他的革命鼓吹。在广州起义前，与杨衢云的纠纷就是一例。1895年的10月，兴中会会员都以为起义在即，"始投票选举会长，名之曰伯理尔天德。此职即起事后之合众政府大总统也。时会中分孙、杨两派，杨衢云要求此席甚力，尝亲对先生言，非此不足以号召中外。郑士良、陈少白极力反对。……先生不欲因此惹起党内纠纷，表示谦退，力戒士良、少白勿与竞争。结果此席为杨所得。"④在广州起义中，坐镇香港的杨衢云同样也并不听从孙中山的指挥。就像谢缵泰说的："我相信，孙是希望每一个人都听从他，但这是不可能的，因为他的经验一直都表明，光靠他，是会要冒风险的。"⑤孙中山与他的革命同仁们因意见、利益的不同所产生的纠纷，在以后他进行革命活动的过程中我们可以经常见到。这在很大程度上削弱了革命的力量，对革命产生了负面的影响。在广州起义之后，孙中山仍然积极募集资金，召集会党来发动起义。可见，孙中山的早期人际关系对其革命的确产生有负面影响。

---

① 冯自由：《革命逸史》上卷，新星出版社2009年版，第196页。
② 陈锡祺主编：《孙中山年谱长编》上，第76页。
③ 冯自由：《革命逸史》上卷，第19页。
④ 陈锡祺主编：《孙中山年谱长编》上，第91页。
⑤ 陈锡祺主编：《孙中山年谱长编》上，第88页。

五、结语

从总体上来看,1895年以前孙中山的人际关系是相当简单的,因为这一时期他处于成长时期,他的革命活动还没有完全展开,他的活动范围基本限定在广东、港澳和檀香山。但是这一时期他的人际关系网为他以后的人际关系奠定了基调,我们可以看出他后来的人际交往,大多都限定在这个范围。广州起义失败后,他流亡海外,为了进行革命,开始大量结交日本人、华侨和一些革命同仁。

这一时期,他的人际关系对他本人及他的人生道路产生了重要影响。他哥哥在檀岛的发家使他有机会接受比普通人所接受的更为先进的西学教育和知识,而这种西学知识的接受,对他产生了深远而持久的影响。他所结交的传统士绅、会党、华侨、日本人、传教士、革命友人等,对他的早期及以后的革命产生了重要的影响。可以说这些人际关系促使着孙中山广州起义的举行,但在某种程度上又导致了其起义的失败,尤其是他没有认识到会党自身的局限性。广州起义以后,孙中山流亡海外,为了进行革命,他四处结交友人,他的人际关系变得更为复杂,这些人际关系的形塑进而决定着他的革命活动和革命道路。

(作者单位:广东省社会科学院历史与孙中山研究所)

海外经历的不同影响
——孙中山等兴中会三杰的历史角色演进

莫世祥

一、前言

1894年11月，孙中山在美国檀香山创立近代中国的第一个反清救国政治团体——兴中会。次年1月，他和檀香山兴中会的部分成员返抵香港，召集旧友，联络同道。在此之前，杨衢云、谢缵泰等华人白领精英已于1892年3月在香港组织爱国联谊团体辅仁文社。孙中山"因闻杨衢云、谢缵泰等所设辅仁文社宗旨相同，遂与接洽组党事件。杨、谢及文社社员一部赞成之，且愿取消旧社名义，为新团体成立之表示，于是孙、杨两派遂于乙未正月廿七日（公历1895年2月21日）合并为一，仍定名曰兴中会。"① 兴中会在香港设立，随即计划在广州发动首次反清起义。起义前夕，首任会长黄泳商因病辞职。杨衢云出任第二任会长，在香港统筹一切；孙中山亲到广州，直接指挥起义；谢缵泰在香港负责舆论宣传。孙中山和杨衢云、谢缵泰因此成为共同揭开近代中国历史新页的兴中会三杰。

然而，三人在此前后各不相同的海外经历，却给他们的政见与行动造成迥然各异的影响，致使他们在近代中国从君宪革新走向共和革命的政治大变动中的地位和作用出现巨大的落差。比较其中的异同，有助于分析海外经历在塑造历史名人及其功绩的关键作用。

---

① 冯自由：《中华民国开国前革命史》上编，上海书店1990年版，第7页。

二、相同的海外经历形成反清革新的共识

孙中山和杨衢云、谢缵泰等兴中会三杰都有青少年时期在海外及香港居住就读的共同经历，都通晓中、英双语，都因为体察外国富强之道，感愤清朝腐败无能，而毅然肩负救国拯民的责任。

1879年，孙中山（1866—1925）在13岁时随母亲从澳门搭乘轮船，前往美国夏威夷，投奔在那里经营农场和商店的大哥孙眉。他初出国门，"始见轮舟之奇，沧海之阔，自是有慕西学之心，穷天地之想"。① 同年9月，孙中山到英国圣公会在火奴鲁鲁主办的意奥兰尼学校（IoLani School）入读初中，接受基督教的熏陶，体验到当时夏威夷王国实行的英国式君主立宪制度与中国清王朝君主专制制度之间存在的政治反差，由此萌发改革中国的志向。1883年，孙中山回到香港，入读香港圣公会在西营盘设立的拔萃书院（Diocesan Home and Orphanage），随后接受洗礼，正式信奉基督教。1887—1892年，孙中山入读香港西医书院，除了专业学习之外，还接受基督教救世教义的熏陶，以及何启②等师长主张中国应该引入英国君主立宪制度的维新思想影响。

杨衢云（1861—1901）出生于定居香港的马来亚华侨家庭，祖籍福建海澄县霞阳村。其先祖曾任广东新兴县署理知县，后弃官出洋谋生。其父名清水，出生于马来西亚槟榔屿，16岁返回福建原籍，5年后到香港，曾任港府辅政司文案，后从事航海工作，晚年设馆教授英文。杨衢云在14岁时，在香港铎也船厂当机械学徒工，不幸伤右手中三指，于是改习英文，就读香港圣保罗书院。毕业后，在圣约翰书院担任英文教员，后到招商局任书记（船务主任），旋到沙宣洋行任副经理。"其为人仁厚和蔼，急公好义，尤富爱国思想。以性好任侠，尝从拳师习技击术，雅有心得。""见国人之受外人欺凌者，辄抱不平。""器宇轩昂，推诚接物，一见知为长者。每议论国家大计，恒义形于色。"③ 1892年春，辅仁文社成立，杨衢云获推为社长。

谢缵泰（1872—1938），谱名赞泰，文献资料多称缵泰。祖籍广东开平县，出

---

① 孙中山：《复翟理斯函》，《孙中山全集》第1卷，中华书局1981年版，第47页。
② 何启（1859—1914），出生于香港的华人基督教家庭。祖父在马来西亚马六甲英华书院（Anglo-Chinese College）印刷所工作，该书院由伦敦传道会牧师马礼逊（Robert Morrison）创立。父亲在1843年随同英华书院迁居香港。何启其后留学英国，返港后出任香港立法局非官守议员，创办香港西医书院，并与好友胡礼垣撰写《新政真诠》，主张中国实行君民共主的君宪革新制度。
③ 冯自由：《中华民国开国前革命史》上编，第5—6页；《革命逸史》初集，第4页，"杨衢云事略"；《革命逸史》第5集，第8页，"兴中会首任会长杨衢云补述"。

生于澳洲悉尼。其父名日昌，在澳洲经商数十年，开有泰益号商店。谢缵泰 16 岁时，随父移居香港，就读于中央书院，毕业后在香港政府工务局任文员。由于其父曾加入洪门，谢缵泰从小受到反清复汉的思想影响。他后来在 1924 年出版的《中华民国革命秘史》中不无夸耀地说：他在中央书院读书时就意识到，是时候筹组有数百万人参加的革新运动，"以便将篡政的满洲鞑靼人驱逐出中国"。可是，知情者冯自由却指出，谢缵泰与杨衢云等人组织辅仁文社之后，"以其时风气闭塞，未敢公言造反抗清，仅与少数友好秘密商谈而已。"①

杨衢云、谢缵泰等人在 1892 年 3 月成立辅仁文社，"以开通民智、讨论时事为宗旨，是为港侨设立新学团体之先河"。② 同年秋，杨衢云认识与孙中山并称为学友"四大寇"之一的尤列（1866—1936），并通过他和孙中山首次相识。

尤列是广东顺德人，17 岁加入秘密会社洪门，萌发反清复明之志，当时刚考取香港政务司署书记职务。他和杨衢云纵谈时务，得知其先祖因读记载清兵屠杀汉人的野史而弃官出洋谋生，便说："得之矣！君尝发挥者，政治之改革耳。乃先祖读史弃官之意，君知之乎？"杨问："何如？"尤说："不有种族问题在耶？弃官者，不为满清奴也。"杨豁然醒悟，说："我亦得之矣，如梦初觉矣！"随后，杨衢云经尤列介绍，又与刚在香港西医书院毕业的孙中山会晤，相谈甚欢，"由是朝夕常至，至则抵掌而谈，达旦不倦"。③ 当时，尤列、孙中山等"四大寇"时常议论推翻清朝统治、恢复汉族地位的"种族问题"，杨衢云因其先祖弃官出洋谋生之举，亦认同这一主张。双方坦诚交换政见，不仅建立起友谊，而且埋下日后连手掀起革新中国运动的契机。

因此，1895 年初孙中山带领檀香山兴中会部分成员返抵香港，和杨衢云等辅仁文社骨干成员商议合作之后，双方一拍即合。保留至今的香港兴中会章程记录下双方达成的共识。这份章程是孙中山在他起草的檀香山兴中会章程的基础上修改补充而成。两份章程均明示"振兴中华，维持国体"的创会宗旨，其中"振兴中华"的呼唤，至今仍是激励中华民族自立于世界民族之林的常用话语。

与檀香山兴中会章程相比较，香港兴中会章程显露渐趋激进的色彩。它指出列强侵略造成的民族危机，已经达到"蚕食鲸吞，瓜分豆剖"的地步，但是清政府"政治不修，纲纪败坏，朝廷则鬻爵卖官，公行贿赂，官府则剥民刮地，暴过虎狼"；于是号召有志之士"亟拯斯民于水火，切扶大厦之将倾，庶我子子孙孙，或

---

① 冯自由：《老兴中会员谢缵泰》，《革命逸史》第 2 集，第 22 页。
② 冯自由：《中国革命运动二十六年组织史》，上海商务印书馆 1948 年版，第 7 页。
③ 尤列：《杨衢云略史》，《广东文物》卷 6，广东文物编印委员会编，1949 年版。

免于奴隶于他族"。规定招收会员的条件,是"察其心地光明,确具忠义,有心爱戴中国,肯为父母邦竭力,维持中国以臻强盛之地"。①

当时,檀香山兴中会章程"文中尚不便明言筹饷起兵字样,以免会员有所戒惧";香港兴中会章程"因避清、英二国官吏干涉,文中只言救亡,仍未敢公然排满及明示合众政府之宗旨"。②不过,两份章程毕竟是孙中山立志以造反举义推动中国革新运动之后起草的,其中自然暗藏锋芒。香港章程还专门加上举事成功后将给参与者十倍回报的筹款规定,透露出唯有变更政权才可能兑现的造反信息。章程规定:"本会所办各事,事体重大,需款浩繁,故特设银会以资宏。"银会"每股科银十元","发给银会股票","开会之日,每股可收回本利百元。此于公私皆有裨益,各友咸具爱国之诚,当踊跃从事"。章程还指出,此举要比向清朝政府捐官鬻爵要好得多,"比之捐顶子、买翎枝,有去无还,洵隔天壤。且十可报百,万可图亿,利莫大焉,机不可失也。"③章程所指十倍兑现银会股票的时间,是"开会之日",这一天当然不可能是指银会开张之时,而是暗喻"所办各事"成功之后。而且,章程竟将其筹款与时人向清朝买官的行为相比较,明显贬低后者而褒扬前者,可以说是造反之心显露无遗。

1895年兴中会在香港成立总会之后,随即准备在广州发动反清起义。同年3月16日,孙中山和杨衢云、谢缵泰三人再次密商广州起义计划,并请何启起草起义宣言等英文文告。香港英文报刊《德臣西报(The China Mail)》编辑黎德(Thomas H. Raid)根据"革新党(Reform Party)"的救亡草案,在该报发表社论,指出广州将发生革新运动,"在政制方面,他们不打算成立一个共和国。将来的中央政府将以一位君主(Emperor)为国家元首。""至于这位君主将会从过去哪个朝代的后人中挑选出来,则不是当前急务,留待将来再从长计议。"④

5月下旬,何启、胡礼垣为配合兴中会举义而合作写成《新政论议》,分别在香港英文《德臣西报》及其中文版《香港华字日报》上发表,随后印成中文小册子,在中国内地发行。胡礼垣在《新政论议序》中说,该文主张"维君民,洽上下,服远迩,致安和,绝危机,绥福祚。"何、胡两人首次在该文提出较诸中国内地维新思想家更加激进的开议院以建立君民共主政制的主张,倡议在中央和地方设立各级

---

① 孙中山:《香港兴中会章程》,《孙中山全集》第1卷,第22页。
② 冯自由:《中国革命运动二十六年组织史》,第16页;《中华民国开国前革命史》,上编,重庆中国文化服务社1944年版,第7页。
③ 孙中山:《香港兴中会章程》,《孙中山全集》第1卷,第23页。
④ 转引自黄宇和:《中山先生与英国》,台湾学生书局2005年版,第203页。

议院，分别监督朝廷和官府施政。①

5月30日，《德臣西报》发表《中国之宪政改革——向皇帝请愿（Constitutional Reform in China：Petition to the Emperor）》一文，摘译写于5月5日署名"大清帝国光绪皇帝忠实子民"的一封请愿信。文章按语称："下列请愿信可以视为革新党的宣言，它已经通过总理衙门呈交光绪皇帝"。请愿信向光绪皇帝提出六项请求：一、宣布宪政，全面进行有益之改革；二、裁撤所有庸官；三、颁旨废除有辱人格的蓄辫陋习；四、颁旨禁止缠足陋习；五、颁旨禁止吸食鸦片；六、颁旨实行自由办报。请愿信最后警告说："倘若无视忠于皇上的卑贱而敢铤而走险的子民心声，他们将不得不颠覆大清王朝。"② 这封近似最后通牒的请愿信的作者究竟是谁？谢缵泰在1924年出版的《中华民国革命秘史》一书中说，他就是这封请愿信的作者。③

当何启、胡礼垣、谢缵泰公开撰文敦促清廷进行君宪革新之时，孙中山却在秘密寻求外国驻港领事援助兴中会起义的过程中，透露出起义成功后可能建立共和政权的消息。1895年3月1日，孙中山会见日本驻香港领事中川恒次郎，希望日本协助筹借枪炮25000支、短枪1000支。他还表示，尚未考虑起义成功后由谁出任"总统"。此后，他又几度访问日本驻港领事馆，寻求军事援助，但都遭到拒绝。中川恒次郎向日本政府报告他与孙中山密谈的内情及其分析评论，其中提到："如孙文等所言，使两广为独立共和国之说，不过空中楼阁尔。"④ 这是现存档案史料中最早记述孙中山等人在筹备起义时憧憬建立共和政权的罕有记载，它显示孙中山此时已考虑将建立共和政权作为未来目标的另一新选项。

何、胡、谢、孙等人的言行表明，兴中会的政治目标包容着君宪革新和共和革命的两大选项，两者兼容并蓄地体现在该会核心人物的活动中。面对这二元选项，兴中会同仁首选的还不是共和革命，而是君宪革新。因此，兴中会在策动广州首义期间，始终没有公开揭橥实行共和的政治目标。美国学者史扶邻（Schiffrin, Harold Z.）猜测说："很可能何启对孙中山和杨衢云施加了温和的影响，说服他们推迟共和的目标，或者至少不让外国人知道，因为一个激进的纲领可能使外国人不安。最重要的是，孙中山由于他的卑微的社会地位造成的政治上的孤立，需要他有灵

---

① 《胡翼南先生全集》，台北文海出版社1976年版，第320—322页。
② 译自《德臣西报》1895年5月30日同题文。
③ 参见谢缵泰：《中华民国革命秘史》英文版，香港南华早报有限公司1924年版；同书中译本载《孙中山与辛亥革命史料专辑》，广东人民出版社1981年版。
④ 《原敬关系文书》，第2卷书翰篇第396页，转引自段云章：《孙文与日本史事纪年》，广东人民出版社1996年版，第10—12页。

活性。"①

三、不同的海外经历造就不同的历史角色

孙中山和兴中会同仁策动的1895年乙未广州之役，因为泄密而被清朝广东官府扑灭于未形。主其事的孙中山和杨衢云遭到清朝官府悬赏通缉，被迫流亡海外。孙、杨两人分别选择的流亡路线及其随后的际遇，给两人造就截然不同的政治地位和国际影响。

1895年11月上旬，孙中山和好友陈少白、郑士良三人抵达日本神户，联合日本的爱国华侨，创建兴中会组织。此后，孙中山前往美国，在华侨中发展兴中会组织，重整旗号。1896年9月，孙中山抵达英国伦敦，探访他的老师、原香港西医书院教务长康德黎。同年10月11日，他被清朝驻英国公使馆诱禁于使馆内。康德黎立即设法救援，英国报刊舆论也群起要求清使馆放人。10月23日，清使馆在英国朝野压力下被迫释放孙中山。孙中山因而成为英国舆论关注的热点人物。次年初，康德黎根据孙中山的口述，替他写成英文传记《伦敦蒙难记（Kidnapped in London）》一书，公开出版发行，为孙中山赢得作为中国革新运动领袖人物的国际声望。此后，孙中山在伦敦居留至次年7月初，其间常到大英博物馆研读各种书籍，吸纳西方政治社会学说，为日后系统提出指导中国革命运动的三民主义理论奠定思想演进的基础。②1897年8月中旬，孙中山重返日本，图谋再起，得到爱国华侨、留日学生和日本友人的响应和支持。

相比之下，杨衢云的海外流亡生涯远不如孙中山精彩。1895年11月13日，他离开香港，前往越南西贡，其后辗转取道远离世界政治中心的南非。虽然他曾在南非华侨中建立兴中会组织，但其成就及声势远逊于因伦敦蒙难事件而蜚声国际的孙中山。1898年3月下旬，杨衢云从报刊上得知孙中山在日本准备再次发动反清起义，便乘船离开南非，路过香港时带上家眷，一起来到日本横滨，和孙中山等人会合。

广州首义失败后，孙、杨两派曾经互相指责对方失误导致起义失败。在此之前，两派分别联络广东和香港的会党组织，组成起义力量。但是会党组织涣散，使得兴中会的首义密谋屡出破绽。结果，在香港负责接应的杨衢云不能按时向广州输送起

---

① 史扶邻（Schiffrin, Harold Z.）：《孙中山与中国革命的起源（Sun Yat-Sen and the Origins of the Chinese Revolution）》中译本，中国社会科学出版社1981年版，第66页。
② 详见黄宇和：《孙逸仙伦敦蒙难真相》，台北联经出版事业公司1998年版。同书简体字修订版，见世纪出版集团上海书店出版社，2004年版。

义人员和军火武器;在广州直接指挥的孙中山也不能按计划聚齐预定参加起义的各路会党武装。加上兴中会同仁都是秀才首次造反,缺乏军事指挥经验,失败自然在所难免。令人欣慰的是,孙、杨两人重逢,言归于好。九列后来在《杨衢云略史》中写道:两人"旧事重提,悲喜交集,有无量之感慨,遂筹商办法,为共趋一致计,研究方略,晨久相依"。①

这年11月,孙中山派先前在日本加入兴中会的毕永年前往湖南,联络当地哥老会首领,密谋反清起义。1899年9月,湖南会党首领一行抵达香港,与先前从日本返港的陈少白联系,表示"合并三合、兴中、哥老等三会以及共拥孙先生为首领的意思"。陈少白和孙中山派往广东视察会党情形的日本志士宫崎寅藏闻讯大喜,于是在10月11日晚召开合并会议。与会者接受毕永年的提议,公推孙中山为总会长,会名忠和堂兴汉会。该会是兴中会联合湖南哥老会、广东三合会等会党首领组成的较为松散的联合反清组织。于是,孙中山继伦敦蒙难事件获得国际声望之后,又在内地会党首领中建树起领袖群伦的威望。

至此,原来担任兴中会第二任会长的杨衢云让位于孙中山,就成为理所当然的事情。前引九列《杨衢云略史》称,1900年1月(农历己亥年十二月),杨衢云"让(兴中会)会长于孙君(即孙中山),同志皆以为当然,赞成之。"谢缵泰后来也回忆说:"杨衢云告诉我,孙逸仙医师要求他辞去领导职务,由他接任,这使我很吃惊。他说:'不久前,我们险些分裂成两派。一天,孙逸仙医师告诉我,长江各省的哥老会推举他为会长(President),他暗示不能有两个会长,如果我不承认他的新地位,我就必须独立行事。我向孙逸仙表明,我非常乐意辞去我的职务,并劝告他不要鼓励分裂。我还告诉他,为了我们的事业,我始终愿意牺牲自己的性命,更何况职务。我还告诉他,我不在乎推举谁当会长,只要他能领导运动成功。孙先生要我问你是否赞成这一变动,承认他为会长。'"谢缵泰写道:"为了防止分裂,我劝杨衢云将会长让给孙逸仙医师。"② 至此,兴中会前期隐现的孙、杨领导权之争终告结束,孙中山从此确立在该会的领导地位。

1900年初,清朝慈禧太后不满列强反对其准备废黜光绪皇帝,有意允许"扶清灭洋"的义和团进入北京,加剧与列强在华势力的冲突,致使京津地区陷入混乱状态,这就有利于兴中会和康有为领导的保皇会联合在南方组织武装起义。4月28日,梁启超致函孙中山,建议他根据形势变化,改取勤王策略,以便双方合作。"种种迹象表明,孙中山很可能接受了梁启超的建议,同意联合大举,使用'借勤

---

① 九列:《杨衢云略史》(1927),《广东文物》中册,香港中国文化协进会1941年版。
② 译自谢缵泰:《中华民国革命秘史》,第16—17页。

王以兴民政'的方略。"① 因此，兴中会在这年发动惠州起义的政治目标，也和1895年广州首义一样，继续包含君民共主与共和政制的两种选项。

6月21日，慈禧太后指使清廷颁布向列强宣战的上谕。两广总督李鸿章认为此举将恶化列强瓜分中国的形势，宣布这一上谕是"矫诏""乱命"，两广不予奉行。26日，两江总督刘坤一、湖广总督张之洞进而和清朝视为宣战国的列强签订"东南互保"章程，李鸿章随即表示支持。于是，清朝中央政府与汉族洋务派督抚大员之间公开出现严重的政治分歧。有鉴于此，孙中山决定争取李鸿章等南方的汉族洋务派督抚宣布独立，推动南方各省组成共和联邦，进而将共和政制推向全国。可是，7月中旬李鸿章遵照清廷指令离粤北上，准备向列强议和，孙中山等人试图争取李鸿章实现"两广独立"的密谋落空了。

7月24日，香港《德臣西报》以《革新家孙逸仙及其活动》为题，首次公开披露李鸿章与孙中山的秘密联络："据最可靠的权威消息，大约一个月前，李鸿章在实施招安棘手敌人的典型中国政策的过程中，致电日本，邀请孙中山到广州，以便可以和这位改革家就扭转时局举行会谈。孙中山乘坐日本邮轮抵达香港码头，因放逐期尚未届满而没有登岸。李鸿章的代表在船上拜会他，向他说明李鸿章希望在他帮助下实施的基本计划。李希望这位改革家去到广州，和他一起策划举兵北上，弹压拳乱，使皇帝和太后摆脱顽固派的控制。万一皇帝和太后不在人世，他建议孙中山帮助他建立两广的独立自治（separate principality）。"②

同年8月，孙中山和兴中会要员杨衢云、谢缵泰、郑士良、邓荫南、史坚如、李纪堂等人联合上书港督卜力，希望英国襄助中国南方志士的义举，"愿借殊勋，改造中国，则内无反侧，外固邦交"。这份上书由陈少白等人起草，经何启等人译成英文，提出平治章程六则，③其主张与何启、胡礼垣宣传的君民共主立宪方案颇为相似。美国学者史扶邻因此评论说："这个声明没有明确宣布共和体制，只是规定未来的政府首脑将是关心人民的愿望而又受宪法约束的人。"有关中央与地方政府的组成及其与议会及外国关系的叙述，"全是从何启以前的著作中搬过来"。④

同年8月初，港督卜力向英国殖民大臣张伯伦报告说，他向革新派（Reform Party）和保皇会建议，起草一份有许多中国人签名的请愿书，送给各国列强，表明他们的改革意愿以及不会使用导致列强为难的任何行动，以便争取列强支持。随后，卜力收到一份《中国公正维新，为全中国去酷刑事》的中文请愿书。请愿书很可能

---

① 桑兵：《庚子勤王与晚清政局》，北京大学出版社2004年版，第200页。
② 译自《德臣西报》1900年7月24日。
③ 详见《孙中山全集》第1卷，第193—194页。
④ 史扶邻：《孙中山与中国革命的起源》（中译本），第183—184页。

出自在港兴中会成员或参与兴中会活动的何启、胡礼垣等人的手笔。书中描述未来政治目标时，使用"皇帝复辟""君民共主"的术语各一次，使用"共和"的术语共两次。① 这表明，在书写者的心目中，这些政治术语可以兼容并蓄地熔冶于一炉，尽管今人会将这些术语视为标志立场迥异的改良和革命的政治符号。

1900年10月5日，兴中会在惠州三洲田发动反清起义。起义军随即致函香港英文报刊《孖剌西报（Hong Kong Daily Press）》，宣布起义宗旨，称："我等在家、在外之华人，俱欲发誓驱逐满洲政府，独立民权政体。"这表明，兴中会的反清共和目标已经传导到起义军中。不过，义军当中也夹杂有响应保皇会"勤王"号召的会党队伍。据10月14日广州报纸报道，义军"旗上大书有康、梁、何、郑、孙等字样"。② 这些姓氏旗号，分别指保皇会的康（有为）、梁（启超）以及兴中会的何（崇飙）、郑（士良）、孙（文）等人，反映出兴中会与保皇会联合行动的兼容色彩。

检阅兴中会策动广州首义、"两广独立"及惠州起义的原始史料文献，可以看出兴中会的奋斗目标，包容着君宪革新与共和革命的两种选项。其中，君民共主的君宪革新方案是兴中会对外宣传文告的主调，共和、民权的理念则闪现其中。这种君宪隐蔽共和、革新混淆革命的政治混沌状态，其实正是共和革命孕育于君宪革新的初始表现，同时也表明当时孙中山与兴中会同仁的共和革命思想还未鲜明成型，共和还未成为兴中会同仁的唯一抉择。

因此，尽管孙中山曾经向外国人士表示起义成功后建立共和政权的志向，可是他也赞成在兴中会的对外文告中宣示君民共主的君宪革新目标。1900年8月，他领衔署名于递交港督卜力的平治章程。同年10月惠州起义爆发后，他在写给李鸿章亲信幕僚刘学询的密信中，提议起义军将来攻占广州，"先成立临时政府，以权理政务。政府之格式，先以五人足矣。主政一人，或称总统，或称帝王，弟决足下当之，故称谓由足下裁决"。③

那么，可否根据当时孙中山等人兼容君宪与共和的政治目标，转而推论杨衢云、谢缵泰等"杨派"比孙中山更加力主共和？国民党元老刘成禺最先提出此类叙述。他记叙孙中山曾在美国对他说："予少年主张，谓汉人作皇帝，亦可拥戴，以倒外族满清为主体。杨衢云与予大闹，几至动武，谓非民国不可。衢云死矣，予承其志，帝制自为，吾必讨之。"为了证实此事不假，刘还写道："案陈少白言：孙先生学

---

① 详见拙著《中山革命在香港（1895—1925）》，香港三联书店2011年版，第108—110页。
② 转引自《南省大事记》，香港《中国旬报》1900年第27期。
③ 孙中山：《致刘学询函》，《孙中山全集》第1卷，第202页。

医，后坚决排满，于共和制度，尚有出入。与衢云交，既莫逆，衢云则非造成民国不可。一日议论有出入，衢云持先生辫，盛气欲殴之。予在旁，分开两人。"① 对于这则绘声绘色却又大损孙中山革命形象的忆述，认为孙一贯矢志共和革命的学者往往从为尊者讳的角度，质疑其作为史料的可靠性。其实，证诸孙中山等兴中会同仁曾经兼容过的君宪与共和目标，说孙有过拥戴汉人做皇帝以结束清王朝的主张，亦属可信，不必而否认刘的这则忆述。

问题是：杨衢云、谢缵泰果真比孙中山还先主共和革命吗？众多的史实却给予否定的回答：1892 年尢列初识杨衢云，就感觉杨注重"政治之改革"，尚未醒悟反清复汉的"种族问题"。② 1895 年 5 月，谢缵泰上书清朝总理衙门，敦促清朝进行宪政改革，该请愿书随后刊登于香港《德臣西报》。1900 年 8 月，杨衢云、谢缵泰一同联名签署孙中山等兴中会要员上书港督卜力的平治章程（见上文所述）。同年 10 月惠州起义后，杨曾主张接受清朝南海县知事裴景福派人来港招安，以图日后伺机再起。③ 1903 年，谢缵泰策动洪全福起义，起义文告及其著述均宣布建立汉人执政的君民共主政权，香港兴中会原孙、杨两派的部分会员均有参加此次起义（下文待述）。有鉴于此，仅依据刘成禺一人忆述，就推论杨衢云乃至"杨派"比孙中山更力主共和，难免有悖史实。

1900 年 11 月，兴中会发动的惠州起义在清军围剿下遭受失败。广东官府侦知杨衢云在起义期间曾策划爆炸两广总督衙署，在要求香港政府将他引渡到广州受审未遂之后，决定派人到香港刺杀他。1901 年 1 月 10 日傍晚约 6 点半钟，广东官府专程派来香港的刺客近距离向杨衢云开枪射击，杨身负重伤，次日不治，享年 40 岁。

杨衢云被刺的噩耗传到日本横滨，孙中山、尢列等兴中会同仁十分悲痛。在随后举行的追悼会上，尢列向与会者介绍杨衢云的生平事迹，孙中山号召与会者为杨衢云善后捐款，当场筹集捐银 1000 多元。2 月 13 日，孙中山致函谢缵泰，告以在横滨"为杨君略尽手足之义之情形"，并称"哀恸之情，彼此自不言而喻"，请谢将其在日本印发的悼念杨衢云的讣告，代为寄送杨衢云的其他朋友。④ 孙中山悼念杨衢云，两人曾经有过的龃龉随之消解。

当孙、杨、谢等兴中会成员在中国率先举旗造反之际，他们都成为开创中国革新运动的一代先行者，仅此已足以赢得后人的尊敬。因此，后世史家实在不必避讳或者苛责孙中山、谢缵泰都曾经赞成汉人做皇帝以终结满清王朝的主张——早期激

---

① 刘成禺：《先总理旧德录》，南京《国史馆馆刊》创刊号（1947 年），第 49 页。
② 尢列：《杨衢云略史》，《广东文物》卷 6。
③ 陈少白：《兴中会革命史要》，《辛亥革命》第 1 册，上海人民出版社 1957 年版，第 69—70 页。
④ 尢列：《杨衢云略史》；《孙中山全集》第 1 卷，第 206 页。

进的革新者几乎都有过类似的主张；也不必责怪杨衢云产生过接受清朝官府招安的念头——这一念头幸未造成实际损失，杨随后也舍身殉道。史家应该注重考究的倒是：兴中会的首脑人物能否根据时局变迁，及时放弃曾经作为兴中会二元目标选项之一的君宪革新主张，揭橥从未公开、鲜明地宣示的共和革命旗帜，推动中国近代历史在尝试革新改良迭遭失败之后，转而走上共和革命的征程。

1901年杨衢云被暗杀之后，谢缵泰成为香港兴中会的"杨派"领袖。他联合隐居香港的原太平天国部将洪全福，准备在1903年1月28日（农历除夕）夜晚再次发动广州起义。起义的讨清檄文、纪律告示、安民告示、赏格告示等中文文献，大多出自谢缵泰的朋友、兴中会会员、香港《中外新报》记者、原《中国日报》主笔洪孝聪的手笔，而以"大明顺天国南粤兴汉大将军"的名义公开颁布；英文宣言则由谢缵泰亲自写成。这些起义文告都反映出谢缵泰、洪全福等起义领导者和主要参与者的共同主张。

其中，纪律告示宣布："本将军宗旨，系专为新造世界，与往日之败坏世界迥乎不同，而脱我汉人于网罗之中，行欧洲君民共主之政体。天下平后，即立定年限，由民人公举贤能为总统，以理国事。"①

英文宣言由民国学者王兴瑞收藏。他翻译该宣言提出的施政纲领是："一、在公平的统一的法律之下，全国人民享有自由平等之权利。二、国家法律由全国人民选举代表制成，并用明文规定之。三、政府管理为人民之公仆，其执行法律须秉持公道，不得鱼肉人民，此等管理由国家给予丰厚之定额俸金，此外不得有受贿行为。管理之任命，务宜用得其才，一概摒除私情与贿赂。四、人民有纳税之义务，惟税额之征收，须完全依照平等比例之原则。政府对于税收之支配，须有合理的预算，不得任意滥用。五、凡外人以平等之待我，允许华人在其国内自由居住、贸易、开设工厂、设立学校者，我人对之亦应开放门户，并保护该国在华人民。我政府并应尽速与外人商洽订约事宜。六、为求国家民族之进步，政府须特别注意发展教育，并保护妇孺。"②

这些文告表明，谢缵泰等人发动此次起义的目标，仍然包容君宪和共和的二元选项。其排序仍然是：先仿行"欧洲君民共主之政体"，待天下平定之后，才选举总统，实行共和；至于立国政权的名称，则是"大明顺天国"。之所以先要建立君主立宪的政体，谢缵泰解释说：他在1899年11月认识洪全福、策划再次攻取广州之时，就计划成功后"建立摄政者领导的联邦政府（Commonwealth Government

---

① 故宫博物院明清档案部等编：《清代档案史料丛编》第1辑，中华书局1978年版，第142—147页。
② 王兴瑞：《清季辅仁文社与革命运动的关系》，重庆《史学杂志》创刊号（1945年），第44页。

under a 'Protector'），因为我觉得共和政制对中国和中国人来说都太超前了"。① 谢缵泰的这种认识反映出何启、胡礼垣倡导的君宪革新主张在香港知识精英中引发的共鸣，以至于他们在第三次举义造反之际，依然将君宪政制作为首选的政治目标。

诚然，谢缵泰与何启等人反对满人继续当皇帝，主张推翻清王朝，相比起康有为及其保皇会力保光绪皇帝，无疑显得更为激进。可是，他们沿袭"反清复明"的会党旧路，主张由汉人取代满人当皇帝或摄政者，试图建立介乎于君主专制与民主共和两端之间的君民共主政制，相比起此时孙中山和激进的中国留学生正在探索从君宪革新走向共和革命之路的言行，却又显得落伍和过时。急剧演进的时代变迁，就这样将何启等人倡议、谢缵泰坚持的君民共主方案的最后一击，置于孤注一掷、无以为继的尴尬境地。

1903年1月25日，清朝广东官府展开大搜捕，致使洪全福广州起义未举即败。谢缵泰的父亲谢日昌悲愤患病，不久即逝。4月1日，谢缵泰与英国在港报人肯宁汉（Alfred Cunningham）联合创办英文《南清早报》（后改名《南华早报》），从此退出以武力造反革新中国的政治运动。

随着谢缵泰退出兴中会的政治活动，曾经在兴中会挑战孙中山领导地位的"杨派"不复存在。孙中山无可争议地成为香港乃至海内外寻求激进救国方案的中国知识精英们公认的领袖。于是，孙中山的政治转向就成为带领兴中会同仁走向共和革命的关键。

考诸史实，孙中山决定放弃君宪革新选项而独取民主共和目标的转向过程，应该是从1900年策划"两广独立"和惠州三洲田起义失败之后的反省开始。在杨衢云遇刺牺牲之后，在谢缵泰坚持策动君民共主方案最后一击之际，孙中山在日本历经深刻的反省，终于作出告别君宪革新、开展共和革命的历史抉择。

这时，孙中山的革命形象已经经由宫崎滔天等日本友人的大力宣传，逐渐在中国留日学生当中树立起来。1898年5—7月，宫崎滔天将记录孙中山被清朝驻英公使馆监禁及脱险经过的《伦敦蒙难记》一书译成日文，改题目为《清国革命领袖孙逸仙幽囚录》，在日本福冈的《九州岛日报》上连载，孙中山的反清革命事迹在日本得以正面传播。越来越多的留学生在与孙中山交谈之后，大都敬佩他反清"排满"的坚毅意志和规划中国未来前景的远大抱负，由衷推崇他为中国革新运动的新领袖。孙中山因此加强与海外各省留学生的联络，开始筹组全国性的革命团体。冯自由忆述说："总理（孙中山）自庚子一役失败之后，即有意号召各省同志组织革

---

① 译自谢缵泰：《中华民国革命秘史》（英文版），第16页。

命大集团，以鉴于己亥秋与梁启超联合组党计划之功败垂成，迟迟未敢着手。辛丑、壬寅间为留东革命团体最蓬勃时代，留学生某等屡请总理乘势扩张兴中会，总理均以徐图机会答之。"① 孙中山不愿继续扩张兴中会的决策，导致各地兴中会自1900年惠州起义失败之后，就极少吸收新会员。他在海外组建的革命组织，也不再沿用兴中会的名义。其原因除避免兴中会主要由广东人组成的地域局限之外，应该还有在奋斗目标上革故鼎新的考虑。

从1901年年中开始，越来越多的史料展示出孙中山放弃君宪革新的选项、抉择共和革命目标的政治转向。这年6月，他在答某西报记者问时，说："中国革新，首要改革清朝，灭却顽固官员，国政采用西法，乃于事有济。光绪帝原属精明之主，惟为压力所制耳。我曾与美使臣同舟谈及中国时局，据伊亦云光绪帝柔懦如小孩。然李傅相（指李鸿章）本是干员，奈满洲习气太深，将来中国维新，似难望此老成硕辅左右赞襄必也。后辈继起有人，乃可望纪纲独振也。"② 这番话，应是对先前争取李鸿章等洋务派督抚策略的否定和立志开拓革新之路的表白。

1901年3月，美国英文杂志《展望》（The Outlook）刊载记者林奇（G. Lynch）撰写的采访孙逸仙的文章，最先向世人公开披露他决心以共和取代帝制的抱负。文章称："以联邦制或共和政体来代替帝政统治，这是孙逸仙的愿望。"③ 同年7月，孙中山乘坐轮船，从檀香山返回日本，途中对西报记者说："吾甚愿中国效法美国，公举总统，使吾民免受专制之苦而得自主之权，则我中国转弱为强，亦指顾间事耳。"孙中山通过西方记者的报道，再次表达效法美国、建立共和的革命志向。《香港华字日报》随即转载这一报道，将孙中山抉择共和革命的抱负转达到香港和中国内地。④

1902年1—6月，宫崎滔天在东京报刊上连续发表叙述其生平事迹以及与孙中山进行反清革命经历的《三十三年之梦》。该书详细记述1897年孙中山在横滨与宫崎畅谈共和革命抱负的言论。孙称："我的政治主张是共和主义，单以这一点来说，我认为就有责任从事革命。""可能有人说，共和政体不适合中国这个野蛮国家，这只是一种不了解情况的说法。所谓共和，是我国治世的真髓，先哲的遗业。我国国民之所以怀古，完全是因为追慕三代之治。而所谓三代之治，的确掌握了共和的真谛。"⑤

---

① 冯自由：《革命逸史》第4集，第18页。辛丑，指1901年；壬寅，指1902年。
② 《香港华字日报》1901年7月1日。
③ 转引自《孙中山全集》第1卷，第211页。
④ 《香港华字日报》1901年7月23日。
⑤ 宫崎滔天著、林启彦译：《三十三年之梦》，花城出版社1981年版，第1、122、123页。

不过，当代有研究者将记录当时孙中山谈话的笔谈残稿与该书描述相对照，发现"后者大谈'革命'，此二页的中山'自述'出现了近十个'革命'，而前者只字不提'革命'，虽然二人所讨论之事无不可以释之为'革命'。"因此，该研究者指出：《三十三年之梦》"不仅对1897年的历史性会见作了戏剧性的'再现'，也对孙中山的'革命'理论作了创造性的'再诠释'"。①

如果说，上述孙中山的共和革命思想都是通过外国人的著述间接表达出来，其中不无转述者渲染、拔高成分的话，那么，进入中国近代历史上具有关键转折意义的1903年，无论是最早举义造反的孙中山，还是急欲探求激进救国道路的海内外新学青年，都竞相告别反清或保皇的君宪革新方案，转而理直气壮地使用赋予现代意义的"革命""共和"的新词汇，呐喊出震撼中国政坛的时代最强音。

这年5月，上海大同书局出版留日返国学生邹容（1885—1905）撰写的小册子《革命军》。该书激情倡言："我中国今日欲脱满洲人之羁缚，不可不革命；我中国欲独立，不可不革命；我中国欲与世界列强并雄，不可不革命；我中国欲长存于二十世纪新世界上，不可不革命；我中国欲为地球上名国、地球上主人翁，不可不革命！"书中主张效法美国和法国的共和革命，创立"中华共和国"。书末高呼："中华共和国万岁！中华共和国四万万同胞的自由万岁！"该书出版后，立即风行海内外。香港《中国日报》社将其翻印发行，改书名为《革命先锋》。在其他地区，也出现不同书名的翻印版。

这年下半年，转向共和革命的安徽籍知识分子金天羽和湖南籍知识分子章士钊（笔名黄中黄），摘译宫崎滔天的《三十三年之梦》，分别改以《三十三年落花梦》和《孙逸仙》两个书名，在上海出版发行，从而将孙中山的革命事迹和领袖形象从海外向内地广为传播。其中，章士钊在序中赞道："孙逸仙者，近今谈革命者之初祖，实行革命者之北辰，此有耳目者所同认。""孙逸仙者，非一氏之私号，乃新中国新发现之名词也。有孙逸仙，而中国始可为。"②

同年秋天，孙中山在日本东京举办培训反清革命志士的军事训练班，亲自制定"驱除鞑虏，恢复中华，创立民国，平均地权"的誓词。12月13日，他在美国檀香山发表演说，称："革命为唯一法门，可以拯救中国出于国际交涉之现时危惨地位，甚望华侨赞助革命党。""今日之中国何以须革命？因中国之积弱已见之于义和团一役，二万洋兵攻破北京。若吾辈四万万人一起奋起，其将奈我何！我们必要倾覆满

---

① 陈建华：《"革命"的现代性：中国革命话语考论》，上海古籍出版社2000年版，第125—126页。1897—1898年孙中山与宫崎等人的笔谈残稿，见《孙中山全集》第1卷，第175—186页。
② 白浪庵滔天（宫崎寅藏）原著、黄中黄译录：《孙逸仙》，台北文星出版社1962年影印版，第1页。

洲政府，建设民国。革命成功之日，效法美国选举总统，废黜专制，实行共和。""观于昏昧之清朝，断难行其君主立宪政体，故非实行革命、建立共和国家不可也。"

同月，孙中山在《檀山新报》发表《敬告同乡书》，驳斥保皇派妄称"革命、保皇二事，名异而实同，谓保皇者，不过借名以行革命，此实误也。""夫革命与保皇，理不相容，势不两立。""革命者志在扑满而兴汉，保皇者志在扶满而臣清，事理相反，背道而驰。""吾人革命，不说保皇；彼辈保皇，何必偏称革命？"

次年1月，孙中山又发表《驳保皇报书》，揭露保皇派奢谈爱国以掩饰其劣行。该文一针见血地指出："试问其所爱之国为大清国乎，抑中华国乎？""若彼所爱之国为中华国，则不当以保皇为爱国之政策。"该文还驳斥保皇派宣传"先经立宪君主，而后可成立宪民主"的言论，说："今日专制之时代，必先破坏此专制，乃得行君主或民主之立宪也。既有力以破坏之，则君主、民主随我所择。如过渡焉，以其滞乎中流，何不一棹而登彼岸，为一劳永逸之计也？"①

孙中山在檀香山接连发表的这两篇文章，很快在海外各国的华文报刊上引发持续数年的革命派与保皇派的大论战，一度合力推进中国革新运动的革命派与保皇派从此分道扬镳。共和革命思潮经由孙中山等革命派的倡导，逐渐成为中国革新运动的激越主流。

此时，孙中山之所以最终抛弃君宪革新的选项，抉择共和革命的道路，首先是他醒悟到无论是保皇派仍抱幻想的光绪皇帝，还是他和兴中会一度希望争取的汉人洋务派督抚，都不可能在中国推行君主立宪制度；其次是他已经离开香港，脱离导师何启的君宪革新思想的束缚，来到不再视"革命"成为话语禁忌的日本，和热心宣讲共和革命理论的宫崎滔天等人交往，从而激发他在青少年时期就铭记于心的"汤武革命"精神，以及效法华盛顿创立美国共和制度的雄心壮志；再次是他在多次谋求与李鸿章洽商和平革新失败之后，已经认定只有通过武力革命才能推翻清王朝，只有创立民主共和才能根除君主专制；最后，他从反省兴中会和保皇会合作的经历中，尤其是反省保皇会在海外争夺兴中会支持者的教训中，意识到"天下事，名不正则言不顺，言不顺则事不成"（《敬告同乡书》语），只有昭示共和革命的目标，才能与保皇派画清界线，团结和带领追求激进救国方案的众多新学青年，组成推翻帝制、创建共和的生力军，成就共和革命的宏图伟业。

1905年7月30日，孙中山与黄兴、宋教仁等12省80多名中国留学生，在东京召开中国同盟会筹备会议。8月20日，中国同盟会举行成立大会，决定以孙中山制

---

① 《孙中山全集》第1卷，第226、227、231、232、233、236—237页。

定的"驱除鞑虏，恢复中华，建立民国，平均地权"，作为同盟会的政治纲领。10月20日，孙中山为同盟会的机关报《民报》撰写发刊词，正式将同盟会的政治纲领概述为民族、民权、民生"三大主义"。1906年秋冬，孙中山与黄兴、章太炎等同盟会本部要员商议制定同盟会《革命方略》，规定中国革命的程序将分为三个时期：一是实行"军法之治"的军政时期，由军政府督率国民扫除专制积弊；二是实行"约法之治"的训政时期，由军政府总揽国事，而授地方自治权于人民；三是实行"宪法之治"的宪政时期，军政府解除权柄，国民公举总统及议员，一切政事依宪法而行。

三民主义和革命三程序论是孙中山等同盟会领导者据以领导中国共和革命的理论指南和路径展示。和兴中会较为隐晦的反清主张及其兼容的君宪与共和的两个目标选项相比较，同盟会昭示的共和革命目标具有显而易见的明确性与坚定性。此外，同盟会成立之初，就依靠留学海外的各省青年激进分子，着眼于全国革命布局，比起兴中会主要依靠广东籍的知识精英和华侨、局限在中国南方起义，显然具有更加广泛而实在的号召力。两会在奋斗目标、活动范围等方面的差异，恰是中国反清革新运动历经初起混沌形态而最终发展成为旗帜鲜明的共和革命潮流的标志。曾经走在革新运动前列的孙中山，最终以其屡败屡战、一往无前的精神，成为万众景仰的革命领袖。

四、结语

海外经历是近代中国人开眼看世界的快捷方式，是思想先驱者提炼救国新知的源泉。青少年时期相同的海外经历，使孙中山、杨衢云、谢缵泰等兴中会三杰达成以武装起义推动中国革新（Reform）运动的共识，从而拉开与同时期的中国维新派思想家坐而论道的政治差距。1895年广州首义失败后，与杨、谢两人的经历相比较，孙中山开始更加漫长、更加精彩的海外求索、探求救国新路的历程。伦敦蒙难，使他首次以中国革命领袖的形象崛起于国际舆论界；美国游历，使他直接体验民主共和制度而萌发将此引入中国的志向；在日本结识思想激进的中国留日学生，更使他获得发动共和革命的新兴力量。于是，孙中山从1903年起，公开使用共和革命的概念，表达自己的革命志向；进而通过1905年在日本东京创立中国同盟会，奠定领导近代中国民主革命运动的历史地位。

相比之下，杨衢云在乙未广州首义失败后的海外流亡经历，使他退出兴中会会长的领导地位；在参与策动庚子惠州起义失败后，他因家庭拖累，不愿再次流亡外国，最终在香港被清廷暗杀，为中国革新运动而捐躯。谢缵泰则一直留在香港，依洲政府，建设民国。革命成功之日，效法美国选举总统，废黜专制，实行共和。""观于昏昧之清朝，断难行其君主立宪政体，故非实行革命、建立共和国家不可也。"

同月，孙中山在《檀山新报》发表《敬告同乡书》，驳斥保皇派妄称"革命、保皇二事，名异而实同，谓保皇者，不过借名以行革命，此实误也。""夫革命与保皇，理不相容，势不两立。""革命者志在扑满而兴汉，保皇者志在扶满而臣清，事理相反，背道而驰。""吾人革命，不说保皇；彼辈保皇，何必偏称革命？"

次年1月，孙中山又发表《驳保皇报书》，揭露保皇派奢谈爱国以掩饰其劣行。该文一针见血地指出："试问其所爱之国为大清国乎，抑中华国乎？""若彼所爱之国为中华国，则不当以保皇为爱国之政策。"该文还驳斥保皇派宣传"先经立宪君主，而后可成立宪民主"的言论，说："今日专制之时代，必先破坏此专制，乃得行君主或民主之立宪也。既有力以破坏之，则君主、民主随我所择。如过渡焉，以其滞乎中流，何不一棹而登彼岸，为一劳永逸之计也？"①

孙中山在檀香山接连发表的这两篇文章，很快在海外各国的华文报刊上引发持续数年的革命派与保皇派的大论战，一度合力推进中国革新运动的革命派与保皇派从此分道扬镳。共和革命思潮经由孙中山等革命派的倡导，逐渐成为中国革新运动的激越主流。

此时，孙中山之所以最终抛弃君宪革新的选项，抉择共和革命的道路，首先是他醒悟到无论是保皇派仍抱幻想的光绪皇帝，还是他和兴中会一度希望争取的汉人洋务派督抚，都不可能在中国推行君主立宪制度；其次是他已经离开香港，脱离导师何启的君宪革新思想的束缚，来到不再视"革命"成为话语禁忌的日本，和热心宣讲共和革命理论的宫崎滔天等人交往，从而激发他在青少年时期就铭记于心的"汤武革命"精神，以及效法华盛顿创立美国共和制度的雄心壮志；再次是他在多次谋求与李鸿章洽商和平革新失败之后，已经认定只有通过武力革命才能推翻清王朝，只有创立民主共和才能根除君主专制；最后，他从反省兴中会和保皇会合作的经历中，尤其是反省保皇会在海外争夺兴中会支持者的教训中，意识到"天下事，名不正则言不顺，言不顺则事不成"（《敬告同乡书》语），只有昭示共和革命的目标，才能与保皇派画清界线，团结和带领追求激进救国方案的众多新学青年，组成推翻帝制、创建共和的生力军，成就共和革命的宏图伟业。

1905年7月30日，孙中山与黄兴、宋教仁等12省80多名中国留学生，在东京召开中国同盟会筹备会议。8月20日，中国同盟会举行成立大会，决定以孙中山制

---

① 《孙中山全集》第1卷，第226、227、231、232、233、236—237页。

定的"驱除鞑虏,恢复中华,建立民国,平均地权",作为同盟会的政治纲领。10月20日,孙中山为同盟会的机关报《民报》撰写发刊词,正式将同盟会的政治纲领概述为民族、民权、民生"三大主义"。1906年秋冬,孙中山与黄兴、章太炎等同盟会本部要员商议制定同盟会《革命方略》,规定中国革命的程序将分为三个时期:一是实行"军法之治"的军政时期,由军政府督率国民扫除专制积弊;二是实行"约法之治"的训政时期,由军政府总揽国事,而授地方自治权于人民;三是实行"宪法之治"的宪政时期,军政府解除权柄,国民公举总统及议员,一切政事依宪法而行。

三民主义和革命三程序论是孙中山等同盟会领导者据以领导中国共和革命的理论指南和路径展示。和兴中会较为隐晦的反清主张及其兼容的君宪与共和的两个目标选项相比较,同盟会昭示的共和革命目标具有显而易见的明确性与坚定性。此外,同盟会成立之初,就依靠留学海外的各省青年激进分子,着眼于全国革命布局,比起兴中会主要依靠广东籍的知识精英和华侨、局限在中国南方起义,显然具有更加广泛而实在的号召力。两会在奋斗目标、活动范围等方面的差异,恰是中国反清革新运动历经初起混沌形态而最终发展成为旗帜鲜明的共和革命潮流的标志。曾经走在革新运动前列的孙中山,最终以其屡败屡战、一往无前的精神,成为万众景仰的革命领袖。

四、结语

海外经历是近代中国人开眼看世界的快捷方式,是思想先驱者提炼救国新知的源泉。青少年时期相同的海外经历,使孙中山、杨衢云、谢缵泰等兴中会三杰达成以武装起义推动中国革新(Reform)运动的共识,从而拉开与同时期的中国维新派思想家坐而论道的政治差距。1895年广州首义失败后,与杨、谢两人的经历相比较,孙中山开始更加漫长、更加精彩的海外求索、探求救国新路的历程。伦敦蒙难,使他首次以中国革命领袖的形象崛起于国际舆论界;美国游历,使他直接体验民主共和制度而萌发将此引入中国的志向;在日本结识思想激进的中国留日学生,更使他获得发动共和革命的新兴力量。于是,孙中山从1903年起,公开使用共和革命的概念,表达自己的革命志向;进而通过1905年在日本东京创立中国同盟会,奠定领导近代中国民主革命运动的历史地位。

相比之下,杨衢云在乙未广州首义失败后的海外流亡经历,使他退出兴中会会长的领导地位;在参与策动庚子惠州起义失败后,他因家庭拖累,不愿再次流亡外国,最终在香港被清廷暗杀,为中国革新运动而捐躯。谢缵泰则一直留在香港,依据"反清复明"的理念以及与香港会党组织交往的经验,再次发动 1903 年的广州起义。起义失败后,他转而投身报界,从此与孙中山的革命事业分道扬镳。

海外经历的差异,就这样划出曾经处于同一起跑线的兴中会三杰迥然不同的历史发展轨迹,致使他们在近代中国从君宪革新走向共和革命的政治大变动中的地位和作用出现巨大的落差。

时势造英雄。海外经历其实就是接受时代潮流洗礼、体验国际形势演进的过程。孙中山经历这一过程的锻炼,才能为中华民族开创共和革命的新路,贡献三民主义的理论财富。

(作者单位:香港树仁大学历史系)

护法时期孙中山与唐继尧、熊克武的四川人事之争

谷小水　康定宾

护法时期孙中山与各方关系是民国史研究的重要课题。在涉及孙中山与唐继尧方面，既往研究往往围绕孙、唐两方在军政府元帅职务上的问题展开①，对二者在四川问题上的纠葛则很少论及。更重要的是，相关研究常有意无意地忽视熊克武于四川政局中的特殊地位与角色。文章以《各方致孙中山函电汇编》《护法运动》《孙中山全集》等为基础，辅以其他相关记载，试图梳理护法时期孙中山、唐继尧、熊克武在四川问题上的复杂关系，借以管窥该时期四川波谲云诡的政情，为探讨孙中山与西南地方实力派的关系作一补充。

一、以利相结

1917年7月，张勋借调停之名，力助溥仪复辟，对当时政局影响甚大。云南督军唐继尧以此为名，督师入川，欲将四川划入自身势力范围，并为此频电各方，寻求支持。②孙中山电请国会议员南下，又电桂、粤、湘、滇、黔、川六省，主张另建临时政府，武力讨逆。③段祺瑞讨逆成功后，拒绝恢复国会和民国临时约法，孙中山遂改讨逆为护法，以"建设真正之共和国家"为职志。④"四川踞长江上游，为

---

① 如陈长河：《护法期间孙中山与唐继尧的矛盾斗争》（《近代史研究》1984年第2期）；谢本书：《护法运动中的孙中山与唐继尧》（《中山大学学报论丛》1995年第5期）；汪朝光：《南北对峙中的护法运动——兼论护法时期的孙中山与西南地方实力派》（《史学月刊》2008年第1期）；邵雍：《唐继尧与孙中山的关系述论》（《近代中国》第20辑）等。此外，相关人物如孙中山、唐继尧、杨庶堪等传记中对该时期孙、唐关系也多有论述（如马宣伟《杨沧白传》等）。
② 《唐继尧以刘存厚补授伪职滇军入川有名密电》，中国第二历史档案馆、云南省档案馆合编：《护法运动》，档案出版社1993年版，第34—37页。
③ 张玉法：《中华民国史稿》（修订版），台北联经出版事业股份有限公司2001年版，第108页。
④ 陈锡祺主编：《孙中山年谱长编》上册，中华书局1991年版，第1036页。

西南财赋之区，援鄂、援湘、援秦、援陇均关紧要"①，加之川中民军势力较强，四川成为孙中山看重的护法区域。此时的段祺瑞则力主武力统一，其战略一端便是由四川而窥云贵。在此背景下，四川便成为了各方瞩目的焦点。

就孙中山而言，经过护国运动洗礼的四川民军是其对川谋划的基础，亦是借以争取唐继尧支持的砝码。他标帜护法后，"以黄复生、卢师谛、石青阳、颜德基等为代表的四川革命党人，纷纷在荣昌、西昌、绥定、大足、合川等地宣布独立，组成四川国民军"。②为加速四川战事解决，力争唐继尧就军政府元帅职，促其出师援陕、援鄂，孙中山指示川中民军听唐指挥，协同滇黔作战。为此，他先后派出吴宗慈、王湘、李国定、刘泽龙等以劳军名义入川，肩负调和川滇与联络川中民党之命。在孙看来，果能力争刘存厚加入护法阵营，则不仅四川可定，滇唐亦再无借口不就元帅之职。但要实现这一战略，南方必须两手准备，一面遣人调和，一面整军备战。如此，护法阵营方能始终保持主动。

唐继尧亦有联络川军与川中民军势力的诉求。早在酝酿图川时，他便欲联合川军熊克武部。1917年8月1日，唐听闻孙中山已遣人入川，立即密电张耀曾，"乞兄重托中山或其他可博熊（克武）、周（道刚）信用之人，切实动以北军入川之害，促其与滇、黔一致，共御吴（光新）军"。③随后，他径电孙中山，请其帮忙联络熊克武部。④唐部下董福开曾就川情与应付之法有过建议，其中两条为"联络熊、刘（存厚）以去周，免贻内顾外忧"，"联络民党挽回民心"，⑤恰能反映唐继尧当时的策略与用意。于唐而言，饰四川以护法外衣，既可出师有名，又能引民军为援，正是从中取便的良策。

各有所需、互相借重奠定了孙、唐的合作基础。1917年11月25日，唐继尧致电孙中山，转陈黄复生、卢师谛对任命名义的疑问，"惟三省联军，统受我公节制，本军称谓，未便独歧，恳电商军府另名饬遵，俾归划一"。⑥孙中山建议由唐任命后，"再由军府加委"。⑦果然，十数天后，黄复生、卢师谛致电孙中山，"前因变更战略，改驻永宁。昨日来毕，面谒唐帅及太炎先生，商议要件，唐帅豁达大度，朗

---

① 《郭崇渠上总理函》，环龙路档案第00342号。
② 孙茂泽、唐毅：《孙中山与四川护法战争》，《文史杂志》1986年第4期，第7—10页。
③ 《唐继尧拟托孙文促熊克武等与滇黔一致拒吴入川密电》，《护法运动》，第38页。
④ 《唐继尧请劝告熊克武约周道刚与滇黔一致力拒北军密电》，《护法运动》，第39页。
⑤ 《董福开详陈川情六款及对付六法密电》，《护法运动》，第130—131页。
⑥ 《唐继尧请另名黄复生、卢师谛职务与孙文往来密电》，《护法运动》，第280—281页。
⑦ 《唐继尧请另名黄复生、卢师谛职务与孙文往来密电》，《护法运动》，第280—281页。关于孙中山复电时间，《护法运动》编者定为1917年12月29日，中山大学历史系孙中山研究室等合编的《孙中山全集》定为11月29日，根据孙中山复电中"三省联军"的提法，似应是熊克武宣布加入联军、滇川黔联军成立后，12月29日更妥。

若日星，推诚相与，方针一致，当即议定更名为中华民国军政府四川靖国军，与滇黔荆襄各军联为一气"。① 这改变了孙对黄、卢的任命，但孙中山坚以军政府名义加委，纳四川于护法阵营之意甚明。

此时在川中有相当实力的熊克武，实际成为了孙中山、刘存厚、唐继尧等方极力争取的关键。1917年11月13日，赴川的军政府参议林镜台致电孙中山，报告川局与联络事宜，称已与熊克武部下及旧日同志取得联络。② 12月2日，长江上游总司令吴光新向北京政府建议任命熊克武为长江上游副司令，以期熊能"效忠图报，拥护中央"。③ 滇黔联军在川进攻不顺，王文华向唐继尧、刘显世报告，熊克武派人至袁祖铭处转达，他认为"泸州失守，滇无能为，黔亦无能进，不敢发动"。唐继尧阅后批语，"反攻亦应俟稍整顿，方有把握，促锦帆独立，可照办"。④

但鉴于四川战势并不明朗，熊克武居中观望，既暗中与孙中山、唐继尧联络，又不公开与北京政府决裂。直到滇黔联军攻占重庆，护法阵营已见取胜之端倪时，熊克武方决定加入联军。为此，唐继尧、刘显世、熊克武之间频频就职务进行密商，而为联络熊克武亦曾努力的孙中山却被排除在外。熊推唐继尧、刘显世为正副总司令，而对于川军总司令一职却并不接受，"盖川军首领尚多，宜留以待贤者。如黄君复生、卢君师谛、石君青阳及各路民军，均有靖国或游击司令名义。克武亦不敢无功自大，拟即以五师名义加入联军，指挥驱策，一禀钧命。俟川军中有可以总其成者，再为推定，以昭平允"。熊的措辞表面上颇为顾全大局，实则意在强调川中各军名目繁多，以川军总司令名义难以统驭。其所举黄复生、卢师谛、石青阳皆为亲孙革命党人，唐显然不会任命。唐明知其意，批示"拟以锦帆充四川靖国各军总司令，则凡与南方一致，如黄、石各军，自可指挥如意"。⑤ 滇、川、黔三方密定后，各得所需。熊克武遂于1917年12月21日通电加入联军。⑥ 唐、刘随后分电孙中山，告知情况。⑦ 孙中山只得承认既成事实，仍望借此促使滇唐就任元帅之职。⑧

滇、川、黔三省密定军职，正是唐、熊对孙在川事态度上的典型表现。唐、孙虽互相借重，但唐并不想孙中山切实插手川事。三省密定军职前后，孙中山就林镜

---

① 《四川靖国军总副司令黄复生、卢师谛致孙中山电》，《各方致孙中山函电汇编》第3卷，社会科学文献出版社2012年版，第168页。
② 《林参议镜台自綦江致孙中山电》，《各方致孙中山函电汇编》第3卷，第112页。
③ 《吴光新请以熊克武充长江上游副司令密电》，《护法运动》，第106—107页。
④ 《王文华请饬赵又新恢复泸州并电催熊克武发动密电》，《护法运动》，第159页。
⑤ 《熊克武推让川军总司令职密电》及"唐继尧批语"，《护法运动》，第284页。
⑥ 《熊克武表示西南一致护法并推唐继尧为滇川黔联军总司令电》，《护法运动》，第285—286页。
⑦ 《唐继尧致孙中山电》、《贵州刘督军致孙中山电》，《各方致孙中山函电汇编》第3卷，第183—184页。
⑧ 邵雍：《唐继尧与孙中山的关系略论》，《近代中国》第20辑，第8—27页。

台报告刘存厚决心附义事电告唐继尧。十数天后，唐复电给孙，谓"川局未定，窒碍尚多。以后进行如何，自当随时电达尊处"。① 措辞中多少含有不满孙中山插手川事的意味。而于熊克武而言，川、滇接壤的地缘特征，滇军军力更强的现实状况俾使其表现得亲唐而远孙。

二、军民两政之争

三省联军协同作战后，联军完全占据优势，刘存厚释放出和议信号，胜利曙光已然出现。这时，关于战后四川人事安排与战和进程，孙中山、唐继尧、熊克武心思各异，以致他们之间的关系发生了更加微妙的变化。

对于唐继尧而言，扶植熊克武长川实已形同"鸡肋"。密定熊为四川靖国各军总司令之举，已经注定一旦联军获胜，熊必在战后川局中身居要职。联军克渝后，唐继尧发现黔军王文华与熊克武在战事中趋利避害，引滇军攻击强敌，保全自身实力。② 但基于入川时标榜"川人治川"，滇军在川中也有损失，又要提防孙中山一派得势的现实情况，扶熊似已成滇唐之不二选择。1918 年 1 月 27 日，唐继尧在给部下的密电中明言，"川督一席，畀诸锦帆，此间早有此意，曾以商之黔督，亦极赞同"，欲在克蓉后即行宣布。③

对于孙中山而言，若得一四川人事要职，便可与民军将领互相扶持，俾川事大有可为。孙中山对熊并不信任，其属意对象为川籍革命元老杨庶堪。1918 年 1 月初，章太炎抵渝后致电孙中山，告以"川中人心多归于熊镇守使，其军实亦较前大有增加"。④ 孙中山复电："克武兄兵力既厚，又得人心，洵吾党难得之士，望执事励其破除顾忌，提兵进取，国安乃所以保川也。"⑤ 仅言鼓励肯定之语，于川局人事不置一词。

事实上，早在 1917 年 12 月，孙中山即在复石青阳电中明言，杨庶堪行将赴粤，继而返川。1918 年 1 月 25 日，杨庶堪赴穗面见孙中山、谢持等商议川事。⑥ 当天，孙中山致电唐继尧，译转了之前石青阳、章太炎等发给孙唐诸人的电报，所谈问题之一便是如何安排熊克武，他建议"川中各军长官，应以军政府名义发表，或先加

---

① 《孙文为刘存厚等附义请和林镜台洽商联络与唐继尧往来密电》，《护法运动》，第 282—283 页。
② 《王文华于联军占领重庆永川泸州后建议保存实力密电》、《顾品珍陈报对刘存厚等作战计划密电》，《护法运动》，第 197—198 页。
③ 《唐继尧拟于成都得手后宣布熊克武为川督密电》，《护法运动》，第 306 页。
④ 《章秘书长由四川致孙中山电》，《各方致孙中山函电汇编》第 3 卷，第 218 页。
⑤ 孙中山：《复章炳麟电》，《孙中山全集》第 4 卷，中华书局 2011 年版，第 295—296 页。
⑥ 谢持：《谢持日记未刊稿》第 3 册，广西师范大学出版社 2007 年版，第 326 页。

锦帆以军长名义"。① 意在参与四川人事任命,将战后四川纳入护法阵营。随后,孙中山于2月1日任命杨庶堪为四川宣抚使,积极为杨返川作准备。② 得知此讯后,时在四川的洪辑鳞认为形势乐观,"民军方面,仍既有一致之效,逆料川局将来,锦帆不能垄断。甚盼沧白(杨庶堪)以宣抚名义速归,各路民军为其后盾,时不可失"。③

鉴于熊与黔军损滇利己的现实,滇唐之武力平川策略此时也已动摇,"此间本拟调和川事,因刘(存厚)反复无常,恐姑息养奸,终为我患,故决以武力锄此祸根。乃近观各方情形,似以我军为孤注,转战数月,精锐太伤。现为保持实力计,只有照兄中策办理。近已复成都电,允刘调停,并催其代表到此面议"。④ 所谓中策,指叶荃所献图川三策之一,实即俾熊主川,滇军居进退两便之地,稳健地待机发展。

面对川中大好形势,熊克武立刻复电表示异议,对奔走调和之革命党人与四川省议员相当不屑:"我公远处黔疆,未悉此间情形,而于川人黑幕,更未一一看穿。其奔走左右,婉言以作调人,如王湘、吴宗慈辈,皆为刘逆作游说,为彼党存势力者也。他如刘节初(刘莹泽),为贪赃案首恶,熊成章乃刘存厚死党"。⑤ 于熊而言,他明显愿意在战后川军中处于一家独大的地位,逐步与滇黔周旋,这从他对滇唐的戒备之心可见。而一旦联军与刘存厚达成和议,就意味着他不仅要与昔日之敌共主川政,更只有依附滇、黔才能与刘存厚相持。只是,这种呼吁没有得到唐的认同,联军与刘存厚还是有了和议接洽。

此时,唐、熊在提防孙中山方面仍表现得一致。唐、熊与黔系刘显世等曾详议平川策略。滇黔将领与熊最终定计两手准备,一面积极准备进攻,一面与刘存厚言和。⑥ 但唐对川中拥护孙中山的民军将领十分戒备。他致电石青阳、颜德基、黄复生等将领,征询诸人关于调和的意见。⑦ 在接到颜德基主张根除刘存厚势力复电后,唐继尧表示同意,并鼓励颜部按计进行,并未告知他与黔刘、川熊密商的实情。⑧

---

① 《孙文促唐继尧毅然就元帅职等情密电》,《护法运动》,第475—476页。
② 中国国民党中央委员会党史委员会编订:《国父全集补编》,台北"中央文物供应社"1985年版,第512页。关于任命时间,《国父全集补编》编者定为2月1日,周开庆《民国川事纪要》定为2月2日,中山大学历史系孙中山研究室等合编《孙中山全集》未收录此任命。
③ 《洪辑鳞报告川省内情电》,台北市四川同乡会四川丛书编辑委员会编:《谢持文集》,台北先锋打字排版印刷有限公司1977年版,第114页。
④ 《唐继尧为拟允调停但仍应严防密电》,《护法运动》,第233—234页。
⑤ 《唐继尧鉴于荆襄告急及各方迭电庆贺拟允停战征询意见与刘显世等往来密电》,《护法运动》,第309—311页。
⑥ 《唐继尧提出与刘存厚议和条件征询意见与王文华等往来密电》,《护法运动》,第295—297页。
⑦ 《唐继尧为川省议会调停征询意见密电》,《护法运动》,第298页。
⑧ 《颜德基等主张根除刘存厚势力与唐继尧等来往电》,《护法运动》,第300页。

此举似有消耗民军之意。而熊对和议之不同态度,实以自身利益为准则。

唐、熊防孙之心集中反映在他们不与孙相商,自定四川人事上。1918年2月5日,唐密电熊克武、刘显世等,建议熊在渝宣布就任四川督军,熊却以惧怕舆论讥其有争督军之心为由拒绝。① 此后,唐迭电催熊,俾其速就四川督军与省长职。在联军克蓉前夕,唐复通电西南川滇黔联军将领,公开令由熊克武总揽四川军民两政。克蓉后,川局大定,加之唐继尧迭电催促,熊遂于2月23日、24日连电唐继尧、刘显世,决以四川靖国各军总司令名义就军民两政之职。唐接电后,批示"当仁而让,反误大事"等语,显露出令熊立即就职的急迫之情。②

针对熊认为就任川督不合法理,唐密电告以"吾兄兼任四川督军兼省长职务,并请北京以明令发表。此间现于北京政府虽未正式承认,然手续上不能不如此办理,希即克日晋省就职,就维川局而惬群情"。③ 2月25日,在熊尚未受命的情况下,唐发布通电,令熊兼任四川督军、省长两职。④ 熊则始终不受,在到达成都后通电仍以四川靖国各军总司令名义主理军民两政。⑤

与此同时,川粤遥隔导致信息滞后的弊病显露无遗。2月22日,谢持就徐孝刚等17日力推熊克武主持川局之事致电卢师谛,希望川中将领互相商议,推选督军。⑥ 23日,孙中山以相同意思复函川中将领黄复生、石青阳等十四人。⑦ 他明显加快了布局川局的步伐,对川情亦更加关注。25日,自川返粤的林镜台致函石青阳等,"现大元帅对川事极倚重",望其及时报告川中情况。⑧ 孙并命石青阳竭力联络与军政府表示接近的川中将领。⑨ 他继而又以成都初定、需维秩序为由电告西南将领,任命吕超为成都卫成司令,暂行代理四川督军,并建议川军将领推选四川主政人选。⑩ 布置川局之余,孙中山亦函告孙洪伊,请孙转告杨庶堪成都已克,希望杨能迅速设法返川。⑪

直到3月1日,孙中山方对唐2月25日任命熊克武为四川督军、省长的通电做

---

① 《唐继尧建议熊克武在渝宣布就职以定川局与熊克武等往来密电》,《护法运动》,第313—314页。
② 《熊克武拟以总司令名义暂维全川现状密电》、《熊克武以四川靖国军总司令名义行使军民政务职权密电》,《护法运动》,第346—347页。
③ 《唐继尧请熊克武晋省宣布就任川督兼省长密电》,《护法运动》,第348页。
④ 《唐继尧通电》,《各方致孙中山函电汇编》第3卷,第296—297页。
⑤ 《熊克武宣布以四川靖国军总司令名义执行军民两政与唐继尧往来电》,《护法运动》,第273—274页。
⑥ 谢持:《谢持日记未刊稿》第3册,第352页。
⑦ 孙中山:《致黄复生等电》,《孙中山全集》第4卷,第354页。
⑧ 《林镜台致石青阳等函》,环龙路档案第00632号。
⑨ 孙中山:《致石青阳电》,《孙中山全集》第4卷,第355—356页。
⑩ 孙中山:《致唐继尧等电》,《孙中山全集》第4卷,第363页。
⑪ 孙中山:《致孙洪伊电二件》,《孙中山全集》第4卷,第358页。

出明确回应。① 他当即致电唐继尧，告以 2 月 27 日对吕超的任命，同时就四川军政与唐相商，"至川督继任之人，非得各方面同情及为全川所推许，不足以资统率。是以沁电有此后军政事务，应属何人主持，宜由川军各将领迅电协同推举贤能，俾得择任之语。其省长一职，不宜再令督军兼任，致蹈军民不分之覆辙，似应委之川省民选，再加任命"。② 实际上，孙对唐私任熊克武十分不满。"在是月 2 日和 4 日分致王文华及孙洪伊、徐朗西电中均有指出，谓'冀帅独行己见，又未就元帅之职，遽以滇督地位，任命川督，稍挟征服之威，足生反应之患。况军民分治，实为今之要图，川局甫定，未可再蹈军民混合之覆辙'"，"先生又电复黄复生、卢师谛、石青阳等，嘱其一面公举川督，请军政府任命，一面疏通省议会，火速举杨庶堪为省长，望杨兼程返蜀，联合黄、卢、陈、吕等军，收拾川局，迟恐锦帆权力日增，黄、卢不足以抗"。③ 的确，川粤远隔固然是客观原因，但密议密定、私任私受无疑是态度与选择问题。

3 月初，孙接到此前四川省议会议员发来的公推熊杨二人分任督军、省长的电报。④ 他立即电告杨庶堪，嘱其兼程返川，迟则生变。之后，他发布任命命令，分电四川省议会、熊克武、黄复生、唐继尧等，告以熊、杨任命，并令杨返川前，黄复生暂代省长。⑤ 为给杨庶堪入川提供支持，孙中山频频任命川中民党。3 月 12 日，在徐谦、林镜台建议下，孙中山任命石青阳为四川陆军第二师师长兼川北镇守使。⑥ 任命第二天，孙中山便将任命之事函告唐继尧。唐对此十分不悦：

> 此次护法兴师，石青阳深资得力，尊处任命为第二师长，兼川北镇守使，甚属相宜。惟川事甫定，百端待理，善后事宜，须筹具体办法。凡关于编制军队，出师陕、鄂，整理财政，辑绥流亡等事，现正责成熊督统筹办理，将来在事出力人员，自应妥为分配。当此军心未定之际，若先任命一二人，恐群起竞争，川事即难收束。川局不靖，抢攘经年，其始皆由一二人权利之私，遂至酿兹浩劫。川、粤相距窎远，恐我公未能尽悉内容，以后川省用人，尚乞先行密

---

① 3 月 2 日，孙中山在《致石青阳等电》中，称"昨得唐冀帅有电"，则见电时间应为 3 月 1 日。且 3 月 1 日，孙中山曾就军民分治、省长民选致电唐继尧，应就是见唐继尧 2 月 25 日通电之后所发。
② 孙中山：《致唐继尧电》，《孙中山全集》第 4 卷，第 367—368 页。
③ 陈锡祺主编：《孙中山年谱长编》上册，第 1104 页。
④ 《四川省议会议员请任命熊克武为四川督军、杨庶堪为四川省长致孙中山电》，《各方致孙中山函电汇编》第 3 卷，第 288 页。
⑤ 孙中山：《任命熊克武职务令》、《任命杨庶堪职务令》、《复四川省议会电》、《致熊克武电》、《致唐继尧等电》，《孙中山全集》第 4 卷，第 384—386 页。
⑥ 《林镜台致丁景良函》，环龙路档案第 00455 号。

商熊督，俾免窒碍。①

唐继尧所责有二：一是认为孙任石青阳乃论功行赏，有争权夺利之嫌；二是川粤远隔，孙未必了解，应与川督商酌。孙复电解释，任石为川局所需，川粤远隔，往来电商误事，又提其私任熊克武旧事相塞，更在复电结尾强调，"军府总筹全局，并无成见"，彰示任命于法理有据。唐继尧见电，批示"何配统筹全局"六字，再次将对孙中山的不满情绪形诸笔端。②

孙、唐讨论石青阳职务期间，黄复生致电孙中山请辞代省长。孙于3月19日复电解释，"执事愿出师援鄂，壮志可嘉，且可就此增厚兵力。惟来电推锦帆兼代省长，未知军府任命执事兼代之意，系为维持沧伯起见。现熊已于蒸日到成都，来电以总司令名义执行军民两政，尚未表明受军府川督任命，纵再加特任何益？且恐熊兼，则沧伯难入川，务望暂在重庆就兼代名义，一面同青阳诸君力促熊受命军府任命；如熊承认，再加特任兼代省长不迟"。③ 此前，杨庶堪建议孙中山善待在粤的熊克武代表吴玉章，欲令熊接受军府任命。④ 为达此旨，孙中山指示黄复生、石青阳，"熊锦帆至今未有电来，川事赖君等维持，务宜力促熊受军府任命，以归一致。唐帅侧重熊一方，而又有忌军府之意，甚非所宜。川中若能一致坚决表示拥护军府，则唐帅可息自树势力于川之私意，而有就任元帅以维持大局之心"。⑤

熊克武作为这场人事纷争的要角，既不受唐私任，又不受军政府任命，实际成为了两者争取拉拢的对象。在孙、唐及支持者的拉锯中，熊为督军、杨为省长的军民分治格局于形式上渐趋形成。

三、隐忧重重

其实，此时在川的熊克武对孙中山相当不满。据熊派人物但懋辛回忆，"熊克武部轻取成都，刘（存厚）、张（澜）退走时，孙依谢（持）之意，以实业团成员熊部第十八团团长吕超为成都卫戍总司令兼暂行代理四川督军，用下凌上，以分熊权。孙中山初任黄复生、卢师谛为四川国民军总、副司令，石青阳为川东招讨使，继改任黄、卢为四川靖国联军总、副司令，亦谢持之谋。这便使在广州军政府统辖

---

① 《孙文任命石青阳为四川陆军第二师长兼川北镇守使与唐继尧往来电》，《护法运动》，第354—355页。
② 《孙文解释任命石青阳军职原由密电》，《护法运动》，第358页。
③ 孙中山：《致黄复生电》，《孙中山全集》第4卷，第405—406页；陈锡祺主编：《孙中山年谱长编》上册，第1109页。
④ 《杨庶堪询粤督莫荣新与军政府争执盐税问题致孙中山电》，《各方致孙中山函电汇编》第3卷，第351页。
⑤ 孙中山：《致黄复生、石青阳电》，《孙中山全集》第4卷，第418—419页；陈锡祺主编：《孙中山年谱长编》上册，第1109—1110页。

之下的四川，出现了两个川军总司令"。①

但懋辛明显受到后来政治意识与事实发展的影响。首先，孙中山任命黄、卢之时，熊部尚未加入滇黔靖国联军。而且，在唐、熊与刘显世密议军职时，为使熊能统御在川民军，唐将原拟任熊的川军总司令职改为四川靖国各军总司令。因此，并不存在两个川军总司令一说。其次，在孙任命黄、卢时，刘存厚主力尚存，成都未下，四川也并不在联军控制之下。再者，但懋辛将此两事责任推至谢持，熊克武亦持此说②。当时谢持确实在孙中山身边负责川事，还曾就负责川事之权与邵元冲有过不和，③但若熊果有推戴孙中山与军政府之意，全可密电或遣人与其联络。事实是，孙率先示意，熊始终缺乏积极表示。1918 年 3 月 20 日，孙令中华革命党上海本部善待熊克武在粤代表，表示愿以令熊暂兼省长以促其领命军府。④熊克武拒不受命。⑤这自然无法获得孙中山信任。⑥不过熊、但所提两事，客观上亦使熊对孙更加疑惧。正如论者指出，此时"熊克武利用唐孙矛盾，左右逢源，壮大实力"，借机掌握四川实权。⑦职是之故，尽管唐、孙迭电相催，熊克武却既不就前者私任，亦不受命军府。

与此同时，四川民军之间也因职位、辖区、军队等有所争夺，甚至刀兵相见。1918 年 2 月 23 日，陈炳堃致电孙、唐、熊等，称石青阳与其争嘉陵道尹一职。唐对陈、石相争不表态度，闻电后，仅批"略慰数语"。⑧不久，颜德基、陈炳堃又电唐继尧，告以石青阳部参谋段玉书强占盐亭，夺走公署印信、钱物、枪支弹药。唐遂致电颜、陈、石三人，令其各守原防。⑨孙中山亦接到陈炳堃电文，曾指示黄复生妥善处理，平息内争。⑩但孙、唐的劝告似皆无效。1918 年 5 月，石青阳通电各

---

① 但懋辛：《川军驱逐滇、黔军概况》，四川省文史研究馆编：《四川军阀史料》第 2 辑，四川人民出版社 1983 年版，第 96—117 页。
② 熊克武：《四川护法期间内部分裂与滇唐入侵》，《四川军阀史料》第 2 辑，第 11—23 页。
③ 《谢持日记》未刊稿第 3 册，第 340 页。
④ 孙中山：《致中华革命党上海本部电》，《孙中山全集》第 4 卷，第 409 页。
⑤ 《熊克武致孙中山辞督军任命电》，《各方致孙中山函电汇编》第 3 卷，第 378 页。
⑥ 有论者指出，11 月，孙中山又致电黄复生、卢师谛改该军为四川靖国联军，任命二人分别为总、副司令。"在此期间，由于熊克武和孙中山缺少联系，孙中山对时任重庆镇守使兼第五师师长的熊克武没有进行过任何任命。"[陈尧：《试析孙中山发动倒熊事件的原因》，《重庆科技学院学报（社会科学版）》2010 年第 20 期，第 144—145 页] 陈为熊克武后来回忆所误。孙中山改任黄、卢并为四川靖国军总、副司令，而非靖国联军（《四川靖国军总副司令黄复生、卢师谛致孙中山电》，《各方致孙中山函电汇编》第 3 卷，第 168 页）。而且，孙中山委任黄、石时，熊克武虽与唐继尧联系密切，却并未声言护法，加入滇黔联军，孙中山自然无法进行委任。
⑦ 易斌：《试论民初四川地方主义的省际关系》，《重庆师范大学学报（哲学社会科学版）》2008 年第 2 期，第 85—90 页。
⑧ 《陈炳堃与石青阳争嘉陵道尹寻求支持电》，《云南档案史料》1988 年第 4 期，第 28 页。
⑨ 《颜德基为与石青阳争盐亭唐继尧往来电》，《云南档案史料》1988 年第 4 期，第 28—29 页。
⑩ 孙中山：《致黄复生电》，《孙中山全集》第 4 卷，第 416 页。

方，声称其部下在颜德基重利诱惑之下叛变。① 不久，赵济川等三营长发表声明，与石青阳部脱离关系，投入颜德基麾下。②

在与唐继尧力争军民分治，为杨庶堪入主川政努力之时，孙中山仍频促唐继尧就元帅职，以实现其"联滇制桂"的策略。"但唐继尧不仅对此没有积极回应，而且道路传闻其密电西南各省，提议'护法各省亟应组织统一机关，现在办法宜遥戴黎（元洪）、冯（国璋）为大副总统，或认冯为代理大总统；在南方组织军务院或国务院，以行使职权，推岑春煊为国务总理'；请孙中山'游历各国，办理外交'。实际呼应了桂系图谋架空孙中山的主张。"③

1918年5月4日，国会非常会议通过了《军政府组织大纲修正案》，孙中山无力阻止，便于当日辞职。即便如此，孙中山对川情仍十分关心。辞职第二天，他便致电黄复生，告据张左丞、林镜台汇报，熊克武代表与刘存厚方面互相联络，有拟以刘任督军、熊为省长兼军务会办之说，提醒黄复生、石青阳、卢师谛等人要特别注意。④ 遭逢护法挫折，孙中山痛定思痛，愈觉在讲究实力的政局中必须强大自身，因此，拥有民军势力的四川自然成了他更加看重的区域。1918年9月12日，他在回复吴忠信报告粤军在闽战绩的来函时慨然写道：民党护法势力凋零，"所仅属望者，惟此福建与四川方面。"⑤

当时，杨庶堪已然西行，孙中山对此颇感安慰。不过，他依据传闻提醒黄复生等人，除出于谨慎而提供讯息外，似也表露出对己方势力在川处境的忧虑。的确，护法川战与伴随而生的四川人事之争虽暂时决定了各方在权力格局中的位置，形成了某种平衡。但各方实力与所图本就不一，一旦某方有异动，就势必导致滇、黔、新旧川军、孙中山掌控的护法势力、败退的刘存厚等谋求新的分化与重组。易言之，四川的权力之争植根于各方多元竞合关系之中，而竞合以利益为准，难有共同目标与长远合作。在联军攻占重庆，四川战事渐趋顺利之时，孙中山、唐继尧、熊克武等三方与主客军、民军以及民军将领之间因职位、辖区分配问题产生的矛盾已经逐渐凸显，四川的复杂形势也就决定了杨庶堪到川履任后必定面临重重困难。

（作者单位：中山大学历史学系）

---

① 《石青阳陈报李子实叛离保宁电》，《云南档案史料》1988年第4期，第33页。
② 《赵济川等声明与石青阳部脱离关系电》，《云南档案史料》1988年第4期，第34页。
③ 汪朝光：《南北对峙中的护法运动——兼论护法时期的孙中山与西南地方实力派》，《史学月刊》2008年第1期，第70—77页。
④ 孙中山：《致黄复生电》，《孙中山全集》第4卷，第473页。
⑤ 孙中山：《复吴忠信函》，《孙中山全集》第4卷，第501页。

略论南北和议前期的孙中山与李纯

张建宇

李纯是民初的重要政治人物，他隶属直系，追随冯国璋，历任江西都督、江苏督军，在1919年南北和议前后的时局演变中发挥了特殊作用。他首倡和议，对南对北皆有接洽，与西南各方颇为交好，扮演着南北中间人的角色。

目前，学界对李纯的研究不多，对李纯与孙中山关系的专门研究更为鲜见。笔者目力所及，仅在《民国八年之南北议和》①《北洋军阀统治时期史话》② 等书中略见提及。

本文拟从二人往来函电、报刊报道、时人日记、回忆录和文史资料等史料出发，重点对二人在南北和议前期的往来情况进行梳理，探讨两人由渐趋亲密到日渐疏离的前因后果，以及其背后体现的南北各方势力的整合与重组，期以对护法运动和南北议和也有进一步的观察和思考。

一、最初联络

1917年政潮发生，国会解散，孙中山南下组织军政府，西南诸省称兵护法。北京政府竟派兵遣将，向护法诸军发起攻击，南北分裂遂告形成。彼时，北方政府内部亦多嫌隙，主张武力统一的皖系与力求和平统一的直系彼此对立。就和平政策而言，冯国璋始为中枢人物，李纯与其同一阵线，督赣末期即曾参与南北调停。南北调停之策，初由冯国璋亲力亲为。1917年7月，冯国璋进京代理大总统。他在北上前派专人知会李纯，"宜与南方要人，互通声气"。李纯当即表示，"主张息事宁人，

---

① 林桶法：《民国八年之南北议和》，南天书局1990年版。
② 陶菊隐：《北洋军阀统治时期史话》，生活·读书·新知三联书店1958年版。

当设法弭战，纯愿任和事老"①。

8月，李纯继任江苏督军，始师冯氏故伎，凭其地位，力主和议，充当南北中间人的角色，在南北对立的时局中走向前台。

调停之说初起阶段，孙中山对调停并不认可，他屡发声明，"冯国璋原非忠于共和"，"今之宣言讨逆，不过是复辟党中急缓两派内讧之结果"②，认为"民国与叛逆不能两存，拥护国会与调和不可得兼"③，"少数政客，意存簧鼓，抛荒法律，牵就强权"④等。

孙中山最初希望将护法付诸武力。10月9日，他召集军事会议，商论援湘、攻闽等事。随后，蒋介石等根据其意图制定出"西南统一作战计划"，"以长江沿岸为主要战地，先克武昌，次定南京，击攘敌军长江一带之势力。再图直捣北京，以为作战之大方针。"⑤将长江沿线各大城市作为重点关注区域，并开始尝试对沿江省份督军展开争取。

李纯成为其首要争取的对象之一。从长远观之，这与李纯本人的政治理念相关。自督赣末期，李纯即坚持反复辟、促共和，曾公开提出"有政府不可无国会，以为民意机构"⑥，被视为北洋派中明白事理者；督苏后，又曾力求"解散临时参议院，恢复旧国会"⑦，这与孙中山的护法诉求颇为一致。

11月5日，孙中山任命孙洪伊为驻沪全权代表，令其负责对北联络，并重点运动李纯倒向南方。孙洪伊与李纯间有着较为通畅的联系管道：白坚武与孙洪伊关系密切，"温（世霖）之胞弟世珍为李纯咨议"⑧等。孙洪伊在日后联络李纯的过程中发挥了重要作用。⑨

11月14日，孙中山致电李纯，称"今欲息纷争，但在恢复旧国会、约法。"⑩几天后，李纯电告孙中山，"盼销兵氛"。翌日，孙中山复电称，"如能恢复约法国

---

① 竞智图书馆等编：《北洋人物史料三种》，沈云龙主编：《近代中国史料丛刊》第668辑，台湾文海出版社1967年版。
② 《孙中山在省议会演说词》，《中华新报》1917年7月25日。
③ 《孙中山护法通电》，《中华新报》1917年6月9日。
④ 陈锡祺主编：《孙中山年谱长编》，中华书局1991年版，第1066—1067页。
⑤ 黄季陆主编：《革命文献》第50辑，台湾"中央文物供应社"1970年版，第1—4页。
⑥ 《赣督李纯之大演说》，上海《民国日报》1917年7月9日。
⑦ 《快信》，上海《民国日报》1917年11月29日。
⑧ 章伯锋整理：《马凤池密报》，中国科学院近代史研究所近代史资料编辑组编：《近代史资料》总第36号，中华书局1978年版，第64页。
⑨ 谷小水、刘格花：《孙洪伊与广州军政府（1917—1921）》，林家有主编：《孙中山研究》第5辑，广东人民出版社2016年版。
⑩ 孙中山：《致李纯陈光远电》，《孙中山全集》第4卷，第238页。

会，惩办倡乱诸逆，即可罢兵"①。这些最初的往来函电，多旨在互通声气，表明各自政治立场，尚无深入之处。

11月18日，孙中山通电全国，以恢复约法、旧国会为和议条件②，实则公开宣告了对南北议和的真实态度。同一天，李纯联合曹锟、王占元和陈光远联名通电，正式倡行和议。③ 至此，南京扼长江下游，鄂、赣二省遥为呼应，三省居南北之间，以李纯为首的长江三督影响力空前。南京亦成为"时局之中心"。

李纯声名鹊起，自然给时人带来诸多遐想。一时间，李纯将扮演更重要角色的流言甚嚣尘上。有报纸视李纯为预备继段组阁者之一④。甚至，莫理循在给其友人的信中还指出，有不少外国人认为如李纯当选总统，可"在大举扫除积弊，整肃政治方面有所作为"⑤，对其寄望甚高。等等。

首倡和议后，冯国璋密电李纯，以中央不便与南方正式磋商条件，嘱其暂以南京为各派洽商之所。⑥ 依冯旨意，李纯力邀各方代表至南京参与时局会议，会议于11月23日召开。只是，与会人员除鄂、赣两省的代表外，主要来自西南，包括陆荣廷代表龚政、唐继尧代表赵其相及"上海民党要人"等，未得主战派认可。会上，陆荣廷的代表龚政提出恢复国会等要求，李纯当即同意与中央协商。会议几经讨论，皆"以李纯、陆荣廷为主要人物"⑦。

南京时局会议只得西南首肯，缺乏实质成效，李纯遂将维系与西南的关系作为努力重点。他去电孙中山、陆荣廷、唐继尧等，主即罢兵，商和平条件，孙等复电，均极赞同。⑧

会议第二天，孙洪伊致电孙中山和非常国会，报告李纯态度，称"苏督李纯有依法解决意，适用旧约法、恢复旧国会两项大可做到。"并称"祸首倪、张等似亦难宽，但已由西南提出，望诸公坚持，稍勿迁就。"⑨ 同日，孙中山去电李纯，强调解决国内之争必须尊重法律，并称西南各方素有维持大局之心，因北方蓄力备战，

---

① 中华民国史事纪要编纂委员会编：《中华民国史事纪要（初稿）》（一九一七年一至十二月），台北"国史馆"1987年版，第974—975页。
② 罗家伦主编：《国父年谱》，中国国民党中央委员会党史史料编纂委员会1969年版，第647页。
③ 和议通电后，曹锟立刻向段祺瑞解释了其中的误会，霎时与和议划清了界限。
④ 《预备继段组阁者》，上海《民国日报》1917年11月20日。
⑤ 骆惠敏编、刘桂梁等译：《清末民初政情内幕——乔·厄·莫理循书信集》，知识出版社1989年版，第696页。
⑥ 吴晓晴、范崇山主编：《江苏文史资料》第49辑，南京体院印刷厂1993年版，第95页。
⑦ 《南京会议与议和关系》，上海《民国日报》1917年11月30日。
⑧ 李实忱：《李实忱回忆录（节录）》，《天津文史资料选辑》第44辑，天津人民出版社1988年版，第78页。
⑨ 《群报汇选》，《北京日报》1917年12月6日。

西南"势不能不谋自卫"①。

11月29日,孙中山再次致电李纯,商讨联合反段等问题,"倘能约法、国会完全恢复,创乱诸逆依法惩办,并由正式国会解决总统、内阁诸问题,则半国之兵,不难一朝而罢。"②

恰在此时,远东国际形势突起变化。日本议员菊池在11月29日致电孙中山,称"俄国内乱……有入中国煽动,扰东亚平和者,对华政策一变。昨阁议决定,与协商国商议,使南北妥协,中国早归平和,南方须多让步,勉求东亚大局一致。"③孙中山认为此事关系国脉,需当立图救济,他在接电后指出,"此次石井访美,梁士诒与段充赴欧助战监督,皆与日本此举有关。"更认为"南方和议,本不容外国干涉,但恐为强有力者所制。"④

对此,孙中山迅速做出应对。他致电孙洪伊,要求其转告李纯,"如南京宣布独立,军舰当可一致相助",甚至表示一旦时机成熟,可"乘之来沪,以取淞浙,为李督后援"。同时,将菊池电之内容转电上海国民党本部,"请告宁、赣两督,协力救亡""此间经电蓂赓征求同意,一候复电,即请精、溥二兄赴日,陈述南方意见"⑤。

至此,争取李纯成为孙中山同时应对内忧外患之关键。对内而言,由于手中没有一支足够强大的力量凭借,他期望李纯于"长江以北共起护法之师"⑥。对外而言,针对日本寺内内阁促成南北调和,"利用我人众物力以攻俄国"⑦的策略,孙中山希望策动南京独立,借以破除日本的侵华政策。

相较于孙中山的日渐主动,此时的李纯相对谨慎。他并未遂孙氏所愿,以极端手段应对时局。只是,在皖系逐渐主导中央政局的情势下,纵然孙中山实力远逊滇、桂二省,但其手造民国的巨大影响力令李纯必须对其给予充分重视。至此,直接派出代表面会协商被双方提上日程。

二、深入接触

经历了最初的试探性联络之后,二人虽政治理念相左,却发现彼此有一定的合

---

① 《孙中山盼尊重法律恢复国会复李纯电》(1917年11月24日),汤锐祥编:《护法运动史料汇编》第2册,花城出版社2003年版,第99—100页。
② 孙中山:《复李纯电》,《孙中山全集》第4卷,第252页。
③ 孙中山:《致唐继尧电》,《孙中山全集》第4卷,第251页。
④ 孙中山:《致唐继尧电》,《孙中山全集》第4卷,第251页。
⑤ 孙中山:《致上海国民党本部电》,《孙中山全集》第4卷,第254页。
⑥ 《要闻》,天津《益世报》1917年12月23日。
⑦ 孙中山:《致孙洪伊电》,《孙中山全集》第4卷,第256页。

作基础。南京时局会议效果不佳,主战督军又蠢蠢欲动,客观上为二人深入接触提供了契机。一时双方彼此信使往来,关系日渐升温。

1917年12月6日,孙中山首次派出代表秦广礼赴宁,与李纯磋商要政。秦氏称,孙中山对于调停时局主张,唯以法律解决,西南出师旨在恢复国会,如此方可言及调停。并指出恢复国会的五项利好:"一、巩固国基;二、宪法早成;三、早息兵祸;四、依法组织内阁;五、总统得依法继任。"并称:"中山先生到粤以来,纯为护法问题,并尝谓国内军长不乏忠诚爱国之辈,专恃西南实为放弃,故与孙伯兰先生相约各负责任,以期长江以北共起护法之师,其一毫无南北权利之光明心已可表见。"李纯对此不置可否,只是表示希望孙中山体谅其苦衷,以国家为前提,"对于政治方面尚请放宽一步"①,并希望孙中山与陆荣廷、唐继尧共同主持西南,商议和平之策。

不久后,李纯应南方要求,派出李廷玉、白坚武南下两广,并电告孙中山,将派人"敬渴崇阶",盼请孙中山"进而教之""面承伟教"②。

赴粤之前,李、白等人先往上海与岑春煊、孙洪伊接洽。抵沪后,孙洪伊称"中山极盼兄到"③,并作书数封,交与二人,以作引荐。信中称"其中赞襄帷幄,李君式丞之力为多,白君醒亚在李督幕中,亦多所赞助。现二君代表宁赣赴粤,商榷大举,望先生推诚接洽,加以优礼。"④

李、白二人先赴广东面会孙中山,就国会、法律、外交等问题与之交换了意见。孙中山在对二人的谈话中主要涉及共和、国会、和平等几方面的内容:

其一,强调追求"名实相符之共和",称"其酷爱之共和,不但须有共和之名,且须有共和之实"。其二,强调国会的重要性,"共和国之精神寄托于国会,国会为共和政治之源流,无国会,共和精神无自由表现,则名虽共和,实系专制,其流弊所及,更有甚于专制"。孙中山认为国会一旦恢复,其他诸多问题便可迎刃而解。并称"继任之人,国会未恢复以前,继段者不能谓为合法内阁。总之,国会未恢复以前,一切设施皆非法。余此次约同国会及海陆军及西南各省将帅,护法卫国之大意也。"其三,追求永久之和平,"除去一切共和之障碍及为乱之种子,使国家大法得能确定,人人受此大法之支配,永久的和平之基础方能确定;不然迁就言和平,

---

① 《秦广礼与李督军之谈话》,天津《益世报》1917年12月23日。
② 《李纯致孙中山书》(1917年12月23日),桑兵主编:《各方致孙中山函电汇编》第3卷,社会科学文献出版社2012年版,第181页。
③ 李实忱:《李实忱回忆录(节录)》,《天津文史资料选辑》第44辑,天津人民出版社1988年版,第78—79页。
④ 《孙洪伊致孙中山书》(1917年12月23日),桑兵主编:《各方致孙中山函电汇编》第3卷,第182页。

非余所乐闻也。"①

以上记载源于报刊，与孙中山的一贯主张并无二样。但通过李廷玉的一段回忆，我们可以对孙中山彼时的处境有更真实的了解。针对粤省的政治、经济、军事状况，李廷玉回忆了孙中山的一段话，略谓"东南各省，农工商贾多有擅长，而将才殊感缺乏，因此屡起屡仆，革命迄未成功，华侨之信仰多疏，党人之精神日沮。若不早为变计，造成坚强之武力，必不能消除悍匪，实现和平。"②

白坚武在日记中也有类似记载："粤人富于政治、经济上之才力……惟军事则以现状而论直无办法。""粤军既无战之能力，又无军纪可言，冲突之结果徒祸害地方耳！"针对粤桂双方关系，白坚武做出研判，"粤桂人之感情已坏，以前敌之危迫屡蹈于危，幸免破裂，然来日终不免矣。"③

李、白二人在粤虽仅停留数日，但有其基本判断，实则预判到李纯日后必定与孙疏离而与岑、陆趋近的结果。

12月24日，二人自广东赴广西武鸣面会陆荣廷。在首次会面中，陆荣廷即宣称"尊重法律，拥戴河间，始终如一。段阁倒后，无他问题，只在双方撤兵，即时恢复国会。从此黄陂辞职，河间继任，一得完全自由，一为正任总统，所有一切善后，不难措置咸宜"④。之后他又称"恢复国会令下，则取消自主，双方撤兵，当然办到……此次用兵，专在倒段护法。今段既倒，只有复法而已"⑤。

国会、法律问题一时意见难同，双方只能转至具体问题。陆荣廷原本对取消两粤自主和撤兵等极表赞同，但因中央不理会其撤销龙济光的请求，只得宣布暂缓取消自主。

最终，双方一度达成了若干协议："（一）先恢复国会，再取消自主。（二）召集议员会议解决国事。（三）撤销龙济光两广巡阅使之职，或另予龙他种名义，以平粤人之气。（四）请中央任陆为湘、粤、桂三省宣抚使。"⑥此外，陆荣廷还通过李纯催促冯国璋尽快下达停战命令。12月26日，冯国璋发布停战布告，此举虽并未完全遂桂系之所愿，却也令直、桂之间的合作有所推进。

---

① 《苏赣两督代表抵粤记》，上海《国民日报》1917年12月23日。
② 李实忱：《李实忱回忆录（节录）》，《天津文史资料选辑》第44辑，天津人民出版社1988年版，第80页。
③ 中国社会科学院近代史研究所编：《白坚武日记》，江苏古籍出版社1988年版，第106页。
④ 《李廷玉致陈光远电》（1917年12月24日），中国社会科学院近代史研究所近代史资料编辑组编：《一九一九年南北议和资料》，中华书局1962年版，第2页。
⑤ 《李廷玉致李纯电》（1918年1月1日），中国社会科学院近代史研究所近代史资料编辑组编：《一九一九年南北议和资料》，第3页。
⑥ 参阅林桶法：《民国八年之南北议和》，台湾南天书局1990年版，第98页。

此时的孙中山或许还并不知晓直、桂会面的结果。相反，李纯进一步趋近南方的消息屡屡传至粤省，这令孙中山颇感乐观，并加快了对李纯的争取步伐。

12月26日，居正致电非常国会众议院议长吴景濂，认为李纯已决定联合陈光远从根本上插手时局，称李纯"甚希望粤中海、陆军并力攻闽；滇、黔、桂、川诸军会师武汉。"①

同日，孙中山致电李纯，称"北政府方令任段芝贵长陆军，命龙济光扰两粤，近且闻任曹锟、张怀芝为征南总副司令，汲汲备战，不遗余力，举措如斯，何以推诚？"② 请其排难解纷，维持大局。

27日，孙中山派出代表张继、汪精卫前往南京，"商议和平问题"③，并令其转述坚持恢复旧国会的主张。

28日，孙中山在给章太炎的电报中称，闻李纯有布兵浦口截堵北兵之事④，认为李纯趋于中立，北军势孤，对西南颇为有利。

但值得注意的是，李纯在27日给孙中山的复电中称，"两路出兵，迭经力争，然总因调人诚信未孚，以致难收效果，惶愧无地。""幸近中央已宣布停战命令，似有转圜。现国家大势仍属危迫，非力求和平，不足以挽危局而御外侮。"⑤ 表示已经尽力调停，请其坚持议和，实为对与粤方的合作持保留之态度。二人对彼此的判断实已有不小出入。

对李纯而言，李廷玉、白坚武二人此次南下的最大收获莫过于对粤方实力和西南内部的矛盾了然于胸。他清楚地认识到，"西南半壁，实以干老为中心，信仰所归，非此人难任排解"⑥，即希望陆荣廷统领西南全局。这些无疑为日后孙、李二人的渐行渐远埋下了伏笔。

三、渐行渐远

在李纯首倡和议、与南方渐行渐近时，主战派并不甘心坐以待毙，于1917年

---

① 《居正致吴景濂函》（1917年12月25日），董效舒等编：《吴景濂函电存稿》，中国科学院近代史研究所近代史资料编辑组编：《近代史资料》总第42号，中华书局1980年版，第3页。
② 《李纯为孙文请其排难解纷维持大局密电》（1917年12月26日），中国第二历史档案馆、云南省档案馆编：《护法运动》，档案出版社1993年版，第1089页。
③ 《南京快信》，《中华新报》1917年12月29日。
④ 孙中山：《复章炳麟电》，《孙中山全集》第4卷，第273页。
⑤ 《南京李督军致孙中山电》（1917年12月27日），桑兵主编：《各方致孙中山函电汇编》第3卷，第189页。
⑥ 《李廷玉致冯国璋电》（1918年1月15日），中国社会科学院近代史研究所近代史资料编辑组编：《一九一九年南北议和资料》，中华书局1962年版，第8页。

12月在天津召开了督军团会议。与会督军将矛头直指主和派和西南势力。针对主和派，会议决定集矢于李纯。会上，各督军一致鸣鼓而攻，大骂李纯为北洋派内奸，并决定会后集体质问李纯，向其直接施压。

督军团会议后不久，数位主战督军通电商议，决向李纯提出三项条件："一、要其切实表明对于大局之意见。二、迫其解释与民党之关系。三、命其答复违背中央意见之原因。"① 欲作为罢免李纯制造借口。随后，张作霖、张怀芝、倪嗣冲、张敬尧等参会督军又先后以电报或公开言论的形式对李纯进行谩骂或恐吓。

此外，在这一时期，各大报刊上涌现出大量针对李纯的夸张报道，例如，1918年1月1日的《申报》登载"各省对于停战布告之态度"，称孙中山等西南诸要人各有电致南京，"指为中央无调和诚意之一证，而由李纯转来者，电末有李纯自己主张，对于段芝贵为陆长等亦颇不满意。"② 更有消息称，李纯的电文令冯国璋大为震怒，冯传语左右，"嗣后李督来电，不必呈阅"③。甚至还出现了"旧国会将在南京集会，举李纯为副总统"④ "南京组织非常国会及临时政府"，"举李纯为临时大总统"⑤ 等传言。

正如有报道所指出，最近关于李纯的夸张报道，实则"欲置李纯与孙文等不负责任者之列，而使全国稳健派尽蔑视耳"⑥。即通过操控舆论给李纯施压。

其实不论谩骂也好，污蔑也罢，最终罢免李纯，使冯之地盘全失，势力衰微，进而促成段派重新操控总统与责任内阁，方为主战派之目的。他们还曾一度希望"绝冯李之联络，以防冯总统依赖李纯之实力，然后打破现今之总统政治"⑦，其目的同为合法倒冯。

1918年1月，李纯无奈以"既知任重力微，何敢有所留恋，以妨大计"⑧ 为由提请辞职，并一再申明其"且和且战"⑨ 之主张，即先着手进行南北议和，如西南不肯就范，再以武力解决，力求"师出有名"。他又被迫做出解释，"各省备战，如为调和后盾，理所宜然，势不容缓。"并称其自调和之始，"即曾表示宗旨，通告同

---

① 《段派对李纯之最后手段》，上海《民国日报》1918年1月18日。
② 《要闻》，《申报》1918年1月1日。
③ 《布告停战后之各方》，《时事新报》1918年1月1日。
④ 《南北最近局势之西讯》，《申报》1918年1月6日。
⑤ 《译电》，《时报》1918年1月9日。
⑥ 《西报论时局之因果》，《申报》1918年1月18日。
⑦ 《东方通信社电》，上海《民国日报》1918年3月14日。
⑧ 《江苏李督军自请免职原电》，天津《益世报》1918年1月16日。
⑨ 《李纯三十一日通电之反响》，天津《大公报》1918年2月15日。

人，并申请中央，于军事进行，不可因此停顿，未尝偏于主和也。"① 期以借此减缓压力。之后，李纯几次发出通电，试图借此表明疏离与粤、桂等方面的关系，表明心迹。

在李纯备受攻击之时，孙中山一方以实际言行对其表示支持。1月19日，谭浩明、程潜、马济、韦荣昌、林玉廷、陆裕光、赵恒惕、刘建藩、林修梅发表通电，就李纯辞职电表示"不胜骇异"，称"吾望李督军毅力坚持，不挠不屈，吾尤望全国同胞，出最后之决心，图正当之防卫，则民国其庶几尚有一线之望。"② 1月22日，孙中山令李建中赴沪与孙洪伊商量如何与李纯接洽。③ 1月24日，陈炯明致电孙中山，并发表同文通电，希望挽留李纯，并"请诸公一致坚留"④。2月7日、8日，陈炯明、谭浩明先后致电孙中山，表示对李纯促成和议之举极度赞同，期望"促进和平，早息兵争"⑤，"区区之心，希望和平解决，固始终不稍移易"⑥。3月初，孙中山又派出非常国会议员陈鸿钧、吕复赴宁与李纯接洽和议。⑦

在莫大压力之下，李纯的调停之路实已举步维艰，他一度曾试图借助孙中山的巨大影响力对和议施加影响。1月31日，他致电孙中山，"请为拟订简单之要约，先各停战，双方限日提出一定条件，明白宣布，通告国人，必如此而后和。如以和为是，请各赐电言和，即联同申请中央立颁停战之令，若以战为是，亦请各赐电言战……存亡只有两途，是非决于一语。"⑧ 希望孙中山对时局明确表态。但孙中山复电坚持强调应"废除一切不法命令，恢复约法效力与国会以永久之保障"⑨。李纯这一近乎最后通牒式的请求未得认可。至此之后，二人再无实质性联络。

1918年中期，和平声浪喧腾于世，皖直势力此消彼长，和议形势渐趋明朗。李纯因时就势，重新出而调停，开始就南北和会的具体问题征询各方意见。孙中山被排挤出广东军政府后，二人的往来暂告一段落。之后，孙中山谋求南京及长江流域议和的传言虽屡见报端，却仍然只是停留在预想阶段。

---

① 佚名：《调和南北战争》，中国科学院近代史研究所近代史资料编辑组编：《近代史资料》总第36号，中华书局1978年版，第78页。
② 张黎辉等编：《天津市历史博物馆馆藏北洋军阀史料 黎元洪卷》第2册，天津古籍出版社1996年版，第19—24页。
③ 国民党中央党史委员会：《国父全集》第3册，台湾"中央文物供应社"1957年版，第510页。
④ 《援闽粤军陈总司令致孙中山电》（1918年1月26日），《军政府公报》第42号，"函电"。
⑤ 《护法要人之和平主张》，上海《民国日报》1918年2月24日。
⑥ 《湘粤桂联军总司令谭浩明致孙中山电》（1918年2月15日），《军政府公报》第47号，"函电"。
⑦ 《南京快信》，《申报》1918年3月5日。
⑧ 《南京督军李纯致孙中山电》（1918年1月31日），桑兵主编：《各方致孙中山函电汇编》第3卷，第252页。
⑨ 孙中山：《复李纯电》，《孙中山全集》第4卷，第336页。

四、结语

李、孙二人有实质性往来,前后不过数月。在这短暂交往中,孙中山更显主动,他从其革命目标与信仰出发,选定李纯与南京为争取对象,随机应变,既有护法诉求的考虑,亦有地缘政治之需求,符合其一贯"策略的实用主义"[①]的特点。李纯则居主导一方,他对南对北,皆有接洽,因缘际会,扮演着沟通南北、促成议和的中间人角色。南北各方如有所筹划,多先咨询其而后行。时局演化过程中,二人政见不同,只能渐行渐远。

通过以上探讨,我们可以窥探南北对峙时局下孙中山、李纯寻求解决时局的不同取径。对孙中山而言,护法的失败使其清楚认识到,"吾国之大患,莫大于武人之争雄,南北如一丘之貉"[②]。对李纯而言,调停南北时期实为其政治生涯之顶峰,他的积极促和,实际促成了全国范围内总体呈和的基本态势,仅此而言,便须给予肯定。然南北对立之时,南与南争相持不下,北与北又内争不断,南北内争均纷乱如麻,更兼外患不绝,二人终究缺乏足够的力量凭借,其各自的政治理想终成泡影。

而从长远观之,孙、李二人的暂时交好,虽未得实质联合,却一定程度上影响到日后南北关系的变动与整合,这或许可以为我们理解彼时的复杂政情提供一个新的角度。日后,孙中山被排挤出军政府,联合唐绍仪、唐继尧、伍廷芳等与王揖唐趋近,由反皖制段逐渐转向视直系为头号死敌并组建"反直三角同盟"等,或许都可以从这一时期孙、李二人的关系变化中看出些许端倪。

(作者单位:中山大学历史学系)

[①] 桑兵:《信仰的理想主义与策略的实用主义——论孙中山的政治性格特征》,《近代史研究》1987年第3期。

[②] 《大元帅辞职之通电》(1918年5月5日),《军政府公报》第78号,"函电"。

孙科对孙中山祖籍之争忽左忽右态度的历史真相
——兼谈孙中山祖籍之争的是与非

邹佩丛

一、孙中山祖籍研究的源起

在邓慕韩、王斧、钟公任等三位国民党党史会（按，下称党史会）成员为编辑《总理年谱》的需要而于上世纪30年代初专程到翠亨村访问孙妙茜调查了解孙中山祖籍所在的基础上，经过邓慕韩、孙甄陶、谭彼岸在上世纪40—60年代的考证，更有邱捷、李伯新、林家有等在上世纪80—90年代的调研，大体上已经弄清了孙中山祖籍"东莞说"和"紫金说"的孰是孰非问题。史学研究是以史料为基础的，而对孙中山祖籍的研究，也同样是要以孙中山的祖籍资料（含家谱、族谱、世系、牌位、墓碑以及能够从侧面反映人们家族关系的地契、公尝账册、村庙碑记等物）为依据。祖宗是不能随便认的，是不是自己的祖宗，在清末的人心中很重要，就是到了民国也莫不如此。孙科是孙中山之子，按理说，他在判断祖籍问题时，如果手里没有任何资料的话，那么，他理当去请教家乡里的老族长或知情老人，并按他们的意见梳理出一个像样的东西，以便备用。比如，清末孙眉去檀香山打工、经商时就带了一份手抄的《家谱略记》背在身上，以便在檀香山打工、经商期间也能在祭拜祖宗时，相应记住各祖宗的名号与顺序。尽管我们不能要求谁都这样做，但是在有条件的情况下，还是做点准备的好，因为孙中山已经成了举世公认的伟人。而不能像心里没有谱（即人们常说的"秤"，指大致的准则、衡量和裁决依据）的人那样，对什么都一概接收。所谓心里没谱，在这里指的就是家谱或家系。一个人如果心里没谱，那他在处理具体问题上就必然会出岔子，或者忽左忽右，给人以随意盲从的感觉。本来，就孙中山的祖籍问题而言，孙科的态度与其父孙中山、伯父孙眉、姑婆孙妙茜甚至其祖父辈孙达成、孙学成、孙观成三兄弟的态度相比，显得微不足道，因为他在这些长辈面前,显得人微言轻。但是,他是一代伟人孙中山的子嗣,又在民国担任过许多显贵的官职,因此他的一举一动、一言一行都受到了广泛的关注,尤其是在祖籍问题上。他为罗香林的《国父家世源流考》一书作序,从而导致了错误的"紫金说"流行,进而导致了持"东莞说"者与持"紫金说"者、持"广府说"者与持"客籍(家)说"者之间打了三次笔墨官司,特别是第三次,长达15年之久,这就不得不问问为什么了。

这里首先介绍一下党史会的调查所得。1930年11月,邓慕韩在孙中山长兄孙眉之孙孙满(时任广州士敏土厂即水泥厂厂长)陪同下前往翠亨村访问孙妙茜,查看并抄录了当时由孙妙茜保管的翠亨《孙氏家谱》(编修于清朝晚期的1880年孙族迁葬祖坟之后)前言中的内容:"始祖、二世、三世、四世祖俱在东莞县长沙乡居住。五世祖礼赞公,在[由]东莞县迁居来涌口村居住,妣莫氏太安人,生下长子乐千、次子乐南。乐千居住左步[埗]头,乐南居住涌口。乐千、乐南祖惟因粮务迫速,回过东莞,未曾回来,得存莫氏母在牛路坟全[同]墓。长、次子因贼马潦[獠]乱,不能回来。兹于乾隆[康熙]甲午年[前期],十一世祖瑞英公即(由涌口)迁来迳仔蒗村居住,建造祖祠。"邓慕韩在稍后发表的《总理故乡调查纪要》一文中就依据这个记载称:"孙氏之先,居粤(之)东莞县属长沙乡。至明代,其五世祖礼赞公与妣莫氏迁于香山现改中山县东镇涌村口[涌口村];生二子,长乐千,次乐南。乐千分居左步[埗]头。旋二人因赋税催迫,回东莞以避;卒以兵戈扰乱,竟不能返香山新迁之处,只留后嗣以居焉。爰及十一世祖瑞英公,于清代乾隆[康熙前期]时,(由涌口)再迁镇内翠亨村边之迳仔蒗,建有祖祠,然以人口稀微,老壮出外,乏人料理,故祠久圮矣。"由此可见,邓慕韩文的撰写完全是依照翠亨《孙氏家谱》前言内容而来,以后党史会在《总理年谱长编初稿》中有关孙中山祖籍的叙述就以邓文为依据。邓慕韩在文中还就孙妙茜的口述写到:"总理之谱系,可得而考者,自十世祖始,至总理已十八世矣",并列出了十至十七世的世系,即十世孙植尚、十一世孙瑞英、十二世孙连昌、十三世孙迵千、十四世孙殿朝、十五世孙恒辉、十六世孙敬贤、十七世孙达成。孙妙茜口述的这个世系,在孙眉保存的、抄录于1880年之前的《翠亨孙家家谱略记》中也得到了完全的体现,该《家谱略记》也同样记载了孙氏的十世至十七世世系,并记载"拾世祖考植尚公分房""拾七世祖考达成公,杨氏安人尚生""次考学成公,程氏安人尚生",由此证明它是清晚期之物,与孙妙茜说给邓慕韩的这个世系可以互相印证,换句话说,这个世系是孙妙茜在早年家庭生活中背诵下来的祖先世系,确切地说,是在1880年孙氏迁葬祖坟之前。因为孙妙茜出生于1863年,自小在翠亨村长大,到17岁(18虚岁）时的 1880 年已经嫁到了崖口乡，她在家乡所形成的记忆肯定是在她从孩童至 17 岁之前的这段时间。因为她晚年还有这个记忆，而她又是不识字之人，但她能够在邓慕韩面前顺口说出这个祖先世系，表明她有很好的记忆力；另外，她 17 岁嫁给 3 公里之远的崖口乡杨紫辉，25 岁时就因丈夫病逝而守寡，以后也一直没有改嫁，她常回娘家看看，所以她头脑中留下的婚前记忆比较多。因此，邓慕韩说："总理之谱系，可得而考者，自十世祖始"，其原意就在这里。在没有迁居海外的背景下，在绝大多说中国人都处于文盲的封建时代，只知有宗族、不知有国族的人们大都是靠口耳相传来记事的，尤其是对祖先的传代关系是必须要牢记的，就连读过书的人也莫不如此，有些记忆力特别好的人特别是一些老族长能背诵出他的祖宗十八代是谁，这种能记住祖宗五代或八代人的现象至少在清代的家族或家庭中是比较普遍的。我是 1949 年解放后出生的人，小时候也曾背诵过自己的祖宗八代，谁要是问我的祖籍在哪里，我只能说是山东省，至于是哪个县哪个村，我不是很清楚，但若谁问我的祖宗八代是谁，我是会朗朗上口、对答如流的。因为史学是以史料为基础的，好在孙妙茜在大脑中的记忆通过口述被邓慕韩记录了下来，而孙眉曾经使用的一份《家谱略记》抄写件也有幸留存了下来，这使得孙妙茜的口述不是孤证，而是另有旁证的。孙妙茜在邓慕韩访问的时候，既能说出其祖籍是在东莞，也能说出她的祖宗八代（孙植尚至孙达成就是八代人）是谁，这显然与她早年受到的尊祖敬宗的家庭教育是分不开的。王斧在 1930 年 11 月首次访问孙妙茜时曾抄录了孙家新近才编成的《总理家谱》，并以《〈总理家谱〉照录》为名将其寄给南京党史会，在该文末尾，王斧写到："以上谨就《总理家谱》抄录，其余总理远祖乃由粤之东莞县迁往香山县较详史料，容续告。"他在同年 12 月第二次访问孙妙茜时也获得了"第十世祖尚植［植尚］公分房"这一情节，与《家谱略记》之首记亦相同。而党史会的复查者钟公任在 1931 年 5 月 26 日访问孙妙茜时则有确切的笔记，这个笔记记述了孙妙茜的完整答问："孙氏始祖在东莞县，至五世始迁中山县，其后于此县中曾迁徙过一二处，至十四世始住翠亨村（总理系十八世）。"这就是说，孙中山的十四世祖孙殿朝是迁入翠亨村之人，而孙中山所在的十八世是从东莞县的"始祖"计算而来的。在钟公任的记录中并没有提到翠亨《孙氏家谱》，表明该谱当时不在孙妙茜手中，同时也表明孙妙茜对钟公任所言完全是凭她早年对祖籍的记忆而来，而她的记忆又完全可由该谱前言为证，换句话说，孙妙茜对钟公任之所忆与该谱前言之所记可以互相印证。总之，党史会这三个人均一致记载孙中山的祖先是由东莞县长沙乡迁入香山县的，这就是孙中山祖籍为"东莞县长沙乡"之说的来历。

在进入正题之前，我们首先要问一个问题，这个问题就是：在南京党史会为编辑《总理年谱》的需要而派人前往广东翠亨村调查之前，按说，要调查了解孙中山的祖籍问题，党史会诸人首先想到的应是就近解决，因为孙科就在南京担任国民政府铁道部长（他的工作地点是南京，生活地点是上海，住在上海的莫里爱路10号），如果询问他就可以解决问题的话，那何以要接二连三地派人前往三四千里之外的翠亨村去找知情者调取资料和了解情况呢？很显然，就近到孙科处了解情况才是他们后来远途调查的前提。而且，党史会人员如果在调查孙中山祖籍问题上没有倾听孙科的意见，那在道理上是说不通的。虽然现在未发现有记载孙科对党史会是如何答复的资料，但可以肯定的是，孙科对其祖籍问题肯定是一无所知的，不然党史会是不会下那么大的功夫专门派不同的人分三次前往翠亨村调查了解以至于复查孙中山的祖籍所在。而且，党史会要去广东翠亨村怎样走？去找谁？家乡还有没有知情的人？这些都应该在孙科那里得到指点，无论如何，孙科肯定是党史会调查的首要对象和指点人。

我们已经知道党史会在1930年11月至1931年5月先后三次派人（邓慕韩、王斧、钟公任等）从首都南京到三四千里之外的广东孙中山故乡翠亨村进行实地调查，通过孙妙茜提供家谱和对他们问询的答辞，确立了孙中山的祖籍是广东省东莞县长沙乡，得知翠亨村孙族的上源依次是迳仔蓢村、涌口村和东莞县长沙乡。1932年5月22日，邓慕韩在孙眉之孙孙满、孙乾（时任中山县公安局第一区分局长）的陪同下，前往东莞县上沙乡（原名"长沙乡"）"调查总理世系及始祖坟墓"，认为上沙孙族早期世系"大致与总理家中所存族谱相符"。在上沙乡，他们还查看并抄录了香山县左埗头村（在涌口村西南1里处）孙族于清同治三年（1864）出资修复其上沙乡三世祖孙礼赞坟墓和清同治十二年（1873）出资修复其上沙乡孙氏宗祠时所赠木联，这是两地孙族拥有源流关系的重要物证。其联文为："庙貌庆重新，想当年乐业安居，德绍江东传岭表；宗支同衍脉，看此日源长流远，泽由莞水播香山——左埗头坊裔孙英德、俊堂、俊连敬撰""萃子姓于家乡，木有本，水有源，五世箕裘开莞岭；妥先灵于寝庙，功念宗，德念祖，三房俎豆贡香山——俊邦、俊堂敬撰"[①]。

其实，邓慕韩到翠亨村首次调查之后，即于1930年年底在报纸上不断向东莞县发布"访查启示"。最先响应这个"访查启示"的是东莞县员头山乡孙族，他们认为该乡是"总理先代故乡"，亦即"总理原籍故乡"的故乡。稍后，得知员头山乡此举的东莞县上沙乡孙族也向广东省有关方面写信要求确立东莞县上沙乡才是"总

[①] 据台北中国国民党文化传播委员会党史馆藏第017/4号档案，及高良佐著《总理先族之故乡及世系之研究》"注八"，载南京《建国月刊》第9卷第6期，1933年12月。

理原籍故乡"（他们曾派人到翠亨做过调查，得知翠亨《孙氏家谱》系"总理之父笔记"），并希望澄清此事。

1931年春，员头山小学校董刘耀庭因校舍破烂，打算以"总理先族故乡"的名义请求政府拨款建校，以发展"总理先族故乡"的教育事业，他向有关部门提交了请求书，得到国民政府政务委员会秘书处的确认。而与此同时，东莞县党部的张德依据员头山《孙氏族谱》关于员沙公（即孙常德的号）之四世"华祖子孙分支顺德、番禺、南海、新安、香山一带"的记载，推断"其分支香山者，即总理之族也"，并写了《总理先族系统考》的文章予以发表。由此导致员头山乡民改称该乡为"总理原籍故乡"。不久，该乡收到国民政府政务委员会秘书处的复函，刘耀庭、孙受匡、孙洁生、孙广林等员头山人士随即成立了"总理原籍故乡建设委员会"筹备处，以孙受匡、孙洁生、孙广林为筹备处负责人，决定编辑《建设月刊》作为宣传媒介。孙受匡、孙洁生、孙广林还联名写信给立法院长孙科，请他为该刊题写刊名。得知员头山乡是"总理原籍故乡"的孙科于1932年6月8日在"上海莫利爱路十号孙公馆"依其请求题写了《建设月刊》刊名，并亲笔致函孙受匡等人，其函文为："受匡、洁生、广林诸宗兄大鉴：顷接惠函，备聆壹是。兹如嘱书就《建设月刊》封面壹纸寄上，希察收为荷。专复。益颂台祺。孙科（章）六月八日"①，并在函封上书写"广东东莞县第六区茶山圩有记布店转总理原籍故乡建设委员会孙先生受匡、洁生、广林台启"。由此可见，在社会上还未确认员头山和上沙何者为"总理先族分支香山县的直接迁居地"的情况下，孙科就首先对员头山乡进行了首肯，这显然是草率的。

1932年9月党史会总部编辑的《总理年谱长编初稿》正式刊印。其相关部分记载为："总理氏孙，名文……常德公为元杭州刺史，迁珠玑巷，后与（东）莞伯何真公善，复偕子贵荣、贵华、贵绍、贵武，至东莞员头山居，乃为来粤之始……贵华公，分居上沙乡。迄明代……礼赞公始迁香山县，即今所称中山县者，居东镇涌口村。生二子，长乐千，次乐南，乐千又分居左沙［埗］头。寻以田赋烦苛，胥返东莞避之，会缨世变，不复来香山，然自是有后于其地。（至）清乾隆时［康熙前期］……瑞英公再（由涌口）迁镇内翠亨乡，居迳仔蓢，建宗祠，明祀典。"虽然未提到"至十四世（孙殿朝时）始住翠亨村"（孙妙茜语，见钟公任笔记），但孙中山祖籍为东莞县上沙乡之说宣告成立。

《总理年谱长编初稿》印行后，党史会曾将该书呈送各有关人员特别是国民党

---

① 据1933年6月26日员头山孙广林等致胡汉民函附件：《哲生宗兄给我们的一封信》，台北中国国民党文化传播委员会党史馆藏第030/368号档案。

元老审阅，并于1933年5月编印了《总理年谱长编初稿各方签注汇编》（1套3册），在该书"一岁"条下的签注内容中，有立法院长孙科和翠亨村人陆灿的相关签注，孙科的签注是将"分居左沙头"更正为"分居左埗头"，陆灿的签注是将"左沙头"更正为"左步头"，可见孙科是认真读了该段内容，并做了正确的签注的，他在接受员头山说的同时，也同样接受上沙说。当然，这个源流叙述是将东莞员头山与东莞上沙联系在一起的，所以孙科同样接受两地为祖籍还是情有可原的，因为对于一般人而言，"总理先族故乡"和"总理原籍故乡"之间并没有什么区别。

在此需要补充的是，在1932年前后员头山与上沙两乡争认"总理先族分支香山县的直接迁居地"过程中，鉴于党史会总部已于1932年9月编印出《总理年谱长编初稿》，而广东省政府主席林云陔在省府第6届委员会第157次会议上同与会者对东莞、中山两县的调查取证经过以及调查结果详为研究，最后一致接受了两县特别是中山县唐炜深作出的结论。唐炜深作出的结论就是："总理始迁祖禘宗［礼赞］公，确自东莞县上沙乡迁来本县翠亨［涌口］乡，至员头山乡，系由礼赞［贵荣］公分枝［支］，当不能认为总理始迁祖"。虽然这个结论也有问题，但它明确了上沙乡才是正确的说法。1933年1月18日，林云陔亲自起草呈文给国民党西南执行部，表示对唐炜深作出的结论予以肯定。同年1月下旬，收到广东省政府主席林云陔的呈复后，国民党西南执行部根据东莞、中山两县的调查材料和各种附件（包括员头山孙族族谱和上沙乡孙族族谱），对员头山和上沙何者为"总理先族分支香山县的直接迁居地"问题再次进行审核，最后一致接受了广东省政府的调查结论。同年2月18日，该部常务委员胡汉民、陈济棠、白崇禧、刘纪文、邹鲁、林翼中等六人联名致函党史会，将有关调查经过及各部门呈复材料移交党史会备案。① 而员头山的孙广林、孙茂勋、孙晚荣、孙福为继续争认孙中山先祖的直接迁居地，于同年6月26日又共同草拟了一份呈函给国民党西南执行部常委胡汉民，除了提供员头山的孙族族谱等资料外，还在其所提供的"员头山史料影本六张"中掺杂了本属于上沙乡孙同发所拥有的"广东孙族欢迎中山家先生恳亲大会摄影纪念"照片、1931年8月由胡汉民等党史会五常委因上沙乡孙族"赠送史料一件"而具名颁发给上沙乡孙振业堂的"乙等奖状"（奖状第100号）等不属于员头山的证据，以及孙科于1932年6月8日给员头山"总理原籍故乡建设委员会"题写的《建设月刊》封面题字，给孙洁生、孙受匡、孙广林"诸宗兄"的复函和函封。但此时胡汉民早已得出结论，遂对孙广林等来函不予理睬，只是将此函转给党史会总部存档而已。同年7月

---

① 据1933年3月国民党西南执行部所编《西南党务月刊》第14期，第21至25页，所刊《函中央党史史料编纂委员会请核办上沙乡代表孙绳武等请修正总理始迁祖一案》所附各件。

7日，党史会收到该函及其附件，将其登记收藏①。1985年上沙乡孙同发之子孙衍佳再次找出其父所藏"广东孙族欢迎中山家先生恳亲大会摄影纪念"照片以及宣传该会的新闻传单《孙族恳亲会欢迎中山记》（印刷件）。这张照片上有孙跃衢、孙同发、孙兆权、孙善富、孙培富、孙启瑞、孙蔼庭、孙占鳌、孙鸿鳌、孙金堂、孙子南、孙耀堂、孙锦胜、孙家胜、孙家开、孙新等上沙乡父老三四十人。1986年东莞市政协副主席马汉民、东莞市政协文史工作者唐灵又根据这个新闻传单的内容，找到了广州《民生日报》1912年5月15日第5张上刊载的史料《孙族〈宗亲〉恳亲会纪事》，经研究发现两者的内容几乎完全相同，只是标题略有不同、排版方式不同而已。报纸上刊载的《孙族〈宗亲〉恳亲会纪事》印证了"恳亲会"照片和新闻传单（印刷件）的可靠性，而这两件文物又足以成为东莞上沙孙族与翠亨孙族均为"自南雄珠玑巷，迁来广东后"的"同乡同宗"的铁证。

而在《总理年谱长编初稿》出版前后发生在孙中山故乡翠亨村的另一件与孙中山祖籍有关的、为孙科所知的事，就是孙科为修建"总理故乡纪念学校"而迁葬迳仔蓢地区（翠亨村西北300米以外之地）的17座祖坟至翠亨村东北2公里的崖口谭家山土名"猪肝吊胆"一带安葬（即今所称"谭家山孙族坟场"）之事。该次迁葬活动是孙科在1929年9月28日召开的中山县训政实施委员会2届2次会议上以该会委员（兼任国民政府铁道部长）身份决定的，搬迁时间是在1931年秋天，搬迁工作由孙科和孙满两叔侄主持（主要是后者），具体负责搬迁的是族人孙社正和孙锦兴。当时迁葬的数目和迁葬时间可参照1931年9月24日出版的《中山大公日报》关于《总理学校建筑琐闻》的报道进行推断，其内容是："翠亨乡总理纪念学校，现经开工筑路，所有收用山坟廿四穴，孙姓占去十七穴之多。连日见孙氏子孙雇请仵作，将祖山骸骨执拾，另行迁葬别处。查孙公寿屏，及总理令爱孙阮［娫］，均要迁葬。"1933年清明期间，孙娫遗骨即由孙满、孙乾于澳门大西洋坟场迁葬至崖口谭家山孙族坟场第二排的东侧。按说，孙妙茜对于迳仔蓢的孙氏祖坟是不会忘记的，但在王斧的笔下却有遗漏，如王斧在《总理故乡史料征集记》一文中引述孙妙茜的话说："我的祖先，除我的父亲达成公葬于镜仔朗［蓢］，曾祖恒辉公葬于黄草岗外，其余如祖父等，及以上各祖，均是葬在犁［犁］头尖［山］。犁［犁］头尖［山］就是一出门（向北）便远远望见那一个，最高而且尖的［山］便是也。"孙妙茜只提到她的父亲孙达成葬于迳仔蓢，没有提及她的其他直旁系祖坟，显然是不准确的，好在《中山大公日报》上有这则新闻，才填补了王斧笔下的这个空白。

对于新搬迁的坟场，孙科在1936年11月2日到澳门探望其母亲卢慕贞后，于3

---

① 见台北中国国民党文化传播委员会党史馆藏030/631号档案。

日到翠亨"总理故乡纪念学校"参加校长就职仪式，并于当日下午前往谭家山孙族坟场巡视。这在该年 11 月 4 日的广州《国华报》第 2 张上有《孙科昨由翠亨往岐》的报道，其关于孙科巡视崖口谭家山孙族坟场的记载是：3 日"至十二时，在该校进早〔午〕餐，下午继往参观该校农场，及翠亨（孙族）公共坟场"，并在巡礼"翠亨（孙族）公共坟场"之后"乘车前往下栅，拜谒先祖墓茔，以尽孝思"，然后返回澳门。孙科拜祭的"下栅祖墓"即位于下栅乡长沙埔土名"黄草岗"的祖墓，也即王斧在 1930 年手录的孙殿侯（十四世）和孙恒辉（十五世）叔侄合葬墓①，该墓由十七世孙观德和孙观林（即孙达成之名，他的字为达成，号为道川）两堂兄弟共建。这就是说，孙科对于因修建"总理故乡纪念学校"而形成的翠亨孙族公共坟场是完全承认的。而他承认翠亨孙族公共坟场也就等于承认该坟场是翠亨孙氏五房（即孙敬贤、孙尊贤、孙国贤、孙业贤、孙旭贤②等五房）族人的公共坟场（又称"翠亨孙氏五房族人的公共坟场"）。他清楚其中所葬的他的二叔公孙学成、长姐孙娫、堂长兄孙威（字建唐，系孙眉在檀香山的养子，后过继给孙眉的二弟孙德祐为香火，于 1935 年在澳门病逝，被葬入该坟场）是他的直系亲人，他虽不清楚其中所葬的十一世孙瑞英、十二世孙连昌、十二世孙连帝、十三世孙迥千是不是自己的直系祖先，也不知道其中所葬更早的两座失名的明代祖先是谁（至迟到 1930 年孙妙茜已经说出其十世祖是孙植尚，至 2003 年我们已经知道孙氏九世祖是孙派清），但至少他承认这个坟场是翠亨孙族的公共坟场，这就足够了。

孙科关注了该坟场，但更加关注"总理故乡纪念学校"所在之地迳仔蓢，这块地在建校之前主要是孙族的坟地和祖尝田（土名"看山田"）以及孙瑞英所遗税山埔（即上过税的山田），换句话说，迳仔蓢地区主要是翠亨孙族的祖地，也称孙家地，面积达 70 多亩。据翠亨《孙氏家谱》记载：在孙瑞英由涌口村迁居迳仔蓢村之后，他曾联合叔侄在该地建有一所不大的祠堂，就是该谱所记载的"祖祠"。到清朝同治二年（1863）和同治三年（1864），即在孙中山出生前数年，孙中山的父亲孙达成联合其弟孙学成、孙观成，与房长孙尊贤及房亲孙业贤、孙国贤、孙茂成共同签订过批种其孙瑞英祖所遗迳仔蓢税山埔以种植果木的草约和正式合约（即《孙达成兄弟批种祖尝山田合约》）。该合约规定期满为 50 年，合约的有效性被规定为"永远为据"，由此看来，该合约达到期满时已是 1914 年，那时孙科已是 13 岁，他不仅是该合约规定期限的继承人，而且也是该合约"永远为据"的继承人，但可

---

① 台北中国国民党文化传播委员会党史馆藏第 017/7 号档案。
② 翠亨孙氏"贤"字辈总共有九人，即孙敬贤、孙尊贤、孙国贤、孙业贤、孙旭贤、孙光贤、孙集贤、孙拔贤和孙广贤，其中孙广贤无后，前面的八位"贤"字辈孙氏族人被称为"翠亨孙氏八贤族人"。

惜的是他对此一无所知。孙妙茜在1931年接受钟公任采访期间曾不经意地想起一件事,遂对钟公任说:"达成公有山田种(果)树,邻人强夺之。公争之,不能得,谓总理曰:'尔能争还否?'总理曰:'今则不争,儿长后定能据理争回也。'时总理年八岁。"①孙妙茜所说的"达成公有山田种(果)树"之"山田",指的就是迳仔莨孙瑞英遗下的那块山田,孙达成兄弟承包了这块山田之后,因为他的两个弟弟相继辞世②,无人料理,该地为迳仔莨的何姓地主所霸占,孙中山早年与父亲的对话就是针对此事的。比孙中山大三岁的孙妙茜到68岁时还能记起儿时的事,足见她的头脑很清楚,记忆力很好。另外,该合约还提到了如何分成:"众议愿抛荒伍年,任达成、学成、观成种植,所出利息,仍系达成、学成、观成收回自用。如抛荒期满者[后],此园每年所出果物、利息若干,俱要登明大部,当祖炉前算数,式八均份[分],每两银瑞英祖份下该得式钱,种植嗣孙达成、学成、观成三人份下共该得八钱。"其中提到的"祖炉"即指迳仔莨孙氏祖祠里的"祖炉",是放在祖先牌位之前供亲人们上香的香炉,这就是说,孙达成兄弟和房长等房亲在分成前,要在祖宗孙瑞英的牌位前进行清点与分红,足见他们对孙瑞英所遗田地收益分配的重视。这个祖祠于清前期到清晚期存在了200多年,到清末时已经倒塌。孙眉和孙中山早年在家生活时,肯定见过这个祖祠,以至于到祖祠里祭过祖,因为过去当地人在清明期间无论是大人还是小孩(年老行动不便者和婴儿除外)都要参加清明拜扫祭祖活动,无人可以例外。1912年5月28日,孙中山和孙眉就偕家人前往迳仔莨祭祖,因为祖祠早已倒塌,所以就"在祖宗山坟行走一遭"③,其实是在祖宗山坟前礼拜一番。

在提到翠亨新建坟场即崖口"谭家山孙族坟场"之前,翠亨孙族还建有另外一个坟场,这另外的坟场就是1930年孙妙茜对党史会调查人员所说的"犁头尖山坟场"(实指犁头尖山西南山肩处土名"竹高龙真武殿"的孙族墓地,即现在所称的"竹高龙孙族墓地")。"竹高龙孙族墓地"与"谭家山孙族坟场"是完全相关的,后者是前者的接续。但可惜的是,孙科4岁时(1895年)就因父亲孙中山发动广州起义失败而离开家乡,直到21岁(1912年)返粤,虽到过广州而未回家。稍后孙科又赴美国留学,26岁(1917年)始回澳门看望母亲卢夫人及在广州担任孙中山

---

① 台北中国国民党文化传播委员会党史馆藏钟公任手稿原件:《总理故乡史料调查记》(档案号030/368)。
② 孙学成死于签订合约的1864年,孙观成死于1867年。
③ 李伯新撰:《孙中山史迹忆访录》,载《中山文史》第38辑,1996年版,第140页。甘茂是长沙埔村客家人,孙中山回乡祭祖那年是1912年,当时他17岁,他曾见过孙中山到迳仔莨,说"他(指孙中山)在祖宗山坟行走一遭,过几天又走了"。

海陆军大元帅府秘书及非常国会参议院秘书兼《广州时报》编辑，30岁至34岁（1921年至1925年）担任广州市长兼治河督办，后任广州市长，1928年任南京政府铁道部长，1931年任南京政府行政院长，1932年任南京政府立法院长。于此可见，孙科对家乡的一切所知甚少，对其祖籍就更不明了。而"竹高龙孙族墓地"在翠亨《孙氏家谱》前言中已有记载：翠亨孙族因到涌口"拜扫路途遥远，来往艰辛之故，是以檀香山各叔侄贸易生意捐签银两回来盘［搬］迁"，将"以前先祖在涌口村所葬之山①，于光绪六年七月，一盖［概］已将先祖之坟墓一切盘［搬］迁回来，在翠亨村犁［犁］头尖（山）土名'竹高龙真武殿'安葬"，"以得清明拜扫来往就近之便也"。由此可见，翠亨孙族"于光绪六年"（1880）迁葬祖坟之后，就不用在清明期间再到涌口地区给祖先上坟了，而在这之前，每年清明期间除了要在翠亨地区上坟外，还要前往20里地以外的涌口村周边去上坟，因为墓地比较分散，所以每年的拜扫活动要持续三四天才能完成。迁葬之时，孙中山的父亲孙达成是67岁，显然是这次迁葬活动的主持人，同时也是迁葬之后编修翠亨《孙氏家谱》的主持人。该家谱还提到这次祖坟的搬迁费用"是以檀香山各叔侄贸易生意捐签银两回来盘［搬］迁"的，很显然是说当时翠亨孙氏已经形成了一个较有规模的家族体系。而当时的孙家因为孙学成和孙观成早已去世，而他们又都只生有女儿，并未生子，可见孙达成是没有亲侄子在世的。而该谱的记载显示了孙族是个分有不同房系的家族，因为孙眉在檀香山经商致富，翠亨孙族有5户人家也跟着去了檀香山谋生，所以才有"檀香山各叔侄贸易生意捐签银两回来"之说。

在竹高龙孙族墓地所葬的7座坟墓中，总共埋葬有孙氏始祖妣陈氏，五世祖孙礼瓒（翠亨《孙氏家谱》作"礼赞"）、妣莫氏夫妇，六世祖孙乐南，七世祖孙耕隐，七世考孙某某、妣王氏、妣某氏夫妇，八世祖孙怀堂，十二世祖孙竹居、妣刘氏夫妇，十四世祖孙殿朝、妣林氏夫妇，十四世妣孙谭氏，十五世妣孙程氏，十六世妣孙黄氏，十七世孙德存，共17人。从这些名讳来看，虽然该墓地是以搬迁涌口村祖坟的名义占地修成的，但因孙眉出资最多，所以在迁葬过程中，孙达成也将已故的部分近亲迁入。这里先说一下十四世孙殿朝和林氏夫妇，这两人就是孙达成的曾祖父母，也就是人们所知的孙中山的高祖父母，而他们合葬在竹高龙孙族墓地，表明该墓地显然就是翠亨孙族的墓地。再说十五世妣孙程氏和十六世妣孙黄氏。十五世妣孙程氏就是孙恒辉（十五世）的夫人，也就是孙达成的祖母，她去世于1821

---

① 此"山"字按当地民俗系指"祖山"，亦即祖坟的意思。当地人把清明期间扫墓祭祖活动称为"拜山"。当地人提到某处有几座坟墓时，常说某处有"几挂山"或"几穴山"，"挂"字为量词，表示"座""穴"之意。

年7月28日,葬于迳仔蓢村的周边;十六世妣孙黄氏就是孙敬贤(十六世)的夫人,也就是孙达成的母亲,她去世于1868年10月9日,亦葬于迳仔蓢村的周边,孙中山虚岁3岁时曾跟随出殡队伍到过其墓地①。至1880年孙达成主持将其涌口村祖坟迁至该墓地时,亦将他的祖母和母亲一并迁葬,并将她们婆媳俩合葬在一起。值得一提的是,在孙家拜扫其位于犁头尖山东北侧山肩处土名"黄帝田"的孙敬贤(十六世,即孙达成之父)墓时,必须先经过犁头尖山西北山肩处的竹高龙孙族墓地附近,然后从犁头尖山的山肩背后绕过去。这婆媳俩的坟墓葬在竹高龙孙族墓地,表明该墓地本来就是翠亨孙氏的墓地。下面说说该墓地中所葬的孙氏始祖妣陈氏,她在墓碑上的名讳为"皇明显始祖妣孙门陈氏老太安人",这表明她显然是明朝人,而她在翠亨《孙氏家谱》中则是首位记载的"生终年月无考"的"始祖婆陈氏太安人",两者均记载有"始祖婆陈氏"五字,显然是指同一个人。而她是由涌口村迁葬到翠亨村的,而从该谱的记载来看,六世孙乐千、孙乐南兄弟曾因"粮务迫速"或"贼马潦[缭]乱"而前往东莞上沙乡,但最终未能回来,而他们的后人在将其遗骸由上沙迁回涌口村时,顺便将其始祖婆陈氏的遗骸一并迁回,这应该就是这个孙族始祖婆陈氏遗骸来到香山县的大致情形。而东莞县上沙乡孙氏始祖孙常德共有三位妻子,即翁氏、陈氏和邓氏,很显然这个始祖婆陈氏就是孙常德(1298—1370)的二夫人②,而她的遗骨由东莞县上沙乡迁到香山县涌口村,继而由涌口村再迁到翠亨村的经历,显然证明了翠亨孙族来源于东莞县上沙乡,亦即东莞县上沙乡就是孙中山的宗祠所在地。孙科显然不知道此事,就连竹高龙孙族墓地也一无所知,更何况该墓地中还葬有孙中山的高祖孙殿朝夫妇,也葬有孙中山的曾祖母程氏(孙恒辉的夫人)和祖母黄氏(孙敬贤的夫人),还葬有孙科的族叔即十八世孙德存。

1935年11月,党史会为纪念孙中山诞辰70年而出版《总理年谱长编稿》,《长编稿》的内容大体上就是《总理年谱长编初稿》的翻版。其关于孙中山祖籍及世次

---

① 秦孝仪主编:《国父年谱》第三次增订本,台北中国国民党中央委员会党史委员会1985年版,上册,第11页。
② 据编修于清朝光绪庚辰年(1880)的香山县左埗头五修《孙氏族谱》所载的东莞县上沙乡孙氏世系。

的记载为:"始迁祖即第一世祖常德公为元杭州刺史,迁南雄珠玑巷,与东莞伯何真①公善。真公慕其品学,聘为西宾[席],遂相偕来粤,并率其子贵荣公、贵华公、贵绍公、贵武公等,至东莞员头山而家焉。第二世祖贵华公分居上沙乡,自是第三世祖礼和公、礼忠公、礼裡公,第四世祖受公、晟公、广公,第五世祖能公、通公、玄公,胥未出上沙境。玄公字[号]礼赞,中岁率其子乐川(千②)、乐南,迁香山县(即今改称中山县者)居东镇涌口村。未几,乐川(千)又分居左埗头,而乐南后裔,则由涌口藩殖。中更丧乱,间有反[返]东莞,或迁异地者。至清康熙前期,十一世祖瑞英公再(由涌口)迁镇内翠亨乡,居迳仔蓢,乃建宗祠,明祀典。"由此可以看出《长编稿》的叙述只是增加了员头山孙族族谱和上沙乡孙族族谱关于一世孙常德(号员沙)至五世孙玄(号礼赞)在东莞的世次与名讳,其余内容未变。另外,该处仍然只提及十一世孙瑞英迁居迳仔蓢,未提及"至十四世(孙殿朝时)始住翠亨村"(孙妙茜语)一节。

1934年,国民党中央党部批准林森、蒋介石、汪精卫、张继、戴季陶、叶楚伧、孙科、孔祥熙、邵元冲等九人为国民党中央党史史料陈列馆建筑委员会委员,该馆于1936年在南京建成,并于同年11月举办"中央党史史料陈列馆陈列史料",该史料陈列在"前言"中记述了孙中山的家族来源:"总理孙先生讳文,号逸仙,避居日本时,自署中山樵,后遂以中山称焉。先祖由广东东莞上沙乡迁香山县(现为纪念总理已改称中山县)翠亨乡,其地三面环山,一面临海,水木明瑟,风景如画。"又在展览中陈列有第100301号展品:"先代故乡上沙乡"照片。该史料陈列在展出前曾经有关部门和孙科的严格审查。

早在1932年12月,由孙科发起提案并由政府立项修建的"中山文化教育馆"于1936年在南京落成,由孙科兼任馆长。时任商务印书馆编辑的胡去非根据其近年收集的资料重新撰写孙中山传记,并将新书稿定名为《总理事略》。在出版前,他特意将书稿呈送中山文化教育馆馆长孙科审阅,并请孙科为该书题写书名。关于孙

---

① 何真,元末明初人,籍贯东莞,1321生,字邦佐。早年镇守惠州,后率义勇军打败邵宗愚,收复广州,擢升广东分省参政,不久又被提拔为右丞、元朝资德大夫,后人江西省任中书省左丞,官阶资善大夫,分治广州。后江西、福建合为一省,何真以资德大夫、江西福建行中书省左丞而被赐南台银印,仍治广州。时赣州熊天瑞引舟师数万谋袭何真,何真迎战于胥江,击败熊天瑞。何真得朝廷信赖,成为显赫的岭南霸主。1368年朱元璋建立明朝,何真率部迎接明军,明军因此收获岭南,平定两广。何真降附有功,奉诏入朝(即南京),被尊为开国元勋。后被朱元璋诏转山东行省参政,不久改四川布政使,又迁任山西右布政使。1383年,何真与何贵父子再次接旨回广东"收集土豪10623人还朝"。1384年,第三次奉诏回乡"收集广东未至军士",凭其威望,很快召集了旧部军校3423人。但朱元璋后来把何真的这些实力分散到各地。1386年,何真再奉诏入朝,次年调任湖广布政使。1387年,朱元璋敕封年老病衰的何真为"东莞伯",封禄一千五百石,并赐宅第于京师。1388年,何真去世,享年67岁,葬京师广城南八里岗,得朱元璋赠为侯爵,谥忠靖。

② 当地方言"川""千"相同,故而容易弄错。

中山的家世，该书稿记为："翠亨孙氏，系出金陵，其远祖有名固，号元［允］中，谥温靖者，宋英宗治平间进士，曾官神宗朝枢密（院）使，与韩琦友善……传至……常德公，仕元为杭州刺史。及明初，应友人何真之聘，至广东东莞任西席，遂居东莞之员头山，此为孙氏迁粤之始。常德公生四子，仲子贵华公，分居上沙乡（亦作长沙乡）。贵华公（之孙）生一子，名玄，字［号］礼赞，始迁香山县之东镇涌口村，此为孙氏居香山之始祖。礼赞公生两子，长缔宗［儿］号乐千，次缔儿［宗］号乐南。乐南［千］公分居左步［埗］头，（乐南仍居涌口），后以不胜苛征暴敛，又返东莞。至清乾隆时［康熙前期］，瑞英公复由涌口迁居翠亨乡迳仔蓢，乃为翠亨［迳仔蓢］乡之始祖。按照孙氏族谱所载，自常德公侨居广东后，至中山先生之世为十八代，至先生哲嗣科，令孙治平治强兄弟，适为二十代；瓜瓞绵延，克昌厥后，勋业之隆，岂仅荣宗耀祖而已哉。"胡去非所说的这个徙居经历本来有很多错误甚至人名互换，但经孙科审阅后，孙科不仅没有指出其非，反而照样题写书名："胡去非编纂《总理事略》，孙科敬署（章）"。并对胡君和该书大加称赞："胡君好学，勤研主义，总理事略，编订明备，图像合刊，弥具深意，如见羹墙，如闻謦欬，追惟过庭，常懔诏示，敬付梓人，用贻同志。孙科敬题（章）"。该书于1937年10月由商务印书馆出版，而孙科对该书内容的态度也可见一斑。

二、罗香林与孙中山客籍说的由来

客家人罗香林是客家研究的开拓者，他对孙中山的家世研究始于梅县张某传言和孙中山答林百克问。

梅县张某传言散播于1929年孙中山奉安南京大典之后的广东梅县地区，这个传言是别人代为散播的，其具体内容是："光宣之际，有梅人张君，尝以革命事，往谒孙公。初相见，某君强操国语，顾字音不正，出口维艰，孙公睹状，慰曰：听君语，粤人也，盍以粤语谭论可乎？某乃改操广州白话，顾亦不熟，所言多不达意。孙公曰：子殆客家人乎？吾当与子讲客话也。某怪孙公能客语，叩曰：总理亦学客话乎？孙公曰：吾家之先，固客人也，安得不解客话？"这就是梅县张某拜访孙中山，孙中山自言先代是客家人、自己会说客家话的传闻。其实，这本来就是一个虚构的像模像样的假传闻，但在罗香林眼里，始终认为这个道听途说的传闻是真实可信的，他进而走上了置孙中山于客家后裔的范畴来探究孙中山家世的与事实完全相左的迷途，不能自拔。

孙中山答林百克问是孙中山就其祖籍问题回答林百克的问话。林百克是美国人，原名叫Paul Linebarger，包尔·林百克是他的中文译名。他追随孙中山多年，长期担任孙中山的英文法律顾问，多次接触孙中山，还经常请孙中山忆述往事，以此撰写了英文本 SUN YET SEN AND THE CHINESE REPUBLIC，1925 年由美国世纪公司出版，该书的中译本书名本应译为《孙逸仙与中华民国》，但在 1926 年上海开智书局出版徐植仁的中译本时，即以《孙逸仙传记》为书名。在该书第 5 页有孙中山的答问："Choy Hung…Choy Hung…that is the hamlet of my birth, and the birthplace of my immediate forebears. I say immediate forebears, for we have lived only a few generations in Choy Hung. The village of our ancestral temples is at Kung Kun, on the East River."徐植仁对此句的译文是："其实我和我的几代近祖，的确是生在翠亨村里的。不过我家住在那里只有数代。我们的家庙，却在东江上的一个龚公村（译音）里。"在这个答问中，孙中山的最后一句至关重要，这就是：The village of our ancestral temples is at Kung Kun, on the East River. 但是罗香林仔细研究了该书的英文版之后，仍在琢磨怎样翻译这个 Kung Kun，他在 1933 年 9 月也到翠亨村访问过孙妙茜，奇怪的是他却并没有当着孙妙茜的面询问其祖籍问题，反而在调查之后认定"Kung Kun"的"下一字为'莞'对音，上（一）字当是 Tung 字之误，据其地望推之，当是东莞无疑"，并作出了"孙公上代，原住紫金，后迁东莞"的假设。1937 年，当他看到党史会编辑的《总理年谱长编初稿》所主张的"东莞说"时，发现党史会的"东莞说"无法体现出他所听到的"客籍说"，他随即改变了思路，并认为"余昔年以 Kung Kun 为即东莞之误，自今思之，实有未谛"，按照他的新思路，是要把党史会的"东莞说"剔除，进而为他听说过的"客籍说"铺平道路。此后，他又开始在紫金地区寻找 Kung Kun 的密合地名对音，他先假设 Kung Kun 的密合地名对音就是"公坑"，因此把寻找目标锁定在紫金县的公坑和公坑嶂一带。但是，当他于 1941 年 8 月 3 日在韶关市曲江县见到了紫金县忠坝镇的《孙氏族谱》并对其研读时，却意外地发现该谱有一处记载提到了"公馆背"，他认为将"公馆背"里的"公馆"译为 Kung Kun 更贴切，亦即"公馆"是 Kung Kun 的"密合地名对音"，遂将"公坑"撇开，转而以"公馆"为 Kung Kun 的密合地名对音来进行翻译。其实，紫金忠坝《孙氏族谱》所记载的是忠坝孙氏始祖"友松公……所遗祭田，（位于）小土名林塘肚，又忠坝公馆背、灌水塘、杨坊矿石屋下三坟地"，也就是说，该谱提到的"公馆背"只是孙友松所遗四块祭田所在地（林塘肚、公馆背、灌水塘、杨坊矿石屋下）的小土名之一。抛开"祭田"不说，单说"公馆背"，它也只是一块坟地的小土名而已，而且这个"背"字是不能省略掉的，所以"公馆背"绝不是村名，它与"公馆村"或者 Kung Kun 显然不能画等号。另外，孙中山答林百克问的语序是 The village of …… is at Kung Kun，而不是 Kung Kun Village（公馆村），所以从语序上来看前者也不等于后者。但是罗香林找到"公馆背"这个 Kung Kun 的"密合地名对音"之后，如获至宝，遂紧锣密鼓地撰写起他的《国父家世源流考》一书来。不过，在撰写过程中，他把"客籍说"隐藏了起来，就好像他所作的考证只是对孙中山祖籍的考证，与"客籍说"无关。

1942 年春，罗香林到重庆担任国民党中央专门委员兼中央政治学校研究部教授，从此与身在陪都重庆担任国民政府立法院长的孙科生活在同一城市，时与孙科接触，"特袖手稿，就正于国父哲嗣孙哲生先生。"① 在重庆经常遭到日机轰炸、人心惶惶的背景下，处在百忙之中的孙科是否审阅过该书稿，不得而知；而且孙中山的祖籍问题，党史会早就有了定论；更何况遇到祖籍这等家族大事，关乎自己的祖宗，也关乎一大家族人的信仰，是不能一个人随意处置的。按理说，应该是谨慎又谨慎的，但不料的是，孙科对待罗香林的态度，就和他 1932 年对待员头山乡请他题字和 1936 年胡去非请他题字、题词一样，有求必应，他很快就于 1942 年 5 月 5 日为该书作了序，并说："罗君以此书乞余点窜，余佩其勤笃，因略论世系研究之意义与方法如此。若其所已阐发，则此书俱在，不复赘焉。是为序。"而对书中的内容，未做任何的"点窜"，或者说他根本就未曾读过。得到了孙科的首肯，该书便于 1942 年 12 月由重庆商务印书馆出版，正式在社会上大张旗鼓地宣传"紫金说"。"紫金说"的出笼给广大社会造成了很大的影响，就连国民党官方机构出版的《国父年谱》亦改采此说。

罗香林后来说："余昔著《国父家世源流考》，盖纯以国父孙中山先生所述家庙在东江公馆村，及国父故居所藏《孙氏列祖生殁纪念簿》所记十二世祖连昌公始居香山县一史实，为研究准则，先以之为普遍谘访依据，继乃分析东江公馆村地望，建立紫金忠坝公馆背为国父上代所尝居止之假设，然后乃为搜集有关资料，并于紫金为特殊调查，赖友好协助，果于忠坝孙屋排孙桂香家，发现忠坝《孙氏族谱》旧本。其谱所记一事，即十二世祖连昌公，旧居公馆背，遭时多艰，迁徙外地。其年代、名讳、世次及地望，与国父所述及孙氏列祖生殁纪念簿所记，皆相密合。"由此可见，他明确指出他所采用的研究方法是先假设而后再找证据证明，即考证式的。他的研究方法与党史会的纯粹的调查取证方法即依据孙家的有关家（族）谱、世系以及孙妙茜的口述等资料而确定的方法完全不同。罗香林以为他的"由假设而获致证明，而以科学方法治史之效能以显"的研究才是真正的研究，不知其研究与党史会的直接调查研究有着天壤之别，只要党史会的调研资料完整地保存下来，那么他的研究"成果"迟早会被推翻。

---

① 罗香林著：《国父家世源流考》复版再跋，台北商务印书馆 1954 年版。

其实，罗香林所谓"以国父孙中山先生所述家庙在东江公馆村，及国父故居所藏《孙氏列祖生殁纪念簿》所记十二世祖连昌公始居香山县一史实，为研究准则"，这里所说的这两条"研究准则"根本不是什么准则，而是他的误解或编造。

先说"家庙在东江公馆村"。"家庙在东江公馆村"只是罗香林对孙中山答林百克问的翻译，并不是孙中山所说的，孙中山所说的原话是"The village of our ancestral temples is at Kung Kun, on the East River"这一句。要想准确翻译这句话，必须首先注意这句英文的逻辑关系，即 The village 是 Kung Kun 所属或下辖的一个村名，即前者包括在后者之内，但绝不等于后者；然后要找相关资料加以旁证，这个相关资料就是孙妙茜对党史会人员的口碑资料特别是翠亨《孙氏家谱》的原始记载，孙妙茜和该谱都提到了孙氏的祖籍是"东莞县"或"东莞县长沙乡"，因此 Kung Kun 必然是指东莞；再查东莞县在过去的英文常用名是 Tung Kun，而 Kung Kun 显然是《孙逸仙传记》英文版在印刷时所出的错误，即排字工误把字母"T"排成了"K"，所以造成了很多误解。现在所有的问题都解决了，就可以对孙中山答林百克问进行正确翻译了，那就是："我们祖祠所在的村庄在东莞县，属东江流域"（Kung Kun 显系 Tung Kun 之误）；或者换一种译法，就是"我们祖祠在东莞县长沙乡，属东江流域"（Kung Kun 显系 Tung Kun 之误，The village 是指"长沙乡"）。如此看来，本可以通过孙妙茜和翠亨《孙氏家谱》解决的问题，罗香林却为了考证 Kung Kun 的所在，千方百计在紫金县找寻它的密合地名对音，实在是走了弯路或错路。而其找寻的结果更是令人大跌眼镜。孙中山所说的祖籍明明是在东莞，因此用孙妙茜的口述和翠亨《孙氏家谱》的记载完全能够获知孙中山答林百克问的内容。但是罗香林在1937年以后却为了反对党史会的"东莞说"而另找新路，他就是要把孙中山所说的 Kung Kun（本是"东莞"的误排）换成别的什么地名，先是用"公坑"寻找，在寻找中发现用"公馆"比用"公坑"更密合，所以改用"公馆"作为孙中山答林百克问中 Kung Kun 的翻译，并谓"国父孙中山先生所述家庙在东江公馆村"，以此来割裂孙中山与东莞的祖籍关系，将孙中山的祖籍与紫金忠坝的"公馆村"联系起来，这样，就否定了"东莞说"，也就符合了"客籍说"的口味。罗香林多次说过，"国父孙中山先生所述家庙在东江公馆村"或"国父对林百克（Paul Linbarger）所述家庙在公馆村（Kung Kun）"是"一事实"，其实根本就不是"事实"，这个"事实"是罗香林想象或编造出来的，因为孙中山并没有说过"家庙在公馆村"或"家庙在东江公馆村"这样的话。罗香林就孙中山的这句话该如何翻译而展开探讨孙中山的家世源流，其实林百克的《孙逸仙传记》所有的记述都展现了孙中山家族是纯讲粤语即广州话又称广州白话（实指带有翠亨口音的广州白话）、妇女缠足、信奉村庙北极殿内供奉的北帝（"北极玄天真武上帝"的简称）等神祇的较有规模的广府家族，没有任何的客家特点。由此可见罗香林以一个外国人笔下的一个地名（更何况这个地名 Kung Kun 本身就有印刷错误）就研究起孙中山的家世源流，难免不会出现"差之毫厘，失之千里"的错误。

再说"国父故居所藏《孙氏列祖生殁纪念簿》所记十二世祖连昌公始居香山县一史实"，这个"史实"也是罗香林想象或编造出来的。罗香林到翠亨村访问孙妙茜时唯一见过的就是这个《孙氏列祖生殁纪念簿》（原名叫《列祖生没纪念部》），其他的谱牒资料均未见到。因为 1931 年 9 月翠亨孙氏曾大规模地搬迁过迳仔蒗的祖坟到崖口的谭家山，1933 年和 1934 年还将孙娫墓、孙昌（孙眉之子）墓、孙眉墓分别从澳门和广州迁回翠亨，因此翠亨《孙氏家谱》和 1932 年 5 月孙家在澳门编成的《孙总理家谱》等会因为需要而在澳门（卢慕贞和孙眉遗孀谭氏居住在澳门）、广州（孙满、孙干在广州）和翠亨（孙妙茜）之间来回辗转，并不一定始终在孙妙茜的手里，所以罗香林只看到了《列祖生没纪念部》而未看到其他的谱牒资料是很自然的事情。而《列祖生没纪念部》是孙家在 1933 年清明期间为了纪念其已故先人的生卒时间才编成的，因为孙家十一世以前的祖先都没有留下准确的生卒资料，所以才从十二世记起。它是从 1932 年 5 月 20 日由卢慕贞在澳门主持、胡汝昌协助编成的《孙总理家谱》上摘抄而形成的，而《孙总理家谱》本身又源于翠亨《孙氏家谱》，并在其上增加了孙氏很多现代人。另外，孙妙茜在 1930 年还能背诵出孙氏的十至十七世先祖世系，孙眉也在早年抄录了孙家十至十七世先祖的世系，这本身就说明"十二世祖连昌公始居香山县"并不是"史实"。还有，从翠亨孙氏的祖先坟墓来看，始祖婆陈氏、五世礼赞、六世乐南、七世耕隐、八世怀堂、九世未详（但谭家山孙族坟场里却有两座失名明代祖先墓，现在已知九世是派清）、十世植尚（虽然谭家山孙族坟场里有两座失名明代祖先墓，不知何者为十世墓，但孙妙茜早在 1930 年就说其十世祖为植尚）、十一世瑞英、十二世连昌、十三世迥千、十四世殿朝……已然形成了一个大致的家族世系，证明"十二世祖连昌公始居香山县"是"一史实"的说法是完全错误的。但罗香林在 1933 年 9 月访问孙妙茜后，就认为孙氏"十二世祖连昌公始居香山县"是"一史实"，并进而提出了"孙公上代，原住紫金，后迁东莞"的假设，这个"原住紫金"的假设，就隐含了"客籍说"的内容，到 1937 年他发现党史会的"东莞说"里没有隐含"客籍说"的内容时，遂抛弃了党史会的"东莞说"，而在紫金县大张旗鼓地寻找 Kung Kun 的"密合地名对音"。罗香林是广东省兴宁县人，他早就知道他的邻县紫金县有很多姓孙的客家人，而这正是他在紫金县大张旗鼓寻找 Kung Kun 的"密合地名对音"活动的底蕴。所以《列祖生没纪念部》并不是孙家的"唯一家传信史",因为它形成于罗香林访问孙妙茜的当年;而"十二世祖连昌公始居香山县一史实"也并不成立,这个"唯一"和"史实"只是罗香林想象或者说是编造的而已,因为翠亨孙氏早在五世祖孙礼赞于明朝成化(1465—1487)晚期就由东莞县迁入香山县涌口村,六世时分支为涌口和左埗头两个支系,其中在涌口的一支于清朝康熙前期(1662—1681)由孙瑞英带领迁入迳仔蓢村,并建造了祖祠,十三世孙迥千又搬回涌口村生活,至乾隆甲午年(1774)十四世孙殿朝又由涌口村迁入邻近迳仔蓢300米的翠亨村居住,这才是翠亨孙氏由东莞县上沙乡迁到香山县翠亨村的经过。

罗香林在上面提到的"十二世祖连昌公,旧居公馆背"一语也不成立。他在这里提到的"十二世连昌公"实指紫金忠坝《孙氏族谱》里的"十二世琏昌公",并不是生活在迳仔蓢的"十二世连昌公",而且忠坝的孙琏昌也并不是居住在"公馆背",前面已经提到"公馆背"是忠坝孙氏始祖孙友松所遗的一块祭田,而且这块祭田同时又是孙家坟地的所在地,换句话说就是祭田改为坟地,这块坟地就叫"公馆背"。而忠坝《孙氏族谱》所记载的忠坝孙氏始祖孙友松在"上镇约(的旱塘仔)开基","上镇(约)即忠坝也",旱塘仔的"黄牛挨磨,即开基祖祠也","分四房:长房祠堂上孙排,(二房惠忠公,移羌畲开基住),二房[三房]祠堂上袁田,三房[四房]祠堂下孙排",也就是说,忠坝孙氏除了二房外迁羌畲开基外,其他的人都住在旱塘仔、上孙排、下孙排和上袁田这4个地方,根本就没有人住在"公馆背",因此罗香林说孙琏昌曾在"公馆背"居住和生活并非事实。而他说"琏昌公旧居公馆背"的目的,一方面是为了与孙中山答林百克问中提到的Kung Kun相挂钩,亦即他认为Kung Kun等于"公馆背";另一方面是为他的继续考证做铺垫,因为紫金忠坝《孙氏族谱》还有一处记载:"十二世祖考琏昌公,移居曾[增]城,于后未知",罗香林因此猜测他后来到了香山,并认为他就是《列祖生没纪念部》记载的"十二世祖考连昌公"。但实际上,紫金的孙琏昌大约生于1747年,而香山的孙连昌生于1669年,两者的出生之年相差了大约78年,换句话说,当香山的孙连昌于1728年去世时,紫金的孙琏昌尚未出生,因此他们绝对是两个不同时代的人,绝非同一人。

对于该书所提到的"十二世祖考琏昌公,移居曾[增]城,于后未知"的记载,罗香林的解释是:"至忠坝《孙氏族谱》所述连[琏]昌公移居增城后即未知下落者,或以其人辗转迁徙,所传丁口无多,因失于联络,亦未可知。而当日紫金人民之移居增城,则似为相当普遍之现象,不仅忠坝孙氏为然。"又推测说,"惟连[琏]昌公在增城,似居殖未久,即辗转迁居中山县涌口门村。故在增城未留若何明显痕迹，而其卒年与葬所，则已在涌口门村。忠坝孙氏族谱所以记云'移居增城，于后未知'者，意即因此失去联络之故也。"这种解释是很难令人信服的，文中采用"或以其人辗转迁徙""亦未可知""似为相当普遍之现象""似居殖未久""未留若何明显痕迹，而其卒年与葬所，则已在涌口门村"这些若即若离、似是而非、虚无缥缈、含含糊糊的词汇，是难以确定紫金的孙琏昌与香山的孙连昌就是同一人的（张德考证员头山乡是"总理原籍故乡"时还用了员头山孙族族谱关于孙贵荣之孙孙华的"子孙分支……香山一带"的记载，而罗香林考证移居增城的紫金孙琏昌本来是"于后未知"的，与香山县还隔着五六百里路呢，除非香山的族谱有提到孙某是从增城而来的，这样才能填平这个鸿沟，也就是说，身为学者的罗香林在这个问题上的考证就连不是学者的张德都不如）。紫金孙琏昌是二房（孙琏盛、孙琏昌、孙琏桥），香山孙连昌是三房（孙连富、孙连德、孙连昌），二人房次不一样；紫金孙琏昌的父亲是紫金忠坝的孙鼎标（十一世），祖父是紫金忠坝的孙宗荣（十世），而香山孙连昌的父亲是香山的孙瑞英（十一世），祖父是香山的孙植尚（十世），二人的父祖名讳也不一样。而孙连昌与孙连富、孙连德本来就是土生土长的香山人，并非是从外县迁入的。除了孙氏三兄弟是土生土长的香山人外，他们的同辈兄弟或族兄弟还有孙廷尊、孙连维、孙连魁、孙连日、孙连皋、孙连胜、孙表腾、孙表理、孙表廷、孙表奕、孙表亮、孙表现、孙表兰、孙表国、孙表生、孙裔千、孙裔伦等，他们也是土生土长的香山人；孙氏三兄弟的父辈孙瑞英（十一世）是土生土长的香山人，孙瑞英的同辈兄弟或族兄弟还有孙维进、孙奇进、孙宗耀、孙友奕、孙友飞、孙友义、孙友桂、孙友生、孙友发、孙友太、孙进友、孙进雄、孙梅景和孙梅占等，也是土生土长的香山人；孙连昌之子孙迥千（十三世）也是土生土长的香山人，孙迥千的同辈兄弟或族兄弟有孙云辉、孙云宵、孙全光、孙集旺、孙云后、孙云沛、孙云瑞、孙竹居等，也是土生土长的香山人。这些人名均来自于翠亨《孙氏家谱》正文及后记所列未记载世次之族人。在该谱未载的人名中，我们还知道在谭家山孙族坟场有一个人叫孙连帝，也是十二世。另外还知道该谱未载之人有孙云灿，他是孙瑞英之孙，是十二世孙连德之子，属于十三世，他在清朝干隆八年（1743）联合孙梅景、孙梅占（十一世）等房亲，与房亲孙廷尊（十二世）、孙迥千（十三世）二人签订过买卖孙容窝（七世）在涌口村所遗尝田的契约，以便为涌口孙族与外族的争山械斗提供"米饭应用"。该谱未载的还有两位翠亨村人，一位叫孙殿明，在程道元等于1921—1924年所修南朗《程氏族谱》六修本①第17卷第14页中记载程中行（1772—1826）"娶翠坑（翠亨的旧称）孙殿明（之）次

---

① 香山县城石岐孙文西路十九号光华公司承印。

女"为妻,该谱提到的这个孙殿明是翠亨孙氏十四世族人,也是翠亨村人,与孙中山的高祖孙殿朝同辈,孙殿朝也是孙家迁入翠亨村之人。另一位叫孙殿侯,他在1880年翠亨孙氏搬迁祖坟之后所抄录的《翠亨孙氏先祖牌位纸》中有记载,另在王斧访问孙妙茜之后于1931年5月发表在南京《建国月刊》5卷1期上的《总理故乡史料征集记》一文提到其墓地,党史会也收藏有王斧所抄录的孙殿侯与孙恒辉叔侄合葬墓墓碑上的文字。孙殿侯是孙殿朝的长兄,他们与孙殿明是亲兄弟还是堂兄弟,不详,但他们都是翠亨村人,这一点是肯定的。在当地部分已知的外姓族谱中也有其族娶自或嫁往迳仔蓢或翠亨村孙族的记载:如同治元年(1862)隔田(即今中山市南朗镇崖口村)陆丕善、陆以仁、陆定中所修《隔田陆氏族谱》第253页记载陆宗光之"妣孙氏,迳仔朗[蓢]云辉翁之女"(孙云辉在翠亨《孙氏家谱》正文中有记载,是十三世);在崖口《云溪祖房谭氏族谱》第3册记载十七世谭学昌生"三女,长适迳仔朗[蓢]孙门"。在南朗程道元等所修南朗《程氏族谱》六修本第9卷第59页记载程宪拱之妻为"迳仔蓢孙氏",第11卷第76页记载程家宜"娶迳仔蓢孙氏",第9卷第68页记载程宪山"娶翠坑(翠亨旧称)孙氏",第11卷第14页记载程达仁生"四女……四适翠坑孙家",第11卷第93页记载程家宏"娶翠坑孙氏",第12卷第25页记载程高舒生"二女……次适翠坑孙家",第13卷第49页记载程仁化"娶翠坑孙氏",第17卷第78页记载程祝行"生六女……四适翠亨孙集贤",第19卷第4页记载程维煦"娶翠亨孙氏"(程维煦即孙学成的女婿,亦即孙妙桃的丈夫),第21卷第40页记载程立权生"六女……四适翠坑孙赞生"(孙赞生即孙万成之长子,亦即孙尊贤之孙,属"德"字辈),第21卷第77页记载程贤灿生"二女……次适翠坑孙德修"(孙德修即孙梅生,孙梅生即孙万成之次子,亦是孙尊贤之孙)。这些当地外姓族谱的记载也可以证明迳仔蓢和翠亨村孙氏是聚族而居的一个家族体系。而前面提到的清朝同治二年(1863)和同治三年(1864)孙达成联合其弟孙学成、孙观成与房长等人共同签订过其孙瑞英祖遗下迳仔蓢税山埔种植果木的草约和合约,这个合约是在孙尊贤的主持下签订的,所有签约人都是孙瑞英的裔孙或嗣孙,反映的是祖宗遗田承包制,也就是广东地区特有的祖尝制或公尝制,公尝只在族内使用或产权转移,孙梅景、孙梅占等人出卖其七世祖孙容窝遗田给房亲孙廷尊、孙迥千的行为,即属于公尝产权的族内转移。而始立于"道光廿六年十一月十五日记部"的《翠亨孙氏祖常账册》记载了自道光廿六年(1847)至咸丰五年(1855)共8年间翠亨孙氏祖尝田——土名"龙田"以及"石碧坑""禾亭边"所出谷物、各户银两支出升值及清明祭祖开灯支出等项,其所表现的完全是一个家族体系,其中提到的孙氏族人名字有孙殿章、孙恒亮、孙恒有、孙恒彩、孙国贤、孙敬贤、孙业贤、孙国成等8户户主，他们分别属于"殿""恒""贤""成"4代人，即属于翠亨孙氏的十四世至十七世族人。在道光廿九年（1850）孙敬贤去世之年，其子孙达成的名字亦相应出现在该账册上。在翠亨村保留下来的三方北极殿（又称"祖庙"，分别于道光八年、咸丰六年和光绪二十二年所刻）修缮碑记中，我们知道，除了其中记载的孙尊贤、孙敬贤、孙达成、孙学成、孙茂成和孙德彰（即孙眉）外，还得知其中的孙氏族人有孙（观）德、孙殿碧、孙拔贤、孙集贤、孙德修、孙胜、孙阿德、孙阿海、孙阿叠、孙阿章、孙亚察等人。另外，罗香林"惟连昌公在增城，似居殖未久，即辗转迁居中山县涌口门村。故在增城未留若何明显痕迹，而其卒年与葬所，则已在涌口门村"之言，显然也是他的误解和编造，因为孙连昌三兄弟是与其父孙瑞英一起由涌口村迁入迳仔蓢村的，翠亨《孙氏家谱》就记载他们和孙瑞英一样，均葬在迳仔蓢一带，孙连昌的儿子孙迥千死后也是葬在迳仔蓢一带，1931年9月24日《中山大公日报》记载翠亨孙氏祖坟由此地搬迁到了别处（即崖口谭家山孙族坟场）安葬，而1933年9月前往翠亨村访问孙妙茜的罗香林却说十二世孙连昌及其子十三世孙迥千坟墓"则已在涌口门村"，这显然不是事实。况且，涌口村和涌口门也是不同的地方，涌口门在解放前是疍民（又称"艇家""水上人家"或"水流柴"）在水上生活的靠岸地，根本就不是固定的村落，而涌口村与涌口门之间隔着丰阜湖，两地相距约有三四里。

在罗香林所著的《国父家世源流考》第二部分还专门讨论了"近人所述国父上世源出东莞说之非是"，殊不知1912年5月11日孙中山在广州大石街萧公馆参加了"广东孙族欢迎中山家先生恳亲大会"并摄影留念，参加该次恳亲会的东莞上沙孙族父老有孙跃衢、孙同发等三四十人，上沙的孙同发在会后还收到并保存了合影照片和新闻传单《孙族恳亲会欢迎中山记》（印刷件），另在广州《民生日报》1912年5月15日第5张上还刊载有这次恳亲会的活动史料：《孙族〈宗亲〉恳亲会纪事》。在恳亲会上，会议主持人孙龙光说"今日，我族孙氏叔伯兄弟开恳亲会，欢迎中山家先生"，孙中山在会上也发表演说，称"今日得与我叔伯昆弟相见，甚属欢喜"，表明孙中山与上沙孙族确有源流关系。罗香林在该书第三部分又讨论了"国父上世与左埗头同源说之非是"，殊不知孙中山在1912年5月28日中午到下午还与孙眉偕家眷卢慕贞、谭氏、孙娫、孙婉专程到左埗头孙氏祠堂拜伯祖、会宗亲，并与左埗头孙族族长孙文庄及富商孙锦芳等80余左埗头男女宗亲合影3张，孙眉还同左埗头族亲商讨过合建双宗（即孙乐千和孙乐南）祠事宜。在第二天孙中山前往广州途经香山县政府所在地石岐时，于石岐的东门学宫受到县长林寿图等"香山县全体欢迎会"的欢迎。在欢迎代表所宣读的、由邑人李应庚（孝廉）撰写的《欢迎词》中提到:"若夫香山尤与先生有特别之感情焉,生甫及申,山川生色,宗族交游,引为光宠。"① 其中的"宗族交游,引为光宠"即指前一天孙中山与孙眉偕带家眷赴左埗头孙族祠堂拜伯祖、会宗亲之宗族大事。这也表明孙中山与左埗头孙族确有源流关系。而孙中山在民国元年5月所参加的这两次宗族聚会与他偕亲人到迳仔蓢专门礼拜其祖宗山坟的活动,是他作为中国人所应当具有的家族与宗族意识的体现。衣锦还乡、光宗耀祖,是每一个中国家庭或家族长辈们的期盼,刚刚卸任中华民国首任临时大总统的孙中山也不能例外。孙中山就说过:"中国人最崇拜的是家族主义和宗族主义,所以中国只有家族主义和宗族主义,没有国族主义。"②"中国有很坚固的家族和宗族团体,中国人对于家族和宗族的观念是很深的……只要彼此知道是同宗,便非常之亲热,便认为同姓的叔伯兄弟。"③

这种种事实表明,翠亨孙族是一个较有规模的家族体系。孙中山在《孙逸仙传记》中就说过:"孙氏家族原来的村庄并不是翠亨。因为那里人数太多了,所以搬到翠亨来的。""在中国迁徙是常有的……饥荒、盗贼、战乱和疾疫,都是迁徙的重要原因。他们迁居的时候……没有一个落后的。在一个家族团结的时候,家中每一个人不过像一条链子上的一节,没有一节能脱离全体的。""中国的家族结合好像一个协力的小团体,常常团结在一起的,家庭的爱并不限于父母、祖父母,和旁支的亲族也是同样的。"④ 他还说:"中国人对于家族和宗族的团结力非常强大。"⑤ 中国人特别喜欢编修家族谱,既让宗族清楚其纵向源流,又让宗族知道其横向扩展。"像这样宗族中穷源极流的旧习惯,在中国有了几千年,牢不可破……但是敬宗收族的观念入了中国人的脑,有了几千年",⑥ 早已根深蒂固。而罗香林的考证结果是:孙家"四代单传",在香山县举目无亲,是单门独姓的家庭。这与翠亨孙氏家族的实际状况有如天壤之别。由此可见,"紫金说"本身就是个移花接木的假说,并非有什么真凭实据。而相反,"东莞说"才是有真凭实据,经得起任何学术推敲和检验的真说。

---

① 黄季骞:《香山父老盛邀孙中山返邑之回忆》,载全国政协文史资料委员会编:《〈文史资料存稿选编〉精选》第1册,中国文史出版社2006年版,第206页。
② 孙中山:《孙中山全集》第9卷,中华书局1986年版,第185页。
③ 同上,第238页。
④ [美]林百克著、徐植仁译:《孙逸仙传记》,上海开智书局1926年再版,第32—33页。
⑤ 孙中山:《孙中山全集》第9卷,第185页。
⑥ 同上,第239页。

三、孙科对孙中山祖籍之争的态度

邓慕韩说：罗香林的《国父家世源流考》是一部"强史就我""以紊乱国父世系"的书，编造事实、硬性切割、移花接木、漏洞百出，这样一部故意否定孙中山先祖与迳仔蓢孙族、涌口孙族、左埗头孙族以致东莞上沙孙族的源流关系的所谓书稿，孙科在其出版前竟无只字"点窜"反而予以欣然接受。如果罗香林去找孙妙茜评判他所做的研究，孙妙茜肯定会坚持说孙中山的祖籍是东莞县，而不是她未曾听说过的紫金县的"公馆村"，并有可能向罗香林口述其十至十七世的祖先传代关系，说她的五世祖已经迁到香山县，而否定罗香林所谓的"十二世祖连昌公始居香山县"的说法，她还有可能翻出翠亨《孙氏家谱》为证。在孙科和孙妙茜之间，谁才有资格评判罗香林的研究，显然是孙妙茜。任何一个人，在为一本书作序之前，必须先通读该书，把握其主要内容之后再决定是否为其作序，如果觉得其内容正确或者研究方法有特色，值得肯定和推广，才可以为其作序，反之则可以婉言谢绝；还有一种情况，就是写书人先写好序文后，请有名望的人来签名，只要他签了名，就等于这个序是他作的，而从被邀方来说，因为你找被邀方签名，说明你看得起被邀方，或者说你很尊敬被邀方，若是拒签的话无疑就会把关系搞僵，所以很多人都是会欣然接受的。孙科身为立法院长，作为当时中国级别最高的官员之一，理应有比较高深的评判能力，但是他却来者不拒，有求必应。对于罗香林的《国父家世源流考》，不但不看书稿，还直接称赞该书"所阐发，皆明确"，并在《序》中谈到："《国父家世源流考》，国立中山大学教授罗君香林所撰述也。罗君深治史学，探究国父家世源流，且十年矣。所阐发，皆明确。""罗君此书，于资料搜讨，事迹阐发，皆惨淡经营，成之匪易，贡献实巨。盖即所谓世系研究有其明效大验之实证也。惟余尚欲有所言者，罗君所考，自国父上世入粤始祖以还，诚赅矣备矣，然自晚唐以至赵宋，其各代名讳事迹，与自赣迁闽经过，则第条列大体，未遑详述。斯固资料不备，有以致之，而闽赣之仍须调查，以别为一书，亦至明焉。抑国父以外，海内豪俊，相与追随效命，以助成革命建国大业者，其家世源流，亦须综为考述。以罗君之史学才识，而黾勉不辍，吾知其必继此更有述作也。"应该说，在讨论孙中山的祖籍问题上，必须征求孙家权威人士或者家族集体意见方能确定，但是罗香林仅以孙科的意见代替孙族权威人士或家族的集体意见，这本身就存在着很大的投机性。而且对于孙科来说，他的行为显然不具有权威性，更不能替代家族的集体意见，只能是一种个人行为。但是他对题词作序之类"欣然接受"的结果，却引起了他的族人特别是孙满以至孙治平（孙科的长子）等人在后来对祖籍问题的重视与研究，也引起了学术界在国内以至海外发生的3次学术风波。直到近50年后力主"东莞说"的、由陈锡祺主编的《孙中山年谱长编》、张磊主编的《孙中山辞典》、广东省地方史志编纂委员会编的《广东省志·孙中山志》① 等工具书以及1998年由孙满所修《翠亨孙氏达成祖家谱》的问世才得以改观,特别是60年后即21世纪初由笔者编著的《孙中山家世研究与辨析》 [实为《孙中山家世调研与争论历史总考察(1930—2006)》]、笔者编著的《孙中山家世之史料考述与说法辨析》、澳大利亚黄宇和所著《三十岁前的孙中山》和笔者所著《孙中山祖籍与家世问题研究》② 这4本书的相继问世,才彻底打开了人们的眼界,也才真相大白于天下。人们不仅能够从中全面把握双方的论点、论据和调研过程,而且还能直接得到最终答案:"东莞说"为真为正,"紫金说"为假为误。与此同时,以"紫金说"为依托而于1994年把紫金忠坝孙友松的六世祖孙锁仪所在的广东省河源市和平县林寨镇严村也说成是"孙中山祖籍"的说法即"和平说"也同样是伪说谬说。同样是在1994年形成的左埗头孙族的"宁都——东莞说"③ 也是移花接木、妄自接续的半真半伪之谬说。之所以说这4本书的问世具有如此大的意义,是因为罗香林的研究"成果"是以著作形式出现的,也是以著作形式传播的,它一问世就在社会上造成了广泛的影响,而党史会的调研和此前"东莞说"者对罗著的反驳虽然很犀利,但它主要是限于学术界,在社会上的影响力很有限,即使人们想全面了解和把握这一问题的现状,也是不容易下手的。而这4本书就是以著作形式出现的,人们很容易找到它,不仅是学术界,就是广大社会也莫不如此。

1943年夏,刚到重庆的邓慕韩仔细研读了罗著,他既发现罗香林使用的很多材料与孙中山家族无关,又洞察出罗香林提出"紫金说"的真正目的是为了证明孙中山为"客籍"。由于事关国民党党史,且身为孙中山祖籍问题的权威,他有责任对罗著提出不同意见。同年7月间,他撰写了《〈国父家世源流考〉正误》一文批驳"以紊乱国父世系"的"紫金说",维护"东莞说"。他将该文抄了3份,分别寄给

---

① 分别于1991年8月由中华书局、1994年9月由广东人民出版社、2004年10月由广东人民出版社出版。

② 分别于2008年10月和2011年11月由山西人民出版社、2012年4月由生活·读书·新知三联书店、2016年10月由文物出版社出版。

③ 左埗头孙族族长孙燕谋于1993年4月28日由江西省宁都县抄回的宁都《孙氏族谱》十二修本中有个孙允中,他"仕元,授建昌府同知",孙燕谋即以为是东莞上沙族谱提到的远祖"允中公"即南宋的孙固,遂以为是同一个人,并把孙允中之子孙民章与上沙乡始祖孙常德视为同一个人,因此形成了"宁都——东莞说",其实这个说法与罗香林的"紫金说"一样,也是移花接木的妄自接续。1995年左埗头孙族族长孙燕谋又参与编辑了《湘、赣、粤、桂孙氏族谱》,在该谱第68页有一世系表:"鼎标——连昌——迥千——殿朝——恒辉——敬贤"(据澳大利亚学者黄宇和所著《三十岁前的孙中山》一书第101页),这个世系表就反映了罗香林"紫金说"的内容。

孙科、邹鲁和早已搬到重庆的党史会。8月初,孙科收到邓慕韩的来函和《正误》一文,阅读之后,未作表态,并于8月7日将《正误》交给秘书室,指示秘书室将该件函送罗香林。就孙科而言,既然认同了罗著,作了序,又是地位颇高、年过半百之人,自然把自尊和"面子"置于首要地位,是不会轻易改变看法的。第2天,客家人邹鲁着其手下丘式如将《正误》手稿函送罗香林,邹鲁还称:"此事昨晤及哲生先生,伊谓:'邓实糊涂。余十二世祖与紫金者相同其名字,竟称偶合。且孙氏无祖祠,不能强余认翠亨村之其他孙氏宗祠为余之祖祠也。'"邹鲁向罗香林发出此函,实际上是在向罗香林通风报信,并希望罗香林"为文驳斥"。罗香林在1965年所撰《国父家世源流再证》一文的"注十二"中提到:"民国三十二年七月,邓慕韩先生曾撰专文,分寄孙哲生先生与邹海滨先生,谓余不应明言国父上世为自紫金所迁出。至八月十日,邹先生即命其秘书,致余一函,谓此事昨晤哲生先生,伊谓:'邓实糊涂,余十二世祖与紫金者相同其名字,竟称偶合。且(余家)孙氏(在中山县)无祖祠,不能强余认其他孙氏宗祠为余之祖祠也。'云云。"值得注意的是,孙科原话是"且孙氏无祖祠",而罗香林却将之添变为"且(余家)孙氏(在中山县)无祖祠",这是罗香林按自己意愿解读史料的一个显例。后来,包括罗香林在内的"紫金说"维护者一再强调孙中山和孙科父子均说过中山县无祖祠的话,就是根据孙中山答林百克问未提及其香山县祖祠和经罗香林添变的孙科此言而来。但实际上,孙中山此言本来就有点欠妥,令人误会,不仅东莞县有孙中山的祖祠,中山县的左埗头村也有他的伯祖祠,迳仔蓢村还有他的直系祖祠(孙中山在民国元年回翠亨故里时还曾前往迳仔蓢孙氏一系列祖坟前祭过祖,路过这个已经坍塌的孙氏祖祠,这个孙氏祖祠就是翠亨《孙氏家谱》前言提到的祖祠,也是党史会所编《总理年谱长编初稿》介绍孙中山先祖时提到的孙氏祖祠),不过,后者在民国元年之前已经坍塌,民国20年时只剩遗址(王斧到翠亨村调查孙中山祖籍时曾到过该地拍过遗址照片①)。对于罗香林所谓邓慕韩"谓余不应明言国父上世为自紫金所迁出"一语,查邓慕韩在《〈国父家世源流考〉正误》一文和其致邹鲁函中,均明确认为"是书与《总理家谱》及所调查不符",是"紊乱国父世系","强史就我"之作,他甚至建议邹鲁"通知罗先生自动停止发行,宣告错误",并没有罗香林所谓"不应明言"之类的任何文字。因为按罗香林这种说法,就等于邓慕韩也认同"紫金说",只是不希望有人"明言"而已。但实际上邓慕韩始终坚持认同"东莞说"和"广府说",从不认同"紫金说"和"客籍说",因此他绝不会说出这种话,事实上他也没有说过这种话。可见,罗香林后来之所言,是完全强加于邓慕韩

---

① 台北中国国民党文化传播委员会党史馆藏第012/244和017/3号档案。

身上的不实之词。对于邓慕韩的反驳，罗香林"未为公开答辩，仅致书孙先生"①而已。邓慕韩通读了罗著，一眼就看出该书的目的是"紊乱国父世系"，把孙中山这个广府人说成是客家人的后裔，但因为身在重庆，中山县也已经成为日本的沦陷区，再加上眼神不好，所以他不可能再去翠亨村找孙妙茜评价此事，于是把他撰写的《正误》投稿至《大同杂志》社，该社于同年 10 月出版 1 卷 5 期时以《国父家世源流考正》为题刊登了此文。而孙科不仅未能觉醒，反而却说"邓实糊涂"，并对自己不知道的迳仔荫祖祠也拒绝承认，因为他不是对着邓慕韩说的，所以邓慕韩直到 1953 年在广东省三水县作古时也不知道孙科对自己的态度。但对罗香林来说，孙科的态度无疑是一种很好的安慰，所以他用不着去与邓慕韩公开争论，只是写了《致孙院长答邓慕韩君关于〈国父家世源流考正误〉书》，以进一步强化孙科对"紫金说"的认同而已。

值得一提的是，在孙科认同"紫金说"之后，他的侄子孙满却依然坚持"东莞说"，并不接受"紫金说"。

早在 1942 年罗著出版之前，紫金地区就发生了孙锡蕃、孙载林控告温灿三等案，该案一直未得到妥善解决。俟罗著出版后，孙锡蕃等人便要求法院以温灿三"窃占国父先祖遗产之罪"之名，强行执行判决。法院为执行判决，派人拆除所控地区温姓庐墓，并拘押不服判决之人。当时紫金各界人士将忠坝视为"国父先祖居地"，积极从事"纪念国父先祖"的活动。其实，"纪念国父"和"纪念国父先祖"是完全不同的两回事，两者不可以相提并论。温济琴是最早向罗香林提供资料的忠坝人，看到家乡发生孙、温两姓讼案，十分痛心。1944 年 1 月 18 日，他致电罗香林将案情告知，并请罗香林转请孙科干预此案。这样，孙科就以立法院院长的身份，不断与紫金县法院和忠坝镇发昌乡孙屋排村通信，希图早日解决纠纷，据统计，孙科前后向紫金方面发函达 18 封。

1944 年，紫金忠坝的孙桂香重修紫金《孙氏族谱》，他根据罗香林的研究，将增城"于后未知"的孙琏昌与香山的孙连昌视为同一人，即把两地的族谱"接"了起来。牵一发而动全身，孙桂香这一举动，不仅使紫金孙氏"高贵"起来，而且使紫金地区的所有客家人也跟着沾了光。

1944 年 2 月 22 日，孙科应紫金旅韶同乡会之请为该会题写了会名②。而与此同时，江西宁都地区也有人积极倡修"国父远祖"孙䥽坟墓与祠庙，如丘大年等就致函罗香林，并由罗转请孙科，希望孙科能够附名发起，以便筹措经费付诸实施。同

---

① 罗香林著：《国父家世源流考》复版再跋，台北商务印书馆 1954 年版。
② 据罗香林编：《忠坝孙氏族谱节抄及有关文件》，香港大学图书馆藏（藏书号：罗 222 50）。

年 5 月 7 日，罗香林即写了一封便函给孙科，并附上丘大年等来函。5 月 10 日，孙科复函罗香林，表示"丘大年君等倡修宁都孙䚗公坟墓与祠庙事，关系存名胜古迹，自可附名发起。"① 不久，孙䚗墓和孙䚗庙（即东平侯庙）由江西省政府出资并派员修葺。② 1945 年 9 月，紫金县教育部门将位于忠坝卧龙山下的紫金第六高等小学命名为"中山中学"③，并积极筹资进行建设，稍后，忠坝方面致函孙科，请其题写校名。由于孙科为罗著作了序，以后紫金以及江西宁都地区的一些事务，也都找孙科帮忙了。而孙科照样是来者不拒，欣然接受。

1946 年孙乾升任中山县县长，1948 年，东莞上沙乡修建村口牌坊和车站茶亭——乐安亭。同年 5 月，应上沙乡孙族之请，国民政府行政院长孙科为上沙村口牌坊和车站茶亭题字"国父先代故乡"，这一题字后来被分别雕刻在上沙村口牌坊正面上方和乐安亭正面上方④。孙乾县长题写的"中所景仰外所景从革命首倡共和肇建，山无不容河无不润故乡追念浩气长存"的对联被雕塑在上沙村口牌坊正面立柱上，孙乾题写的"中山大道"被雕塑在上沙村口牌坊背面的上方。⑤ 乐安亭竣工时，上沙村民还在亭中立有一块碑记——《乐安亭记》，其文曰："盖国父中山先生，系出吾村，蕃衍中山之翠亨，稽诸谱牒，维时未远。今孙院长题书石坊，曰'国父先代故乡'者，亦即其乐称本源云尔。而国父之伟大，举世钦迟，以故石坊为中山纪念坊，使经其道者，共获仰止焉。"⑥ 这就是说，虽然孙科在 51 岁（1942）以后接受了罗香林的"紫金说"，但他在 57 岁时（1948）又有认同"东莞说"的表示。

对于孙科既承认祖籍"紫金说"又为东莞上沙乡题写"国父先代故乡"之事，孙满后来数次问及孙科，孙科"答以无论东莞紫金，均为尊崇国父起见，不必过于计较"。⑦

1969 年初，为收集口述史料，台北考试院顾问陈鹤龄征得孙科同意，于同年 3 月 15 日至 6 月 14 日，每星期六上午到阳明山第一宾馆孙科住处，先后"晤谈八次"，另加孙科在 1969 至 1970 年间演讲记录 3 次，合共 11 次，"其所叙述为其家

---

① 据罗香林编：《忠坝孙氏族谱节抄及有关文件》。
② 罗香林著：《国父家世源流考》，台北商务印书馆 1954 年复版，第 53 页"注二二"。
③ 紫金县地方志办公室编：《紫金县志》之《大事记》，广东人民出版社 1994 年版。
④ 茶亭于 1981 年修建广深公路时拆毁，此据香港上沙同乡会所藏照片。
⑤ 牌坊于"文革"期间被毁，此据香港上沙同乡会所藏照片。
⑥ 据香港上沙同乡会所藏照片。
⑦ 孙满：《对〈孙中山祖籍问题争论的始末〉一文之答复》，载中山大学学报编辑部编：《孙中山研究论文集》第 10~11 期合刊，1994 年版。

世,及数十年来奔走革命为党国宣勤之经过",由洪振坤速记,陈鹤龄"负责修饰"。① 笔者为此查看了孙科这期间的11次晤谈或演讲记录,发现他并没有提到其祖籍问题②。1970年是孙科、陈淑英夫妇80年(虚龄)华诞,陈鹤龄将洪振坤的记录重新进行了核对与整理,除将该口述资料定名为《八十述略》,在相应位置酌加小标题外,还在这份资料的最前面,根据罗著的考证,以孙科的口吻,撰写了《先世述略》一节,后经孙科题写书名"八十述略",该书遂以《八十述略》为名,由"孙哲生先生暨德配陈淑英夫人八秩双庆筹备委员会"印行。后来,陈鹤龄在1989年7月4日撰写的《孙哲生先生口述传记序》中也自述他"曾根据上项资料撰就《八十述略》一小册,出版于民国五十九年十月二十日,先生八十双庆时,分赠友好"。③ 由此可见,该书中的《先世述略》一节并不是孙科的晤谈,而是陈鹤龄根据罗著的考证和孙科的口吻写出来的。之后台湾出版的各种孙中山传记都把陈鹤龄所杜撰的《先世述略》作为孙科的撰述而收录,则是很自然的事情。

1971年香港崇正总会为纪念该会成立50周年暨在香港举行世界客属第一次恳亲大会而出版纪念专刊,曾请孙科题词,当时孙科所作的题词是:"香港崇正总会金禧庆典举行世界客属恳亲大会特刊:共谋侨胞福利,弘扬中华文化。孙科('孙科之印')",此题词被收入同年9月28日出版的《香港崇正总会金禧纪念特刊》第4页。从此题词来看,孙科把"世界客属"称为"侨胞",显然是没有把自己纳入"客属"之列。

1972年,台北印行林添福所编台湾乐安《孙氏族谱》,这个族谱就是按照罗香林的考证而来的一本族谱,该族谱在出版前曾请孙科题写书名并作序,结果孙科即按林氏所求写下了书名和序言。他在序中提到:"吾孙氏宗族出自河南陈留,唐僖宗中和三年(公元八七六年)由于黄巢作乱,孙䛐为承宣使,领兵在闽越间从事围剿,屯兵于今江西宁都,遂家焉,此为我孙氏南迁之始族也。其后孙䛐之子孙散居赣闽南部,及粤之东北部。迨明朝永乐年间,有孙友松者,从福建迁徙于广东东江上流紫金县之忠坝,此为我粤籍孙氏上代入粤之始族,迄今盖五百余年矣。"身为考试院院长的孙科对这道祖籍问题的考题竟给出了这样的答案,实在令人遗憾。除孙科所作序文外,该谱中还列有《紫金袁田孙氏支谱》世系④,这个世系一看就是宁都孙氏、上沙孙氏和忠坝孙氏的拼凑体,没有一点学术价值。

---

① 吴任华编纂、曾霁虹审阅:《孙哲生先生年谱》,台北正中书局1990年版,第443—444页。
② 《孙哲生先生年谱》第445—515页收录了孙科在1969年至1970年年间所有的谈话或演讲记录,总计11次之多,但其中均没有关于孙中山祖籍问题的内容。
③ 《孙哲生先生年谱》,第444页。
④ 陆允昌、孙远谋编:《孙氏宗谱世系源流》,苏州孙武子研究会1996年版,第305—306页。

1973年10月5—7日世界客属第二次恳亲大会在台北召开。该次大会会长薛岳于同年6月特别邀请孙科等担任名誉会长。孙科即于6月26日复函表示"欣然同意"①，后因心脏病不治于9月13日病逝，未能参加该会。

1983年5月2日，客家人谢福健专门前往台北荣民总医院"恭请国父哲嗣哲公夫人"、年届92岁的陈淑英为其所撰《国父家世源流汇述》题字"国父是客家人老家在紫金"作为陈淑英的"亲题证言"。1999年春，紫金县领导组织的孙中山祖籍教育基金会到台湾考察，他们于4月2日在台北拜访了孙科次子孙治强，请孙治强题字"祖父孙文祖籍在紫金"和"孙文先生祖籍纪念馆"，以证实孙中山的祖籍是紫金。其实，陈淑英和其次子孙治强对孙中山祖籍与系籍题字的代表性远不能与孙科比，而孙科对孙中山祖籍与系籍的表态又远不能与孙中山、孙眉、孙妙茜以至孙达成、孙学成、孙观成三兄弟等长辈们相比。因为后代对祖先祖籍的表态是往往都会打折扣的，只有越早的祖先对其祖籍的认知才越加接近真实。在近20年来的孙氏族人中，最活跃的就是孙科与严蔼娟于1936年所生之女孙穗芳，她对孙中山祖籍问题的争论并不是很清楚，只是因为他的父亲孙科坚持"紫金说"，因而就和陈淑英一样也坚信"紫金说"是正确的，但是"紫金说"是正确的吗？看一看本文，就知道孙科在孙中山祖籍问题上所扮演的角色，也就知道哪种说法是真，哪种说法是假了。至于孙穗芳在紫金忠坝和东莞上沙的言行，上网一查便知，用不着再费笔墨了。

这里还需提到另一个人，虽不涉及孙中山的祖籍问题，但却属于孙家的家族事务，我要说的这个人就是孙承祖。当孙科在1972年前后在台湾所作《华侨亦是革命之父》②的演讲时曾说道，他在南京担任立法院长时的30年代初，"有一天突然接到"来自南美洲厄瓜多尔的自称是他"二叔婆的儿子"的来信，希望孙科将来信人的长孙带到南京学中文。半年后，有个华侨就带了一个小孩来上海，说这个小孩就是以前写信人的孙子，孙科见到这个所谓的"堂侄"只有十三四岁大，满口说的是西班牙文，无法交流。因为他的祖父是中国人，祖母是西班牙人，他的父亲只有一半的中国血统，他的母亲又是西班牙人，所以他的中国血统非常少。于是，孙科就把他带到翠亨村的"总理故乡纪念学校"学中文。他在翠亨村读书时就叫孙承祖，这就是孙承祖的由来。这个孙承祖到底与孙科是什么关系？他的祖父是怎样跑到厄瓜多尔去的？孙科的二叔公（即二叔祖）孙学成是否有过一个儿子？这些问题都没有解决，孙科就自以为是地把孙承祖当成了"孙家人"，这是很不明智的。其实，

---

① 据谢福健：《国父家世源流汇述》之附录《世界客属第二次恳亲大会实录》，台北狮谷出版有限公司1983年版。
② 台北《广东文献季刊》1卷4期，1973年12月版。

孙学成一生只生有一女，名叫孙妙桃，又称孙桃，并未生子，他在1826年3月11日出生，1855年前后曾与乡民到美国加州淘金，这在1856年翠亨村北极殿三修碑记中有记载：他与陆廷芳、杨启宽、孙亚察、陆亚兆、陈谦容捐银255两2钱4分。后来，他回到翠亨村生活，到1863年11月和1864年3月曾签订过《孙达成兄弟批种祖尝山田合约》，并于1864年9月18日病逝，享年39岁。而他的夫人程氏生于1836年7月27日，她在1862年3月4日生出女儿，1864年9月18日以后因为丈夫病逝而守寡，即他丈夫病死时她才28岁，的确如钟公任所记录的是"少年守寡，至民元方故（七十七岁）①"。她的女儿病逝于1912年11月9日，她则在她女儿死后第5天即11月14日去世，享年77岁。程氏是南朗人，一生也没有离开过家乡，她守寡之后的生活与孙妙茜颇类似，两人常相往来，所以孙妙茜对钟公任说她"二叔、三叔均无子，而各有一女"的话，显然是具有权威性的。而居住在澳门的孙中山的原配夫人卢慕贞和孙眉的夫人谭氏以及孙氏其他族人也都清楚程氏没有私生子或螟蛉子（即抱养的养子），也不知道这个孙承祖到底是怎么来的。但是，当孙科把"来信人"当做程氏的"儿子"之后，那就实在是太冤枉了程氏，因为程氏根本就没有"生出"长大后就往南美洲厄瓜多尔去生活的"儿子"，更不会有孙承祖这么个"曾长孙"。另外，程氏死于1912年，享年77岁，而孙科在提到孙承祖时，却说他的二叔婆程氏是"民国以后过世的，当终老时，她已是90多岁"，这表明孙科根本就不知道程氏到底是多大岁数时死的；程氏本是当地南朗人，而孙科却误以为程氏是他的"宁波二叔婆"。对于这个"宁波婆"，在《孙逸仙传记》中有记载："中山有个同族的叔祖父②，和中山的家庭是很亲密的。他得他家庭帮助替他找一个政界上的事情，过了许多时候才得到一个位置，委充了宁波地方衙门的一个小官。孙氏的家族是怎么样的荣耀呢？族里的宴会很快乐……他就在孙氏家族中许多人的祝贺和欢笑声中乘船到宁波去。他们都希望他飞扬腾达，为孙家光（宗耀祖），他自己也是这样想的。"③ 翠亨村人陆天祥在86岁时的1964年5月13日接受访问者调查时也说："孙姓没有一户做地主、买田收租的，富有的人不多，可能最富的就是专〔尊〕贤了，孙专〔尊〕贤在浙江一带做茶行生意，娶一宁波人为妻，积累一些钱（在村东）建一间屋。"④ 由此可见，孙科是把孙尊贤（"贤"字辈）的夫人张氏

---

① 台北中国国民党文化传播委员会党史馆藏钟公任手稿原件：《采访总理幼年事迹初次报告》（档案号030/88）和《总理故乡史料调查记》（档案号030/368）。
② 根据《孙达成兄弟批种祖尝山田合约》记载翠亨孙氏有房长孙尊贤、《翠亨孙氏祖尝账册》记载孙尊贤于咸丰四年"交来长银"23两5钱1分3厘、咸丰六年《三修翠亨村祖庙碑记》记载首席值理是孙尊贤以及翠亨村民陆天祥的忆述，可知该处英文原文有误，"同族的叔父"应改为"同族的叔祖父"。
③ 〔美〕林百克著、徐植仁译：《孙逸仙传记》，上海开智书局1926年版，第225—226页。
④ 李伯新撰：《孙中山史迹忆访录》，载《中山文史》第38辑（1996年），第77页。

(她的坟墓就葬在崖口谭家山孙族坟场内)误以为是孙学成("成"字辈)的夫人程氏,显然是张冠李戴的,足见他对家族事务并不具有权威性。

四、孙满对孙科祖籍"紫金说"的质疑

既然文中数次提到孙满对"紫金说"的态度,那就需要再添点笔墨介绍一下他在家族事务特别是家族历史方面的追求。孙满比孙科小15岁,但在家族事务方面,他显然要比孙科知道得多,除了他的社会地位比较低,有条件进行家族事务处理之外,还由于他是孙眉的长房曾长孙,而这决定了他以后必须关注家族事务特别是需要编修一本家族谱。他在1912年民国成立后与祖母谭氏及母亲王金顺自美返华,在澳门定居,先由胡汝昌给他开笔并料理孙家笔墨事,继由后来从事党史会工作的邓慕韩给他做家教及料理孙家笔墨事。每当清明之际孙满和孙乾都要随祖母谭氏回翠亨扫墓祭祖。1917年其父孙昌在广州因军务溺亡后,孙满兄弟即由孙中山和宋庆龄夫妇接到广州大元帅府生活,并进入广州培正中学读书。1925年孙中山去世前后孙满赴上海复旦大学学习,1929年参加孙中山遗体奉安南京大典。1930年11月带领邓慕韩和王斧到翠亨村访问孙妙茜,他还带领王斧前往迳仔蓢孙氏祖祠遗址和长沙埔土名"黄草岗"的孙殿侯与孙恒辉叔侄合葬墓摄影。1931年至1934年为其迳仔蓢的直旁系祖坟和其姑婆孙娫遗骨由澳门搬迁至崖口谭家山孙族坟场,其祖父孙眉由澳门、其父孙昌由广州迁葬至翠亨村犁头尖山一带等事宜多次往返翠亨村。1935年其叔父孙威(孙眉在檀香山的养子,后过继给孙眉的二弟孙德祐为香火)在澳门病逝,亦被安葬在谭家山孙族坟场。1932年5月22日与弟孙乾一起陪同邓慕韩前往东莞县上沙乡寻根,1942年以后他寄居于香港,以闲暇时间较多,遂准备着手从事家族文物的收集、整理与新家谱的编修工作。但因其叔孙科于同年为罗香林的《国父家世源流考》作序,孙满的家谱编修工作只能暂停,以后他为坚持"东莞说"而四处寻找家族史料,也间接涉及孙中山的祖籍之争。功夫不负有心人,1979年他找到其祖父在檀香山打工、经商期间使用和保存的《家谱略记》。与此同时,孙科的长子孙治平也积极支持孙满编修新家谱,并积极寻找家族谱牒资料,他于1981年前后从一直保持联系的侨居檀香山的孙华祥家人手里借到了一份族谱,这份族谱被称为"檀香山族谱"(实为《翠亨孙氏先祖牌位纸》),《牌位纸》的发现,不仅证明翠亨孙氏另一房系——孙殿侯房系亦收藏有与翠亨《孙氏家谱》形成时间和记载内容基本相同的家族史料,证明另一房系亦以迳仔蓢、涌口、东莞上沙为祖居地,以孙瑞英为迳仔蓢的开基祖。孙治平获得《牌位纸》后不久,即将其复印寄给旅美粤籍友人进行研究。1981年5月,台湾的侯中一(孙科主立法院时任秘书兼交际课

长）约孙满与黄季陆（台北《国父年谱》的增订者之一）和祝秀侠（广东番禺人）在台北国宾大饭店二楼茗叙时，孙满取出家藏"孙氏族谱残本"（即《家谱略记》）并做了说明，祝秀侠和侯中一对孙满所言做了记录。孙满说："我家妙茜老姑太所藏的《孙氏列祖生殁纪念簿》中，所记载的十一世祖瑞英公，十世祖植尚公以至先高祖敬贤公各名讳，生卒年月日均一一载明"，以此反驳"紫金说"。当时孙满误以为其手中的《家谱略记》就是罗香林看过的、由孙妙茜曾经保管过的《孙氏列祖生殁纪念簿》，其实不是，实际上是其祖父孙眉保存的从十世孙植尚记载至其曾祖孙达成的《翠亨孙家家谱略记》。1981年夏秋之际，孙满从台北《传记文学》上读到孙甄陶（中山沙边人）研究孙中山祖籍的文章。同年9月24日，他的友人祝秀侠收到孙甄陶寄自美国的一封信，内附谭彼岸1963年在广州《学术研究》上发表的《孙中山家世源流及其上代经济状况新证》一文。这两篇文章，一篇对"紫金说"提出颇为有力的质疑，另一篇为"东莞说"提供了强有力的证据与分析，再加上孙满发现的家传文物《家谱略记》，大大促进了孙满等人对翠亨孙氏家族源流问题的研究。1982年秋，孙满以孙眉遗下的《家谱略记》和1932年5月卢慕贞主修的《孙总理家谱》为底本，并参考了《总理事略》，在台北完成了新家谱——《孙氏达成祖家谱》初稿。该谱稿关于孙家来源是大致符合孙家历史经历的。谱稿完成后，孙满将其复制数份分送孙治平、孙治强、孙穗英、孙穗华及孙乾处征求意见、核对内容。他还将该谱稿与谭彼岸所制世系表送台北党史会备案①。1982年，孙满根据《西南党务月刊》14期和26期、杭州《越风》2卷1期、1937年胡去非所著《总理事略》《中央训练团团刊》第53期，以及孙甄陶文、谭彼岸文及侯中一编制的世系表，进行了一番研究，最后以自己口述、祝秀侠笔记方式形成了题为《恭述国父家世源流》的文章，并将该文投给台北《传记文学》和《广东文献》等刊物。1982年12月，台北《广东文献》第12卷第4期发表了该文，孙满在文中确认其先世为"十一世祖'瑞英公'，十世祖'植尚'公"。除孙甄陶、孙满发表见解外，孙满的好友祝秀侠也撰文探讨孙中山的祖籍问题。1982年11月，祝秀侠撰写的《关于罗香林〈国父家世源流考〉的辩正问题》一文在台北《传记文学》第41卷第5期上发表。该文主要是对罗香林的讨论提出了颇有见地的质疑。1983年3月，孙满将《家谱略记》影印交给台北党史会收藏，该件被党史会定名为《国父家谱略记》，编号为030/630。同年11月，时值党史会修订《国父年谱》，孙满向该年谱增订者秦孝仪表达了不接受"紫金说"的意见，后秦孝仪写信给孙满，希望他提供相关证据。为此，孙满将谭彼岸文中附录的两份契约（即《孙梅景等人卖田契》和《孙达

---

① 台北中国国民党文化传播委员会党史馆藏第030/609、030/634号档案。

成兄弟批种祖尝山田合约》）及谭彼岸文、孙甄陶文，以附件形式函送秦孝仪。秦孝仪收到复函后，于 1984 年 1 月 19 日致函孙满，请其设法提供《卖田契》和《批种合约》的实拍照片。接到秦孝仪的来函后，孙满即致函广东省中山市翠亨村孙中山故居纪念馆负责人，请其提供该馆所藏《卖田契》和《批种合约》原件照片，并将《家谱略记》复印件附送纪念馆收藏①。同年 3 月，孙满将《家谱略记》又彩色复印多份，并注明："右《家谱略记》乃先祖存下衣箱内，由金满于五年前整理各件时发见。兹将原件捡出映印，以存真相。其原件用年红纸墨笔书写，纸质因日久已变残旧，兹亦照原色映印，仍由金满保存。翠亨乡孙族二十传嫡孙金满谨记。中华民国七十三年二月廿二日（原件已交必胜侄儿保存）。"② 稍后，为获得翠亨《孙氏家谱》的文本，孙满又寄函旅居香港的表妹杨惠娥（孙妙茜的孙女，杨连逢的胞姐），请其协助。杨惠娥遂致函在家乡生活的弟弟杨连逢。半年后，孙满收到翠亨孙中山故居纪念馆提供的翠亨《孙氏家谱》照片，并于同年 10 月 17 日函复秦孝仪，将照片附入。1985 年 10 月，孙满又收到来自杨惠娥的函件，内附翠亨《孙氏家谱》的钢笔抄写件，题名为"国父家世源流（家谱）"，同月 20 日，孙满专程将该件面交秦孝仪，秦当即在抄件扉页注明："孙满先生送来谓罗香林教授所称国父世系出自客家为不实，罗的溯源之琏昌公有一玉旁，此处无玉旁，一为六房，一为三房云。孝仪。十、廿、七十四年。"③ 1985 年 11 月，由台湾罗家伦主编，黄季陆、秦孝仪增订的《国父年谱》第三次增订本出版。该书在正文第 1 页关于孙中山先祖的注释中特别增加了一条说明："关于先生家世源流，学者之间颇有争议，先生家属之间，意见亦不一致。民国七十二年十二月二十九日，先生侄孙即德彰公嫡孙孙满，致函中央党史会主任委员秦孝仪，检附《孙达成祖家谱重修概述》《国父孙中山先生族谱世系表》等，指陈罗香林所著《国父家世源流考》记述有误，力证翠亨孙族非出自客家……本谱暂仍依罗香林前说，并继续研究考订，容有确论，再行补正。"由此可见，孙满的意见在一定程度上得到了《国父年谱》三修本的吸收。1986 年，美籍中山人严炳枢的夫人孙某（中山籍左埗头人）回乡时，将孙中山、卢慕贞、孙眉、谭氏与孙中山的女儿孙娫、孙婉在左埗头孙族祠堂与宗亲的 3 张合影拍成底片带到美国三藩市，交给美籍中山南朗人程贞可洗印数份，后被孙某提交给其族人孙满以及谭彼岸等人。④ 1989 年夏，孙满从台北孙治平办公处借到《牌位

---

① 翠亨孙中山故居纪念馆于 1984 年 2 月 22 日登录收藏。
② 台北中国国民党文化传播委员会党史馆藏第 030/630 号档案。
③ 台北中国国民党文化传播委员会党史馆藏第 030/638 号档案。
④ 见《谭彼岸对孙中山家世的新研究》，载邹佩丛编著：《孙中山家世研究与辨析》，山西人民出版社 2008 年版，第 434 页。

纸》原件,将其复印若干份,然后带到美国。后在美国将原件寄给孙华祥夫人。这是孙满首次见到保存在另一房系的重要家族文献。同年12月,孙满自1949年离开大陆后首次回乡,举行了隆重的祭祖活动,并发表了对其家世的一些看法。他拿出了《家谱略记》原件和数月前从孙治平手中获得的《牌位纸》复印件,证明"他的祖籍在广东的东莞是不容置疑的"。因为《牌位纸》与翠亨《孙氏家谱》的内容"基本吻合","而族谱中孙家的传代关系又与孙氏墓葬基本吻合","进一步证实了瑞英与连昌的传代关系,为孙中山祖籍东莞说提供了又一证据"。孙满还以涌口村、左埗头村和翠亨村不是客家村,客家人不与本地人合居,过去本地人一般不与客家人通婚,孙家亲属在翠亨的无一人与客家人通婚,孙家不讲也不会讲客家话,证明孙家不是客家人,也很有说服力。1991年6月5—6日,孙满、孙乾和孙必胜等孙族人士在美国加州蒙特利市讨论《孙达成家谱》初稿内容,孙乾长子孙必胜就此向父亲孙乾和伯父孙满询问了有关家世的一些问题。孙满说:"我们家从瑞英公开始是绝对不会错的。"同年8月,东莞县上沙乡旅港同乡会会长孙子生致函孙满,邀请其回乡聚会。9月11日,孙满函复孙子生,表示将"于来年,我定回来与大家相聚"。1992年6月5日,孙满与其弟孙乾一起将原葬于香港九龙荃湾华人墓园的陈粹芬(孙中山的二夫人)和孙乾的夫人苏仲英及孙乾之女孙嘉穗墓同时迁葬至崖口谭家山孙族坟场西北山顶和东北山顶安葬,同年6月6日又偕其家眷及亲友前往东莞县上沙乡拜祖会亲。稍后,孙满访问广州中山大学。他在中大孙中山研究所明确谈到自己的祖籍不是紫金,谈到孙家不是客家人。鉴于广州《岭南文史》1993年第2期潘汝瑶、何国华之《孙中山祖籍问题争论的始末》,以孙满主张吾翠亨孙氏祖籍为东莞而不承认紫金之故,指斥孙满"对孙家家族历史知之甚少";又称:"孙满是孙中山的侄孙,孙中山在世时他还是小孩,其父又早年去世,他何处得来家史知识?"该文谓孙满承认东莞为祖籍"毫无根据",并指孙满受人利用,自造家谱赝品。对上述质问及无根据之攻击,孙满于1993年底撰写了题为《对〈孙中山祖籍问题争论的始末〉一文之答复》的文章,寄给广州中山大学学报编辑部,后收入1994年2月出版的《孙中山研究论文集》第10—11期。文中说:"满早岁于乡间,得常随侍先姑婆妙茜姑太及叔祖元配卢太夫人,对家族历史颇有所闻见,非如所称'对孙家家族历史知之甚少'。诸长辈及乡中父老咸称翠亨孙氏祖籍为东莞,与左埗头孙氏同源,现尚有先祖德彰公、先叔祖德明①公于民元(1912年)五月谒左埗头祖祠照片多帧为证。民廿二年(1933年)孙满、孙乾兄弟曾随邓慕韩前往东莞寻访祖先祠墓。及至抗战军兴,始有所谓吾翠亨孙氏出自紫金之说,余力持其非。及至

---

① 即孙中山,德明系孙中山的"字",也叫"字辈名"。

赴台后又数向先叔建华公（孙科）提及，以先叔既为东莞上沙题写'国父先代故乡'，又承认紫金为祖籍，殊不可解。先叔答以无论东莞紫金，均为尊崇国父起见，不必过于计较。以上情形，吾孙氏兄弟子侄均知其详。"孙满又强调，自己"曾受高等教育，今已两倍于不惑之年，岂外人所能轻易耸动者？余数十年来不承认紫金为祖籍，一以贯之，以此说不足为据之故也。满忝为翠亨孙氏长房嫡孙，于吾家族事务自当有发言权，无须外姓人允准，岂有潘、何两位于吾族家世源流有发言权，满反无发言权之理乎？"孙满、孙乾兄弟是孙中山亲属中一直不受"紫金说"影响的，始终坚持与孙眉、孙中山、孙妙茜孙达成三兄弟等长辈和孙社正、孙锦言、孙锦兴、孙金友、孙华祥等房亲以及杨连合、杨连逢等表亲认识相一致的观点，始终以孙瑞英为迳仔蓢的开基祖，以孙殿朝为翠亨村的开基祖，以左埗头孙族为同源宗亲，以东莞上沙乡为其入粤始祖的发祥地。同年11月，台北"国父纪念馆"邀请翠亨孙中山故居纪念馆馆长萧润君赴台参加纪念孙中山诞辰活动，孙科的长子孙治平主动同来自翠亨村的同乡交谈，当双方的话题引入孙满与潘汝瑶、何国华就孙中山祖籍问题的争议时，孙治平说："满兄的看法是正确的，我家绝对不是客家人。"① 早在1992年8月20日，孙治平就将来自紫金县忠坝镇的4封指责邱捷李伯新等人多次发表文章主张"东莞说"、希望孙治平出面制止、邀请孙治平赴紫金忠坝参加"祭祖"活动及为紫金忠坝的"孙氏宗祠""庆衍东平"题字并题写"世系东吴纵横纳贤创帝业、祖邑永安四方棉衍步中山"的对联的信函（内附一些主张"紫金说"的文章），转给他的侄子孙必胜，并写有一封便函表示："我不会承认我自己收过任何这类信件。除了寄给我的复印件外，同一人还将同一类信件寄给了我弟弟，这些信现在也在我处。不过，我不会把这些信转寄给他。""我希望你找机会尽量去纠正关于我们家族起源的研究所面临的错误和不当之处。"② 由于孙治平看过《牌位纸》和《家谱略记》及孙中山、孙眉等在1912年5月赴左埗头孙族祠堂拜伯祖、会宗亲的照片等家族历史文献与文物，所以他也坚持"东莞说"和"广府说"。1995年4月，孙满、孙乾兄弟联袂偕眷回翠亨村小住，曾在清明期间到谭家山、犁头尖山、"逼虎跳墙"山（其祖母谭氏墓所在地）等处祭祖。1998年6月，由孙满主修、孙必胜协助编修的《翠亨孙氏达成祖家谱》正式定稿刊印，这是孙中山家族自1932年5月卢慕贞主持、胡汝昌协助编成《孙总理家谱》60多年后对家族和家史资料进行系统研究的一次汇总。孙满在该谱《序一》中说："吾翠亨孙氏之直系先世，据先辈历代口碑相传及家族之简略谱牒所记，元末明初，常德公避乱南来，徙南雄珠

---

① 邹佩丛编著：《孙中山家世研究与辨析》，山西人民出版社2008年版，第670页。
② 邹佩丛编著：《孙中山家世研究与辨析》，第617页。

珓巷，后又移居东莞，是为入粤始祖。始祖及二三四世，俱在东莞居住，五世祖礼赞公，自东莞上沙乡迁来香山县涌口村。礼赞公之长子乐千，居香山左埗头，次子乐南仍居香山涌口。吾翠亨孙氏，乃乐南之裔。至十一世祖瑞英公，迁来迳仔蓢，十四世祖殿朝公，迁入翠亨。至十七世祖达成公所居，即今日国父故居之基址也。"孙治平在《序二》中称赞说："吾兄满……毅然以修纂翠亨孙氏家谱为己任，依据先人遗下之家族文物及孙氏叔侄提供之资料，详为考订编次，并征询学者意见，五易其稿，修成《翠亨孙氏达成祖家谱》。达成公散居于海内外之后人，可藉以明本源而资联络，则兹谱之成，于促进吾翠亨孙氏家族之亲睦，功莫大焉！"该谱不仅在正文以十一世祖考瑞英公与妣梁氏为开头，还在末尾附有《二十传裔孙满、乾恭述早年在乡之见闻》，坚决主张"东莞说"和"广府说"。除孙满和孙乾兄弟外，当时孙治平、孙张楣、孙治强、孙林伦可、孙穗瑛、孙穗华、孙国雄、孙国元、孙国升、孙必胜、孙必兴、孙吴冰明、孙必达、程礼庆、孙必成、孙杰、杨坤仪、孙敬、孙伟伦、孙伟刚、孙伟勇、孙伟仁均在该谱上签了名，表示完全认可该谱。这份孙家族人签了名的该谱即由翠亨孙中山故居纪念馆永久收藏。该谱的修订使孙家的祖籍问题得到了彻底地解决，即依然坚持翠亨《孙氏家谱》的观点，依然坚持孙家历史的权威人物孙妙茜所说的"东莞说"，从而在家族内部实现了说法的统一，并进而为外界正确认识孙中山的祖籍问题提供了新的依据（即家族所持的态度）。另外，该谱补上了"至十四世（孙殿朝时）始住翠亨村"（孙妙茜语）一节，但其实孙殿朝并不是由迳仔蓢迁入翠亨村的，而是由涌口村迁入翠亨村的，因为他的父亲孙迥千曾由迳仔蓢搬回涌口村居住和生活。但这一点并不影响该谱的实用价值。

五、结语

综上所述可以看出，当接到员头山乡民以"总理原籍故乡"的名义请为该乡题写"建设月刊"的请求时，孙科没有想到有什么不妥，尽管当时的员头山和上沙乡之间正打着笔墨官司；而当《总理年谱长编初稿》出版后，他又去纠正印刷时所出现的错字，将"分居左沙头"的"沙"字更正为"埗"字；当他看过胡去非所撰《总理事略》有很多错误时，他也不去纠正，任由该书带错出版，并且忙着为该书稿题字题词，并对该书稿予以高度评价；当他看到罗香林的书稿时，他仍然对书中内容不做任何"点窜"，而是任由作者纵马驰骋，却忙着为该书稿作序，还对作者大加赞赏；当他看到邓慕韩所写的《〈国父家世源流考〉正误》一文批评罗香林的目的是"以紊乱国父世系"时，他不但不能幡然醒悟，反而说了些对邓慕韩和对自己祖宗不该说的话，就连《总理年谱长编初稿》提到的迳仔蓢孙氏祖祠也未能幸免,很明显,孙科是把孙中山祖籍问题的权威邓慕韩当做"糊涂"之人,而把罗香林看成是有见地的人。当孙科得知紫金县忠坝孙姓与温姓之间发生讼案时,他则以立法院院长的身份加以调停,并对紫金县纪念"国父祖籍"的活动也是听之任之。当得知东莞县上沙乡要修建村口牌坊和乐安亭而需要题字时,他又毫不犹豫地题写"国父先代故乡",这应与他的侄子孙满坚持"东莞说"的立场有关。孙科对翠亨孙氏祖籍问题的态度忽左忽右,表明他对自己的祖先知之甚少,人云亦云,毫无主见。当他晚年讲述"其家世,及数十年来奔走革命为党国宣勤之经过"时也没有提及其祖籍问题。关于翠亨孙氏的祖籍问题,应该重视孙满的态度。孙科面对香港崇正总会为纪念该会成立50周年暨在香港举行世界客属恳亲大会而出版纪念专刊时,他并没有把自己纳入"客属"之列,而是称"世界客属"为"侨胞",这也与孙满反对"客籍说"有关。而当谱牒专家林添福需要孙科为台湾乐安《孙氏族谱》题字作序时,他又慨然为坚持"紫金说"的该谱题字并作序。当第二次世界客属总会召开前,因为会长薛岳特意邀请孙科担任名誉会长,他又"欣然同意"了,可见孙科在年老时,做事有时是全凭心情率性而为的。从党史会初印的《总理年谱长编初稿》到国民党史政机构出版的《国父年谱》均没有提及孙科曾拿出过何种族谱证据以及孙科面对孙中山祖籍问题的种种行为可见,孙科自始至终对自己的祖籍问题心里没有谱,手里又没有任何可供借鉴的家族谱。所以,他对"东莞说"和"紫金说"孰是孰非并不是很清楚,他对家族事务也没有多少判断力。说他对祖籍问题是很随便也行,说他有时明白、有时又装作视而不见也不是不可以,说他对祖籍具体内容不上心,但对题字作序之事又挺热心也是可以的。这就难怪说孙科对待祖籍问题人云亦云、忽左忽右、莫衷一是,他年轻时清醒,年老时或者考虑到族人的感受,或者不予考虑就率性而为了。如果他一直都保持当初对待党史会到广东翠亨村调查之前的态度,或者像他的侄子孙满那样努力寻找家族谱牒等历史资料然后再作表态,那么后来发生的许多事情就不会发生了,即使罗香林先生的《国父家世源流考》一书能够出版,但如果没有孙科的参与,那其影响力也必然会大打折扣,充其量这样的书也只能算是学术探讨,是不会对伟人孙中山研究以及广大社会造成那么大的冲击的。

(作者单位:南开大学图书馆)

台湾光复初期孙中山形象的民间塑造

赵立彬

1945年台湾光复之时，在教育背景、社会心理各方面与祖国隔膜已深。光复后的省政当局，利用各种途径力图推动祖国认同、树立国家意识，并且按照在大陆通行的政治文化及行政方式推行省政。其中孙中山及其思想是可资利用的重要资源之一。孙中山与台湾虽然有一定的历史关系，但影响主要在少数精英，在1920年代，孙中山逝世时相关纪念活动通过台湾的媒体有所报道，①但日据后期，一般台民对于孙中山已比较生疏。在光复初期（本文中主要指1945年8月日本投降后至1947年2月"二二八事件"前②），孙中山形象在台湾民众中的重塑，如何出于省政当局之主动，而显效于民间舆论之承接，以及趋势之急速逆转和负面反应伴随出现，其中史事和教训，令人扼腕感慨。本文主要依据当时官办、民办之数份知名报刊，对孙中山形象塑造中的宣传、接受和利用作初步探讨，以冀对光复初期的台湾官民关系

---

① 参阅刘碧蓉：《孙文与台湾——历史形象的诠释》，台北文英堂出版社2011年版。
② 关于台湾光复初期的一般情形，可参阅张宪文、张玉法主编：《中华民国专题史》第15卷，陈立文、钟淑敏、欧素瑛、林正慧：《台湾光复研究》（南京大学出版社2015年版）；郑梓：《光复元年：战后台湾的历史传播图像》（新北市稻乡出版社2013年版）。关于台湾光复初期文化方面的状况，可参阅黄英哲：《战后台湾文化的重建（1945—1947）》（江苏大学出版社2016年版）；杨彦杰主编：《光复初期台湾的社会与文化》（福建教育出版社2011年版）。大量关于"二二八事件"的研究，亦会涉及此前一段时期的史事认知，兹不赘举。不同的研究者对于光复初期台湾历史的看法，背后各有立场，从当时的原始资料入手，或可得到更为真切的历史感受。

和政社冲突，有一侧面之了解。①

一、向民间大力宣传孙中山的功绩

光复初期，台湾省政当局通过高频度地介绍孙中山的历史，颂扬孙中山的功绩，来推动祖国认同、树立国家意识。台湾省行政长官公署行政之初，极力塑造孙中山的形象，并特别重视面向民间的宣传工作。1945年10月25日在由原台北市公会堂改名的"中山堂"举行"中国战区台湾省受降典礼"及"庆祝台湾光复纪念大会"时，相关孙中山的元素已经得到运用。②

台湾省行政长官和国民党台湾省党部都把宣传孙中山、号召做孙中山的信徒，作为对民众的期望和要求。1946年3月12日孙中山逝世纪念日和9月3日对日抗战胜利纪念日，行政长官陈仪两度发表对台民的演讲，强调民众要实践三民主义，做孙中山的"孝子顺孙"。他在演讲中说：

> 我希望在台湾的每一个同胞，都是国父的孝子顺孙，台湾的每一块土地，都是实行三民主义的实验室、育种场，把全中国很快地建设成富强康乐的三民主义共和国。③

中国国民党台湾省党部在1946年孙中山逝世纪念日，发表《为国父逝世廿一周年纪念告同胞书》，也努力强调孙中山与台湾光复的历史关系，呼吁民众做孙中山的"忠实信徒"，文中指出：

> 国父之生扭转了中华民族的命运，国父之逝却促成了中华民族的新

---

① 与本文相关的研究有魏文享：《孙中山"国父"形象在台湾的历史形塑与记忆解构》，《学术月刊》2011年第6期；周游：《台湾两蒋时代的孙中山诞辰纪念》，载辛亥革命史研究会、武昌辛亥革命研究中心编：《辛亥革命史丛刊》第15辑（湖北人民出版社2012年版）。但这些论著考察的主要时段都是1950年代以后。庄惠惇《国族的流行体系——战后初期台湾杂志文本中的主流论述》（《史汇》第3期，1999年4月）涉及光复初期孙中山形象的树立对于国族产生认同的意义；陈蕴茜《崇拜与记忆——孙中山符号的建构与传播》（南京大学出版社2009年版）在相关章节讨论到台湾光复后孙中山崇拜发展的情况；陈蕴茜《光复初期台湾的孙中山崇拜》（《江苏社会科学》2010年第5期）重点考察了台湾光复初期"孙中山崇拜"现象如何促进台民对祖国的认同。

② 如中山堂的使用、孙中山遗像的张挂和向孙中山遗像行礼，均在"中国战区台湾省受降典礼"及"庆祝台湾光复纪念大会"中出现。见《台湾省受降典礼》，《新台湾画报》1946年第1期，第6页；《庆祝台湾光复纪念大会》，《新台湾画报》1946年第1期，第8页。

③ 《九三胜利纪念日陈长官广播词》，《台湾新生报》1946年9月3日，北部版第5版。

生。……台湾自获脱五十一年的桎梏,自是蒙被了国父的遗泽,希望全体同胞坚定三民主义之信仰,立志做国父的忠实信徒。①

为达此目的,省政当局大量发行孙中山的著作,将翻印《总理遗教》《三民主义》《建国大纲》《孙文学说》《实业计划》《民权初步》列入行政长官公署宣传委员会工作计划的头条。②为顾及当时大多数台民只能阅读日文书刊的现实,行政长官公署饬令所属订购由宣传委员会负责发行的日文版《三民主义》,要求各级政府、学校的公教人员及中等以上学校学生人手一册。③

在向民众灌输孙中山形象的过程中,官办报刊发挥了主动的作用。1946年3月孙中山逝世21周年之际,台湾省地方行政干部训练团所办的《团刊》"为增强读者对总理之认识,并表示纪念起见,特将《总理逝世纪念日简史》及《总理革命事业概略》等刊载于此",当期刊载的内容计有五部分:《纪念日简史》《总理革命事业之概略》《总理革命主义之大要》《总理伟大之精神与人格》《总理之重要遗教》。④而行政长官公署宣传委员会在台湾通过接受日据时期最大报纸《台湾新报》而创办的《新生报》⑤,发表的"社论"饱含崇敬孙中山、和喜悦于台湾光复的双重感情。"社论"中说:

> 今天是中华民国国父、中国国民党总理孙中山先生逝世于北平的二十一周

---

① 《为国父逝世廿一周年纪念告同胞书》,《人民导报》1946年3月12日。
② 《台湾省行政长官公署宣传委员会三十五年工作计划》,载《台湾省政令宣导人员手册》,台湾省行政长官公署宣传委员会编印,1946年2月,第63页。
③ 《台湾省行政长官公署训令》,《台湾省行政长官公署公报》,1946年冬字13,第11—12页。
④ 《总理逝世纪念日暨总理生平概述》,《台湾省地方行政干部训练团团刊》第1卷第2期,第4—5页。
⑤ 该报报名全称为《台湾新生报》,现依报纸本身、一般民众和研究者的习惯,在本文正文中简称为《新生报》,在引征注释时仍用全称。一般的新闻史类著作,如方汉奇:《中国新闻事业通史》第2卷等,对《新生报》有所介绍。因为其持续时间长,刊载内容多,许多研究将其作为重要的资料来源。以《新生报》为主要对象的研究,有郑梓:《"光复元年"台湾社会图像之一——以〈台湾新生报〉为中心的探讨》,淡江大学历史学系主办"台湾史国际学术研讨会——社会、经济与垦拓"论文,1995年;许诗萱:《战后初期(1945.8—1949.12)台湾文学的重建——以〈台湾新生报〉〈桥〉副刊为主要探讨对象》,台中中兴大学中研所硕士论文,1999年;丸川哲史:《"去殖民地化"与"祖国化":从〈新生报〉"桥"副刊的论争谈其意涵》,黄俊杰编:《光复初期的台湾思想与文化的转型》,台湾大学出版中心2007年版;许旭辉《战后初期台湾报业之发展——以〈台湾新生报〉为例(1945—1949)》,台北教育大学硕士论文,2007年。许旭辉文以《新生报》为例,着重探讨了官营媒体接收和官方势力的帮助取得媒体发展制高点的过程,关于《新生报》早期的一般概述,包括组织经营、版面安排、办报理念、公司化改组等,可阅读该文。拙作《台湾光复与〈新生报〉》(载《中山大学学报》2016年第3期)探讨了《新生报》主动树立国家意识,宣传开明思想,在新政府和台湾民众之间担任沟通角色,带有进步性和理想主义的色彩,有限地表达了一些进步观念,影响了光复初期台湾的舆论生态。

年纪念日。可是我们在台湾来纪念国父的逝世,今天却是第一次。我们今天站在这伟大崇高的革命导师、人类救星的遗像之前,除更加深我们的敬仰之心而外,觉着兴奋的情绪,与往年不同。往年只是肃穆悲哀,无限痛楚,今年却带有喜悦的心情。像是子弟做了一件成功的事,要向家长陈述一样。这种心情,我们想每人都有吧。①

《社论》不仅表示"首向国父在天之灵告慰,同时致我们的最高精神敬礼!"而且将孙中山与台湾的历史与未来紧密联系起来,强调台湾光复是对孙中山遗志的实现:

> 国父革命之初,即以收复台湾为主要意愿,诚以台湾为我国安危存亡所系,我国要讲求真正的国防,维护永久的和平,台湾无论如何如何是必须确保的。现在台湾光复了。国父的遗志实现了。②

上半年的孙中山逝世纪念日和下半年的孙中山诞辰纪念日,是宣传孙中山的两个高潮,官办报纸都担任了主力和主动者的角色。1946 年 11 月 12 日,《新生报》发表社论《纪念国父诞辰》,同时用半版的篇幅,刊载《国父革命六十年史略》,以年谱的方式,略述孙中山之一生。③ 省会各机关庆祝国父诞辰活动,在这一天前后都得到了充分的预报和报道。④

为向民众加强孙中山革命历史的信息,官办报纸还通过频密的与孙中山相关的纪念日的报道和纪念活动,使孙中山形象在舆论和民众日常生活中反复出现,加深印象。3 月 29 日是国民政府所定的青年节,源于纪念孙中山领导的 1911 年黄花岗起义,1946 年 3 月 29 日,《新生报》发表了题为《青年节告台湾青年》的社论;⑤ 5 月 5 日"革命政府成立纪念日",源于孙中山 1921 年在广州就任国民政府大总统(即一般所称"非常大总统"),《新生报》发表专论,介绍了当年革命政府成立的历史,特别指出要认识孙中山"始终如一、为革命而努力的精神";⑥ 7 月 9 日是"国民革命军北伐誓师纪念日",源于 1926 年广州国民政府誓师北伐,此时孙中山

---

① 《社论:告慰国父在天之灵》,《台湾新生报》1946 年 3 月 12 日。
② 《社论:告慰国父在天之灵》,《台湾新生报》1946 年 3 月 12 日。
③ 《社论:纪念国父诞辰》,《台湾新生报》1946 年 11 月 12 日;《国父革命六十年史略》,《台湾新生报》1946 年 11 月 12 日。
④ 《省会庆祝国父诞辰 参加代表达千余人庆祝国大开幕合并举行》,《台湾新生报》1946 年 11 月 13 日。
⑤ 《社论:青年节告台湾青年》,《台湾新生报》1946 年 3 月 29 日。
⑥ 章熙林:《星期专论:五月在中国》,《台湾新生报》1946 年 5 月 12 日。

已经逝世，但北伐是孙中山晚年领导国民革命的直接结果，1946年是北伐誓师20周年，《新生报》报道了南京的纪念活动，以及国民党台湾省党部于9日上午举行的"国民革命誓师北伐二十周年纪念会"；①9月9日，是广州起义51周年纪念日，纪念1895年孙中山建立兴中会后筹划的第一次广州起义，国民党台湾省党部举行总理纪念周和孙中山第一次广州起义51周年纪念会，《新生报》刊文介绍了广州起义的历史；②12月5日是纪念1915年孙中山领导反袁斗争中"肇和"军舰起义的纪念日，1946年12月5日，国民党台湾省党部召开"肇和"军舰起义31周年纪念大会，《新生报》在报道中将"肇和"军舰起义的史事作了介绍。③

如果说上述工作更多的是从灌输者的主体来进行，那么对孙中山的名称、形象（包括平面形象和立体形象）、纪念仪式的行为规范等方面，官方的规则制定能更多地体现为民众所切身感受的一面。孙中山的名字得到了广泛运用，除台北建立中山堂外，还向各地抄发行政院修建中山堂的办法和标准，要求将原有公会堂一律改为中山堂，并加以敦促。④其中台北的中山堂，成为此后较长时期内台湾的政治中心。孙中山的形象成为礼拜的对象，庆祝台湾光复纪念大会开始时，已要求所有参与者向孙中山遗像行礼。⑤1946年新年之前，台北市北门城楼上，孙中山和蒋介石的巨幅画像已经并挂。⑥1946年4月18日，在台北公园举行孙中山铜像奠基典礼，⑦此后孙中山的各种塑像在台湾大量出现。国民学校教室内悬挂孙中山遗像，一般布局是，遗像上方为孙中山手题"天下为公"，左右是孙中山遗训中的"革命尚未成功，同志仍需努力"，⑧成为当时中小学教室的标准设置。

除平面和立体的孙中山形象外，"国父纪念周"的举办和"总理遗嘱"的诵读，在各地、各种场合全面推行。1946年初出版的指导政务人员宣传工作的《台湾省政令宣导人员手册》等指引性书籍中，《国父遗嘱》被列为首篇。⑨行政长官公署教育

---

① 《三民主义适合我国需要　且与世界潮流相应——吴稚晖报告北伐誓师意义》，《台湾新生报》1946年7月9日；《北伐誓师二十周年　省党部昨晨集会纪念》，《台湾新生报》1946年7月10日；《大事日记》，《台湾画报》1946年第8期，第11页。
② 《台湾省党部纪念周合并举行总理第一次起义五十一周年纪念会——张书记长出席报告起义史实》，《台湾新生报》1946年9月10日；《起义简史》，《台湾新生报》1946年9月10日。
③ 《纪念肇和舰起义　省党部今晨召开纪念会》，《台湾新生报》1946年12月5日。
④ 《电为转发修建中山堂办法希遵照具报》，《台湾省行政长官公署公报》，1946年冬字44，第9页；《电催呈报修建中山堂情形》，《台湾省行政长官公署公报》，1946年冬字67，第10页。
⑤ 《庆祝台湾光复纪念大会》，《新台湾画报》1946年第1期，第8页。
⑥ 《新台湾在建设中》，《新台湾画报》1946年第1期，第9页。
⑦ 《台湾鳞爪》，《台湾画报》1946年第5期，第3页。
⑧ 《实施三民主义教育》，《新台湾画报》1946年第2/3期，第5页，照片。
⑨ 《台湾省政令宣导人员手册》，台湾省行政长官公署宣传委员会编印，1946年2月。

处向辅仁小学、各师范学校附属小学、国语推行委员会附设实验小学、各县市政府行文,指出"本省各县市国民学校举行国父纪念周暨升降旗仪式,多不一律,殊碍观瞻",特抄录规定仪式,要求遵照办理,以昭郑重。① 所规定国父纪念周的程序为:

> 一、纪念周开始;
> 二、主席就位;
> 三、全体肃立;
> 四、唱国歌;
> 五、向国旗党旗暨国父遗像行三鞠躬礼;
> 六、主席恭读国父遗嘱,全体同时循声宣读;
> 七、向国父遗像俯首默念三分钟;
> 八、讲读国父遗教及工作报告;
> 九、宣读青年守则;
> 十、礼成。②

在纪念周的各项程序中,有实际内容的,一般是中段的"工作报告",而环绕报告的仪式,无论是行礼、遗嘱诵读,还是默念,都是以对孙中山的崇敬为核心。总理遗嘱诵读的普遍推行,以仪式化的程序加强民众对孙中山的崇敬,对国民党行政权威的树立良有帮助,常被作为向孙中山表现敬意的首要选项。③ 联系到当时台民特殊的教育背景,特别是多数人不能使用中文的实情,这些让民众可见可闻、可以亲身参与的宣传方式,对孙中山形象的民间塑造,可以产生更为直接的效果。

二、报纸对孙中山形象的塑造

在官方的灌输和官办舆论的主动之下,民办报刊对于孙中山相关事物,也表现出了极大的热忱。民间舆论从更广泛和更贴近实际的方面,体现了孙中山形象宣传

---

① 《台湾省行政长官公署教育处代电》,《台湾省行政长官公署公报》,1946 年冬字第 64 号,第 10—11 页。
② 《台湾省行政长官公署教育处代电》,《台湾省行政长官公署公报》,1946 年冬字第 64 号,第 10—11 页。
③ 1946 年孙中山逝世纪念活动时,本来台湾各机关及各级学校照放假一天,不过根据教育当局的要求,因为一年中放假日过多,故要求各校一律依旧上课,但在校内诵总理遗嘱,以志纪念。《国父逝世纪念日 各机关放假一天》,《民报》1946 年 3 月 12 日。

的民间承接,反映了光复初期台湾的实际社情和民众心理。民办报刊的积极响应,存在各种不同的情况,有自主的因素,也有配合官方的因素;有主动的行为,也有担任信息传递的行为。光复初期,民办报刊所受政策钳制还稍显松懈,民众声音尚可得到表达。孙中山在民办报纸中的不断出场,一定程度上反映了社会与民众的态度趋向和心理期待。

台湾光复之初,人们对于祖国的事物普遍感兴趣,有了解的愿望和要求,社会氛围较为适宜孙中山形象的重塑,有利于官方意志的实现。早在国民政府正式接收台湾之前的1945年9月,已有《一阳周报》创刊,这一份中日文并行的杂志,由文学家杨逵创办,大量宣传孙中山与三民主义,并出版《纪念孙总理诞辰特辑》,可以代表光复之初一部分台湾本土知识分子对于孙中山和三民主义的情感取向。[①] 1945年10月25日"台湾留学国内学友会"创办的《前锋》,在其创刊号《光复纪念号》上刊载了《孙中山先生传略》《三民主义图表解说》和《国旗党旗概况》等文字。[②]这些史事,均反映了台湾回归祖国后,民众对于孙中山及三民主义的求知欲望之高。而在1947年初之前,大量涌现的民办报纸中,以笔者阅读所及,《民报》和《人民导报》的相关评论和报道,较多地反映了孙中山形象塑造得到民间承接的情形。[③]

《民报》创刊于1945年10月10日,是台湾光复后最早的一份中文报纸,早于官办的《新生报》半个月。[④]《民报》开辟了"社论""时评""热言""冷语"等评论栏目,除办报外,还组织开展一些座谈会、游艺会等活动。《民报》关注台湾社会、反映民情、积极参与政治活动,是最有代表性的民营报纸。它主张把自己办成"站在老百姓立场说话的报纸,不许离却岗位说官话",[⑤]自我定位为"不偏于党

---

① 参阅黄惠祯:《三民主义在台湾——杨逵主编"一阳周报"的时代意义》,《文史台湾学报》第3期,2011年12月。
② 《前锋》创刊号(光复纪念号),1945年10月25日。
③ 关于《民报》和《人民导报》的相关研究,参阅陈芳明:《二二八前夜台湾的改革要求——以〈民报〉的社论为中心》,《鞭伤之岛》,台北自立报1989年版;李筱峰:《从〈民报〉看战后初期台湾的政经与社会》,《台湾史料研究》第8号,1996年;陈恕:《从〈民报〉观点看战后初期(1945—1947)台湾的政治与社会》,台湾东海大学历史研究所硕士学位论文,2002年;何义麟:《〈民报〉——台湾战后初期最珍贵的史料》,《台湾风物》第53卷(2003年)第3期;李筱雯:《从〈民报〉看战后初期的台湾社会》,台湾东海大学历史研究所硕士学位论文,2010年;吴纯嘉:《人民导报研究1946—1947》,中央大学历史研究所硕士学位论文,1998年。
④ 《民报》总部设在台北,在台湾各地有分部或办事处。《民报》社长林茂生,台湾本土精英,1945年时任台湾大学预科主任,后任台湾大学文学院院长,曾任台湾行政长官公署教育处教员甄选委员会委员。主笔陈旺成,亦是台湾本土精英,曾参与台湾民众党的活动,光复后任《民报》总主笔。
⑤ 《热言》,《民报》1947年2月28日,第1版。

派，不为各带别有使命的团体所利用"。① 《人民导报》是具有左翼色彩的报纸，由大陆来台的台籍知识分子与台湾本地进步人士合办，自我期许"一本原则，为民喉舌"。②这两份报纸看上去虽然也是国民党人在办，并多多少少带有政治性质，但与官办报纸相比，还是更多地反映了一些民意，更多地反映了一些实情。1946年9月各报在《新新》月报社举行座谈会，根据当时报界中人的评判（如《人民导报》苏新的发言），在当时各报中，"仅有《人民导报》《民报》《大明报》三家是属于民间的……就事实而言，《大明报》或《民报》等确实有服务人民的想法，但受到外来压力时，也不得不歪曲变形，究竟不能随心所欲"。③正因为如此，《民报》被国民党台湾省党部视为"纯为地方色彩"的报纸，《人民导报》也受到省党部的严重批评，④ 在"二二八事件"后，两报都被查封。

《民报》的报名本来就与孙中山的革命历史相联系，强调继承孙中山革命时期在日本创办的同名报纸《民报》的精神，在其"创刊词"中表示：

> 复兴我国五千年来的民族精神，完成地方自治以便实现民权的行使，企图实业奖励生产以便衣食住行的民生，这是国父孙总理遗下三民主义的宗旨，也是建设新台湾的准绳。⑤

《民报》热情地表达了对孙中山的崇敬，充分肯定孙中山的历史贡献，在纪念孙中山逝世的"社论"中指出：

> 我们诚心的崇仰国父，不但因为他是有智识的、有能力的、有人格的伟大人物，而且因他的智识、能力、人格，使他成就了一个最伟大最有权威的革命导师。我们诚心的崇仰国父，因为他能够根据三民主义，引导我们的全民族，从满清的专制政治，而领导向三民主义的民主政治。因为他能够很坚决地、很稳健地，使被压迫的、被分裂的中国，从一切反动的势力、从一切外国帝国主

---

① 《社论：增发晚刊的感言》，《民报》1946年6月1日。
② 《宋斐如启事》，《人民导报》1946年5月9日。1945年台湾光复后，宋斐如返台，被陈仪任命为台湾省行政长官公署教育处副处长，他在担任教育处副处长的同时，与郑明禄、苏新等人于1945年12月筹办《人民导报》。后改组，1946年6月，宋斐如特辞社长，由王添灯出任社长，聘宋斐如为顾问。《本社启事》，《人民导报》1946年5月9日。
③ 黄得时：《谈台湾文化的前途》（黄得峰译），江宝钗主编、黄得时著：《黄得时全集》2，"创作卷2：日文随笔"，台南台湾文学馆2002年版，第451页。
④ 李翼中：《帽檐述事——台事亲历记》，《二二八事件资料选辑（二）》，台北"中研院"近代史研究所1992年版，第405页。
⑤ 《创刊词》，《民报》1945年10月10日。

义的压迫中拔救出来,而完成五族共和的中华民族。①

"社论"指出,孙中山提出的三民主义,现在并没有能够顺利实现,因而要做一个"中国国民",需要继续继承和遵循孙中山的遗教:

> 国父指示我们建设三民主义的国家,然而我们现在的国家,并未达到国父所计划的境地,我们个个应当继承国父的遗教与昭示,不怕艰苦,不贪安逸,不恐讥议,不顾怨谤,才配称是忠实的中国国民。②

对于与孙中山有关的事项,《民报》都给予高度的关注、积极的报道。如孙中山亲笔书写的《三民主义》原稿及《〈建国方略〉序》等著述和书札文件,有数十件曾被日本掠夺,运至日本,后辗转被中国索回。《民报》对此事作了报道:

> (孙中山亲笔书写的《三民主义》原稿及《〈建国方略〉序》等著述和书札)由郭镇华氏侦悉,乃百般设法,历经难险,终由日本取回,秘密运至天津,俟机呈献中央。抗战胜利后中委庞镜唐氏,因公赴北平与郭氏会晤,两氏于十二月底,携带五项珍籍同机飞渝,现已送中央党史会保存。③

1946年5月5日,英国伦敦举行了孙中山纪念碑的揭幕仪式,并宣读了中国国民政府主席蒋介石、英国首相艾德礼的函电,《民报》也以《伦敦孙总理纪念碑揭幕 会中宣读蒋主席等函电》为题,给予了及时的报道。④

《民报》和《人民导报》都对孙中山在台湾的史迹倾注了巨大的热情,特别是孙中山1913年短暂留驻台湾时寓居的梅屋敷史迹的发现,轰动一时,两报都转发了长篇的报道。《民报》以《国父民二来台 曾寓"梅屋敷"》为题,转发了中央通讯社的消息,全文如下(《人民导报》同日以《台北市梅屋旅馆 国父曾临驻足》为题,内容大致相同):

> (中央社十七日本市讯)台省光复以来,常有我国革命史迹发现。前传闻国父于民国初年来台时曾在台北停留,至今遗有史料。昨此间梅屋敷旅馆主人

---

① 《社论:国父精神不死》,《民报》1946年3月12日。
② 《社论:国父精神不死》,《民报》1946年3月12日。
③ 《国父遗著璧还,送中央党史会保存》,《民报》1946年2月2日。
④ 《伦敦孙总理纪念碑揭幕 会中宣读蒋主席等函电》,《民报》1946年5月8日。

大和宗吉等来访中央社记者,叙述始末甚详。据谈国父于一九一三(民国二年)秋间自福州来台北,寓梅屋敷旅馆,曾在内午餐,饭后并与当旅馆中人在日本式之五郎庭花园内散步,当时日人村田省藏曾为总理护卫,另有便服宪警二三人随侍。村田系前驻菲律宾大使,现为战争罪犯,被禁于东京。国父曾亲笔书"博爱"二字赠屋主大和,另书"同仁"赠其弟藤井,二者均存及今。前者保存于东京,后者犹在梅屋敷旅馆中。另有一当时侍奉之下女静子,艺名百惠,年十四岁,今仍在草山供下士职,惟今已四十七矣。此外尚摄有电影,至今未得下落。馆主有意请求政府将该馆整顿保存,以垂纪念。①

《民报》1946年3月23日转发了对此事更详尽的报道。

> (中央社台北廿二日讯)国父于民国二年护法之役,在沪举事失败,曾赴日暂避,道经台湾。中央社记者顷由在台日人中,探悉当时情形如次。据多贺宗之谈称:当时国父于上海举事失利后,即谋在粤再举,并派先烈黄兴先生赴粤准备。黄先生筹备竣事,即电请国父去粤,国父乃于是年八月二日,搭德船约克号离沪。是时多贺适在福州,次日闻国父船抵马尾,复获粤局急变、黄兴先生仅以身免之情报,乃于当(三)日下午三时赴马尾晋谒国父,说明粤中局势,力劝珍重,万勿冒险。并谓有日船抚顺丸,即自马尾驶台,不妨到台观望局势,再定行止。当时国父以黄先生曾有通知,且在沪所知粤中进展顺利,坚持去粤原议。多贺再三陈述,且谓粤中情势既变,香港应将拒绝登陆,万祈勿以身试险。国父乃稍作沉思,并翻阅所置世界地图,旋谓不得已我唯再赴日本,俾可与同志集议,决定去留。多贺复谓,日本当局对中国时势采不干涉原则,到日后能否获得便利,尚不敢必,何为先行赴台,俾脱险境,并愿电告台湾日本当局予以协助。国父闻言稍作沉思,旋告多贺,谓承多方关注,实深感谢。但余仍将另行设法。多贺乃再次说明局势急迫,已无再作考虑时机,此行并偕来日轮小艇,请即换船。国父乃允俟晚九时再作决定。多贺于晚九时再偕小艇晋谒,国父已决定换轮,从者即为搬运物品。是时德轮正忙于上货,舱面甚为嘈杂,乃由日轮船长持枪随护,迨抵抚顺丸后,始悉国父从者乃胡汉民先生,船长旋备酒为国父称庆。并命船员严加戒备,以防不测。多贺当夜在船相陪,次晨始返福州。并电日驻台海军参谋长木下宇二郎,加意照料。又据原任台南

---

① 《国父民二来台 曾寓"梅屋敷"》,《民报》1946年2月18日;《台北市梅屋旅馆 国父曾临驻足》,《人民导报》1946年2月18日。

消防组长村上玉吉谈称,渠本人原任新闻记者,国父离台赴日时,渠实亦因事自基隆乘船出港,遥见基隆社寮岛方面,有小船驶来,载客三人,并有水上警察多人随护,登船自入头等舱室。初不知为何许人,旋悉为国父、胡汉民先生、戴季陶先生。胡、戴两先生尚不时出入食堂,国父则迄未谋面。船抵神户,国父等一行即转车赴东京,经向各方探询,知国父抵东京后,即由头山满、犬养毅两人招待,嗣以来访者过多,恐国父不堪其扰,乃请迁箱根,不久国内局势安定,国父即由日返沪。①

前一则报道(2月18日),在官办的《新生报》上同日也刊载,不过在《新生报》上的标题是《国父手泽犹存》,小字副题为"当年曾寓台北梅屋敷旅馆 亲笔书博爱同仁四字尚在",正文文字一致。②而《民报》和《人民导报》所拟之标题,凸显了孙中山与台湾的关系,特别是台湾对于孙中山当时脱险的正面作用,足令台人自豪;另一方面,与《新生报》注重孙中山手迹的视角不同,《民报》和《人民导报》更加注重所述事物为台北市民身边的地点和场所,极易取得民众的亲切感。历史故事娓娓道来,足以吸引读者的兴趣。作为发行量可观的报纸,《民报》和《人民导报》的报道,对于民众了解这一段史实,可以起到的作用不言而喻。直至今日,这些报道仍是研究当时孙中山行踪的重要史料来源。因梅屋敷馆主"有意请求政府将该馆整顿保存"③,今日台北的"国父史迹纪念馆",即因此而开辟出来,该纪念馆筹备处的照片刊登于1946年2月的《台湾月刊》上,④蒋介石还为之题写一幅"日月经天"。⑤后一则报道,则在《新生报》前后几日均未见,其传播和影响的范围,有待进一步考证。该报道文后有一记者按语:"国父莅台时,曾居台北大正町梅屋敷,前已有所报告。该处现已筹备辟为国父史迹纪念馆。"⑥再次提及"国父史迹纪念馆"的筹备。

和官办报纸一样,《民报》和《人民导报》也对孙中山相关纪念日进行了密集的报道,积极辅助政府的宣传工作。在1946年3月12日孙中山逝世纪念日前,《民报》预报了国民党台湾省党部定于当日举行国语演说竞赛会,并告知参加者可至该

---

① 《护法之役举事未果,国父由沪经台然后赴日》,《民报》1946年3月23日。
② 《国父手泽犹存》,《台湾新生报》1946年2月18日。
③ 《国父民二来台 曾寓"梅屋敷"》,《民报》1946年2月18日;《台北市梅屋旅馆 国父曾临驻足》,《人民导报》1946年2月18日。
④ 《台北市国父史迹纪念馆》,《台湾月刊》1946年第2期,第8页。
⑤ 《蒋主席为国父史迹纪念馆题匾》,《台湾画报》1946年第7期,第2页。
⑥ 《护法之役举事未果,国父由沪经台然后赴日》,《民报》1946年3月23日。

部宣传处报名。① 还通知当日上午在中山堂开纪念会后,继续在中山路举行植树仪式,省会各机关公务员应全体参加。② 纪念活动结束后,《民报》及时报道了各方面参加的盛况,也介绍了首都南京及各地举行纪念活动的情况。③《人民导报》在1946年3月12日、13日,集中报道了相关纪念活动,④ 还特别报道了"台湾省会各界纪念国父逝世廿一周年大会"宣劳组,发动慰劳献金,分赠驻防省会各部全体官兵,募集25000元,派代表谢娥、姚敏瑄两女士分送转发全体官兵,以志慰劳。同时省会台北各电影院亦于12日早场免费请各士兵观看演戏。⑤ 1946年青年节,《民报》发表社论《纪念黄花岗先烈》,报道了台北各界纪念革命先烈暨庆祝青年节大会举行,《民报》社社长林茂生还参加作了演讲。⑥ 5月5日"革命政府成立纪念日",《人民导报》刊登特载《革命政府成立纪念暨庆祝还都的历史和意义》,指出"五月五日这一天,在中华民国革命史上,具有很重大的意义。"⑦

孙中山形象重塑的效果在民间如何评估,从舆论报道中很难具体而微地得到反映。从《民报》《人民导报》以及其他一些报刊如《前锋》《政经报》《现代周刊》中,也能看到相关报道和舆论态度的活跃,或需要联系其他更多民间史料,乃至文学作品,方可反映更多的基层状况。不过,从若干评论中,也可看到一些踪迹。如《民报》曾经从社论作者的口中,记述了台湾乡民最初对于孙中山三民主义的热情。文中说:

> 本省人自光复以后,对于三民主义的研究是非常的热心。笔者曾到乡下就三民主义演讲过好几次,听众所表示热烈欢迎的态度与认真听讲的状况,足使演讲者感动至说不出话来。⑧

从中可见,孙中山形象塑造的民间承接在积极方面不乏体现。

---

① 《国父逝世纪念日,党部举行国语竞赛》,《民报》1946年3月2日。
② 《国父逝世纪念日将在中山路植树》,《民报》1946年3月10日。
③ 《国父逝世纪念大会 各方面踊跃参加》,《民报》1946年3月13日第2版;《国父逝世二十一周年 京各界开纪念会 官民多前往展谒陵寝》,《民报》1946年3月14日;《纪念总理逝世,全国各地宣传造林》,《民报》1946年3月14日。
④ 《国父逝世廿一周年 在中山堂举行纪念大会》,《人民导报》1946年3月12日;《昨中山堂盛大举行国父逝世纪念大会》,《人民导报》1946年3月13日。
⑤ 《国父逝世廿一周年纪念 发动劳军献金演剧》,《人民导报》1946年3月12日。
⑥ 《社论:纪念黄花岗先烈》,《民报》1946年3月29日第1版;《各界纪念革命先烈暨庆祝青年节大会昨日在中山堂盛大举行》,《民报》1946年3月30日。
⑦ 《革命政府成立纪念暨庆祝还都的历史和意义》,《人民导报》1946年5月5日。
⑧ 《社论:认识三民主义》,《民报》1946年2月19日。

三、民众借助于孙中山表达对社会和当局的不满

台湾省政当局利用对孙中山事迹的宣传、孙中山形象的塑造，通过官方灌输和民间承接，固然有所收效，而消极方面的反映也随之而来。由此可以看到的是民间承接的另一重要方面，即民众借助于孙中山，来表达对社会现实和当局行政的不满。这或是理解光复初期孙中山形象民间承接的更深层、也是更具有观察价值的问题。

台湾在光复初期对孙中山及其主义的宣传，在经历了新奇感之后，很快便遭遇到了民众的冷淡。《民报》报道，"近来民众对于三民主义忽然冷淡起来，甚至有故意曲解三民主义做开玩笑。……轻佻者流更戏用三民主义的文字，作俏皮贪污之辈的用语，或故为曲解以文饰自己的不是。"[①]民众这种态度上的复杂表现，源自于当时政府行政中出现的弊端，和执政人员的不良表现。《民报》将之归结为公务人员的行为失谨，在一篇"社论"中分析道：

> 可是这是什么缘故呢？究其最大的原因，实出于对办公员之不满。一般民众头脑单纯，一见办公员之非为，便误解三民主义的作风就是这样。……误解或曲解三民主义的人，当然是不对，是要谨慎。然而应该以身作则的办公员们，不能洁身自守，累及三民主义受谤于民众，这种人怎么对得起国父呢？[②]

但是，《民报》对于这样的负面情绪，仍慎重地予以引导，在评论中十分注意言辞的分寸。在同一篇"社论"中，评论者小心翼翼地指出，即使发生这样的情况，仍应对当局和公务人员抱以希望："总而言之，国民党今后将如何转向？是很值得注目的问题。唯其国民党的纲领三民主义，是不能移易的。所以我们省民不可因一时的对于办公员的不满，便放弃三民主义的研究。这是和因噎废食一样，愿我们同胞切莫犯此谬误。"[③]

可是局势的发展的确不尽如人意。1946年上半年，仅仅在正式收复台湾3个月后，因为执政效果的原因，台湾社会政治、经济各方面出现的问题，引发民间的普遍不满，省政当局与台湾民众非但没有从隔膜走向融洽，反而日益矛盾激化。在许多具体问题上，舆论的不满到了十分严重的程度，而在人们表达不满时，"孙中山"

---

① 《社论：认识三民主义》，《民报》1946年2月19日。
② 《社论：认识三民主义》，《民报》1946年2月19日。
③ 《社论：认识三民主义》，《民报》1946年2月19日。

竟然在一定条件下成为反过来借以向政府宣泄情绪和表达诉求的工具。

铁路问题是一个引起强烈社会不满、并在报纸上讨论较多的问题。台湾铁路自接管以来，陷于一种混乱状态。铁路系统中下级服务人员，因岗位与生活不能安定，而有怠工之倾向；就客运而言，乘客拥挤，车厢乘车环境不堪忍受；就货运而言，货物遗失成为家常便饭，车站职员公然宣称不能负责；至于各车站和火车内之无秩序、污秽，实为台湾有铁路以来未曾有之情况。然而，铁路当局不但不求改进，反而在1946年2月猛然提高票价至原价的五倍，引起民众强烈不满，舆论批评浪高一浪。①有评论者借颂扬孙中山的民生主义和民国初年对铁路事业的重视，严厉批评路政当局，提出改进的期望。《民报》发表题为《试看今日之铁路》的社论，指出：

> 自古以来，人们称衣食住为人生的三大需要，然而我们国父，则再加上一个"行"，而称为衣食住行。国父的民生主义，便是以解决此人民四大需要为最后的目的。……国父在推翻满清以后，将临时总统让给袁世凯，一时曾经担任全国铁路督办的职务，此即在重视"行"的问题。所以在那辛亥革命后的最重要时期，没有丝毫的权力私欲，而决意亲自筹谋这个问题的解决。对于国父的远虑深谋，我们民众应当何等的感激呀！②

粮食问题是台湾光复后引发社会不满的另一大要害。光复以后，台湾最严重的社会问题，就是粮价的暴涨，而当局在解决粮食问题上的无能，不仅加剧了危局，也激化了社会上针对当局者的不满。据报道，台湾光复前，米价每斤最高5角，光复以后，政府实行米配给制度，由于不能普遍配给，黑市猖獗，官价1元，黑市却由1元、2元、3元、5元至突破10元大关，1946年1月12日，政府因配给制度办不通，明令取消，米价曾一度跌回至5元，但自2月1日政府宣布交通运输费（包括铁路火车、公路汽车）提高至500%后，米价突又暴涨，由5元步步高升至12元，并仍有继续上涨之势。③还有报道1946年2月初，高雄市内的米价曾到每小斗100元以上，被称为"杀人的高价"，④各地都有因米价问题致死的案例，台中有饿而自缢之惨剧发生，⑤台北三重埔竹围黄某（59岁），家有数口，饥饿难堪，来市内亲戚处借钱买米，他的亲戚也没有钱借给他，老翁不忍家族的饥饿，又没有解决办

---

① 《社论：请看今日之铁路》，《民报》1946年2月2日。
② 《社论：请看今日之铁路》，《民报》1946年2月2日。
③ 《社论：欢迎李宣慰使》，《人民导报》1946年2月8日。
④ 《高雄米价日高一日》，《民报》1946年2月2日。
⑤ 《社论：欢迎李宣慰使》，《人民导报》1946年2月8日。

法，进退两难，竟以刀子自杀未遂，被送台北病院治疗。①高雄有一个18岁女子因为盗取陆军仓库的发霉米，被国军枪杀，另有一对夫妻，因为不能购米投河而死。②凡此种种，在报纸上都引起连续的报道和讨论，已见民众之愤懑不可抑制。在台湾第一届省议会开议之时，署名"沉溺在水火中的一市民王德元"从孙中山"平均地权""节制资本"的角度，对米价上涨不可遏抑的状况提出了尖锐的批评：

> 我们的国父孙中山先生著了《三民主义》，其中民生主义里提及平均地权和节制资本。
> 请问诸位省参议员，实现平均地权有否可能，节制资本有否可能？
> 看报纸上的记载，米价飞涨，老翁自杀，诸位先生，请救救势将饿死的省民吧！
> 请问救济总署有的是物，有的是钱，何不救人之急。
> 希望诸位先生救出沉溺在水火中的我们吧。
> 使贫民人人有米吃，人人有工作。③

台湾光复后，负责接收的军政人员，贪官污吏和一些跋扈军人的失当行为频频发生，甚至引起许多起动辄杀人的惨案，④某些在大陆习以为常的现象，如裙带关系、贪污受贿、随意侵占、行为粗野等，时有所闻，而当局有些政策，对台民则不乏歧视。一些公务人员在接收敌产时，不明日人房屋，乱加封贴，甚至将台民建筑的日式住屋，也加以封条，民众颇感处理失当，希望当局约束部下，以维威信。⑤对于接收过程中的乱象和公务人员的劣迹，民众借纪念孙中山逝世，表示了强烈的痛恨之情。《人民导报》有一篇署名"感叹生"的感言：

> 最可痛者莫如沦陷区的接收，无不是唯利是图，挽亲牵戚，乱七八糟。甚至对在汕头的台胞，称为"台侨"的笑话，又如最近的台北号走私，日人房屋的封条等，甘愿献丑于敌人之前，足令有心人痛叹不已。我希望国父有灵，将此辈不肖份子拿去交阎判发落，即能恢复中国，即能建设世界盟主之新中国啦。

---

① 《米食人》，《人民导报》1946年5月1日。
② 《三条不散冤魂飘游大会中》，《人民导报》1946年5月2日。
③ 《请救救我们吧!》，《人民导报》1946年5月1日，"人民之声"。
④ 《高雄市发生不幸事件 铳剑刺杀无辜良民 开市民大会唤起政府》，《民报》1946年4月2日。
⑤ 《群情愤慨》，《人民导报》1946年3月12日。

值兹国父逝世纪念日，略述数言以志纪念。①

现实离当局所宣扬的三民主义相去甚远，不满情绪的表达，以孙中山之理想作为参照，在言论效果上增添了说理的有力和对读者的感召力。而且，社会不满必然导致对政治的揶揄和嘲讽。在光复后具有政治象征意义的"中山装"流行之际（当时是公务人员的代表性置装），另一个包含贬义的"中山袋"也流行开来。《民报》的《热言》专栏刊文提到这一"新鲜事物"，并对贪官污吏污及孙中山名义的行为表达了憎恶。评论说：

> 中山服原为存念国父而起的名称，一穿上贪官污吏的身上，就要污秽这名称了。
> 最近本省内流行着一句"中山袋"，说是贪污之徒，把中山服的口袋，造得特别大，预备广收阿堵物。
> 这种污及国父名称的行为，纵然手段巧妙，逃得出法网，也配不上是我族类。②

对于国民党省政当局在宣传孙中山方面的所作所为，舆论也指出其效果的局限。《民报》引用孙中山在1924年对于国民党宣传讲习所学生的演讲，指出台湾光复之初因为"粮食问题""治安问题""人材登用问题"等等未得充分的解决，致使民众和政府当局发生隔膜，就是因为当局没有做到孙中山所提出的"感化"民众的"宣传"工作。《民报》的社论指出，孙中山的演讲，可以"在今日还给与我们重要的教训，为打开本省昨今的官民的'隔膜'，我们希望当局展开立在'诚意'的'宣传'工作。"③

以上种种情形，光复初期率先主动宣传孙中山和三民主义的台湾文化人杨逵，在多年后的回忆里提到：

> 孙文的《三民主义》那本书印了很多，大家都抢先去买，但是，到台湾的国民党那批人，都是些胡作非为的，对三民主义的民族、民权、民生，那批人

---

① 《国父逝世纪念日感言》，《人民导报》1946年3月13日，"人民园地"。
② 《热言》，《民报》1946年3月28日。
③ 《社论：宣传的工作》，《民报》1946年2月27日。

完全背道而驰。最后，大家都失望了。①

杨逵所忆乃是自己的经历，这或许可以看做是孙中山形象塑造中负面效应的一个最简要清晰的说明。

四、结语

孙中山1924年对国民党宣传讲习所的学生演讲道："我们宣传主义，不特是要人知，并且要感化民众，要他们心悦诚服。我们若果能感化民众，民众能够心悦诚服，那才算是我们宣传的结果，那才算是达到了我们宣传的目的。"②孙中山和三民主义在光复初期的台湾，既有台湾知识界和民众渴望了解的需求，又有当局努力宣传的主动，在特殊的历史背景下，对台湾民间的观念和认识产生了一定的作用。问题在于，光复初期的接收和行政，没有能够"感化民众"，《民报》的评论指出："有人说人民对今天的政治现象已经失望，失望的原因在那里了。日人所有财产争先接收，怎么民心不接收呢？衣食住行问题是政治，这问题赶快不能解决，那里有政治？致使人民抱有政治面的失望，不知不觉放弃公权。"③民众没有"心悦诚服"，所以达不到当局宣传的目的，孙中山形象的民间承接才出现各种负面的效应。

台湾省政当局治台之初，尚略有抱负。努力推动孙中山形象的树立，一方面符合国民党在大陆执政的政治文化习惯和基本行事规则，另一方面也与试图在台推行"清明"政治的初衷相配合。然而实际效果相去甚远，抗战后期以来，国民党在大陆腐败日深，积重难返，不仅民心无法收拾，自身败相也日益无可挽回。关于孙中山和三民主义在宣传灌输中的负面影响，在大陆早已司空见惯，并非在台湾特有的新现象。随着国民党统治模式在台湾的移植，种种弊端也随之移植，孙中山形象树立中遇到的困境，并不出乎意料。自然，台湾省政当局在接收和行政之初，措置失当，造成恶果，不能辞其咎。可是平心而论，早期治台的统治集团，与在大陆的执政者相比，为劣程度还稍有收敛。但台民认为，"台胞之程度较高，法治观念较深，选举的经验也多，所谓建设模范省的基础堪云具备。正因如此，台胞对于'比国内好得多'的不良风气，还看不惯，也看不起。"④奈何大势如此，台湾省政当局执政

---

① 《杨逵忆述不凡的岁月——陪内村刚介访谈杨逵于东京》，戴国煇：《台湾史研究——回顾与探索》，台北远流出版事业股份有限公司1985年版，第235页。
② 孙中山：《在广州国民党讲习所开学典礼的演说》，《孙中山全集》第10卷，第350页。
③ 《社论：选举后的回想》，《民报》1946年3月18日。
④ 《社论：怎样来消除隔膜》，《民报》1946年5月29日。

之弊，更多地来自国民党统治的整体腐朽和官场恶习、军队积弊的长期沉淀。在大陆已经抽心一烂的国民党，无法避免种种劣政、恶政在台湾的再现，光复未久，而官民矛盾、政社冲突的激化，已是势属必然。孙中山形象重塑中的民间反映，不过当时政情、社情的一个侧面。从这个意义上看，光复初期台湾的命运，与整个国家的命运事实上联系在一起，国民党的国家治理整体如是，台湾又如何独善和幸免！

（作者单位：中山大学孙中山研究所）

孙中山的莲花情结与中山人的荷花世界

胡 波

莲花又名荷花、芙蕖、芙蓉、菡萏，一般分布在中亚、西亚、北美及印度、中国、日本等亚热带和温带地区。莲花在中国南起海南岛（北纬19度左右），北至黑龙江的富锦（北纬47.3度），东临上海及台湾省，西至天山北麓，除西藏自治区和青海省外，全国大部分地区都有分布。垂直分布可达海拔2000米，在秦岭和神农架的深山池沼中也可见到。中国早在三千多年即有栽培，在辽宁及浙江均发现过碳化的古莲子，可见其历史之悠久。亚洲一些偏僻的地方至今还有野莲，但大多数的莲花都是人工种植。

中山是一个百花盛开、四季如春的地方。史载香山地多奇花异卉，盛产芝草菖蒲、木樨岩桂，甚至有"神仙茶丛生焉，色香俱绝"和"地多神仙花卉，故曰香山"的说法。中山人爱花、颂花、种花、护花的风习，可谓由来已久。宋人唐琬所咏叹的"身寄东篱心傲霜，不与群紫竞春芳。粉蝶轻薄休沾蕊，一枕黄花夜夜香"的菊花，甚至还被政府命名为中山市的市花。在中山人的世界里，花既是美的象征，又是文化的符号，更是人的一种精神寄托。中山人除了将菊花奉为市花外，还对荷花（又称莲花）有着特殊的感情和审美的偏好。"中山莲"和"中山红台"的种植与观赏，"孙文莲"的培育和传播，就为我们探究中山人的内心世界和重建新时期中山人文精神，提供了有效的途径和有益的启示。

一、为何是莲花

爱花颂花种花护花乃人之常情，但中国人却擅长将花入食入药、入诗入画。菊花虽然被公认为中山市市花，但种荷采莲食藕的历史似乎早于菊花。

近代中国民主革命的先行者孙中山先生，从小生活在百花吐艳、五彩缤纷的香山县翠亨村，对兰溪河畔的花草和金槟榔山上的树木，以及翠亨村周围迎风招展的花朵，自然有着特殊的情感。今天，我们难以在他的文化遗存中找到有关他与荷花的故事，但从1918年6月他赠送给日本朋友田中隆先生的四颗莲子这件事情上，我们还是不难发现他对故乡百花的钟情和对莲花独特的偏爱。

孙中山先生"生而为贫困之农家子"，如同许多农村贫苦人家的孩子一样，自幼参加生产劳动。6岁时就经常跟随大他三岁的姐姐孙妙茜上山砍柴、下地割草，四处拾取猪粪和打捞猪饲料。年纪稍大一些，便下田插秧、除草、排水、打禾，每年有好几个月都要替人牵牛到山埔放牧，以抵偿租牛耕地的工价。有时，还要到邻村跟着外祖父杨胜辉驾船出海捞蚝。生活的艰苦和劳动的压力，并没有影响少年孙中山那活泼的天性和求知的热情。游水、捉鱼、踢毽子、观看三合会员习武和模拟太平军与清军打仗的游戏，不仅从心理上、情感上减轻了困苦生活的压力，也孕育了他勤劳俭朴、勇敢刚正、扶弱抑强、诚信友爱、洁身自好等美德。

正是由于孙中山"生于畎亩、早知稼穑之艰难"，[①] 因此，他不仅对农村和农民有着深切的了解，而且还对农业和农学产生了浓厚的兴趣。从1879年赴檀香山起，"负笈外洋"十余年，在完成所学的课目和专业技能外，孙中山还进一步精研有关近代农业的书籍，"至于耕植一门，更为致力"，希望运用近代农业科学知识，对家乡的农业进行改良，以增加农民的收入，改善农民的生活。同时，还悉心考察欧美各国的农事和农政，深感"农桑之大政，为生民命脉之所关"，曾先后上书香山乡贤郑藻如和洋务重臣李鸿章，直陈发展经济、振兴农桑等方面的建议。在他看来：

"吾邑东南一带之山，秃然不毛，本可植果以收利，蓄木以为薪，而无人兴之。农民只知砍伐，而不知种植，此安得其不胜用耶？蚕桑则向无闻焉，谕之老农，每谓土地薄，间见园中偶植一桑，未尝不滂勃而生，想亦无人为之倡者，而遂因之不讲耳。不然，地之生物岂有异哉？纵无彼土之盛，亦可以人事培之，道在鼓励农民，如泰西兴农之会，为之先导。"[②]

在《上李鸿章书》中，他又再次强调：

"倘不日求进益，日出新法，则荒土既垦之后，人民之溢于地者，不将又有饥馑之患乎？是在急兴农学，讲求树蓄，速其长植，倍其繁衍，以弥此憾也。"甚至认为："夫人不能以土养，而土可生五谷百果以养人；人不能以草

[①] 孙中山：《孙中山全集》第1卷，第25页。
[②] 孙中山：《孙中山全集》第1卷，第1—2页。

食，而草可长六蓄以为人食；夫土也，草也，因取不尽而用不竭者也，是在人能考土性之所宜，别土质之美劣而已。倘若明其理法，则能反硗土为沃壤，化瘠土为良田，此农家之地学、化学也。别种类之生机，分结实之厚薄，察草木之性质，明六畜之生理，则繁衍可期而人事得操其权，此农家之植物学、动物学也。日光能助物之生长，电力能速物之成熟，此农家之格物学也。蠹蚀宜防，疫疠宜避，此又农家之医学也。农学既明，则能使同等之田产数倍之物，是无异将一亩之田变为数亩之用，即无异将一国之地广为数国之大也。如此，则民虽增数倍，可无饥馑之忧矣。"①

对农业和农学的重视，也使孙中山对家乡香山县的水土、气候、农作物、草木花卉等，均有了更加深入细致的观察和认识，较早地看到了水土之性与农作物种植的相互关系，较清晰地意识到水土植物特性与民性民风民情之间有着千丝万缕的内在联系。

莲花是水生植物，性喜相对稳定的平静浅水，湖沼、泽地、池塘，是其适生地。中山位于珠江三角洲的中南部，阳光、雨水、土壤、气候等自然环境和地理条件，都有利于荷花的生长发育。唐代香山诗人郑愚在《泛石岐海》诗中，就有"鬓愁蒲柳早，衣怯芰荷秋"的诗句。所谓"衣怯芰荷秋"，就表明至少在唐代，香山地区已有大面积种植荷花的现象。乾隆年间编撰的《香山县志》，也清晰地表明香山是莲藕的生产地，如叠石的"大藕"，圣狮的"莲藕"和横门的"靓藕"，都远近闻名。② 在道光年间编撰的《香山县志》也称："莲，其花号千叶者，不结子，名十八学士，别有合欢并头者，金莲花，黄碧莲花，碧绣莲花，绣俱异种。午时莲，叶大如钱，昼浮水面，夜舒荷，其叶夜布昼卷。睡莲，当夏昼开，夜缩入水，昼复出。"③ 由此可见，当时香山县不仅栽培有不同的荷花品种，而且这些荷花还成为香山八景之一。明代黄仲翁在《邑八景诗》中就有"天池方半亩，半亩尽荷花。借问荷花主，蓬莱是主家"的诗文咏颂。④ 另一位明代香山名彦黄佐在《石岐夜泊》中，

---

① 孙中山：《孙中山全集》第1卷，第1页。
② 乾隆年编：《香山县志》卷23，物产。荷花（学名：Nelumbo nucifera Gaertn.），又名莲花、水芙蓉等，属睡莲目，莲科多年生水生草本花卉。地下茎长而肥厚，有长节，叶盾圆形。花期6至9月，单生于花梗顶端，花瓣多数，嵌在花托穴内，有红、粉红、白、紫等色，或有彩纹、镶边。坚果椭圆形，种子卵形。荷花种类很多，分观赏和食用两大类。荷花全身皆宝，藕和莲子能食用，莲子、根茎、藕节、荷叶、花及种子的胚芽等都可入药。其出污泥而不染之品格恒为世人称颂。
③ 乾隆年编：《香山县志》卷23，物产。
④ 中山农业委员会、中山诗社合编：《中山农韵》，1997年版，第2页。

也有"道出青门月子冈，浴凫飞鹭满莲塘"的诗句。① 诗中所说的"荷花主""莲塘"，显然都与荷花（莲花）有关。"荷花"频频入诗，既表明香山地区素有培植荷花（莲花）的传统，又显示了香山人偏爱荷花（莲花）的情绪。

孙中山从小就生长在这样一种生产生活与文化习俗都洋溢着荷花清香雅洁之气的文化环境里，自然对荷花的品种、特征、习性、价值和作用等有着深刻的印象。虽然在目前所见的资料里没有太多孙中山对家乡荷花种植的接触和了解等方面的记载，也没有孙中山直接对荷花特性和作用的评论，但是日本学者古幡光男所著的《孙文莲》一书，却为我们了解孙中山与荷花的情缘提供了重要的线索。

1918年6月，孙中山为了感谢日本友人田中隆先生对中国革命的热情支持，不仅书赠"志诚感神"和"天下为公"八个大字，而且还赠送了四颗莲子给田中隆先生，并郑重地表示：

> "这是我从中国带来的莲子，是我们故乡的。日本和中国应该像这莲茎上长出来的两朵莲花；而日本和中国就像这藕丝一样，在任何外国势力施压下也分不开。在古代中国，牡丹表示富贵，菊花表示隐士之清廉，莲花则表示君子之间的高尚友谊。今天，将此莲子赠予田中先生，请田中先生把它培育开花。当这些莲子开花的时候，中国革命也会成功，东洋也会带来和平。"②

显然，孙中山深知莲花和莲子的品格和特性，也明白莲花的喻义与象征。"四颗莲子"在孙中山的心目中代表了友谊之情，象征着品德操守的高洁，更彰显着个人内心的纯真和圣洁，喻示着中国革命胜利与世界和平的未来。将"四颗莲子"作为真挚友谊的代表和乐观自信的物证，送给最值得尊敬和感谢的朋友，这也表明孙中山先生看重莲花的品格，了解莲子的属性，确信莲子的再生。虽然我们无法肯定"四颗莲子"是孙中山先生家乡的果实，但由此可以确信，孙中山知莲爱荷，尤其对家乡的莲子、荷花情有独钟。在他的内心深处，相信家乡的莲子必定会开出灿烂的生命莲花，她有着高雅俊逸的风姿和神韵。同时，身处逆境、人在他乡中的孙中山，也有借家乡莲子顽强的生命力和高尚的品格以自况之用意。

莲子喻示着革命必将成功，未来一定和平美好；荷花则意在表白自己为人处世的清正廉洁和革命友谊的纯洁高雅。孙中山虽然也崇尚凌霜不惧、傲然独放的菊花，

---

① 中山农业委员会、中山诗社合编：《中山农韵》，1997年版，第3页。
② ［日］古幡光男著：《孙文莲》；参见段云章编著：《孙文与日本史事纪年》，广东人民出版社1996年版，第539页。译文与本文略有不同。

中山人也有爱菊颂菊的风习，但莲子与荷花对于孙中山来说，似乎更合乎他的兴趣和爱好，更暗合他的思想和人格。可以说，莲子代表了孙中山的生命特质，而荷花则象征着孙中山的政治品格。

二、何为中山莲

在救国救民救世的职业生涯里，孙中山珍重友谊，爱惜名誉，身处动荡不安的年代，始终洁身自好、目光高远，心有所寄，情有所系，不计个人的安危得失，始终不忘"和平、奋斗、救中国"。虽去国而怀乡，虽屡败而屡战，始终像莲花一样"出淤泥而不染，濯清涟而不妖，中通外直，不蔓不枝，香远溢清，亭亭净植"，俨然如莲花一样有君子之风。

孙中山喜爱荷花固然有受中国荷花文化的影响，甚至受到宋人周敦颐《爱莲说》的启示，但是，家乡传统的荷花文化对他的熏陶，也许更加直接和自然。中山素有养植荷花的传统，荷花品种也因特殊的自然条件和地理环境而颇具地方特色。2002年，在"荷趣园"发现的红莲和白莲，就是独具特色的莲花。科学鉴定认为：中山的红莲和白莲，由野生莲演化而来。白莲为重瓣型，洁雅清逸，气质非凡。其优点是花茎大，着花密，心皮多，结实高，群体花期长，观赏价值高。红莲的花瓣瓣化程度高，比传统品种红台莲的花瓣要多58%，心皮瓣化，花色艳丽，醒目端庄，其特点是花期早，群体花期长，是其他荷花所不能比拟的。因此，人们将这两种在孙中山先生故乡中山发现的白莲和红莲分别称为"中山莲"和"中山红台"。①

而孙中山先生当年赠送给日本友人田中隆的"四颗莲子"，几十年后由日本莲花博士贺一郎培育成"孙文莲"，虽然从其品种属性看与"中山莲"和"中山红台"没有谱系上的关联，②但这并不影响孙中山的莲花情结和中山人的荷花文化情怀的性质内涵，也不影响孙中山先生对日本友人的真挚情意。无论是中山土生土长的"中山莲"和"中山红台"，还是从孙中山先生赠送给日本友人的四颗莲子中培育而成的"孙文莲"，都真切地表明中山这块肥沃的土地上生长着不一样的莲花，她有着顽强的生命力和特殊的表现力，也从根本上显示了中山人种莲食藕爱莲颂荷的历史和人文。

其实，中山人的爱莲情结和荷花文化，既内容丰富，形式多样，又历史悠久，文化厚重。历史上的中山，曾遭遇过多次大的移民浪潮，也饱受过不同特质的中外

---

① 王其超、张行言：《荷花品种资源的新发现》，《中国园林》2003年第8期，第69—72页。
② ［日］古幡光男著：《孙文莲》，第72—76页。

文化冲击，社会文化因而形成了多元一体的格局。仅从莲花的培植和食用而言，就有品种上的多样性和培植方式方法上的特殊性，以及食用上的奇异性和复杂性。不过，从有关文献记载和诗文记述上看，古代香山地区并没有大面积种植莲花和大规模地食用莲藕莲子的现象，倒是从未间断过小规模多品种培植莲花的传统。在多数香山人的心目中，莲花固然可以一物多用，尤其是经过加工制作后可以作为美味佳肴，甚至可以起到药物的功效，但是莲花"出淤泥而不染，濯清涟而不妖""中通外直，香远益清""可远观而不可亵玩"的君子品格，却总是令中山人魂牵梦绕，爱得如痴如醉。

在历代中山人的观念世界里，盛开的莲花固然令人赏心悦目、神清气爽，但莲花的君子品格更值得推崇，其蕴含的历史价值与人文精神，尤其值得弘扬和传承。

在沙溪镇龙头环村的周氏宗祠里，就有不少与莲花有关的景物和故事。据说这个周氏祠堂是由北宋大儒周敦颐第四代孙周直衍生而来，始建于明代初期，至今有23代近600传人。周氏宗祠后殿门联书写着"道源衍派，理学流徽"；前殿朱漆屏风上刻有"爱莲世泽"，中堂悬挂周敦颐那著名的《爱莲说》，而祠堂天井里常年摆放着一缸莲花。用周氏家族后人的话说：莲花是周氏家族的爱好，也是督促我们后人要像莲花一样，为人正直，洁身自好。① 其实，爱莲之君子之风、并以高洁清雅的莲花而自况，在古今中外早已习染成风。莲花的君子品格甚至成为中山人待人接物、处世行事的原则和教化子孙成人成才的标本。

古人认为："梅令人高，兰令人幽，菊令人野，莲令人洁，春梅令人艳，牡丹令人豪，蕉与竹令人韵，秋海棠令人媚，松令人逸，桐令人清，柳令人感。"② 莲花备受历代中山人的喜爱，自然与其品质和特性的清雅高洁、呈显君子之风有着密切的联系。中山人不仅在池塘、田野里种植莲花，生产莲藕，采摘莲蓬和莲子，而且还在建筑物的装饰、居室摆设、日常生活用品，以及家训族规中，注入了丰富的莲花文化内涵，使其在文化上和精神上起到愉悦身心、陶冶情操、化育性灵的积极作用。曾是香山县辖的澳门卢廉若公园内，虽然有假山飞瀑、荷池柳岸的景致，但更有"出污泥而不染，亭亭净直；干云霄以无尘，习习清冷"和"莲青竹翠无由俗，柳色波光已斗妍"的门联先声夺人。在石岐的西山寺内，也有曾望颜的"心猿意马教管束，莲根柰果借扶持"名联存世。南区李氏宗祠更有"花连萼秀，叶带荷香"的门联借莲花述说宗族血脉相传的历史与文化。沙溪李氏宗祠同样有"陇西望族，珠玑名流，笑指河山承仙祖；荷塘宗枝，蓝田奕叶，饱餐风月启后人"的柱联，也

---

① 参见李尚志：《荷文化与中国园林》，华中科技大学出版社2013年版，第173—178页。
② 张潮：《幽梦影》（下），中华书局2008年版。

有借荷塘之名表先贤伟业，以启后代子孙之意。此外还有"芙蓉正许为兄弟，鸿雁应教洽主宾""天留硕果，地拥莲花""月移梅影横窗寝，风送荷香绕座清"之类与荷花相关的联语传世。①

莲花，在中国人的文化中，别具意蕴。它是君子，是一种理想人格的象征；在民间，更是多子多福多寿的标志。同样，在中山人的内心世界里，除了作为自然景物的莲花之外，还有人格化和文化化的莲花，都是值得呵护和景仰的圣洁清正之花。甚至可以说，"中山莲"就是自然植物之莲，更是社会文化之莲，它们共同孕育了孙中山的莲花情结，也构成了中山人的荷花世界。

三、处处有荷花

世界上没有哪一个民族像中国人这样，对于花卉的赞赏并不仅仅满足于美如鲜花，止于表象的比拟，而是在审美观照中将花卉视作一种高傲的活物，是内蕴生命力和灵魂的生灵。在古人的潜意识里，花卉甚至在其本性上是与人同格的，它们作为植物，与禽兽、人类都是天地的产物，区别只在于人是顺生的，禽兽是横生的，花木则是倒生的而已。所谓"动物本诸天，所以头顺天而呼吸以气，植物本诸地，所以根顺地而升降以津，故动物取气于天而乘载于地，植物取津于地而生养以天。"在"一视同仁""万物与我为一""众生平等"等儒道释传统思想的熏染和规范下，中国人对花木观赏活动所体现出来的感悟方式，构成了世界文化视野中别具一格的极具东方色彩的人文景观。②

在中国文化里，梅、兰、竹、菊，素有四君子之誉，但莲花同样备受性情高雅、品质端正、行为廉洁之人的宠爱，以为其有君子卓尔独立、洁身自好、高雅俊逸之风。清人李渔在《闲情偶记》中曾历数荷花之"可人"处：

> 群葩当令时，只在花开之数日，前此后此，皆属过而不问之秋矣。芙蕖（莲花或荷花）则不然。自荷钱出水之日，便为点缀绿波，及其劲叶既生，则又日高一日，日上日妍，有风即作飘飖之态，无风亦呈袅娜之姿，是我于花之未开，先享无穷逸致矣。
>
> 迨至菡萏成花，妖姿欲滴，后先相继，自夏徂秋，此时在花为分内之事，在人为应得之资者也。

---

① 参阅邓仲锦：《香山古建筑对联集成》，花城出版社2014年版。
② 何小颜：《花与中国文化》，第4页。

及花之既谢，亦可告无罪于主人，乃复蒂下生蓬，蓬中结实，亭亭独立，犹似未开之花，与翠叶并擎，不至白露为霜，而能事不已。此皆言其可目者也。可鼻则有荷叶之清香，荷花之异馥，避暑而暑为之退，纳凉而凉逐之生。至其可人之口者，则莲实与藕，皆并列盘餐，而互芬齿颊者也。只有霜中败叶，零落难堪，似成弃物矣，乃摘而藏之，又备经年裹物之用。是芙蕖也者，无一时一刻，不适耳目之观；无一物一丝，不备家常之用者也。有五谷之实，而不有其名；兼百花之长，而各去其短。种植之利，有大于此者乎？①

莲花固然因北宋周敦颐的《爱莲说》和清李渔的《芙蕖》而被推崇赞颂，但其自然的秉性也是人们交口称誉的根由。中国人在观赏花卉的活动中，无论是人们所说的审美上的移情也好，社会价值取向上的投射也好，都尤其重视对象自身所蕴含的本质属性，只有当这些属性与人文属性构成一致时，人们才会予以贯通而达到对象的彼岸，并由此而从对象返回自身，这一内在的统一性正是人花贯串、人花交汇的桥梁，正是形貌上的比较，以及文学上种种比喻、比拟、象征等创作手法所赖以形成的真正基础。②尤其是古代中国人并不止步于双方抽象的比较，而是将主体全身心投入到对方的怀抱中去，花木便不再是原本冥顽不化的花木，而是获得了人格化身。古人在对象中发现了主体自我，花木竟然就是"我身"，花木体现出来的竟然完全是主体的精神气质和思想感情。以花木自况，以花木自命，就是古人在比较审视中的自我关照、自我暗示和自我期许。

在古代中国，莲花不仅仅与儒家的君子风度有关，而且作为荷花还与道家和佛家有缘。荷花与佛教有着千丝万缕的联系，这也是不争的历史事实。佛教认为荷花从淤泥中长出，不被淤泥污染，又非常香洁，表喻佛菩萨在生死烦恼中出生，又从生死烦恼中开脱，故有"莲花藏世界"之义。按佛教的解释，莲花是报身佛所居之"净土"。可见莲花已成为佛教的象征，所以菩萨要垫以莲花为座。佛教中的莲花，包括了荷花和睡莲的不同种类。只有大乘佛教的佛像座用荷花。作为中华本土宗教的道教，莲花自然是道教的象征之一。莲花在道教中象征着修行者，于五浊恶世而不染，历练成就，被誉为"出淤泥而不染"的翩翩君子。

儒教、道教和佛教有着各自不同的主旨、仪式和要求，但他们都视莲花（荷花）为圣洁之物。像绝大多数中国人多神信仰一样，中山人也在学儒行儒的同时，还有着道心和佛性，更在社会生产和生活中形成了自己的莲花情结，也不断地在思

---

① 何小颜：《花与中国文化》，第187—188页。
② 何小颜：《花与中国文化》，第17页。

想观念和社会实践中构成了自己的荷花世界。他们以莲花自况,甚至以莲花自命,在培植和观赏莲花中不断地进行自我心性的调养和人格的完善。中山人在唐宋时期,就开始信佛拜佛,提倡积德行善。明代万历年间的小榄人何藻在《瑞莲诗并序》中就表达了他的莲花情结:

> "岁丁亥,五月既望,长儿光中池荷初抽一花,绿苞玉英,丰隆茂盛,异于常卉。葵景两孙翼余往观,时碧房方启,异香馥郁,群蜂旋绕。若有灵气往来。俯而窥之,玉光霞彩,深洞莫测;既而花心欲放,绿蕊黄英,中开一线,葳蕤相向,意为并头,而媳孕一苞,意为菡萏,而花萼相倚。至十九日,东向盛开,如一盘碧玉,浮于波面,细理其绪,碧房深结于蒂主,其子各从房中抽出,散为花片,各含花英,分列两行,若层楼邃阁,翠槛珠棂,影彻天际,中间复有绿子一群,立于其上,大有咫尺摩苍天意,而四面金英玉片,芨葱浮动。一花中而仙灵会合,宝曜光芒,即佛经所云青色青光,黄色黄光,赤色赤光,白色白光。微妙香洁,未尽其形容,真瑞莲也。余闻仙人身在白莲池,尘踪安能飞到;又闻佛家舌上吐青莲,别有清凉世界。今小池勺水,分得玉泉一派,而皎皎青莲,一日影现于波心,触法眼界,且与儿曹共领此莲花香,各赋瑞莲诗,安得丹青妙手,画香兼画神,使莲花谱中,又增一胜也。如使吾姑闻之,将向群仙饶舌,瑶池几席,旦晚飞移小圃。歌曰:千叶莲开千叶花。诗曰:九华深养藕胎莲,莲叶莲花似法船。满载波斯花见宝,一丛碧玉蕊生烟。房挨绿子层攒翠,瓣魇金英巧贴钱。不见佛王亲吐出,谁知香味在无边。"①

荷花在何藻这里又与佛教的历史传说和文化意义联系在一起。另一位小榄人麦汉波也有讴歌荷花的诗文:"绿波淡荡远飘烟,棹入荷池不系船。瓣落水中形似艇,叶摇风里面朝天。淤泥不染亭亭立,佛座常供朵朵鲜。最羡半开花绰约,清香陆续到尊前。"② 由此可见,中山人对荷花的价值和意义有着不一般的认识和了解,也有着特殊的情感和文化的关怀。

莲花潜根于水下,敷荣于水面,与诸花大异其趣,故《彦周诗话》称:"世间花卉无逾莲花者,盖诸花借暄风暖日,独莲花得意于水月,其清凉虽荷叶无花时亦自香也。"③ 而且,莲花对生长环境有着极强的适应能力,不仅能在大小湖泊、池塘

---

① 黄绍昌等编:《香山诗略》,中山诗社1987年重印,第69—71页。
② 小榄镇地方志办公室编:《小榄镇志》,广东人民出版社2012年版。
③ 转引自何小颜:《花之语》,中国书店2008年版,第64页。

中吐红摇翠，甚至在很小的盆碗中亦能风姿绰约，装点人间。在中国荷花文化史上，盆荷这种形式出现之初只是被用于私家庭院观赏。如今，在中山各地园林和居家庭院中，盆荷的应用非常广泛。她不仅美化了生活和工作的环境，也显露了中山人的清正和自在的品格。"根是泥中玉，心承露下珠"的莲花，清凉洁静、不蔓不枝、中通外直的品质，恰恰是为官廉洁、为人正直、"出污泥而不染，濯清涟而不妖"者的真实镜像，也是"格物、致知、诚意、正心、修身、齐家、治国、平天下"者效法的对象。孙中山先生就曾以莲花廉洁雅静自况，并向日本朋友表示自己心如明镜，性如莲花，崇尚君子之道。买办商人和思想家郑观应，也曾有过借莲花以自持的表白。在近现代中山名人的诗文著作里，同样有不少用莲花喻人格的做法。从历史和现实上看，中山人种植莲花，重其品性而不在其果实。他们所需要的不是莲花盛开的景致，期望的是人性的莲花和心灵的莲花。莲花成了中山人修身立德、成人成才的动力，也成为教化育人的张本。在中山人的生活世界和精神世界里，莲花无处不在，无时不有。

1988年开始的中山"慈善万人行"，是常开不败的爱的莲花，到如今已有28年的历史。历届"慈善万人行"通过义捐、义卖、义演、义诊、义修、义工、义务献血和心理辅导等形式，募集了大量资金和物资，为那些急需的人提供了帮助。[①] 它让中山大地到处洋溢着博爱的热情，也使这个社会处处都散发出欢乐和谐的气息。2011年，中共中山市委和市政府倡导的全民修身十大行动，同样是格调高雅、心存高远、迎风绽放的爱的莲花，它像春日温暖的阳光，更是夏天清凉的和风，给喧嚣嘈杂的中山大地送来了清风正气，带来了平和洁净。莲花也是荷花，有着廉洁的谐音与和谐的寓意。中山人齐修身，行善举，固然是践行社会主义核心价值观的自觉表现，同时也有传承香山文化，重建中山人文精神的意韵。

如果说菊花代表的是中山人的清奇和刚毅的品格，那么可以肯定，莲花体现的则是中山人的高洁和雅致的性灵。莲花纯洁而清正，低调而高雅，它是中山人道德的体现，也是中山人人格的化身。

（作者单位：中山市社会科学界联合会）

[①] 胡波：《中山史话》，社会科学文献出版社2014年版，第108—114页。

孙中山与记忆史学
——以广州首义情结为中心

张金超

进入 21 世纪以来,记忆史学在中国近代史学界日渐勃兴。有学者指出,"除了立场和利害关系以外,'历史记忆'在很大程度上包含着时代、政局、思潮等客观因素和记忆者的主观因素,它是记忆者的感知、阅读加上想象而形成的认识,是在个体记忆和集体记忆、情感和理性的交织中产生的选择性建构。"[①] 在纪念辛亥革命一百周年之际,学界关于辛亥革命和孙中山的记忆史成果迭出。[②] 殊不知,孙中山本身即为记忆史学的参与者,在民元之后,他对自己之前领导发动的历次武装起义,尤其是首次义举——1895 年(乙未)广州之役多有论述。

一、孙陆交往若干史实

陆皓东,名中桂,字献香,号皓东,祖籍广东香山翠亨村,1868 年生于上海,比孙中山小两岁,早年在上海读书和充任电报翻译生,青年时代回到家乡,在孙中山的影响下走上革命征程。1895 年因参与谋划广州起义而遭清廷逮捕,慷慨就义。孙中山早年主要在香山、香港、澳门和檀香山等地活动,陆尽管生于上海、学于上海、工作起步于上海,但自回乡生活与孙有交集后,两人因拥有近乎相同的政治理念,交往就逐渐多了起来,以致最终走上革命道路。

对于孙、陆的交往细节,史书虽有揭载,但大多语焉不详。因为陆皓东英年早

[①] 罗福惠:《记忆史拓展孙中山研究空间》,《澳门理工学报》2016 年第 2 期。
[②] 代表性的成果有陈蕴茜的《崇拜与记忆:孙中山符号的建构与传播》,南京大学出版社 2009 年版;罗福惠、朱英主编的《辛亥革命的百年记忆与诠释》,华中师范大学出版社 2011 年版;欧阳军喜的《记忆与历史:孙中山对辛亥革命史的建构及其影响》,《人文杂志》2011 年第 5 期;胡雪莲、邱捷的《孙中山对辛亥革命的回顾与反思》,《思想理论教育导刊》2011 年第 10 期等。

逝，及其参与筹备的乙未广州起义未见发动即宣告流产，影响不彰，致使留世的第一手史料不多。现有可供研究的相关材料，也多是后人的回忆或相关记载，不甚了了及自相矛盾之处甚多。

关于两人是否同时受洗加入基督教会。1879年6月，孙中山随母亲赴檀香山投奔长兄孙眉，先后就读于意奥兰尼学校、奥阿厚书院。1883年7月，因欲受洗入基督教，孙眉令之回国。返乡后，孙中山努力改良乡政，抨击清廷腐败，为破除迷信及偶像崇拜，与陆皓东折断村内北帝神像手臂，"并毁其他偶像三具，以示木偶不足为世人害"。① 乡人兴师问罪，孙避往香港，陆远赴上海。1883年冬，孙中山入读香港拔萃书室。翌年4月15日，转学香港中央书院。5月4日，在香港必列者士街二号美部会（今中华基督教会公理堂，又译纲纪慎会），由喜嘉理牧师施洗，改名"孙日新"。

喜嘉理若干年后如是忆及："1883年秋冬之交，余与先生初次谋面，声容笑貌，宛然一十七八岁之学生；时先生方自檀香山归……余职在布道，与觌晤未久，即以是否崇信基督相质问，先生答云：基督之道，余固深信，特尚未列名教会矣。余询其故，则曰：待时耳，在己固无不可也。嗣后数月，果受洗礼奉教。"② 另据喜嘉理1884年5月4日写给该教会波士顿总部信函的内容，可确信孙中山加入基督教无疑。③

在叙述孙中山入教时，后人往往还强调陆、孙同时受洗。原因有二，一是依据后来流行于世的"受洗名录"，孙中山排名第二，陆皓东列名第四④；其二是冯自由的相关记载："总理既至香港，初在拔萃书院肄业，课余恒从伦敦会长老区凤墀学习国文，复结识美国宣教师喜嘉理牧师。喜牧师来华传道多年，足迹遍广东各县，识总理未久，知其服基督未受洗，遂力劝其早日受礼奉教，以为众倡。总理从之，数月后，总理果偕好友陆皓东同受洗礼于纲纪慎会礼拜堂，总理署名日新，皓东署名中桂，其施受洗礼者为喜嘉理牧师。"⑤

冯的上述记载，今已被学界广泛征引。但近年来有学者对此提出质疑，指证陆皓东仅由孙中山介绍认识喜嘉理，陆在世时并未加入基督教。至于那份"受洗名

---

① 冯自由：《孙总理信奉耶稣教之经过》，《革命逸史》第2集，中华书局1981年版，第11页。
② ［美］喜嘉理：《孙中山先生之半生回观》，尚明轩等编：《孙中山先生生平回忆录》，人民出版社1986年版，第521页。
③ ［澳］黄宇和：《三十岁前的孙中山》，生活·读书·新知三联书店2012年版，第317—318页。
④ 孙中山故居纪念馆编：《中国民主革命的伟大先驱孙中山》，中国大百科全书出版社2001年版，第19页。
⑤ 冯自由：《孙总理信奉耶稣教之经过》，《革命逸史》第2集，第11页。

录",系喜氏于民国成立后整理,由孙中山授意,才将陆皓东的名字加进去的;冯自由的记载,也是冯于民初在南京任职孙的机要秘书时听来的。① 此番考证,多是推测,虽有一定道理,但有些细节,如"受洗名录"出具的具体日期、陆皓东最终是否入洗等,还需要更多新资料的发现来印证。

关于陆皓东陪同孙中山北上天津上书李鸿章之事。为改变中国积贫积弱的面貌,1894年初,孙中山在翠亨家中起草上李鸿章书。书中主张中国应学习欧洲各国"富强之本",提出"人能尽其才,地能尽其利,物能尽其用,货能畅其流",认为此四者"富强之大经,治国之大本也"。② 书成后,孙中山偕陆皓北上抵沪访问王韬、郑观应,请其润色。后由王、郑介绍,两人于是年6月间北上天津向直隶总督李鸿章投书,希望当局接纳其革新建议,李以军务匆忙为借口拒绝接见。上书未果。

对于这段事迹,据冯自由记称:"孙总理偕陆皓东于是年(1894)夏间行抵天津,寄寓法国租界佛满楼客栈,首持港沪友人介函访直督幕僚罗丰禄、徐秋畦等,道达上书意见。罗徐均允相机协助,旋将上李鸿章书投递。……鸿章借辞军务匆忙,拒绝延见,仅由罗丰禄代领得农桑会出国护照一纸,总理由是深知清廷腐败无可救药。"③ 中华书局出版的《孙中山全集》第1卷所载《上李鸿章书》题注曰:"此文开始写于是年一月,先后经陈少白和上海格致书院院长王韬等作文字上润色。定稿后,六月偕陆皓东赴天津向清朝直隶总督李鸿章投书,未获接见。"④

看来,由陆皓东陪同孙中山北上上书一事不假,经已成为信史。但孙为何选择陆来陪同?原来,陆、郑两家为世交,陆早年在上海求学和充任电报翻译生时,甚得郑观应的赏识,彼此关系融洽。据陆灿撰《陆皓东公事略》记称:"前沪宁铁路总办、旅沪邑人郑陶斋(观应)钦仰其人,认为谊子"。⑤ 孙中山希望由陆牵线搭桥,得与郑观应认识,并借其介绍,再北上天津,试图面见李鸿章。

关于陆皓东受孙中山之命设计青天白日旗,此事基本成为了定论,只是该旗后来"命运多舛"。1895年1月,陆皓东闻悉孙中山返港,立即召集同志前往会合,协助成立香港兴中会总部。3月13日,孙中山召开兴中会首次干部会议,筹划广州起义的各项具体事宜,会上,委托陆皓东绘制义旗。陆皓东经过数次修改,最终将旗帜样式确定为:长方形,蓝色底,中央为一轮白日,白日周围放射出数道光芒。⑥

---

① [澳]黄宇和:《三十岁前的孙中山》,第318—321页。
② 孙中山:《上李鸿章书》,《孙中山全集》第1卷,第8页。
③ 冯自由:《中国革命运动二十六年组织史》,上海商务印书馆1948年版,第14页。
④ 孙中山:《上李鸿章书》,《孙中山全集》第1卷,第8页。
⑤ 陆灿:《陆皓东公事略》,翠亨孙中山故居纪念馆藏。
⑥ 中山市翠亨孙中山故居纪念馆编:《中国民主革命的伟大先驱孙中山》,第33页。

16日，孙中山、杨衢云、谢缵泰等在港讨论广州起义计划，决定采用陆皓东设计的青天白日旗作为革命标帜。① 因起义流产，该旗未能使用。至1900年惠州起义时，义军首先使用此旗。1907年初，同盟会本部讨论中华民国国旗形式时，提出五种方案，孙主张用青天白日旗，遭人反对。后孙提议增加红色，改为青天白日满地红旗，以纪念陆皓东及革命先烈流血献身之精神，并解释说青天代表自由，白日代表平等，红地代表博爱，仍未获通过，但后来同盟会在南方发动的数次起义，义军皆用青天白日满地红三色旗。民元1月10日，南京临时政府参议院议决以五色旗为国旗（对此，孙中山表示不满），青天白日满地红旗为海军旗，十八星旗为陆军旗。1924年6月30日国民党中执会决议青天白日旗为国民党党旗，1928年12月17日南京国民政府正式公布青天白日满地红旗为国旗。

关于清廷档案与媒体中对孙中山、陆皓东及广州举义的关注。起义被弹压后，陆皓东、孙中山的名字多次出现在清政府的公告、奏折及有关新闻报道中。在官厅告示中，除了告知已逮捕陆皓东等外，还悬赏通缉已外逃避难的孙中山等人。12月7日（阴历十月二十一日）广东当局发布公告，称"为悬赏购拿事，照得土匪孙文，纠结伙党，暗运军火，约期在省城滋事一案，当经拿获匪犯陆皓东等多名审办。惟尚有首要孙文等在逃未获，亟应悬赏缉拿，合行出示晓谕。"为此示谕民众："尔等如能拿获后开赏格有名匪犯解案，一经讯明，定即如数给予花红银两。"② 所附名单，共十六人，孙中山、杨衢云均为一千元花红，其余为三百至一百元不等。

同月，两广总督谭钟麟在奏折中提及广州起义事，说明清廷对南粤高涨的革命形势已有察觉，对重阳革命党人起事心有余悸，对未能抓捕孙中山等党人心有不甘。文称："至香港、澳门本通逃薮，前因孙文、杨衢云逃匿香港，照会英领事协拿，并许将犯交出酬以重赏，而领事故意推诿，谓外国例若系斩决之罪则不准交出，请将拟定罪名见示。……旋闻孙文已逃长崎乃已。粤境自九月二十一日处决陆皓东等三名之后，人心帖然，谣风亦止，近数月不闻香港澳门有聚众滋事之案。然事变之来每出意计之外，惟有督饬文武随时防范而已。"③

面对汹涌而至的革命浪潮，清廷严加防范。在1896年1月21日（阴历一八九五年十二月初八日）谭钟麟的另一奏折中，希望对在逃的革命党人"严密访查，务将首犯迅速捕拿，以期消患未萌"，并再次提及广州举义事："本年九月初，广州谣

---

① 陈锡祺主编：《孙中山年谱长编》上，第84页。
② 《羊城新闻》，《香港华字日报》1895年12月10日。
③ 《两广总督谭钟麟为镇压广州起义事附片》，广东省档案馆编译：《孙中山与广东——广东省档案馆库藏海关档案选译》，广东人民出版社1996年版，第685—686页。

传高州、惠州匪徒击散后，咸集香港，众四、五万，将攻省城，人言籍籍……，旋据管带巡勇、知县李家焯率千总邓惠良等，于初十日在双门底王家祠拿获匪伙陆皓东、程怀、刘次三名，又于咸虾栏屋内拿获程耀臣、梁荣二名，搜出洋斧一箱，共十五柄。十一日，香港保安轮船搭载四百余人抵省登岸。李家焯率把总曾瑞璠等往查，截获朱桂铨、邱四等四十五名，余匪闻拿奔窜，经海关税务司与厘厂委员于轮船起获红毛泥桶，内装小洋枪二百零五枝、子药八十余匣。当饬府县提犯隔别研讯。据陆皓东供，香山县人……"。①

起义消息传出后，舆论界亦有不同程度的揭载。《香港华字日报》持续关注，除去上揭12月10日刊登清廷的悬赏告示外，还于10月30日转载广州《中西日报》的报导，谓清廷"查得省垣双门底王家祠内云冈别墅有孙文，即孙逸仙，在内引诱匪徒，运筹划策，即于初九日带勇往捕，先经逃去，即拿获匪党程淮、陆皓东两名，又在南关咸虾栏李公馆捕获三匪，并搜获大饭锅二只，长柄洋利斧十五把……"②。11月1日，该报又转载10月30日南海、番禺两地官方发布的四言粤讴告示，称："现有匪首，名曰孙文，结有匪党，曰杨衢云，起意谋叛，扰乱省城，分遣党羽，到处诱人，借言招勇，煽惑愚氓，每人每月，十块洋银，乡愚贪利，应募纷纷，数日之前，听得风声，严密查访，派拨防营，果获匪犯，朱邱陆程，经众指证，供出反情，红带为记，口号分明，枪械旗帜，搜出为凭……"③

透过上述文字，可知无论是当时清廷官方的往还文书、通缉悬赏公告，还是舆论界的报导，已经常将孙中山、陆皓东的名字自然地放在了一起。尽管其时革命党人在民众中的形象可能还多是"乱臣贼子"，但从另一面来说，他们的英勇事迹已逐渐被世人所了解。直到一年后孙中山在伦敦蒙难获救，经过国内外媒体的大肆渲染报导后，孙中山"大革命家"的英雄形象才被世人广泛认知。

二、孙中山对广州首义的历次论述

1895年广州起义未成，陆皓东舍生取义，其英勇事迹，可歌可泣。而后来国民党史及民国历史中相关章节对陆皓东英雄形象的塑造，孙中山的屡次阐述亦至关重要，并为学界书写陆皓东提供了素材和定了基调。

孙中山对乙未广州起义的直接记述文字最早发表于临时大总统任内。1912年3

---

① 中国第一历史档案馆：《清政府镇压孙中山革命活动史料选》，《历史档案》1985年第1期。
② 《拿获乱匪详述》，《香港华字日报》1895年10月30日。
③ 《羊城新闻》，《香港华字日报》1895年11月1日。

月5日,孙与胡汉民、王宠惠等九十三人在南京发起"追悼粤中倡义死事诸烈士大会",在文告中,指出共和果实来之不易,敬告国民应饮水思源,"今而后我神州大国民其长饮共和之幸乐乎?抑亦思其构是幸乐之代价为何物质耶?夫非我最可亲爱、可崇敬、可鸣悒的一般有名无名之鼎鼎济济诸先烈之头、之血、之心腑、肤肉所交易而得"。孙中山于此着重论及陆皓东等人发起的乙未广州之役,称"甲午而后,青天白日,汉帜儵敹,我陆皓东烈士实首殉焉!而朱、邱二烈士同痛于橘阶,二程遭惨于狴狱。自时厥后,不甘前仆,继起发奋者……"。民国肇建,"追维既往,天道未张、人事参迕之时,我诸烈士或奔而踬,或植而蹶,心苦而功高。"①甫任国家元首的孙中山,工作头绪繁杂,日理万机,仍不失时机地追悼革命先烈,足见其感念旧情之殷切。

稍后,即当年4月,孙中山在致友人李晓生的信函中,忆及早年同宋嘉树、陆皓东在沪上相识相知的经历,称:"宋君嘉树者,二十年前曾与陆烈士皓东及弟初谈革命者,二十年来始终不变,然不求知于世,而上海之革命得如此好结果,此公不无力。然彼从事于教会及实业,而隐则传革命之道,是亦世之隐君子也。"当孙氏解职后在上海与宋嘉树再次重逢时,"不禁感慨当年与陆皓东三人屡作终夕谈之事。今宋君坚留弟住其家以话旧,亦得以追思陆皓东之事也。"②"世之隐君子"是孙中山对革命同志宋嘉树的最高评价,也是予默默从事革命工作的志士们之极大慰劳。这段话,也披露了陆皓东早年在上海从事革命活动之片断。

1912年10月,于武昌起义一周年之际,孙中山致函广东都督胡汉民及广州社会各界,着重论述乙未、庚子惠州之役的历史意义,以表彰陆皓东、郑士良等人的革命功绩,并倡议各界捐款抚恤烈士后人,文称:"九月初九(阴历),为乙未岁第一次倡共和革命失事之辰。烈士陆皓东殉,然附同赴义者,有临时招募之朱贵全、邱四二人,并波累程曜臣、程奎光狱死,故当日有朱、邱、陆、程之称。此役之日,陆君主动,同谋者除生存人外,则有郑弼臣、杨衢云二人。"接着讲述庚子惠州之役,着重指出,"追思木本水源,皆胚胎于乙未、庚子二役。而上述之人皆已亡殁,自民国成立以来,曾未一为之表彰,文实悼之。敢请我粤同胞于九月九日大开追悼会,以表彰幽烈,并捐款分别追恤各烈士之后。"③悼念与抚恤并举,诚可谓孙中山对先逝者给予交代的最好形式。

1913至1918年,为捍卫共和,孙中山先后发动二次革命、护国运动、护法运

---

① 《追悼粤中倡义死事诸烈士通告》,上海《民立报》1912年3月15日。
② 孙中山:《致李晓生函》,《孙中山全集》第2卷,第342页。
③ 《纪念日之余谈》,上海《民立报》1912年10月19日。

动，无暇对革命中的得失进行总结。1919年孙中山避居上海，专事著述，在其同年出版的《孙文学说——心理建设》一书中第八章"有志竟成"部分，厘述早期革命经历，多次谈及与陆皓东的交往情节，这是孙中山对1895年广州起义及陆皓东革命活动史实的最长篇幅记载。其中，他称早年在香港求学阶段为"革命言论之时代也"，说道："每于学课余暇，皆致力于革命之鼓吹，常往来于香港、澳门之间，大放厥词，无所忌讳。时闻而附和者，在香港只陈少白、尤少纨、杨鹤龄三人，而上海归客则陆皓东而已。"而对于1894年陆皓东陪同北上递书事，简记曰："予乃与陆皓东北游京津，以窥清廷之虚实；深入武汉，以观长江之形势。"①

对于1895年广州之役，孙中山的记述则更为详尽，足见是次起义在其心中之地位。他指出，为筹备起义，"遂开乾亨行于香港为干部，设农学会于羊城为机关。当时赞襄干部事务者，有邓荫南、杨衢云、黄咏商、陈少白等；而助运筹于羊城机关者，则陆皓东、郑士良并欧美技师及将校数人也。"起义准备半年，声势颇众，"本可一击而生绝大之影响"，但因运械不慎，致使海关搜获手枪六百余杆，事机遂泄，"吾党健将陆皓东殉焉。此为中国有史以来为共和革命而牺牲者之第一人也。同时被株连而死者，则有邱四、朱贵全二人。被捕者七十余人，而广东水师统带程奎光与焉，后竟病死狱中。其余之人或囚或释。此乙未九月九日，为予第一次革命之失败也。"② 内中，孙中山高度称誉陆皓东"为中国有史以来为共和革命而牺牲者之第一人也"，成为后人对陆皓东评价时常常引用的最经典语句。

首次革命举义失败，革命党人并未气馁，于1900年在惠州再次发难。为声援义军，史坚如在广州暗杀署理两广总督德寿，年仅22岁便被擒遇害，孙中山誉之"为共和殉难之第二健将也"，并自然地将他与陆皓东作比较，对两位"命世之才"英年早逝表达了无限的惋惜之情，他称："坚如聪明好学、真挚恳诚与陆皓东相若，其才貌英姿亦与皓东相若，而二人皆能诗能画亦相若。皓东沉勇，坚如果毅，皆命世之英才，惜皆以事败而牺牲。""而二人死节之烈，浩气英风，实足为后死者之模范。每一念及，仰止无穷。二公虽死，其精灵之萦绕吾怀者，无日或间也。"③ 陆、史二人文武兼备，敢于牺牲，诚为继起者之楷模。

民国肇建后，临时政府舍弃陆皓东制订的青天白日旗而定五色旗为国旗，对此，孙中山在1919年所著的《三民主义》中有所批评。他讲到，在革命成功之初，创立汉、满、蒙、回、藏五族共和之说，而官僚附和之，"以清朝之一品武官之五色

---

① 孙中山：《建国方略》，《孙中山全集》第6卷，第229页。
② 孙中山：《建国方略》，《孙中山全集》第6卷，第230页。
③ 孙中山：《建国方略》，《孙中山全集》第6卷，第235页。

旗，为我中华民国之国旗，以为五色者，代表汉、满、蒙、回、藏也；而革命党人亦多不察""而舍去吾共和第一烈士陆皓东先生所定之中华民国之青天白日国旗，而采用此四分五裂之官僚旗。予争之不已，而参议院乃以青天白日之旗为海军旗"。孙中山又将民国成立以来国内所处的四分五裂状况归结为"皆由不吉之五色旗有以致之也"。①

及至1921年，广东各界召开黄花岗七十二烈士追悼大会，省议会决定拨款十万元建造公园以示纪念，内中未提及参与乙未起义的朱、邱、陆、程四烈士。陆皓东的堂弟陆望华闻悉后，即致函孙中山，陈述陆皓东的历史功绩，请求对陆氏家属予以抚恤，申称："查先兄陆皓东牺牲生命财产，以求共和，置家以不顾及，热心共和，可至以极点。"申明陆母及家属生活极端困苦，"闻大总统早有明文抚恤先烈士之属，伏乞先生念诸同志，呈请中央维持，以安死者之魂。"政务繁忙的孙中山在得到陆望华的呈文后，迅即批答曰："已电省城同时追悼。政府若有抚恤到时，当力言之。至其妻母，俟不日回乡时，当另设法妥恤之。"② 政府安置、私人救济，孙中山抚恤烈士遗属尽了最大能力。

1923年元月，应上海申报馆的邀请，孙中山撰述《中国革命史》一书，论及革命主义、革命方略、革命运动等问题，将组党、宣传与起义并列为革命的三大要素。在述及"起义"部分时，孙中山讲到："乙未之秋，余集同志举事于广州，不克，陆皓东死之；被株连而死者，有邱四、朱贵全二人；被捕者七十余人，广东水师统带程奎光与焉，遂瘐死狱中，此为中国革命军举义之始。"③ 此段叙述与《建国方略》中的记载大致相同，这是孙中山一生中最后一次提及1895年广州起义。

就目前掌握的资料来统计，孙中山在民元后的各类著述、各类语境中，共述及1895年广州起义十余次，这在孙中山对革命事功的忆述、对革命先烈的缅怀和追念的文字中是不多见的。这足以说明孙中山一生中对陆皓东怀着浓厚的惺惺相惜的英雄情结和敢为天下先的"首义"情结。

三、结语

孙中山之所以对1895年广州之役有多次记述，主要有以下三个方面的原因：

第一，本次起义是孙中山等人倡言革命到具体付诸实践的第一次，的确值得刻

---

① 孙中山：《三民主义》，《孙中山全集》第5卷，第187页。
② 《陆望华致总理函》原件，藏台北中国国民党党史馆，藏档号：环1820。
③ 孙中山：《中国革命史》，《孙中山全集》第7卷，第64—65页。

骨铭记。1894年11月，孙中山和爱国华侨在檀香山成立中国最早的资产阶级革命团体兴中会。次年2月，孙中山与又与陆皓东、陈少白等在香港成立兴中会总部，修改章程，以"驱除鞑虏，恢复中国，创立合众政府"为纲领，提出"振兴中华"的时代最强音。在兴中会骨干的筹划下，半载之后，广州之役爆发。其后，革命党人前赴后继，又发动数次武装起义，直至推翻在中国存在两千多年的封建帝制。万事开头难，首次起义具有"开先"作用，"敢为天下先"的精神鼓舞了后继者的斗志。

第二，是孙中山对与陆皓东所结下深厚友谊的念念不忘。作为同乡，陆皓东是受孙中山的指引和影响才走上革命道路的，两人从"总角交"①转变为革命同志，志同道合，并肩战斗。陆皓东积极参加革命运动，倡议革命、制定义旗、筹备革命等，不遗余力，以至最终舍生取义，表现了宁死不屈的革命精神和视死如归的英雄气概，体现了对孙中山领导下的革命事业的高度忠诚。孙中山在一生的奋斗中，结识下的革命同志千千万，但对最早追随自己的陆皓东等人则情有独钟，他在回忆论述陆皓东时，自然地就将之与1895年广州起义联系了起来。

第三，是孙中山对为革命事业献身的青彦才俊的深深惋惜。"辛亥革命不是极少数人的事业，它是一个数以万计的新兴知识分子群体共同发动和推进的。"② 孙中山总是在不同时期能将中国最优秀青年团结到自己身边，推进革命和建设事业不断前进。孙中山一方面重视人才培养工作，曾称"教之有道，则人才济济，风俗丕丕，而国以强。"③ "教养有道，则天无枉生之才；鼓励以方，则野无郁抑之士……人既尽其才，则百事俱举。"④ 一方面，又要面对残酷的革命现实，身边无数年轻志士为共和革命抛头颅洒热血。从诸多挽词和纪念文字中，无不体现了孙中山一次次对痛失良才的惋惜之情。

在中文字典中，将情结解释为"心中的感情纠葛，深藏心底的感情"。⑤ 西方哲学家荣格将之形容为"无意识之中的一个结""一群无意识感觉与信念形成的结"。弗洛伊德在《精神分析引论》中提出，情结是指"在无意中虽被意识压抑仍不断执着地活动的本能欲望，用来描述一种很复杂而牢固的潜在情绪"。⑥ 陆皓东就义后，孙中山曾在不同时期、不同场合，屡次述及乙未广州起义的筹备、被歼过程及陆氏

---

① 冯自由：《孙总理信奉耶稣教之经过》，《革命逸史》第2集，第10页。
② 章开沅：《辛亥前后史事论丛》，华中师范大学出版社1990年版，第428页。
③ 孙中山：《致郑藻如书》，《孙中山全集》第1卷，第2页。
④ 孙中山：《致郑藻如书》，《孙中山全集》第1卷，第2页。
⑤ 见中国社会科学院语言研究所编辑室编：《现代汉语词典》，商务印书馆2002年版，第1035页。
⑥ 见朱立元著：《美学大辞典》（修订本），上海辞书出版社2014年版，第414页。

的英雄事迹，并高度评价陆皓东在中国革命历史上的地位和作用，这足以说明孙中山一生中有着浓厚的"首义"情结。这不是一般意义上的感怀和悼念，而是革命领袖对已逝的追随者真挚情感的真实流露，是对革命先烈大无畏革命精神的提炼升华和大力弘扬。

(作者单位：广东省社会科学院历史与孙中山研究所)

第一次国际女权运动视角的孙中山

李兰萍

孙中山对于近代中国妇女运动的作用毋庸置疑，然而学术界对于其相关思想的发生发展却没有一个完整的阐述。篇幅所限，本文仅从国际女权运动的视角加以考察。

自从女权主义诞生，从欧美传至日本、中国，逐渐从弱小的政治运动发展成一种重要的意识形态，日益引起人们的关注，也给早期出国的中国人留下深刻印象。孙中山在反清革命期间，曾多次在英、美、日等国逗留，彼时恰逢第一次国际女权运动从活跃走向高潮。梳理孙中山在国外社会文化环境的背景，有利于理解19世纪末20世纪初孙中山的有关思想渊源。

一、孙中山对第一次国际女权运动的感受

自古以来，世界范围对于女性的歧视由来已久，然而，欧洲经过宗教改革、文艺复兴和启蒙运动，尤其是工业革命后，新技术的出现，蒸汽机的发明和改良，使妇女有了就业机会，女性自身的价值逐渐被发现。

18世纪末，法国大革命中的妇女首先揭起争取人权的大旗。1789年法国妇女向国民议会要求男女在政治上同权，这是人类历史上女子参政运动的起点。到19世纪，西方女权运动的领域扩大到了社会各个方面。这种意识形态，也被称为第一次国际女权运动。它的高潮时期一直延续到20世纪20年代末。第一次国际女权运动的矛头指向那些将妇女排斥在受教育权、就业权、参政权以及其他权利之外的国家法律。英、美、日三国是孙中山早年出国逗留时间最多的地方，恰恰也是第一次国际女权运动最活跃的地方。

1. 英国女权运动与孙中山在当地的活动

1876年随郭嵩焘出使英国的刘锡鸿注意到，英国在政治乃至生活等方面的习俗

与中国古代盛行的儒家制度大不相同:"英人无事不与中国相反。论国政则由民以及君,论家规则尊妻而卑夫(家事皆妻倡夫随,坐位皆妻上夫下,出外赴宴亦然。平时,夫事其妻如中国孝子之事父母,否则众訾之),论生育则重女而轻男,论宴会则贵主而贱客(主人居中客夹之),论文字则自右而之左(语言文字皆颠倒其先后,如伦敦的套儿,则曰套儿的伦敦;父亲的花园,则曰花园的父亲,此翻译之所以难也),论书卷则始底而终面(凡书自末一页读起),论饮食则先饭而后酒。"他解释为"盖其国居于地轴下,所戴者地下之天,故风俗制度咸颠而倒之也"。① 薛福成于1890—1894年奉命出使英、法、意、比四国,注意到欧洲人的婚姻关系是"西俗贵女贱男。男子在道,遇见妇女则让之先行。宴会诸礼,皆女先于男。妇人有外遇,虽公侯之夫人,往往弃其故夫,而再醮不以为异。夫有外遇,其妻可鸣官究治,正与古者扶阳抑阴之义相反。女子未嫁,每多男友,甚或生子不以为嫌。所以女子颇多终身不嫁者,恶其受夫之拘束也。此其夫妇一伦,稍违圣人之道者也。"② 但真正使中国人惊奇的,远不仅如此。

早在1792年,英国女教师玛丽·沃斯通克拉夫特出版《女权辩》,引起了关于妇女解放的持续争论。作者指出,只有男女同样自由,同样有责任感,真正担负起他们对家庭相对国家的责任,才能在社会上实现真正的自由。而要做到这点,就必须给予妇女平等的受教育的机会,承认妇女具有男人同样的理性和创造力。《女权辩》传播了女性人权不可剥夺的启蒙信念,被广泛看作女性主义思想的里程碑,作者被视为女权运动的鼻祖,她关于平等和责任的问题一直影响着后来的女权主义者。③

工业革命后,传统家庭经济被摧毁,大量女性走进劳动力市场。1839年,英国共有工厂工人42万,其中妇女工人为24万。④ 1851年英国女性主要分布在纺织、服装、采矿、金属、帮佣、造纸、印刷、食品等行业,职业妇女约占全国劳动者总数的30%。1888年,女工约占工业劳动力的四分之一,占全体工会会员的八分之一。⑤ 英国妇女参与社会经济工作,男女同工现象并不罕见,比如英国伦敦电报局,"凡地球各国通都大邑,皆可通信。大小电机千数百具,用人约七百名,女多于男,

---

① 刘锡鸿:《英轺私记》,钟叔河主编:《走向世界丛书》,岳麓书社1986年版,第171、205页。
② 薛福成:《出使英法意比四国日记》,钟叔河主编:《走向世界丛书》,岳麓书社1985年版,第272页。
③ 玛丽·沃斯通克拉夫特著:《女权辩》,广东经济出版社2005年版,第15页。
④ 刘金源、洪霞:《潮汐英国人》,四川人民出版社2001年版,第74页。
⑤ B. R 米切尔:《英国历史统计摘要》,剑桥,1962年版;E. H 亨特:《不列颠劳工史》,伦敦,1973年版,转引自西北大学刘秀红硕士学位论文《论第一次世界大战对英国妇女解放运动的影响》(2003年),第4页。

每人管机二三具。由局寄往他处之信，以码代字，按字拨机，随动随达。"①

妇女进入劳动力市场，变成拥有独立工资收入的劳动者，为妇女摆脱依附地位提供了物质基础；随着教育普及、科学传播以及劳动妇女在生产活动中作用与日俱增，她们逐渐萌发了投入社会的愿望。她们开始参与女子教育改革、女性职业改造，要求变革现有法律，试图分享男子所拥有的一切权益。到18世纪中，英国妇女在争取政治、教育权利平等方面有了部分成果。

1861年，英国政治学家密尔出版《代议制政府》，书中明确提出给予妇女参政权的要求。密尔认为，代议制政府要能代表社会各界的利益，其中也包含妇女的利益。只有妇女才知道自己的真正利益所在，因此在政府中必须有她们利益的代表。密尔的书在英国妇女中广为流传。1866年，密尔将有2014名妇女签名的请愿书递交国会。这是英国历史上妇女第一次公开表达参政愿望。随后，英国各地成立了妇女参政组织，妇女的请愿活动日益高涨，声势浩大。

1868年（同治七年），张德彝随蒲安臣（Anson Burlingame）使团出国，在欧洲，见证了英国妇女参政权的争议："闻英国会堂内，欲将妇女厮入。有云可者，言其心细见高，胜于男子；有云不可者，言其病产子女，诸多烦扰，不能入厅，反为误事。又有云，女子未嫁而有田产者，皆应有荐举之权，彼此争论未决。"② 到1869年，妇女在英格兰、苏格兰、威尔士等地，取得了地方议会议员的选举权。1876年（光绪二年），环游世界见多识广的李圭开明的表示："前闻英国亦有妇女欲进议政院同参国事，语颇创闻，于彼亦似有理。"③

19世纪90年代后，英属殖民地各邦承认妇女的选举权：如新西兰（1893年）、南澳洲（1895年）、西澳洲（1899年）、新南威尔士（1905年）、维多利亚（1908年）。1897年，"全国妇女选举权协会联合会"成立，标志着英国妇女运动成为全国统一的政治运动。第一次世界大战中，男子大批地从军和死伤，国内产业及行政机关一切方面都需要妇女的补充。妇女的劳动力以及在社会上的影响力，得到广泛认同，1918年英国妇女终于得到选举与被选举权。英国妇女运动对于欧美诸国如法国、美国等都有很大的影响。

在教育上，1850—1873年，英国有了两所最初的女子高等学校。除了剑桥大

---

① 王韬、李圭等：《漫游随录·环游地球新录》，钟叔河主编：《走向世界丛书》，岳麓书社1985年版，第282页。
② 张德彝：《欧美环游记（再述奇）》，钟叔河主编：《走向世界丛书》，湖南人民出版社1981年版，第129页。
③ 王韬、李圭等：《漫游随录·环游地球新录》，钟叔河主编：《走向世界丛书》，岳麓书社1985年版，第237页。

学、牛津大学以外,伦敦、威尔士、柳亚布尔、爱丁堡、格拉斯哥、曼彻斯特、里德、巴敏干、古布沐等全英大学,都给女子授学位。① 王韬于 1867、1879 年先后两次出游欧洲和日本,他观察到英国"女子与男子同,幼而习诵,凡书画、历算、象纬、舆图、山经、海志,靡不切究穷研,得其精理,中土须眉,有愧此裙钗者多矣。"② 1878 年(光绪四年),出使英国的郭嵩焘在女子学院亲眼目睹课堂满悬挂图,皆地理、植物、动物、机器、工艺、数学、簿记各科教学内容,不禁慨叹:"乃中国士大夫所未闻见也。"③ 20 年之后,薛福成使英,也发现"西洋各国教民之法,莫盛于今日。凡男女八岁以上不入学堂者,罪其父母。男固无人不学,女亦无人不学,即残疾聋瞽喑哑之人亦无不有学。其贫穷无力及幼孤无父母者,皆有义塾以收教之。在乡则有乡塾,至于一郡一省,以及国都之内,学堂林立,有大有中有小,自初学以至成材,及能研究精微者,无不有一定限。"④

孙中山与英国渊源匪浅。1887 年,孙在香港读书。"当一千八百八十六年时,予学医于广州之英美传道会,主政者为医学博士戈尔,"⑤ 在广州博济医院肄业后,又转学到香港西医书院(或称雅丽氏医院附设医校),"以其学课较优,而地较自由,可以鼓吹革命",入校后认识了教务长英人康德黎。孙中山除了医学方面需要的课程,对于中文、历史、地理、农学等方面书籍也广为阅读。尤喜读法国革命史和达尔文进化论,他期望从中找到解决中国社会问题的钥匙。

广州起义失败后,1896 年 9 月,孙中山乘轮船"麦竭斯的号"东行至英国利物浦,10 月抵达伦敦。在英国,他如饥似渴地学习和研究欧洲的社会政治制度,先是"无日不造访康德黎君,每至必取其藏书读而消遣",同时"辄往伦敦博物院游览,或访各处之遗迹。"⑥ 是年 10 月孙被清政府驻英使馆诱捕,经康德黎等营救获释,直至 1897 年春天,孙一直住在伦敦,常去大英博物馆的图书馆读书,对政治、外交、法律、军事、矿业、农业、畜牧、工程等均潜心研究。最感兴趣的是政治问题和社会问题。孙不仅注意书本知识,他还到德、比、法等国实际考察,研究欧洲的社会政治制度。他说,他"一面考察各国的政治得失和古今国势强弱的道理,一面做我的革命运动。"⑦

---

① [日] 山川菊荣著、李达译:《妇女问题与妇女运动》,上海远东图书公司 1928 年版,第 124、129、134 页。
② 王韬:《漫游随录》,钟叔河主编:《走向世界丛书》,岳麓书社 1985 年版,第 107 页。
③ 郭嵩焘:《伦敦与巴黎日记》,钟叔河主编:《走向世界丛书》,岳麓书社 1984 年版,第 762 页。
④ 薛福成:《出使英法意比四国日记》,钟叔河主编:《走向世界丛书》,岳麓书社 1985 年版,第 290 页。
⑤ 孙中山:《伦敦被难记》,《孙中山全集》第 1 卷,第 50 页。
⑥ 孙中山:《伦敦被难记》,《孙中山全集》第 1 卷,第 55 页。
⑦ 孙中山:《欢宴蒙古代表及国民党全国代表的演说》,《孙中山全集》第 9 卷,第 106 页。

这一时期考察欧洲的经历对孙的民权思想的形成和完善影响很大，孙后来在《心理建设》中感慨地说："始知徒致国家富强，民权发达，如欧洲列强者，犹未能登斯民于极乐之乡也；是以欧洲志士，犹有社会革命之运功也"，因此提出了民生主义，"以与民族、民权问题，同时解决。"①

1905年春，孙中山四十岁时由美国赴欧洲，再次访问英国，并考察了法、比、德等国，逗留约半年多时间，在中国留学生中宣传革命思想，呼吁挽救中国必须驱逐鞑虏、恢复中华、创立民国、平均地权。1911年10月下旬武昌起义成功之际，孙中山再抵伦敦，经咸马里介绍，约英、法、德、美四国银行团主任会谈停止对清政府借款问题，未获结果。

2. 美国女权运动与孙中山在当地的活动

自16世纪起，几百万欧洲人移居到北美大陆，在一片荒芜的原野上建立了自己的家园。由于宗教偏见和世俗习惯的影响，当时当地妇女的社会地位、法律地位和家庭地位与欧洲相比明显低于男人。

1774年美国独立战争之时，妇女中就有"男女平等"的主张。独立战争时代的妇女和男子共尝艰苦，共尽义务，男女平等享有社会政治权利的呼声高涨，有人说，美国"几乎成了近代妇女运动的发源地"。② 在费城举办的世界博览会上，中国工商界代表李圭不仅注意到了美国文明成就，而且其中的"女工院"集中展示妇女的著作、美术作品、针织工艺品等也激起了他的兴趣，特别是该展览大厅从设计、施工、装修到布置皆出自妇女之手。③

与英国一样，美国妇女"男女平等"的诉求首先在教育方面取得胜利。1821年，康涅狄格州女子埃玛·威拉德在纽约建立了美国第一所实施女子教育的捐款学校——特洛伊女子学校，为妇女教育开辟了一条新路。特洛伊女子学校课程的广度和深度与大学里男生学习的课程大致相当。到了19世纪中期，特洛伊学校遐迩闻名，成为美国质量最高的女子学校之一。

1837年，俄亥俄州奥伯林学院率先实行高等学校男女同校，1862年，在美国教育史上有重要意义的莫里尔法案发布，对全国男女同校起决定作用。1876年（光绪二年），李圭看见：美国纽约书馆"嗣至一室，皆头班生徒，十四岁至二十岁，读书六年或九年不等。楼上一室，为头班女徒，年岁略同。云由此考试列等者，可升至大书院肄业矣。"纽约"共一百有七处，分上中下三等。馆师男女二千五百人，

---

① 孙中山：《孙中山全集》第6卷，第232页。
② [日]山川菊荣著、李达译：《妇女问题与妇女运动》，1928年版，第141页。
③ 《戊戌变法资料丛刊》（一），神州国光社1953年版，第228页。

生徒十一万余人。每年经费四百万元，出自地方公款。有大书院两所，男女各一……"。① 李圭由此对比中国的重男轻女现象，曰："近年来，各国女塾，无地无之。英国大书院，男女一律入学考试。德国女生八岁，例必入塾读书，否则罪其父母。美国女师、女徒多至三四百万人。其所以日兴日盛者，亦欲尽用其才耳。天下男女数目相当，若只教男而不教女，则十人仅作五人之用。妇女灵敏不亚男子，且有特过男子者，以心静而专也。若无以教导之提倡之，终归埋没，岂不深负大造生人之意乎。故外国生男喜，生女亦喜，无所轻重也。若中国，则反是矣，有轻视女子者，沉溺女子者，劝之不胜劝，禁之不胜禁。究何故欤？"②

到了1900年，美国五分之四的高等学校招收了女生，高等学校的女生占百分之四十。1905年11月，清政府派遣载泽、端方、戴鸿慈等五大臣分两路出洋，考察东西各国政治。回国后，端方上奏报告："臣游历欧美考察政治，曾于各国女学加意考究，其规模教法不必尽同，要皆以育道德、勤学问、务职业为宗旨。美国女学，男女合堂并教，大小一致，其发达在欧西各国之上，故其小学教员概系女子，中学则男女教员参用，至高等学业，男女同校，讲求几有并驾齐驱之势，此其程度独高不易则效。惟欧西各国女学注重之处，一则以为家庭教育之本，一则以为补助生计之资，其义最为切实中国，初兴女学不外乎此。"③ 端方等人的报告对清政府预备立宪时期的女子教育政策起了重要参考作用。

1848年，美国纽约州塞涅克·福尔斯举行"女权会议"，当时的女权领导人伊丽莎白·卡迪·斯坦顿和卢克丽霞·莫特一起酝酿和指导了这次大会。7月19日至20日，约100名代表云集北部塞涅克·福尔斯村，召开了美国历史上第一次以女权主义为主题的妇女代表大会，通过了美国妇女解放运动历史上具有深远历史意义的《权利和意见宣言》。这次会议由此成为美国妇女争取男女平等道路上的"里程碑"。该宣言完全模仿《独立宣言》的格调，号召妇女组织起来，为她们在法律、社会及政治方面的平等权利而请愿，要求增加妇女在受教育和就业方面的机会以及妇女参政权，在全美掀起了一场争取妇女选举权的政治运动。

1868年，美国国会通过宪法第十四修正案，二百万目不识丁的黑人获得了选举权，但依然剥夺妇女的选举资格，美国女权运动者公开举行大规模抗议示威游行。

---

① 王韬、李圭等：《漫游随录·环游地球新录》，钟叔河主编：《走向世界丛书》，岳麓书社1985年版，第270页。
② 王韬、李圭等：《漫游随录·环游地球新录》，第237页。
③ 端方：光绪三十四年六月《改办女学及幼稚园折》，《端忠敏公奏稿》卷12，第26—27页；参见张海林：《端方与清末新政》，南京大学出版社2007年版，第345页。

1869年，怀俄明州赋予妇女选举权，到1914年，美国西部六个州纷起仿效，① 1920年，美国国会通过宪法第十九修正案，规定"美国或任何州不得以性别为由剥夺美国公民的选举权"。美国妇女终于赢得选举权。从此，妇女成为美国社会一支不可忽视的政治力量。② 美国历史上第一次女权运动就此降下帷幕。

中国人见证了美国妇女争取参政权的历程。张德彝说美国"贱男贵女""乾卑坤尊"，③ 1876年，李圭在美国发现"泰西风俗，男女并重，女学亦同于男。故妇女颇能建大议，行大事。"他在报端留意到："今年五月间，出一新报，有女子倡言：我国居官者皆男子，近欲公举伯理玺天德（即precident，总统——作者注），想必又为男子。何以我妇女不能在列，同受选举，是大非公道事也。"④

孙中山与美国的渊源很早。1878年13岁时随母从澳门搭船去夏威夷，"始见轮舟之奇，沧海之阔，自是有慕西学之心，穷天地之想。"翌年入夏威夷伊奥兰尼学校专攻英语，很快掌握了英语基本规律，对于吸收欧美文化有重要意义。1883年，孙18岁，在岛中奥阿厚书院预备学校读书，计划"在此满业，即往美国入大书院，肄习专门之学"。在夏威夷几年的学习，对孙中山思想发展影响很大，他在《上李鸿章书》中说："幼尝游学外洋，于泰西之语言文字，政治礼俗，与夫天算地舆之学，格物化学之理，皆略有所窥，而尤留心于其富国强兵之道、化民成俗之规；至于时局变迁之故，睦邻交际之宜，辄能洞其窍奥。"因为接触西方的物质文明和政治制度，孙产生了向西方寻找真理、改造祖国的念头。

孙中山进入美洲大陆是1896年，时年31岁时，由于香港当局下令放逐孙中山出境，是年6月孙自旧金山登陆，乘火车横过美洲大陆至纽约。沿途经沙加免度、芝加哥等城市，向侨胞竭力宣传革命的意义，在美逗留了三个多月。

1904年春，孙中山再次经檀香山进入美洲大陆，直到1905年春才离开美国，前往欧洲。⑤ 1909年以后孙频繁往返美国。为解决财政、外交问题，孙于1909年6月抵纽约，直到1910年4月由旧金山到檀香山，12月，再赴欧美各国。为促同盟会和致公堂实行联合，1911年6月再抵旧金山，继而前往纽约并东部地区。几个月

---

① 1869年怀俄明地区建立时便给予妇女选举权，1890年怀俄明成为美国第44个州，继续奉行这一政策。不久，其他一些州也随之效仿，给予妇女选举权，如科罗拉多州1893年，爱达荷州和犹他州1896年，加利福尼亚州1911年，堪萨斯州、俄勒冈州和亚利桑那州1912年，内华达州和蒙大拿州1914年，以及纽约州1917年。

② 王斌华：《美国妇女争取平等教育权利的斗争历程》，《宝鸡师院学报》1990年第3期。

③ 张德彝：《欧美环游记（再述奇）》，钟叔河主编：《走向世界丛书》，湖南人民出版社1981年版，第59、62页。

④ 王韬、李圭等：《漫游随录·环游地球新录》，钟叔河主编：《走向世界丛书》，岳麓书社1985年版，第237页。

⑤ 魏宏运：《孙中山年谱》，天津人民出版社1979年版，第21页。

后，武昌起义爆发，当时在美国的华商对于中国女子参政有种种的传说和期待。他们四处游说，谓中国宣告民主后，"不特寻常议会可举妇女为议员，即上议院议员及总统等职，妇女均得有被选举权。"① 有些中国革命党人在旧金山表示：中国建立共和国后，投票选举之权悉按教育程度而定，且妇女亦须予以选举之权，凡妇女与男子受同等教育者，皆可得选举权。②

3. 日本女权运动与孙中山在当地的活动

与欧美等国相比，日本女权运动起步较晚。江户时代，中国程朱理学的传播及影响造成实行门阀制度的日本社会男尊女卑之风日益强盛。贝原益轩所著《女大学》二十一条最能代表明治维新以前日本妇女的真实地位。《女大学》宣扬的"妇女别无主君，应以丈夫为主人而敬慎以事之，不可轻侮。要之，妇人之道，在于从人"，对于日本妇女影响巨大。

明治改元后，日本被迫打开国门，开始自上而下的一系列维新运动，如废藩置县，废除封建等级制度，开放门户，实行社会经济改革等。在思想领域出现了开国论和攘夷论的争论。主张开国论的代表人物福泽谕吉，坚决主张日本独立富强必须吸取西方文明。

19世纪60年代福泽谕吉三度游历欧美，不但第一次看到马车、电报，看到一个财富充溢的世界，而且美国的男女平等、官民平等给福泽谕吉思想带来巨大冲击，之后他在重要著作《劝学篇》开宗明义就说："天不生人上之人，也不生人下之人"，主张人一律平等，对门阀制度和"男尊女卑"进行了批判，后来，福泽还陆续写了《日本妇女论》《品行论》《男女交际论》等论著，系统地阐述了男女平等、尊重女性的道德观，他主张把千年以来"男性本位"的家庭制度转变为"夫妇本位"的家庭制度，主张一夫一妻制。福泽的著作在明治时代影响很大，达到了"自古以来罕有的发行量"，其启蒙思想在日本资本主义文明发展中起了巨大的推动作用。尤其是"天不生人上之人，也不生人下之人"，在德川幕府等级森严的封建社会时期，不但对于占人口大多数的农工商以及贱民阶层，就是对于士族都有巨大的吸引力。

从1877年（明治十年）到1887年（明治二十年），是日本自由民权论最盛行的时候，也是急剧的欧化主义流行时代。③ 在主张解放妇女的领域，土居光华出版了《近世女大学》，主张基督教一夫一妻制和男女人格的平等。同时期，约翰·密

---

① 《申报》，1911年12月9日。
② 《申报》，1911年11月18日。
③ ［日］山川菊荣著、李达译：《妇女问题与妇女运动》，1928年版，第163页。

尔的《妇女之服从》日文译本出版。

正是在上述时间点，黄遵宪随使日本，任清驻日本使馆参赞，从1877年（光绪三年）起，他在日本度过了四年的时间。明治维新起步不久，要革新、要进步的潮流席卷日本全国，黄氏亲眼目睹日本面貌开始发生深刻的变化。"维新以来，有倡男女同权之说者。豪家贵族，食则并案，行则同车。时逢国典，或有家庆，张灯夜会，为跳舞之戏，多妇媚士依，双双而至。"并将有关资料记录在案；"初，开拓次官黑田清隆归自美国，极陈教育妇女之要。政府从其言，选女子五名，命以官费留学美国；又于东京设女子师范学校。其后各地慕效，女学校益多。"日本的女子师范学校，"亦多治西学，而有女红一业，谓妇功居四德之一也。"①1877年，日本高等女学校的学习内容主要是"汉文、国语、英语、伦理、地理、数学、文学、理学、家事、图书、音乐、体操。"② 据黄遵宪《日本国志·学术志》统计：明治十年，全国教员凡六万二千一百七十名，其中六万三百四为男子，一千八百六十六为女子；生徒凡二百二十万三千五十名，其中一百六十二万七千九百三十八名为男子，五十七万五千一百十二名为女子云。③ 当时的日本非常重视师范教育。

20世纪初，清朝官员考察日本，铁良归国后将日本华族女学堂学生所赠制画与绣片、绒制花草呈诸慈禧。④ 载泽报告日本"自维新之初，即行强迫教育之制，国中男女皆入学校"。⑤ 1904年，严修第二次东游，在日本，参观了成濑仁藏创立的女子大学，也对女子职业学校印象颇深，认为其"造花、刺绣皆绝工"。⑥

中日甲午战争以及日俄战争后，日本资本主义迅速发展，妇女的活动区域随产业膨胀而日趋扩大，随着妇女经济独立，其主体意识发生觉醒，对于旧的道德和旧式家族制度的反抗终于不可抑制。1905、1906年（明治三十八、三十九年），西川文子、今井歌子、远藤清子等人先后提出妇女参政要求，但是没有成功。⑦

1895年，广州起义失败后，孙中山东渡日本，成立了横滨兴中会，但在日本逗

---

① 黄遵宪：《日本杂事诗》，钟叔河主编：《走向世界丛书》，岳麓书社1985年版，第697、654页。
② 傅云龙著：《游历日本余记》，据北京图书馆藏本，转引自张静蔚编：《中国近代音乐史料汇编：1840—1919》，人民音乐出版社1998年版，第84页。
③ 黄遵宪：《日本杂事诗》，钟叔河主编：《走向世界丛书》，第653页。
④ 《时事要闻》，《岭东日报》1903年12月23日。
⑤ 故宫博物院明清档案部编：《清末筹备立宪档案史料》（上册），中华书局1979年版，第6页。
⑥ 严修：《严修东游日记》，天津人民出版社1995年版，第180、175页。
⑦ 第一次世界大战之后，随着社会对于妇女劳务需求的增加，更加促进了日本妇女主体价值意识觉醒，同时欧美国家女权运动的诉求，也给予日本妇女很大的激励，于1920年（大正九年），组织新妇人协会，要求提高妇女的地位，1922年（大正十一年）日本议会修改了治安警察法第五条，从此日本妇女有了参加政治集会的权利。1925年（大正十四年）三月十四，日本议会通过将妇女解放各种议案一律列入议事日常。这一天被认为是议会的"妇人日"。见［日］山川菊荣著、李达译：《妇女问题与妇女运动》，1928年版，第166页。

留时间不长即转往欧美。1897年8月，孙再次赴日，直到1899年。这段时间孙多方面开展革命工作，一面尝试与戊戌变法失败后逃到此地的康梁合作，同时结交日本犬养毅、宫崎寅藏和平山周等人。1905年7月，孙由欧洲重返日本，积极筹备组织同盟会的工作，他受到中国留日学生的热烈欢迎，宣布要"建一头等民主大共和国，以执全球的牛耳"。① 在1907年以前，孙来往于日本和南洋之间筹款，直到被驱除离日。

孙中山再赴日本是1913年2月，孙先后造访东京、长崎、门司、下关、神户、大阪、横滨等地，幻想得到日本政界人士和资本家的帮助，以实现他的铁路建设计划。3月25日由日本回到上海。讨袁失败后，9月再度逃亡日本，直到1916年4月回到上海。这次在日时间近3年之久。②

日本也是中国学习西方女权主义运动的重要渠道。1905年前后，日本帝国妇人协会会长下田歌子与来自中国的留日学生来往甚密。下田歌子曾赴欧美各国观摩妇女活动，深感女子教育乃国家富强之基础。返日后，竭力普及中等以下阶层之女子教育，呼吁女子接受电话员、电信技工、售货员、护士等职业训练，发挥女子"致密"之所长，结合"东洋女德之美与西欧科学之智"，一方面具备谋生之技能，另一方面适应工业革命以后的社会需要。③下田歌子所创立的实践女学校，面向中国招收了不少留日女生，比如秋瑾就曾于1905年夏，携带《实践女学校附属清国女子师范工艺速成科略章启事》在江浙诸城市散发，号召女子留学日本，"束轻便之行装，出幽密之闺房，乘快乐之汽船，吸自由之空气，络绎东渡，予备修业。而毕业以后委身教育，或任教师，或任保姆，灿祖国文明之花，为庄严之国民之母"，宣传"家庭教育之改良，社会精神之演进，无量事业、无量幸福，安知不胚胎于今日少数之女子"。④ 当时日本的《留日女学生杂志》《中国新女界杂志》纷纷介绍西方国家妇女争取民主权利的成就，留日学生、知识分子积极地将西方女权主义理论介绍到中国，对中国妇女产生广泛而深远的影响。

19世纪末20世纪初，女权运动融入世界潮流，妇女解放已经成为民主革命的重要符号。孙中山在欧、美、日之际，正是第一次国际女权运动方兴未艾之时。主张"世界潮流浩浩荡荡，顺之者昌，逆之者亡"的民主革命领袖孙中山，置身于其

---

① 孙中山：《在东京留学生欢迎大会的演说》，《孙中山全集》第1卷，第279页。
② 此后孙中山分别于1918年和1924年到过日本，1924年11月28日还曾在神户高等女子学校讲演《大亚洲主义》，但停留时间比较短。
③ 鲍家麟：《秋瑾与清末妇女运动》，见李又宁、张玉法编：《中国妇女史论文集》，台湾商务印书馆1981年版，第246页。
④ 郭延礼：《秋瑾年谱》，齐鲁书社1983年版，第61页。

中，他如同其他中国人有深刻的感受，尽管当年孙对于身边发生的国际女权运动没有相关记录，但孙以后的言行显示了国际女权运动对他发生深刻影响。

二、孙中山对中国妇女争取社会权利的支持

至中国辛亥革命爆发前，第一次国际女权运动的主要诉求即妇女在政治、经济、教育等方面的社会权利，在欧洲部分国家通过立法形式得到确认。妇女与男子在政治上平等权利的要求，逐渐成为所有文明国家进步妇女运动的先决条件。

1900年6月，《清议报》发表日本人石川半山的《论女权之渐盛》，首次向中国介绍了西方女权之来源、女权的重要性以及女子争取参政权、经济权的情况；1902年、1903年，马君武先后在《新民丛报》等处发表了自己翻译的《斯宾塞女权篇》和约翰·密尔的《女人压制论》，使中国人阅读到西方女权主义理论的文本，看到了一种新的女性观。同时，中国第一部系统阐述妇女解放理论的著作——金天翮的《女界钟》发表，这在晚清思想界引起了非常大的震动。

柳亚子说："海通以来，欧美文明窈窕之花，将移植于中国。弥勒约翰、斯宾塞之学说，汽船满载，掠太平洋而东，我同胞女豪杰亦发愤兴起，相与驰逐以图之。"①《女子世界》杂志描述："约翰弥勒、斯宾塞尔'天赋人权'、'男女平等'之学说，既风驰云涌于欧西，今乃挟其潮流，经太平洋汩汩而来，西方新空气，行将渗漏于我女子世界，灌溉自由苗，培泽爱之花"。②许多富于时代精神的女性，开始加入反对封建礼教、提倡民主自由的行列。

随着国际女权运动进入活跃时期，瑞典、芬兰、英国、美国等国家的妇女在享有部分选举权的同时成立了"万国妇女参政权大会"等国际性女权组织。万国女子参政同盟会甚至与北京女子参政同盟会联合集议女子参政。③受到国际环境的影响，中国女权运动开始萌发并掀起第一个高潮。辛亥革命时期，知识女性以"一国兴亡，匹妇亦肩责任"的使命感，投身到反清革命的洪流之中，参与起义，并成立女子军事团、女子国民军、女子北伐队等团体，女性开始告别"隐形的生活"，公开走上历史舞台。武昌起义后，妇女组织参政团体，多次上书参议院，面陈孙中山，并闯到参议院旁听，希望法律认可男女在政治上的平等。虽然未能成功，但表明中国妇女解放已经成为国际女权运动的组成部分。

---

① 柳亚子：《黎里不缠足会缘起》，王晶垚等编：《柳亚子选集》上册，人民出版社1989年版，第42页。
② 亚特：《论铸造国民母》，《女子世界》第7期。
③ 《粤女士坚争参政权》，《大公报》1912年10月26日。

孙中山对于中国女权运动的观点是"天赋人权，男女本非悬殊，平等大公，心同此理"，"女子将来之有参政权，盖事所必至"，从未改变。民国成立后，为了致敬"女界多才，其入同盟会奔走国事百折不回者"，孙中山亲自到绍兴风雨亭拜祭秋瑾，将"巾帼英雄"横幅敬献其墓前。不仅如此，孙多次接见要求参政权的女代表，表示"男女平权一事，文极力鼓吹，而且率先实行"。①

在女子参政权"决诸公论"，经参议院否决的局势下，孙中山认为"中国女子虽有二万万，惟于教育一道，向来多不注意，故有学问者甚少，处于今日，自应以提倡女子教育为最要之事""女子须急求法政学常识，了解平等自由之真理""教育既兴，然后男女可望平权。女界平权，然后可成此共和民国。"因此，他对女学给予特别的重视，尤其是师范教育，"女子师范尤为重要。惟必有学识，方可担任教育。盖学生之学识，恒视教师以为进退，故教师之责任甚大。"1912 年 5 月 6 日，孙在广东女子师范第二校演讲指出："我中国人民受专制者已数千年。近二百六十余年，又受异族专制，丧失人格久矣。今日欲回复其人格，第一件事须从教育始"。②

孙中山不仅在理论上重视女子教育，而且还付诸实践。1912 年他致函神州女界共和协进社，赞许该社"普及教育，研究法政，提倡实业，养成共和国高尚纯全女国民"的宗旨，希望她们"谋联合全国女界，普及教育，研究法政，提倡实业，以协助国家进步，愿力宏大，志虑高远，深堪嘉尚"，并答应拨款 5000 元，为该会扩充公益之用。同时，孙批准开办了复心女学校、蚕桑学校等。

民国初年，教育部制定"壬子癸丑学制"，规定小学男女同学，从而实现我国初等教育的男女平等。民国以后，中国的女子教育一步步向现代化挺进，无论是在教育制度、教学内容、教学方法等物化层面，还是在教育理论、教育思想，教育观念、社会心理、价值取向等精神、思想层面，都发生了巨大变化。由于孙在女权主义问题上毫不含糊，对于民国时期的妇女参政运动起了重要的导向作用，因而广东知识女性赞美他是"自有广东以来，未有此次女界之欢迎者也。"③

随着国际国内女权运动的发展，以及职务身份的转变，孙中山对于女权的认识越来越深刻，表态越来越明朗。比如：五四新文化运动后，孙中山积极支持大学开放女禁和中学男女同校。

美国妇女争取选举权运动在 1920 年宪法第十九次修正案中达到胜利，20 世纪

---

① 孙中山：《孙中山全集》第 2 卷，第 52、438 页。
② 孙中山：《孙中山全集》第 2 卷，第 117、358 页。
③ 《广东女子团体进行会欢迎孙中山颂词》，黄彦等：《孙中山藏档选编（辛亥革命前后）》，中华书局 1986 年版，第 485 页。

中，国际女权运动的中心从欧洲转移到了美国，孙中山迅速反应：

> "美国的选举权，是由限制的选举渐渐变成普通选举。但这种普通选举，只限于男人才能够享受，至于女子，在一二十年前还是没有这种普通选举权。欧美近二十年以来，女子争选举权的风潮非常激烈。大家都知道，当时欧美的女子争选举权，许多人以为不能成功。所持的理由，就是女子的聪明才力不及男子，男子所能做的事女子不能够做，所以很多人反对。不但是男人很反对，许多女子自己也是很反对，就是全国的女人都有争得很激烈，还料不到可以成功。到了七八年以前，英国女子才争成功，后来美国也争成功。这个成功的缘故，是由于当欧战的时候男子通同去当兵，效力战场，在国内的许多事业没有男人去做。像兵工厂内的职员、散工，街上电车内的司机、卖票，和后方一切勤务事宜，男子不敷分配，都是靠女子去补充。所以从前反对女子选举权的人，说女子不能做男子事业，到了那个时候便无法证明，便不敢反对，主张女子有选举权的人才完全占胜利。所以欧战之后，女子的选举权才是确定了。由此便知，欧美革命的目标本是想达到民权，像美国独立战争就是争民权。战争成功之后，主张民权的同志又分出两派，一派是主张应该实行充分的民权，一派是主张民权应该要限制，要国家应该有极大的政权。后来发生许多事实，证明普通人民的确是没有知识、没有能力去行使充分的民权。譬如遮化臣争民权，他的门徒也争民权，弄到结果，所要争的民权还是失败，便可以证明普通民众不知道运用政权。由于这个缘故，欧美革命有了两三百多年，向来的标题都是争民权，所争得的结果，只得到男女选举权。"①

这段叙述充分表明孙中山对于国际女权运动知之甚深，只是他的关注点主要放在民权之上。

此后，孙中山在支持女权主义的态度上超越教育领域，更为强调女子对于国家的责任，要求大家要问国事，"明白三民主义和实行三民主义，便是诸君对于国家应该负的责任"。② 同年，孙中山在自己能行使的权力范围内，终于将男女平等原则贯彻到底，1924 年 1 月，国民党"一大"宣布："于法律上、经济上、教育上、社会上确认男女平等之原则，助进女权之发展"。

---

① 孙中山：《孙中山全集》第 9 卷，第 306 页。
② 孙中山：《孙中山全集》第 10 卷，第 19 页。

三、结语

综上所述,孙中山的"男女平等"思想与第一次国际女权运动的诉求相一致,原因在于 19 世纪末 20 世纪初,孙中山在欧、美、日逗留的日子,正是第一次国际女权运动在这些国家的活跃时刻,两者之间存在有机的联系。孙对于妇女解放的支持是国际女权运动推动的结果,相关认识也随国际国内妇女运动的发展而日渐深刻。

从第一次国际女权运动的视角来看,孙中山对女权的关注并非孤立的现象,早期的民主革命者如胡汉民、廖仲恺、陈天华等人,也都有着相似的经历和观点。辛亥革命爆发后,胡汉民出任广东军政府都督,颁布《修正广东临时省议会简章》,明确规定:凡是年满 21 岁,有广东籍或中国人在广东居住满 5 年以上,秉性良好,不担任军警公职的人,都有选举和被选举权,并选举出中国历史上第一批女代议士。① 该事件成为国际女权运动理论在中国的一次政府实践。

(作者单位:广东省社会科学院历史与孙中山研究所)

---

① 邹鲁:《回顾录》,岳麓书社 2000 年版,第 36 页。

从馆藏文物档案看翠亨孙家女性的中西形象

漆德红

翠亨孙家最引人注目的一定是孙中山——这位结束帝制、创建民国的孙大总统，以及为革命毁家纾难的孙中山大哥孙眉。与这两位革命者相关的孙家女性往往不为人所知，或者一知半解。在平常讲解接待工作中，常常被问及、或者引起人们兴趣的又是这些孙中山背后的女人们。在谈论孙家女性的时候，我们谈些什么？这些问题让我思索了许久。

正如曼素恩（Susan Mann）所说，中国传记史料对于有关妇女生活的家具装潢、衣着时尚和个体外貌的细节鲜有关注，妇女的行为是衡量她们道德水准的准则。[①]女性在建立稳定的社会性别秩序与伦理秩序上显得非常重要，女性形象的塑造是维持家庭稳定、维护宗族繁盛最为典型和集中的表现。永久保存在家族文献中的传记和回忆录是体现女性形象的最为宝贵的资料，它们在叙述故事中常常流露出难以言说的情感。本文拟以馆藏文物档案为中心，论述翠亨孙家女性的中西形象。

一、妇女道德与社会秩序

晚清民国以来，中国经历了"数千年未有之大变局"，帝国晚期有关女性遵循的古老规则也在发生变化。[②]妇女献身家庭、忠于丈夫和夫家、勤劳、节俭、持家有道与忠心侍奉等等女性特质，逐渐变得不再是定义妇德的依据。但是，家族作为

---

① 曼素恩（Susan Mann）：《传记史料中的言与不言》，游鉴明、胡缨、季家珍主编：《重读中国女性生命故事》，江苏人民出版社2012年版，第19页。
② 季家珍谈论的"女德制度"（regime of feminine virtue）即是忠于这一套管理制度的女性遵循明清对于性别特质的古老规则，比如性别之间严格的隔离和内外空间之隔，而坚持这些古老规则的女性也认为自己是在恪守家庭、社会以至宇宙的秩序。详见［美］季家珍著、杨可译：《历史宝筏：过去、西方与中国妇女问题》，江苏人民出版社2011年版，第4页。

诸多可能的社会组织的一种,对女性自我牺牲仍持褒扬态度,贤妻良母仍是恪守儒家原则的社会给予她们的道德资本。

杨太夫人是一位勇敢的女性。据说她1877年曾跟随长子孙眉到檀香山去见识世界,1879年她携带年幼的孙中山乘坐汽船从澳门出发前往檀香山,孙中山后来曾忆及"始见轮舟之奇,沧海之阔,自是有慕西学之心,穷天地之想。"这种长途旅行的机会据说孙达成放弃了,作为女性的杨氏独自带着幼子离家远行。最重要的是她还是一位缠足的女性,1908年12月16日《茂宜报》(The Maui News)报道了杨太夫人携带卢慕贞等人离开茂宜岛的情形,"孙夫人的风度与其他有声望的妇女差不多,她的缠足代表了中国有教养妇女的风气,从她的举止,没有人会看出她是一位世界名人的母亲。"① 孙眉夫人谭氏是缠了足又放了脚的女性,卢慕贞是一个自幼缠足的女性。在当时的西方仍把缠足作为"中国有教养妇女的风气",可见杨氏、谭氏与卢氏的缠足具备了清帝国晚期女性的被赞美的"品质"。

在家族流传的故事中,孙眉夫人谭氏是为人宽厚、慷慨大方、任劳任怨、"颇有女丈夫风度"的女性,② 并且处事有主见,尊重长辈,友爱妯娌,与妯娌卢慕贞相处和睦,即便过去多年,卢夫人还常常对后辈人中对她赞不绝口。③

家庭是社会中最自然最简单的团体,"自己能够维持自己,谓之原始的社会制度,社会上所有一切关系,如尊长、服从、平等、互助……都可从家庭中看出来,因为这个缘故,所以世人常称家庭为'社会的小乾坤'"。④ 由于"国家由社会聚合而成,家庭者一小社会也",教育之范围有三,一曰家庭教育,一曰社会教育,一曰学校教育,而其中以家庭教育为主,家庭教育不完善,则学校教育、社会教育皆不能善矣。⑤ "欲图国家之发达,不可不先图社会之发达,欲图社会之发达,不可不先求家庭教育之改良。家庭教育者,种种教育之基础,而为人母者犹为家庭教育之主宰也。儿童当幼稚之时,亲母之日多,亲父之日少,事事莫不以母为模范,是以西人称主妇为自然之教师,家庭为自然之教室,指示得其道,且胜于学校中之良

---

① 1908年12月16日《茂宜报》(The Maui News),详见孙必胜著:《我的曾祖父孙眉》,广东人民出版社2011年版,第257页。
② 据陈粹芬回忆,谭氏为人大方慷慨,虽然在夏威夷很富有,但对眉公不断以金钱支持革命,从没有听家人说眉婆有半句怨言。详见《我的曾祖父孙眉》,第362页。
③ 孙必胜著:《我的曾祖父孙眉》,第360—361页。
④ 祝其乐:《"未入学校时期"的家庭教育》,《教育杂志》1921年第13卷,第12期。
⑤ 叶鸿年:《家庭教育浅说》,《京师教育报》1914年第4期。

师。"①"未入学校时期"②的儿童,与母亲特别切近,保育引导,一切教育上的设施,差不多都是她的责任,所以要得良好的家庭教育,第一个条件就是做母亲的,必须有相当的教育程度。③

不管是孙科的忆述,还是孙家家族流传的故事,对卢慕贞的评价是贤淑、能干、淳朴,其中最重要的体现在她对子女的家庭教育上。孙科在《八十述略》中提及,1895 年杨太夫人、卢慕贞携带孙科、孙娫到檀香山依孙眉居住,当时茂宜岛附近没有学校,由卢夫人亲自启蒙孙科,教他三字经、千字文、唐诗三百首,临摹字帖,有两三年的时间,直到 1898 年孙眉创办私塾,孙科才正式从黄端详学习四书五经。④

当代许多学者在描述卢慕贞生平时,往往说她是"一位富有传统观念的贤妻良母"⑤,"具有中国传统女性优良美德的母亲"⑥,甚至还有说她是"长期在封建礼教的熏陶下成长,深知作为一个女性结婚后该如何立身处世"⑦。据说这位相貌平平的旧式女子在私塾中读过几年书,⑧ 所以她才会亲自教育孩子,给予最基本的启蒙。但是她是一个缠足的女子,在翠亨村的那些年里,想必她在家务劳动之外不能对家庭的经济提供任何明显的贡献。擅长女红是古代女子必需的技能,据说卢慕贞总为孙中山缝制新衣服和鞋袜,杨太夫人身上的穿戴也多出于其手,⑨ 孙家后人也说她"针线缝纫出众"⑩。

在搜集越来越多的资料中,我们看到有关卢慕贞更多的女性特质得以展现,比如节俭、慷慨、接济乡人、关注他人的福利,这会为她在家族和社区(以及故乡)中树立良好的行为典范,这也使得她能在家庭领域外的行为而被人称颂。

卢慕贞"有一种特别的美德,就是和蔼,待人接物总是慈祥可亲,绝无架子……

---

① 《论女子教育与家庭教育之关系》,《民国汇报》1913 年第 1 卷,第 2 期。
② 祝其乐在《"未入学校时期"的家庭教育》一文中将儿童各方面的变迁按照教育制度的历程,分为四个时期,(1)未入学校时期(The pre-school age),从生下来到三四岁;(2)幼稚小学时期(The kindergarten-primary age),从三四岁到七八岁;(3)小学中级时期(The middle school age),从八岁到十二、十三岁;(4)中学时期(The high school age),从十二、十三岁到十七、十八岁,各期各有特点,各有教育上应该注意的地方。其实从第二期到末期,都属学校教育时期,只有第一期,完全是家庭生活。参见祝其乐:《"未入学校时期"的家庭教育》,《教育杂志》1921 年第 13 卷,第 12 期。
③ 祝其乐:《"未入学校时期"的家庭教育》,《教育杂志》1921 年第 13 卷,第 12 期。
④ 见《孙哲生先生年谱》,第 6—10 页。
⑤ 黄健敏:《翠亨村》,文物出版社 2008 年版,第 197 页。
⑥ 李伯新:《默默支持孙中山革命的卢慕贞》。
⑦ 沈飞德:《民国第一家:孙中山的亲属与后裔》,第 45 页。
⑧ 黄健敏:《翠亨村》,第 197 页。
⑨ 沈飞德:《民国第一家:孙中山的亲属与后裔》,第 45 页。
⑩ 孙必胜著:《我的曾祖父孙眉》,第 87 页。

她时常一个人走呀走的到了店里,嘻嘻哈哈地买一些东西,店伙说出价钱,她有时也要还价钱,买小菜时也是如此,熟人去找她,她会叹息物价昂贵,也会骂骂葡萄牙鬼,卢太夫人同一般的广东老太太毫无分别,是个很纯真的人,她同澳门的民众们熟透了。……她常常劝人行善,她是一个虔诚的基督徒,整天记住圣经的教义,最肯帮助别人,饶恕别人的过错,有人犯过,请她援助,绝不推却,必定尽力。并且劝告犯过人以后应该痛改前非……她虽然是贵人之母,然而外貌还是同一些普通乡人差不多。一点也没有两样的地方,如果事先不说出她是当今立法院长孙哲生的卢太夫人,那么路人见者,只不过当她是一个乡下妇人吧了。"① 当有记者想要采访她时发现"孙中山夫人打扮不显眼,我们的采访员无法从几个较为年轻的女士们中辨认出哪一位是有名的中国政治领袖及革命家孙中山的夫人。"②

卢慕贞是一位虔诚的基督徒,她在谈及她的灵修生活时说,即便每天怎样忙,都会天天读《圣经》祈祷,不单为自己祈祷,也为教会、为国家祈祷。她热心慈善,澳门浸信会堂每年教会用项五分之二是由她捐助的。她常常到医院为病人祈祷,说服这些正在经历病痛的人们信仰基督,希望他们得到主的庇护。也当记者问她对于现在中国青年女子有何教训时,这位老太太偏执地说道:要信耶稣,信耶稣就好,不信耶稣就不会好。③ 1917 年 6 月孙中山致卢慕贞函可见她接济翠亨学堂的事迹。④ 卢慕贞的许多行为已经超越了"私"的领域。

以身相殉是塑造古代烈女与贞妇美德形象的重要准则。1896 年 10 月,孙中山在英国伦敦被清廷驻英公使囚禁,孙中山蒙难的消息传来,卢慕贞为丈夫的生死担忧,寝食难安,差点以身相殉。⑤ 我们不清楚这则故事的真实性,但是这种忽视妇女内心世界的所谓女性品质,在晚清民国时期是文化精英讨论社会和道德问题的中心,盲目的自我牺牲是男性与女性之间比较大的差异。即使在与孙中山离婚时,卢慕贞仍然小心翼翼地通过美德和考虑政治后果的复杂心理,作为一个忠实的妻子,为成全丈夫的行为而做出了牺牲。对于孙、宋(庆龄)联姻,"卢太夫人表示坦然,认为孙先生为民族之革命者,其身为党国所有,清室追捕弥急,广东家室固不宜有,如能便利革命事业,当与一熟谙英语修养广博之女子论婚,以为内助。"⑥

对于苦难的忍受也是传统妇女道德的一个评判准则。孙中山革命的行为确实为

---

① 林黛:《孙院长生母卢太夫人俭德》,《快活林》1946 年第 24 期。
② 1908 年 12 月 16 日《茂宜报》(The Maui News),详见《我的曾祖父孙眉》,第 257 页。
③ 陈仁昭:《孙总理卢夫人拜访记》,《布道杂志》1937 年第 10 卷,第 5 期。
④ 翠亨孙中山故居纪念馆藏。
⑤ 沈飞德:《民国第一家:孙中山的亲属与后裔》,第 50 页。
⑥ 林黛:《孙院长生母卢太夫人俭德》,《快活林》1946 年第 24 期。

孙家女性带来极大的困扰和颠沛流离。从 1895 年第一次广州起义失败后杨太夫人、卢氏等人离开翠亨远赴檀香山，到 1908 年孙眉破产后两位女性又被迫迁徙回香港，从当时《茂宜报》的报道可看到她们的处境：

"孙夫人，孙眉及出名革命家孙医生的母亲，于 1908 年 12 月 16 日星期三乘可罗丁号汽船离开茂宜去檀香山。两位夫人在茂宜岛居住多年，但生活低调。除了知道他们确实订了船票外，我们无法从他们口中打听他们今后的计划。我们只能从他们离开的时候那种紧张的表情看到了一种希望支撑着他们，也看到了危机围绕着他们。作为孙中山最亲的家属，整个中国帝国都在等待时机去捉拿这些无助的妇女并会按帝国的惯例对他们施以重刑。"①

通过分析杨氏、谭氏和卢氏的行为，她们表现出来传统的女性特质。通过这些被认可的女性品质，她们在应对家庭变故之际实践着德行。她们缠足、与社会隔离、没有自身的诉求，甚至自我否定，自我牺牲，传统的妇德被理解为她们实现人格的方式，也体现在她们日常生活的社会交往中，是构建、维护社会秩序的各种因素之一。

二、拥有经济才能的孙家女性

20 世纪以来，女性值得赞美的品质有着聚焦性的描述，包括才华、公共责任心与经济方面的才能。白馥兰从纺织物与社会性别出发论述女性的工作与在家庭的位置，审视工作、空间和生殖这三个物质领域中的技术实践及其含义。② 在塑造中国的文化与道德的长河中，女性在家庭中产出的一系列仪式的、伦理的、社会的、经济的产品不仅能改善家庭经济状况，对社会的总体繁荣和维护国家秩序有着显著的贡献，构建了随时变迁的文化和性别规范。

在孙家家族的生平叙事里，谭氏从小能下田劳动，上山打柴，出海捕鱼，婚后不久即被孙眉带到了檀香山。她在孙眉开办的德隆商店照顾华工的生活，经营商店买卖，还协助开发农场和管理农场工人，逐渐成为丈夫的好帮手。③ 当然谭氏也会缝纫，她在夏威夷缝制帆布的衣裤以供下地干活时用。④ 每逢过年过节，孙眉总是热情的邀请华工和邻居参与家宴，而宴会上的白酒与烧乳猪，参加者在许多年以后

---

① 1908 年 12 月 16 日《茂宜报》（The Maui News）。
② ［英］白馥兰：《技术、性别、历史——重新审视帝制中国的大转型》，第 3 章《女性的工作与女性的位置：纺织物与社会性别》。
③ 孙必胜著：《我的曾祖父孙眉》，第 61、360 页。
④ 孙必胜著：《我的曾祖父孙眉》，第 135 页。

依然津津乐道。① 宴会还设糖果、糕饼、瓜子、甜橙等，并且还派发利是，② 这些日常生活的细节体现了女主人周到的安排。

对于能干的谭氏来说，以上都是最基本的生活技能，在哪些范围内从事可以获利的工作，这才是她真正渴望的。那时的茂宜岛，当地人很少使用现金交易，多数以物易物，谭氏常常喜欢买卖金币，当地的许多华人也肯同她交易，然后把钱交给眉公，让他为他们汇兑金钱回国。③

在孙眉破产案的处理过程中，我们看到谭氏作为独立的自然人和法律人的形象。由于美国排华法案的颁布，孙眉在茂宜岛的生意受到连累，为规避一系列纠纷和权益的失去，自1896年起，他在茂宜岛牧场周围租下或买下的土地、房产等，已逐步过户到夫人谭氏名下，他的许多生意上的交易，甚至银行的户口，都使用了谭氏的名字。④ 在1900年夏威夷的人口调查中，谭氏被列为一家之主。⑤ 1906年8月11日，孙眉申请破产后法庭允许在其住所举行拍卖，谭氏委托律师当场口头提出抗议，说其中281头猪是属于她的，不应拍卖。⑥ 1906年10月6日，孙眉到法庭作证，他在回答裁判官问"从1900到1905年你如何维持生活以及家庭"时回答："我的太太很有钱，可以供养我和我的子女。"⑦ 裁判官问及孙眉夫人谭氏的一个设在比史布公司的银行户口问题，孙眉说谭氏在她父亲的中国生意中有股份，她父亲于1905年从中国汇进这银行5000元，是她所分得的利润，因为谭氏不识字，孙眉代她签字提款，他声明谭氏很有钱，但有多少他不知道，谭氏在银行的活动全由她支配，孙眉不过听从她的意思去做，无权支配她的用钱。谭氏在位碌古的一家银行也有户口，孙眉也曾经用谭氏名义写过支票。他们的儿子孙昌时年27岁，住在加州已有6年，生活费由谭氏接济。⑧

不难看出孙眉利用了当地夫妻分产制的法律规定，但谭氏在被赋予管理者的角色时，表现出相当冷静和沉着，这种独立处理商业行为或者交易的能力，将她纳入了一个维持生计的、女性建构的网络当中，并且逾越了丈夫为她设定的空间界线。1907年，孙眉回香港，谭氏留下处理她名下的财产以及破产案遗留下来的事务。⑨

---

① 孙必胜著：《我的曾祖父孙眉》，第142页。
② 孙必胜著：《我的曾祖父孙眉》，第152页。
③ 孙必胜著：《我的曾祖父孙眉》，第152页。
④ 孙必胜著：《我的曾祖父孙眉》，第183页。
⑤ 孙必胜著：《我的曾祖父孙眉》，第362页。
⑥ 孙必胜著：《我的曾祖父孙眉》，第186页。
⑦ 孙必胜著：《我的曾祖父孙眉》，第187页。
⑧ 孙必胜著：《我的曾祖父孙眉》，第188页。
⑨ 孙必胜著：《我的曾祖父孙眉》，第200页。

1908年11月30日,谭氏卖去了最后一笔财产,包括牧场的土地及房屋,以及家禽、所有工具和器具,得3710元金币(相当于8500美金),谭氏的签字画了一个"X"字。① 她在处理完这些事务后,独自一人去了三藩市,她的儿子孙昌在那里,孙儿孙乾还不到半岁,她要去照顾儿子一家。② 民国时期孙眉夫人谭氏与孙昌一家在美国贝克斯菲的合影,可见当时他们一家的生活状态。③

卢夫人则并没有表现出这种处理商业交易的能力,从1916年12月16日,孙中山致卢慕贞的信函,可一窥卢夫人的投资行为:

"科母鉴:十二月一日来函已得,收到你欲做永安公司股份,自可由你定夺便是。家费由阳历明年正月起,当每月寄一二百元或半年寄一次也。我现下身体更佳,诸病悉除,可勿为念,此致,并问各人大安。"④ 此后卢慕贞又去信给孙中山,希望他对于投资给些建议,他在复函中说"所问再做永安公司股份事,此可不必,你现有之款当留作家费日用便可,若做了股份,恐到用时取不得,反为不便也"。⑤

当女性对于家庭经济贡献的本质发生改变,女性角色在家族中更有地位,女性形象的表征也相应地被修正:妻子的角色不再是依赖性的,而是补充性的;为人妻的受到认可的任务包括家务劳动甚至财产和商业管理,以及培养孩子。

三、留美女学生的政治行为:从一份档案出发

中山市档案馆藏1947年"参加全国人大代表监委人员登记表"中,孙中山亲属有孙科、宋庆龄、陈淑英、苏仲英、孙满、孙治平等人参加了竞选,其中宋庆龄竞选的是中山县国大代表,在"中国国民党广东省党员参加国大代表立法委员监察委员竞选登记表"籍贯一栏显示她的籍贯为广东省中山县,备考栏写着"党国元勋,为全邑民众所拥戴",填表时间是民国三十六年九月三日;陈淑英竞选的是广州市监察委员、国大代表,登记表初审评语中的评价是"本党忠实同志,为妇女界硕彦",申请日期是民国三十六年九月三日;苏仲英是时任中山县长孙乾(孙中山侄孙)之妻,她竞选的是中山县国大代表,申请日期是民国三十六年十月四日。⑥ 参与竞选的三位女性皆有留学美国背景,由于宋庆龄的身份与地位,学界对她的研

---

① 详见1908年谭氏与塔瓦利斯的牧场买卖合同,1908年12月19日《茂宜报》(The Maui News)报道此次出让牧场的出让人为谭氏阿眉。
② 孙必胜著:《我的曾祖父孙眉》,第251页。
③ 照片左起:王金顺(媳)、谭氏、孙昌(子),前排:孙乾(孙)、孙满(孙)。
④ 翠亨孙中山故居纪念馆藏。
⑤ 翠亨孙中山故居纪念馆藏。
⑥ 中山市档案馆藏,档号:1-A1.2-102-1。

究已较为深入，此处将侧重谈论陈淑英、苏仲英两位留美女学生的经历。

关于陈淑英我们从一则竞选资料可以看到她的生平：

> "国府孙副主席哲生夫人陈淑英女士，同在本邑竞选国大，因本邑超过人口百万，应选女性国大一名。陈女士系生长檀香山噢哗扶市，为华侨老革命陈棣棠先生之令媛，中西文化造诣奥深，亦为辛亥前同盟会份子，性明敏达，洞悉世界潮流，干事沉毅，明了人间疾苦，抗战时策动妇女协会，救护伤兵难民，本年秋间南返，捐助县立育幼院巨款，为养育孤儿尽力。荦荦举出大概，允洽人望，民众应同样热烈投选。"①

陈淑英的品质和美德被归纳为"性明敏达""干事沉毅""中西文化造诣奥深"，热心慈善，作为"辛亥前同盟会份子"，她的革命性与现代性不言而喻，这些体现她个人才华与社会实践的品质为她成为一个政治人提供了恰当的阐释可能性。陈淑英于1947年当选为中山县国大代表，《竹秀园月报》②《东镇乡报》③《张家边月刊》④ 等本地报纸有过相关报道。⑤

1913年《政府公报》中有一则关于孙中山儿女及儿媳官费留美的公文：

> （孙中山）称有一男名科，已入美国大学，一媳陈氏，又有二女名娫及婉，皆在美洲中学，据留学章程，后三人尚无受官费之资格，请特别饬有司准许此四人补给官费，使有成就……查孙科一名已入美国大学，应由教育部咨行驻美留学监督补给官费，其余三名如与章程未能恰合，可另行设法作为特别官费以成其志等因。前来查孙科等四人皆经大总统批准，由临时稽勋局派遣留学在案，因即函商该局，请其酌量办理。兹得复称：孙科一名曾经电询广东都督，准电复已由该省补给官费，毋庸补派外，孙娫、孙婉、陈氏三人应由该局于第二期内派遣以符成案。⑥

---

① 《为推选陈淑英郑祖德等为国大候补人等》，中山市档案馆藏，档号：1-A1.5-1057-4。
② 《张惠长孙陈淑英获选本县国大代表》，《竹秀园月报·复兴版》1947年第1卷，第12期。
③ 《吴铁城先生为立委张惠长先生为国大陈淑英女士为国大郑祖德先生为候补》，《东镇乡报》1947年第27期。
④ 《本县选举国大代表揭晓张惠长陈英当选》，《张家边月刊》1948年复刊，第23—24期。
⑤ 陈淑英在随后的竞选活动中并没有显示出积极性，在访问中山县各流父老及乡镇长保长乡保代表中，她只是让孙乾代表参加活动。详见《为陈淑英吴铁城张惠长郑祖德四人竞选立委及国代联名组织欢迎会》，中山市档案馆藏，档号1-A1.2-718-4。
⑥ 赵秉钧：《教育部呈大总统遵查孙科已由广东补给官费孙娫等应由临时稽勋局第二期派遣留学请鉴核文并批》（1913年1月13日），《政府公报》1913年第250期。

孙娫、孙婉、陈淑英三位女性最后实现了赴美留学的宏愿。20世纪初西方女杰的传记有没有影响这些赴美留学的女学生不得而知，但是西方女性担任了越来越多的公众角色，包括作为女子学校的教育工作者、一些社会组织的宣传员以及医疗队员，从事激进的政治活动的妇女也与日俱增，这些女性公众角色的范围越来越广，公共媒体也大量地报道，有些不惧威胁的公共女性角色也成为讨论的中心而具有高度的文化敏感性。在家里接受以服务家庭为目标的教育，将年轻女子训练成扮演良妻贤母的角色也慢慢地变得不可能。① 陈淑英领导的妇女运动取得的成绩，乃为中山县民众信仰，这是她得以当选的重要因素。② 她的乡里通过公共媒体发声，希望她能更多关注家乡的教育。③

苏仲英是陈粹芬的养女，一度被外国媒体认为是孙中山的女儿。她早年从广州真光女子中学高中毕业，到夏威夷求学，于美国加省波芒那大学肄业，任檀香山中学中小学历史地理教员。④ 她到夏威夷时引起媒体的关注：

> "中华民国国父孙逸仙漂亮的女儿孙仲英（SALLY Y SUN）今日乘胡佛总统号轮船到达，准备进入夏威夷大学攻读。穿着富有中国色彩的服饰，孙小姐的出现惊动了今天早上在码头拉船欢迎她的本地朋友。看起来有一点害羞且不愿意谈及她有名的父亲，她简单地说明她最近从广州真光学校毕业而希望来秋进入本地大学。"⑤

苏仲英被送到夏威夷读书最直接的原因是她与孙眉的孙子孙乾恋爱，并且到了谈婚论嫁的程度，家里人一致反对，孙乾被送到南京任职，后被派往意大利陆军大学深造，两人最后跨越所有障碍终成眷属。⑥ 我们看到关于伦理的纠结和抗争，孙家虽然较为开明，传统的约束和规范仍然在遵守。

从苏仲英1935年在夏威夷试划浪板的装束可以看出她是一位现代女性。她后来跟随丈夫回到中山，致力于促进中山县新生活运动，关注慈善，曾任中山县育幼院院长。⑦ 她还出席一些比较重要的场合，比如1949年中山县中山亭揭幕，她受邀主

---

① 相关的论述可参见［美］季家珍著、杨可译：《历史宝筏：过去、西方与中国妇女问题》。
② 《张惠长孙陈淑英吴铁城容干郑祖德等人略历》，中山市档案馆藏，档号：1-A1.1-6-8。
③ 《茶东整顿教育，妇女不让须眉——咸盼陈淑英女士响应》，《东镇乡报》1948年第46期。
④ 《36年现职人员资料调查表（苏仲英）》，中山市档案馆藏，档号：1-A1.4-988-2。
⑤ 1935年9月9日《Star Bulletin》，参见《我的曾祖父孙眉》，第389页。
⑥ 孙必胜著：《我的曾祖父孙眉》，第384页。
⑦ 《聘苏仲英为主任委员》，中山市档案馆藏，档号：1-A1.4-711-61；《苏仲英任新运会主任》，《中山侨报》1926年第3期。

持剪彩礼,到场观礼来宾及民众千余人。①

1915年,上海《妇女杂志》发刊词曾谓:"近二十年中外大通,形见势绌,乃知欧美列强纵横于世界,非徒船坚炮利也,实由贤母良妻淑女之教主持于内,为国民之后盾也。起视吾国妇女倚赖成性、失养失教,能不痛哭流涕而长太息也耶!"②1917年《妇女杂志》"通信问答"栏目主编王蕴章亦谓:"故鄙意当使女报普及于一般之家庭妇女,而多载浅明有味之材料,俾读者视之,等于一种之小说杂志,而即引起其改良家政、增进学问之观念,由旧家庭而嬗蜕为新家庭,为学校生徒、家庭妇女双方所共喜阅之一种杂志。"③ 以上两则内容表述的是当时所提倡的贤妻良母,由于受西学影响,对妇女的生育、身体、人种改进等皆与国家振兴联系起来,提出妇女教育的急迫性,并借此使得妇女可相夫教子、宜家宜室。民国时期提倡妇女由传统贤妻良母向新型贤妻良母转变,她们不但要学习各种技能,还要为强国而受教育。

新女性教育的正式制度化,强调古老妇德及古代典范不再具有现实意义,但并非指女性不用遵守传统的妇德。家庭不再只是作为定义女性的唯一依据,她们承担起政治角色。但是影响她们改变最重要的还是公共教育这一因素,她们继续活动的新领域还是要立足于中国性别观念的基本原则,她们追求现代生活,并不是浅薄地模仿西方生活方式,还要关注公共事务或政治问题。

四、照片里的日常生活:公私领域的孙家女性形象

传记史料的描述给予我们想象的空间,直观形象能弥补视觉带来的真实性。照相作为一种真实表达事物图像的近代科技产物,有别于文字的记录与一般的信息保存,它更能直观地表现人物、事物。照相具有写实、逼真、快捷等特点,用照相摄下真实的自我形象,留作永久纪念,已为大多数人接受。孙家女性日常生活与特殊场合中留下来的照片,有助于我们认识和观察她们的形象。

民国以前,女性居家被看做是一种美德,她们被隔离在社会之外,晚清以来这

---

① 《中山亭举行揭幕》,《大环月报》1949年复刊,第2—3期。
② 刘瑟:《发刊辞(二)》,《妇女杂志》1915年第1卷,第1号。
③ 王蕴章:《通信问答》,《妇女杂志》1917年第3卷,第7号。

种行为被认为是男性对女性的压迫①。长期以来，中国女性的人生目标大多是养育和服务于她的生物意义、社会意义或国家意义上的家庭。她们居住的房屋是融合礼教、风水、审美以及舒适特点的建筑，居家空间的新表征被认为在形成现代西方的身份认同、愿望以及社会性别角色时有着核心意义②。

（一）居住空间

茂宜岛孙眉寓所的照片、库拉牧场后花园及房屋平面配置图，展示了现代房屋提供身体与道德上的健康环境。檀香山孙眉寓所，孙中山在檀读书期间曾在此居住，杨氏、卢氏在此住了13年之久。从照片上来，自左向右分别是客房、大餐房、厨房、寝室、客堂，这张照片并没有摄下建筑的全部，通过房屋平面配置图可以看到房屋的全部面貌。这种连排房设计对房间功能进行划分，具有现代居家风格的分隔空间提供了"成为自己"的范围，不但具有私密性，还为家庭成员带来尊严的空间。

翠亨孙中山故居是孙中山设计并主持建造的中西风格的建筑，比较为人们熟知的是1912年5月孙中山回乡与家人在故居门前的合影③。杨氏、卢氏在这间新房住到1895年冬天。④ 客厅带有祖先牌位的神楼，杨氏的卧室位于神龛之下，据说这是家中最尊贵、最年长的老人居住的"神后房"，这种将家庭与自身宗族的亲属社会关系网络绑在一起的礼仪性空间，家庭成员在日常的空间实践中表达愿望和情感。孙家人回乡在故居前留影成了作为寄托"家"的思念的仪式性行为：1930年前后，孙家女性孙眉夫人谭氏、孙中山元配夫人卢慕贞、孙中山胞姊孙妙茜、孙科夫人陈淑英与时任铁道部长的孙科在故居前合影；1947年8月，卢慕贞回乡做生日（81岁），与各界来宾及亲友合影于孙中山故居前；1947年，孙乾夫人苏仲英与友人合影于孙中山故居。⑤

1918年6月26日，孙中山、宋庆龄入住上海莫利爱路29号寓所⑥，成为两人婚后唯一的共同的家，他们有了一个稳定的居所。莫利爱路29号寓所是一幢欧洲乡

---

① 白馥兰认为，在英国和美国这样的发达经济体中，直到几十年以前人们一直认为，地位尊贵的女性闭门居家空间之内是高级文明和高社会地位的象征，有向社会上层流动愿望的家庭将其作为追求的目标，可是在"传统的"中国的性别隔离就是大可怀疑，被看做是未开化的、带有压迫性质的情形，是社会缺陷，她不明白为什么对类似的现象会出现这些截然不同的阐释。详见［英］白馥兰：《技术、性别、历史——重新审视帝制中国的大转型》，江苏人民出版社2017年版，第144页。
② ［英］白馥兰：《技术、性别、历史——重新审视帝制中国的大转型》，第144页。
③ 翠亨孙中山故居纪念馆藏。
④ 谭氏或许是在民国后才住上这栋小楼。
⑤ 翠亨孙中山故居纪念馆藏。
⑥ 1918年6月28日《时事新报》曾载孙中山入住上海莫利爱路寓所的报道。

村式的两层花园别墅,深灰色的鹅卵石外墙,中西合璧的家居陈设,清幽典雅的花园布局,构建了"一个最安适而不华贵的住宅"。1918年10月17日,孙中山在给康德黎夫人的信函中如是描述他的新生活:"我的妻子在一所美国大学受过教育,是我最早的一位同事和朋友的女儿。我现在过着一种前所未有的新生活:一种真正的家庭生活,一位伴侣兼助手。"①

在上海莫利爱路29号寓所居住期间,孙中山著书立说,完成了《孙文学说》《实业计划》的撰写,并且阅读、收藏大量图书。宋庆龄极力支持孙中山的写作,不但搜集整理资料、翻译外国信息,还处理大量函电、认真誊写文稿,甚至收集报纸杂志,陪孙中山逛书店选购书籍,并将书籍进行分类整理。为感谢贤妻宋庆龄的付出,孙中山在著作出版后常常题赠妻子②。

孙中山在上海莫利爱路29号寓所会客室还接待海内外宾客,许多中共早期领导人、军政要人、文化名人、达官显贵、社会名流和国际友人都曾在此留下足迹,中山先生在此酝酿了第一次国共合作,实现了其救国实践的伟大飞跃。正如宋庆龄在《上海孙中山故居纪念册》序言中所说:"从这个故居的会客室可以想见孙逸仙时代的政治。客人们川流不息地来到这里,他们当中有普通老百姓,有外国大使和政治家,也有少数流氓恶棍;他们到这里来讨论问题、制订计划,或者进行威胁,各以自己的观点来看中国的前途。也正是在这间会客室里,孙逸仙第一次会见了中国共产党的代表,从而使他对中国革命问题采取了新的、唯一正确的看法。"莫利爱路29号不仅仅是孙中山、宋庆龄的私人居所,更是孙中山、宋庆龄与各方人士筹划中国革命的见证地。

中山市翠亨孙中山故居、上海孙中山故居等现代房屋是作为家的私域的所在地,在作为孙中山的纪念地而被民众膜拜后,其"私"的领域演变为公共领域,这是与政治和国家相关的公共领域。

(二) 照片里的孙家女性

由于孙中山长年离家,与元配及子女聚少离多,孙中山与他们的合影并不算多,目前比较集中的是1912年4月孙中山辞去大总统后到各地宣传民生主义、实业救国期间,在家乡及沿途拍摄的许多合影。现粗略统计如下:

1. 1912年5月,孙中山夫妇与子女和宋霭龄合影于广州。

---

① 孙中山:《致康德黎夫人函》,郝盛潮主编、王耿雄等编:《孙中山集外集补编》,上海人民出版社1994年版,第224页。
② 上海孙中山故居纪念馆馆藏的《孙文学说》《民族主义》等书封面皆有孙中山赠宋庆龄的题字。

2. 1912年5月底，孙中山、孙眉在翠亨孙中山故居前与亲人合影。

3. 1912年5月底，孙中山与孙眉等到左埗村（今中山市南朗镇左步村）拜会宗亲，在左埗村孙氏祖祠与孙氏宗亲合影。

4. 1912年5月底，孙眉夫人谭氏、孙中山夫人卢慕贞在左埗村与孙族女界老幼合影于孙氏祖祠。

5. 1912年9月29日，卢慕贞随同孙中山在山东青岛，与青岛中华基督教青年会代表合影。

6. 1912年10月1日，卢慕贞随同孙中山到山东崂山，与宋霭龄等人合影。

以上合影中的人物大多站成一排或前后错落，表现出平等、自然的形象，谭氏、卢慕贞等孙家女性皆着中式长衫裙，或正襟危坐丈夫侧，或站立丈夫旁，不苟言笑。卢慕贞作为"国母"在这一年陪同孙中山南下、北上，出席众多公共场所，留下影像供国人观赏，也逐渐为国人所认识。

家庭相聚留影是了解孙家女性日常生活的重要途径。年长女性不喜摄影[①]，年轻女子喜欢拍照以供娱乐，或者将照片送与他人以资留念。1901年4月孙中山从日本赴檀香山与家人团聚时摄有全家福，出现在照片中的孙家女性有孙母杨氏、孙眉夫人谭氏、孙中山夫人卢慕贞、孙眉养女孙顺霞、孙中山两女儿孙娫与孙婉，以及侍女月红和新兰。杨氏年长居中坐着，谭氏、卢氏分站丈夫侧，神情严肃，穿着中式衣裙衣裤。这张照片应是比较早期的孙氏全家福。1912年5月14日，孙眉等孙氏亲友赴香港九龙百花林拜谒母亲杨太夫人墓合影。参加此次活动的孙家女性有孙中山夫人卢慕贞、孙眉夫人谭氏、孙昌夫人王金顺、孙中山长女孙娫等，她们一字站立墓碑两侧，身着中式长衫裙，手拄雨伞，目视前方。后排中间穿西服者为孙眉，孙眉侧穿吊带裤者为孙科，孙眉前两小孩为孙满、孙乾。

孙家女性的社会交往可以从出席公共场合的仪式、长途旅行中得以窥视。相当多的文物照片给我们提供了线索，我们在历史变化、空间变化与通往现代性之间寻找关联，物质环境和实际经验对培养道德与形成社会角色至关重要。

1915年以后，卢慕贞长年居澳门。其子孙科虽身居民国要职，仍时时携家眷赴澳门探望母亲，卢慕贞也会到孙科的住处与儿孙团聚。卢慕贞虽不喜拍照，也会配合气氛与儿孙及亲友合影：1940年代孙科与夫人陈淑英和女儿孙穗英、孙穗华到澳门探望卢慕贞时曾留影一帧、1940年代卢慕贞祖孙四代在孙科住所合影、卢慕贞与

---

① 据报道，卢慕贞有一个怪癖，就是不喜欢摄影，无论何人，欲求她一影都遭拒绝，便是她爱子哲生、爱婿戴恩赛也屡次摄而不可得。后来孙科赴澳门省视卢夫人，以夫人年耆，必留一影，以作万世纪念，坚请之下才允摄取一帧，但有一条件只准供诸寓内，不许流传于外，因此至今各报章杂志上，未发现卢夫人独身照也。据旭公：《孙科的生母卢夫人濠江拒影记》，《星华》1927年革新四。

孙科夫妇、女儿及陈粹芬等亲属合影。这几张照片中的卢慕贞皆居中坐，着长袖中式衫裙，慈祥而端庄。卢慕贞也会参与一些社会活动，如1933年5月19日，冠生园暨广东浸信会欢迎卢慕贞时曾有过留影。1915年，与孙中山协议离婚后的卢慕贞在澳门受洗信奉基督教，于1924年被选为澳门基督教浸信会会佐，她进行的此次活动与她的宗教信仰有关。卢慕贞也会进行长途旅行，去探望儿孙，或拜谒中山陵。1930年代，卢慕贞曾到山东旅行，有一张她与子孙、友人在山东青岛的合影。1946年7月，卢慕贞拜谒中山陵，与孙科、陈淑英、孙婉、戴恩赛、孙满，以及孙中山卫士马湘等人合影。

照片里的宋庆龄主要表现在参与公共事务上。宋庆龄在1913年4月发表的《现代中国妇女》一文中，就表示希望自己回国后能以接受过高等教育的留学生妇女身份"比别人承担更多的义务"，并设想在未来的中国社会也将出现像英国女权运动者潘克赫尔斯特、美国女社会名流贝尔蒙特一样的中国女权运动者，"希望她们（即中国的女权运动者）的口号是'争取女权不要像男子那样去打架'"，盼望"中国妇女也将成为同男人们地位相等、平起平坐的伙伴"。① 在同孙中山结婚后，宋庆龄继续担任他的秘书，协助整理文书等工作，参与孙中山与革命党人、社会名流、国际友人的会晤，宋庆龄常常一边聆听他们的谈话一边熟练地打字，认真记录会议要点。这些见过孙氏夫妇的许多人后来在回忆中对宋庆龄给予极高的评价，认为她没有以中山先生的夫人身份参加讨论，"稳重谦虚的风度，令人敬佩，赞叹不已""不愧为中山先生的革命伴侣，使我们肃然起敬"。② 作为公众人物，她运用自己的学识与社交礼仪，更深地参与到孙中山的社交生活和革命事业中：跟随孙中山北伐，发动妇女担任救护伤兵等。"这样一种形象是特别的，一个新的女性形象被刻画出来：她既具备着专业的知识和能力参与国事，同时又兼具了妻子温和谦恭的角色。这种结合家庭责任、私人情感与国事参与的复杂身份与形象，对宋庆龄来说并未有任何的不适或不协调，在她和孙中山结缡十载的革命生活中，几乎处处可见。"③ 公共场合中的宋庆龄在自我形象的演绎上，并没有表现出迥异于传统女性气质的行为。作为孙中山妻子，她扮演着协助者的角色，一贯的文静、美丽，她文静的气质符合时人对女性气质的期待和审美，这也是传统女德中"妇言"一项中希望女子不多言的很好诠释。

---

① 宋庆龄：《现代中国妇女》，《宋庆龄选集》（上卷），人民出版社1992年版，第5—7页。
② 参见许德珩：《高风亮节，大义凛然——记宋庆龄同志》、王昆仑：《宋庆龄——毕生为新中国奋斗的忠诚战士》，《宋庆龄纪念集》，人民出版社1982年版，第68、96页。
③ 周叙琪：《孙中山先生与女性国民的塑造——以孙中山与宋庆龄婚姻中的角色扮演为例》，《"孙中山与中华民族崛起"国际学术研讨会论文集》，第257页。

民国以来，人们通过各种途径来激发、唤醒被禁锢在家庭中的中国女性——从外形到内心甚至道德的束缚，期刊、杂志、书籍中随处可见的留着清爽短发到穿无袖高衩旗袍的女子，那些上学堂、留学甚至当上女飞行员的励志故事，无一不通过社会舆论和媒体宣传进入公众视线。这些女性新形象的树立，一定程度上反映了社会中对于女性的社会地位，以及社会的文明程度和发展水平，更是促使了传统价值观念和社会心理的转变。通过照片展现了女性的自主、自尊与自信，我们看到，女性的个人形象、社会地位都在很大程度上得到了提升，女性从深闺大院中走入公共领域，参与社会事务，也参与了"被消费"潮流，这也意味着社会正建立一种新的话语体系，社会对女性视角、女性意识的宽容和重视，是女性完成中西形象塑造的决定性因素。

五、结语

孙中山肯定女性在家庭中的贡献，有关他对女性在家庭中扮演的角色，有学者将之归纳为两个方面：母教为子孙贤孝的关键；表彰贤母为人伦的表率。[1] 但孙中山并未详细说明和解释何为贤母，我们从他的言论中较难推断出合理的意义。正如周叙琪在研究中指出，孙中山在女性家庭生活层面的角色期待与女性国民参与公共事务两者之间的关联目前学术界还未有定论，但是妇女参与公共事务很重要的一个因素是受到家庭成员的影响，家庭中的人际网络是妇女从事革命最重要的原因之一，然而参与革命这一类的公共事务对于女性的意义是多方面的，孙中山的元配卢慕贞的作为则是另一类型的表现。[2] 在孙中山与宋庆龄的传记研究中，卢慕贞的形象有相类似的表达：她被描述为一个孝敬公婆的媳妇、顾家又贤惠的妻子和爱护子女的母亲，传统的妇道在她身上展露无遗；她对孙中山的革命事业抱持担忧和疏离的态度，一是由于孙中山从事革命被通缉，连累家人躲躲藏藏，二是她没有学识，参与革命力不从心。[3] 孙中山曾说："我的前妻不喜欢外出，因而在我流亡的日子里她从未有在国外陪伴过我，她需要和她的老母亲定居在一起，并老是劝说我按照旧风俗另娶一妻子。"但他所爱的女子宋庆龄是一位现代女性[4]，在美国接受大学教育，她

---

[1] 陈蓉蓉：《孙中山先生的女性地位观》，《实践学报》1996年6月，第27期，第8—9页。
[2] 周叙琪：《孙中山先生与女性国民的塑造——以孙中山与宋庆龄婚姻中的角色扮演为例》，《"孙中山与中华民族崛起"国际学术研讨会论文集》，第252页。
[3] 参见爱泼斯坦著、沈苏儒译：《宋庆龄——二十世纪的伟大女性》，人民出版社2008年版；刘家泉：《宋庆龄的非常之路》，人民出版社2001年版；晨光：《孙中山与宋庆龄》，团结出版社2001年版。
[4] 孙中山：《致康德黎夫人函》，郝盛潮主编、王耿雄等编：《孙中山集外集补编》，上海人民出版社1994年版，第224页。

关于女性在家庭和参与国事的态度可通过下面一句话加以概括:"只知道做贤妻良母,不去尽国民革命天职的妇女,结果必定做帝国主义与军阀的'奴才的奴才'。"①对于卢慕贞、宋庆龄两位女性对待国事参与态度的不同类型,我们不应当将之视为天平的两端,但就结果而言,女性在家中恪守妇道、不参与革命,跟女性与家人共同参与革命,都对革命起到毋庸置疑的贡献。

(作者单位:中山市翠亨孙中山故居纪念馆)

---

① 宋庆龄:《妇女应当参加国民革命》,《宋庆龄选集》,人民出版社1992年版,第16页。

1925 年至 1949 年广州大元帅府旧址的管理和使用

朱志龙

广州大元帅府旧址位于今海珠区纺织路东沙街 18 号，主要由始建于 1906 年的两栋黄色洋楼（今称南楼和北楼）构成，原为广东士敏土厂（水泥厂）的办公楼。1917 年至 1925 年，孙中山三次在广州建立革命政权，期间两度将其征用为大元帅大本营（又称大元帅府）。1925 年 6 月 14 日，国民党中央政治委员会第十四次会议议决将大元帅府改组为国民政府。7 月 1 日，国民政府在广州宣告成立，大元帅府撤销。旧址之后仍先后被多个机构使用，由于尚无专文述及，本文依据有限的史料，概述 1925 年至 1949 年旧址管理和使用的情况。

一

1926 年 6 月 5 日，广州国民政府任命蒋介石为国民革命军总司令，并授权蒋介石组织国民革命军总司令部。7 月 6 日，蒋介石将总司令部设于大元帅府旧址。次日，国民政府颁布《国民革命军总司令部组织大纲》，拟设置参事厅、政治训练部、参谋部、军需部、海军局、航空局、兵工厂等各军事机关。7 月 27 日，蒋介石率部北伐。[1] 在此之前，蒋介石安排总司令部人员，并设置了后方留守总司令部。7 月 16 日，蒋介石主持国民政府军事委员会会议，议决国民革命军总司令部参谋长李济深留守广州。[2] 李济深主持后方留守总司令部，代行总司令职权。留守总司令部设有军需处、军械处、军务处、参谋处、征务处、后勤部和直属部队的通讯营及两个后方医院等，同时还成立了国民党区分部。[3] 1927 年 8 月，留守总司令部取消，所管事务移交新成立的国民革命军第八路军总指挥部。此后帅府旧址如何使用，尚不

---

[1] 李勇、张仲田：《蒋介石年谱》，中共党史出版社 1995 年版，第 119 页。
[2] 同上，第 118 页。
[3] 杨青山：《广州大革命亲历记》，《珠海文史》第 3 辑，第 18 页。

清楚，不过其管理权似由广东省建设厅接收。

二

1932年4月，广东无线电专门学校依托大元帅府旧址成立。该校为陈济棠创办，隶属国民革命军第一集团军总司令部。校址由广东省建设厅拨给使用。

广东无线电专门学校旨在快速培养无线电工程人才，每年招收上百名学生，年龄集中在19至25岁，主要来自广东各县，个别来自福建、湖南、广西等邻近省份。分设本科和速成各一班，速成班注重报务收发，训练期以一年，入学资格严定为初中毕业。本科班则注重无线电工程，修业期以两年，入学资格为高中毕业或初中毕业而具高中修业二年证书者。毕业生直接分发集团军所属各部队服务。学校聘请教官教授无线电学、通讯学、政治学、真空管学、电气工程学、原动机、机械画、应用文、体育、磁电学、微积分学、英文、物理学等众多课程，所请教官来自国立北京大学、国立交通大学、国立同济大学、法国国立航空机械学校、日本海军炮术工机水雷学校、美国芝加哥美洲无线电会社等学校毕业的优秀人才。学校设置教务处、收发练习室、实验室、仪器室、播音台、课堂、饭堂、寝室、药房等，东西两侧空地为学生训练和运动的场所。① 学校还编辑刊印《无线电周刊》，收录《广州民国日报》报道和无线电知识。

值得一提的是，设置在旧址南楼二楼供职教员研究及学生练习之用的播音台，是当时整个广东省少数几家播音台之一。根据1937年《广东全省电政交通概况》介绍，三家播音台均设于广州，一是广州市政府所办，一是西南民航公司设立，一是广东无线电专门学校附设：

> 该台设于该校后楼，所有机件约值一万元，均由第一集团军总司令部支拨，民廿二年十二月成立，设台长一人，工程司一人，总务、机务二股，各设股长一人，另股员、技师、技佐、什役十二人，该台原为供给职教员研究及学生练习之用，去年由总部拨款扩充，现兼办播音、广告，该台有一千瓦特机一件，约值一万元，机式为石英控制式天线，高度达七十英尺，呼号为XKRI，电力一百瓦特波长二八〇公尺。人员方面，初兼任者不给薪外，专任人员四名，月支薪二八〇元，至于办理播音、广告，每月收入约四百余元，播音时间由正午十

---

① 广东省档案馆藏：《广东无线电专门学校毕业同学录》（1934年）。目录：文教卫；新卷号：43。

二时起至夜十时半止云。①

播音台节目有唱国民党党歌、唱片、长篇故事、国语粤语新闻报告、日间气候金融时刻报告、时刻报告、名家音乐演奏、粤讴、西乐、无线电常识问答、国语教授、电码练习、益智演讲、儿童节目、一周大事报告、戏剧转播等。②

校长钟廷杜兼任广东无线电管理局局长。1936年5月底至6月18日，为纪念广东无线电专门学校成立4周年暨广东无线电管理局新厦落成，钟廷杜发起"广东无线电及电气工业展览会"，旨在向一般民众灌输电学知识。展览地点设在广州南堤新落成的广东无线电管理局内。百分之八十的展品是由专门学校和管理局设计装配。展览期间，学校常用校内播音台，逐日广播展品中理论较深的内容，同时约请国内专家演讲各种电气知识。③

播音台的用电存在安全隐患，且旧址建筑年久失修，引起郑校之的忧虑。郑是一名建筑设计师，曾担任过大元帅府参军处技师。1936年，郑校之致函国民党中央，请求饬令将"无线电校及播音台迁出大元帅府前座，并派员保管总理遗物"。④ 1937年2月，郑校之致函蒋介石，称"粤中帅府封锁十余年，对于总理与府中遗物腐弃堪忧，敬乞提倡筹划重建，以成纪念总理最大伟绩。"蒋介石谕令军事委员会委员长侍从室第二处向广州市政府曾养甫问询是否有重修的必要。⑤ 同年3月，郑校之随同广州市政府庶务股科员前往帅府旧址查勘。3月17日，庶务股主任将查勘情况向市长曾养甫汇报：

> （一）地址：大元帅府原址在本市河南士敏土厂内东便，办公地点纵横约二十余丈；（二）形势：帅府坐南朝北，前临珠江，设有渡头，后接禾田，西环溪涧，东有广场（现为纺织厂），北望羊石，白云峰峦，历历在目，形势壮丽；（三）交通：帅府四周，公共汽车及船渡，均可直达，水陆交通，亦称利便；（四）现状：帅府现在临时拨归无线电学校及该校播音台之用，该校学生

---

① 《广东全省电政交通概况》，《香港华商月刊》第2卷，第5期（1937年）。
② 《广东无线电专门学校播音台播音时间表》，《统计月刊》第2卷，第2期（1936年），第3页；《广州市政府播音台及广东无线电专门学校播音台概况统计》，《统计月刊》第2卷，第2期（1936年）。
③ 曹仲渊：《科学拾零：广东无线电及电气工业展览会参观记》，《科学》第21卷，第4期（1937年），第343—348页。
④ 广东省档案馆藏：《关于请派员协同清点总理遗物一事的笺函附信封》，档号：006-002-1607-008-092（1）。为何出现"前座"二字，有待考证。
⑤ 广州市档案馆藏：《呈为河南士敏土厂帅府应否修缮似应由建设厅酌量办理请察核示遵由，函复河南士敏土厂帅府应否修缮似应由建设厅酌量办理除呈省政府核办外希为查照转陈由》。档号4-01-007-000325-001。

职员约百人，卫兵工役约二十余人。播音台在总理遗物室之下层，装置一大电箱，高约六尺，阔三尺，深二尺，发电之际，电光闪闪燃烧，殊为可虑。查中座与后座连接过路桥，日久失修，桥身摇动，异常危险。建筑物仅墙壁用砖结成，其楼面瓦面，均用木乘之。况建筑远在废清年间，历三十余年，故全部已成朽腐，照例亦须拆卸大修。府前花圃，昔日广植花木，擅园林之胜，总理公余常爱休憩其间，兹则乏人料理，已成一片荒芜矣。①

报告介绍了帅府旧址的三大隐患：一是总理遗物室下方的播音台，用电存在安全隐患；二是中座和后座的过路桥年久失修，异常危险；三是建筑物楼面瓦面均用木材支撑，已腐朽不堪。为此，郑校之于3月23日致函市长曾养甫：

> 昨承贵府庶务股长赵宣扬先生约同校之前往调查大元帅故府建筑物情形，发觉所有房舍因历时过久，全部已成朽腐之象，其间两柱尤为危险，若不加杉补助，诚恐影响全部，有随时倾塌之虞。窃思故府重建一事，校之送奉林主席垂询甚详，关注綦切。此次主席莅粤，必将亲临展视，似宜先将危险部分择要补葺，以免疏虞。

当时，广州市政府相关部门也认为"遗物贮藏室确属危险，瓦面有倾塌之虞，且该处窗户常闭，黑暗异常，空气不能充分流动，白蚁丛生，不但原有建筑物易于腐烂，而遗物亦将受莫大之影响，为保存周密计，似应觅地搬迁，大抵以中山纪念堂及市博物院为最适宜。至遗址可由无线电学校暂行借用，略加修理，仍以不变更原日之布置为旨，俟筹有专款，再行照原式样重建，以留久远而资瞻仰。"但在市政府秘书长高骞看来，"大元帅府即广东士敏土厂系建设厅管理物业，现存总理遗物，据查仅有办公台椅、会议台、铁床挂灯等粗重物件，由省府派有公役一名看守。借充学校，亦由建设厅经手，至其房屋应否修缮，与本府无关。"② 4月底，此事由广东省政府主席吴铁城交建设厅负责。③ 5月12日，郑校之接到广东省政府秘书处函，获知大元帅府修护一事已经交由省府设计委员会主任委员李仙根、科长谭葆寿

---

① 呈文中的"中座"和"后座"概念，应是将帅府旧址门楼算作"前座"，才有此叫法。
② 广州市档案馆藏：《呈为河南士敏土厂帅府应否修缮似应由建设厅酌量办理请察核示遵由，函复河南士敏土厂帅府应否修缮似应由建设厅酌量办理除呈省政府核办外希为查照转陈由》，档号 4-01-007-000325-001。
③ 广州市档案馆藏：《拟呈为河南士敏土厂帅府应否修缮似应由建厅酌量办理请核示遵等情指复已令行建厅查明拟议呈核仰知照由》，档号 4-01-007-000325-002。

处理。13 日,李仙根和谭葆寿函告郑校之:

> 奉本府秘书长谕,并奉转发委员长微侍秘杭电一件,饬即查明大元帅故府是否有重修之必要等因,遵于本月二日会同前往查勘,经将查勘情形呈报在案。现奉批开:一,该厂既往全部拨交无线电专门学校使用,似无全部重收之必要,拟将大元帅驻跸之处,略予修理,指定辟作图书室;二,请郑校之先生前往设计。

依广东省府的意见,总理遗物室略加修缮,并开辟为广东无线电专门学校的图书室。郑校之随后前往帅府旧址设计修建,整理孙中山遗物,但不久抗战军兴,广州沦陷,此项工作被迫停止。①

上述内容可知大元帅府撤销后,孙中山在南楼三楼的办公场所变成总理遗物室,部分粗重物件被保留下来。但由于年久失修,建筑存在不少安全隐患。

三

1938 年底广州沦陷,广东无线电专门学校停办。帅府旧址被日军占领。从抗战期间的一张航拍照片来看,彼时的旧址显得破败不堪。

抗战胜利后,帅府旧址被中国军队接收和占用。1947 年 3 月 20 日,孙科与居正、戴季陶、于右任、邹鲁、陈果夫、陈诚、朱家骅、王宠惠等联名呈请国民政府:

> 广州河南士敏土厂旧址原为国父组织大元帅府大本营开府圣地,其有革命历史,应加保存永为纪念及研究三民主义文化学术之所。建议将该旧址拨给中山文化教育馆西南分馆使用。现查该旧址荒置已久,复原之初,由部队占住,后由后勤部第三补给区移住,最近该补给区司令部已奉令裁撤,自应及时收回,指定为中山文化教育馆西南分馆馆址,永为纪念国父及阐扬研究中山文化学术之所。②

中山文化教育馆是孙科于 1933 年在南京国民政府立法院院长任上发起创办(以

---

① 广东省档案馆藏:《关于请派员协同清点总理遗物一事的笺函附信封》,档号:006 - 002 - 1607 - 008 - 092(1)。
② 台湾"国史馆"藏:《立法院长孙科等请指定广州河南士敏土厂旧址为中山文化教育馆址》,典藏号:001 - 097140 - 0001。

下简称"中山文教馆"或"文教馆"),馆址建在南京中山陵内,旨在"阐明中山先生之主义与学说,树立三民主义文化与教育之基础,培养民族之生命,为中山先生留文化上之永远之纪念"。①孙科自任理事长,蔡元培、戴季陶、吴铁城、叶恭绰等8人为常务理事,林森、蒋介石、汪精卫、胡汉民、居正、宋子文、马超俊、张静江、朱家骅等29人为理事。1937年11月,文教馆迁至重庆北碚中山路。同年12月,南京文教馆馆址被日军炸毁。1945年抗战胜利后迁回上海和南京,借地办公。时任行政院兼理院长的蒋介石批准了孙科等人提出的这项申请。

1947年7月前后,中山文化教育馆西南分馆筹备委员会正式成立。梁寒操、萧次尹、杜定友、吴尚鹰、金曾澄、黄昌谷、马超俊、黄文山、麦朝枢、许崇清、简又文等人出任筹备委员会委员。②萧次尹时任广东省政府委员,是筹委会的总干事,具体负责筹备分馆事宜。筹备办事处暂驻在广州文明路的广东文献馆内。③孙科、西南分馆筹委会以及广东省政府经过一年半的时间,与当时占用旧址的国民政府联合勤务总司令部广东供应局艰难交涉。大概在1949年前后,筹委会入驻旧址办公。

西南分馆筹备委员会在与部队交涉接收问题的同时,也开展了一系列筹备工作:

(1)筹募资金。1947年,由蒋介石领衔,孙科、戴秀陶、于右任、居正、王宠惠、吴敬恒、宋子文、李文范、马超俊、薛岳、邹鲁、吴铁城、梁寒操等百人联名发起筹款,散发《为中山文化教育馆西南分馆筹募国父纪念专馆基金暨筹建华侨革命纪念专馆西南文物专馆及办理中山文化事业经费缘起》,内容详细叙述了筹办西南分馆的缘由。与此同时,筹委会还计划派员到海外筹款。

(2)1948年2月拟定并公布了《中山文化教育馆西南分馆章程》及《中山文化教育馆西南分馆计划》。根据计划,理事长之下拟设立研究部、事务部、财务委员会、筹募委员会、国父纪念专馆设计委员会、华侨革命纪念专馆设计委员会和西南文物专馆设计委员会等部门。

(3)举办《三民主义学术展览会》。1948年11月12日,中山文化教育馆西南分馆与广东文献馆、中山大学图书馆、三民主义学会联合在广东文献馆举办了《三民主义学术展览会》,展出广州各大图书馆馆藏的孙中山研究著作四千余种,历时3天。筹委会征集了一些国父遗物遗墨,摄影保存,准备分馆正式成立时借来陈列。

---

① 中山文化教育馆筹备委员会编:《中山文化教育馆筹备委员会总报告》(1933年),第9—16页,《中山文化教育馆章程》。
② 广东省档案馆藏:《中山文化教育馆西南分馆筹备委员会关于请联合勤务总司令部广东供应局迅速迁出广州河南士敏土厂旧址一事的文》,档号:006-002-1607-113~128。
③ 广东省档案馆藏:《中山文化教育馆西南分馆筹备委员会关于将广州河南士敏土厂场地拨给该分馆使用一事的代电附信封》,档号:006-002-1607-105~106(1);《关于郑校之先生上书请保存国父遗物及大元帅府旧址一事的笺函附信函》,档号:006-002-1607-008-093~098。

(4) 口述记录。筹委会邀约曾经随从孙中山的老同志，亲自分别查勘馆址，就当年孙中山起居情形及陈设，进行口述笔录，作为模仿纪念的参考。

(5) 计划绘塑陈列的壁画及浮雕。筹委会约集美术雕刻专家，就孙中山的事迹与革命史迹，计划绘塑壁画及浮雕，以便陈设。该壁画和浮雕原定在1949年11月12日孙中山诞辰之时展出。①

1949年4月，已经迁入大元帅府旧址办公的西南分馆主动与广东实业公司寻求合作，筹设私立河南劳工子弟小学校、幼稚园，及妇女职工教育班，招收广东实业公司所属纺织厂、麻织厂、铁工厂等工厂的员工及其子弟入读。其中，河南劳工子弟小学校和幼稚园于9月初正式开班授课，由西南分馆提供场地和聘用教师，开班各项经费则由广东实业公司支付。② 1949年10月13日下午，西南分馆工作人员离开广州。③

大元帅府旧址此时除由西南分馆使用外，尚有其他机构入驻。1949年5月8日，国民党中央党部秘书长郑彦棻为党部办公场所选址一事亲赴旧址视察，并将情况电告蒋经国：

> （一）前座已指定为总统府参军处办公之用，惟尚未迁入。后座为印铸局职员技工宿舍，计已住八十余家，共三百余人；（二）昔大元帅府设于该处时，左右后三面均为空地，现则均有建筑物，左为工厂，后为纺织厂，右为仲恺农工职业学校；（三）厂前河面满布木排及小艇，附近环境不甚整洁，交通亦欠便利，中央党部办公现址在南堤大马路，过去系市府办公处所，建筑简单，房舍已不敷用，侯停车场狭小，警卫布置尤难周密，实非理想处所。士敏土厂在郊外，可直通黄埔，且富历史意义，但就上述情况而言，是否适宜作为办公之

---

① 萧次尹：《追记广州国父纪念馆筹创原委——写在中山先生逝世四十一周年纪念前夕》，《艺文志》，1966年第6期，第23页。1947年，中山文化教育馆决先行创办"国父纪念专馆"，1948年又改称为"中山文化教育馆西南分馆与国父纪念馆联合馆址"。1949年10月初，由于右任题写的"国父纪念馆"牌匾挂上帅府门楼。1949年10月初，牌匾挂上门楼。据萧次尹在文中回忆："何以国父纪念馆与中山文化教育馆西南分馆同时筹创呢？主要的动机，认为纪念国父，应该与研究阐扬国父思想，同时兼进。因为国父思想，虽近在救国，而同时远在救世，功在国家，而影响及于人类文化。所以纪念国父，应该以研究阐扬光大国父思想遗教，建立中山文化思想体系，才是最完善最有意义和最有贡献的一个办法，也是中山先生信徒们的一个努力的目标。当年在广州筹创国父纪念馆与中山文化教育馆西南分馆主要动机，亦即在此。"笔者以为，孙科和分馆筹委会从先行筹备"国父纪念专馆"，再到成立"中山文化教育馆西南分馆与国父纪念馆联合馆址"，最后挂牌"国父纪念馆"，似是一个通过突出孙中山以争取关注和支持的策略。

② 参考拙作《中山文化教育馆西南分馆初探》，"孙中山与民主革命策源地广州"学术报告会，2016年8月。

③ 萧次尹：《追记广州国父纪念馆筹创原委——写在中山先生逝世四十一周年纪念前夕》，第25页。

用，应请详细陈明考虑。①

电文显示，大元帅府前座（北楼）指定为南迁的总统府参军处办公场所，后座（南楼）作为印铸局职员技工宿舍，且已有三百多人入住。奇怪的是，电文丝毫未出现中山文化教育馆西南分馆或"国父纪念馆"等字眼。

1949年10月14日，广州解放。10月21日，广州军管会代表进驻大元帅府旧址。②

结　语

综上所述，1925年至1949年大元帅府旧址的管理和使用大抵呈现了以下几个特点：

一、旧址成为一个独立区域。大元帅府撤销之后，两栋办公楼房未被广东士敏土厂收回，自此形成一块独立的区域，不再归广东士敏土厂及之后的广东纺织厂等工厂管理。此外，从1920年代末开始，旧址管理权归广东省建设厅所有。

二、使用机构频繁更迭。从1925年撤销至1949年间，帅府旧址先后有十个左右的机关单位使用，而且在1940年代后期，旧址在同一时期，有不同单位入驻。

三、使用机构大都是军事机构。从国民革命军总司令部及留守总司令部、隶属于国民革命军第一集团军总司令部的广东无线电专门学校、日本军队到国民政府联合勤务总司令部广东供应局等，皆是军事机构。

四、使用机构的功能多样。旧址除了用于军事外，还用于文化、教育和居住。

1925年大元帅府撤销后，广东政府曾将孙中山在南楼的办公场所保护起来，设置了遗物室，保存其生前使用的物品，并派人看管。1930年代，郑校之提出修缮旧址，但因故不了了之。1947年，孙科等人创建中山文化教育馆西南分馆，在旧址专门成立纪念馆，挂牌"国父纪念馆"。因时局动荡，西南分馆未能善终，而且，它所遗留下来的部分资料及孙中山的相关遗物今已不知所踪。

（作者单位：广州孙中山大元帅府纪念馆）

---

① 台湾"国史馆"藏：《郑彦棻电蒋经国亲赴士敏土厂视察情况，前座已指定为总统府参军处办公用尚未迁入后座为印铸局筹环境交通情形》，典藏号002-080300-00028-023。

② 罗国雄：《广州解放见闻录》，《海珠文史》第4辑，第13页。

十年来孙中山研究的状况及以后的发展趋向
——以《广东社会科学》刊发孙中山文章为中心

李振武

广东是孙中山的故乡,也是他从事革命活动的最主要舞台,广东人民以家乡出了孙中山这样一位世纪伟人而倍感自豪。新中国成立后,特别是改革开放以来,广东得地利之便,成为孙中山研究的重镇,涌现出一大批从事孙中山研究的学者和高质量的研究成果。在这一过程中,《广东社会科学》作为广东省的综合性学术期刊,深感有必要助推孙中山研究,为此专门开辟栏目,刊发了大量孙中山研究的文章,成为展示孙中山研究成果最重要的平台之一,孙中山研究也成为《广东社会科学》的品牌栏目,备受海内外学者关注。本文拟对近十年来《广东社会科学》刊发孙中山研究文章的状况做一简要介绍,以期从中管窥近十年来孙中山研究的发展趋势。

一、刊发论文情况

从 2007 年至 2017 年 11 年间,《广东社会科学》共发表研究孙中山的文章 68 篇,具体作者和篇目见下表:

作　者	题　目	刊发期数
李佳	论孙中山民权思想对中国传统民本思想的继承和展开	2007 年第 1 期
耿云志	孙中山民族主义思想的历史演变	2007 年第 1 期
孙宏云	孙中山的民权思想与职业代表制	2007 年第 1 期
乔兆红	孙中山与中国商民运动	2007 年第 3 期
黄增章	孙中山创办广东全省商会联合会的活动及其影响	2007 年第 3 期
虞天识	孙中山西部开发思想初探	2007 年第 3 期

(续上表)

颜德如	孙中山思想中被忽视的四个问题	2007 年第 5 期
胡波	孙中山与香山买办	2007 年第 5 期
刘世红	从《实业计划》看孙中山区域经济思想的特质	2007 年第 5 期
赵立彬	孙中山政治设计中的社会建设考量	2008 年第 1 期
谢俊美	孙中山党魁集权制思想探微	2008 年第 1 期
陶季邑	孙中山和邓演达的民族团结思想及其启示	2008 年第 1 期
李吉奎	传统观念的现代诠释——孙中山宣誓观研究	2008 年第 3 期
李文海	孙中山研究领域的拓展与创新	2008 年第 3 期
王杰	孙中山研究的新拓展——"孙中山思想与和谐社会"学术研讨会述要	2008 年第 3 期
张磊、张苹	孙中山：变革、开放与中国近代化前驱	2008 年第 5 期
乔兆红	孙中山伦理思想与和谐社会的构建	2008 年第 5 期
刘曼容	孙中山移植西方代议民主制的历史考察	2009 年第 1 期
邵雍	孙中山经济建设思想中的外国因素	2009 年第 1 期
王杰	和谐共融：孙中山民生主义的文化引喻	2009 年第 3 期
张继才	辛亥革命时期孙中山的国家结构观	2009 年第 3 期
宋德华	孙中山民权主义思想演进的特点	2009 年第 3 期
颜德如、王连伟	"同心协力"：孙中山关于解决中国问题的思考	2009 年第 5 期
姬丽萍	试论孙中山与民初文官制度的初创	2009 年第 5 期
曾荣、左双文	孙中山与华盛顿会议前后的国民外交	2010 年第 1 期
张顺昌	论孙中山民生思想的当代价值	2010 年第 1 期
胡波	地图上的爱国者与强国梦——论孙中山的地图情结	2010 年第 1 期
周兴樑	廖仲恺同苏联代表越飞的会谈及其影响	2010 年第 3 期
赵金康	孙中山宣传三民主义的思想	2010 年第 5 期
张冰	孙中山自由观的多变性与一惯性	2010 年第 5 期
马敏、王杰等	孙中山·辛亥革命研究回顾与前瞻	2011 年第 1 期
李玉贞	孙文越飞会谈的幕后台前	2011 年第 1 期
李吉奎	孙中山民德观刍议	2011 年第 3 期

(续上表)

郭辉	民国时期黄花岗起义纪念与国民党政治诉求的表达	2011年第3期
罗国辉、邵雍	略论抗战时期的孙中山纪念活动	2011年第3期
杨天石	师其意不用其法——孙中山与马克思主义二题	2011年第5期
熊月之	孙中山与中国近代文化自为	2011年第5期
深町英夫	中国同盟会在东京、香港、新加坡轴线上的革命宣传活动	2011年第5期
薛正昌	孙中山西部开发思想及其对后世的影响	2012年第1期
孔祥吉、村田雄二郎	辛亥革命史料抉择之困惑——冯自由《中华民国开国前革命史》与《革命逸史》异议	2012年第1期
虞和平、陈君静	1920年前后废督裁兵运动中的商会与孙中山	2012年第3期
宝成关	论孙中山的国民观	2012年第3期
徐涛	以笔战枪：辛亥之后的孙中山与上海传媒	2012年第3期
李芳清	孙中山思想与民初广东社会建设	2012年第5期
耿云志	孙中山与五四新文化运动	2013年第1期
王先明	建设告竣时 革命成功日——论孙中山建设思想的形成及其时代特征	2013年第1期
赵立彬	"建设必自人民始"：从"立础"视角看民初孙中山政治思想的转变	2013年第1期
桑兵	提升孙中山研究的取径	2013年第3期
林辉锋	孙中山基督教葬礼问题再探——从宋庆龄与斯诺的一段纠葛谈起	2013年第3期
李吉奎	孙中山晚年文化思想中对传统的因袭	2013年第5期
林绪武	孙中山五权宪法的"中西合璧"文化解读	2013年第5期
高俊	民初新政治实践与孙中山"以党治国"理论的衍生	2014年第1期
王杰	告别"显学"回归本原：关于拓展孙中山研究的思考	2014年第3期
郭辉	孙中山的"共和"政制构想及其特征	2014年第3期
周溯源、翟金懿	论孙中山的民生观及当代意义	2015年第3期
赵燕玲	《申报》视野中的1921—1922年孙中山北伐	2015年第3期
胡波	孙中山廖仲恺的财政思想与实践	2015年第5期

(续上表)

李杨	鲍罗廷与孙中山北上	2016 年第 1 期
桑兵	两岸辛亥革命与孙中山交流的回顾与展望	2016 年第 3 期
李吉奎	孙中山李大钊关系管窥	2016 年第 5 期
袁哲、平田康治	武昌起义后孙中山在英国的外交活动——基于英国外交部档案的考察	2016 年第 5 期
王杰	孙中山与海外革命策源地"特质"探问	2017 年第 1 期
赵立彬	民国初年孙中山对名誉事件的反应	2017 年第 1 期
李学智	孙中山伍廷芳关系述论	2017 年第 1 期
深町英夫	同种同文？孙中山的亚洲主义话语	2017 年第 3 期
张华腾	孙中山理想追求之一幕：从民元辞职到宋案前孙中山研究新论	2017 年第 3 期
赵军	"亚洲梦"与日本右翼——头山满、内田良平的中国观及对中国革命的参与	2017 年第 5 期
张金超	孙中山、南方政府与华盛顿会议——以代表问题为中心	2017 年第 5 期

从表中所列题目可以看出，孙中山研究的领域十分宽泛，既有对传统题目的深化，又有新题目的开掘。三民主义思想仍是学者关注的重点，11 年间共刊发 25 篇文章，其中整体论述三民主义的 2 篇，关于民权主义的 12 篇，关于民生主义的 7 篇，关于民族主义的 4 篇。虽然是老题目，但并不是旧调重弹，而是通过新理论、新方法的运用，以及对材料的深耕，得出了全新的观点。民权主义研究方面，宋德华概括了孙中山民权主义思想演进的特点：1. "取法乎上"的理想追求，2. 中西合璧的理论创造，3. 国为本位的价值取向，4. 预定程序的政治方略。① 张冰梳理了孙中山的自由观的演变理路，指出："从正面宣传'自由'到局部限制'自由'，再到从价值层面上彻底批判'自由'，孙中山一生对'自由'的态度大体经历四次转变。与这种多变性并存，孙中山对'自由'内涵的理解又是始终一贯的，即把'自由'视为绝对的无约束状态、工具意义的宣传口号以及权力之下的'法律权利'。""从对'自由'的态度切入，可以看出其政治思想中鲜明的'实用主义'特征；从对'自由'内涵的理解切入，则可以窥见其政治思想中内在的'权威主义'理路。

---

① 宋德华：《孙中山民权主义思想演进的特点》，《广东社会科学》2009 年第 5 期。

孙中山在'自由观'上的多变性和一贯性,既是其政治思想发展的逻辑起点,又是其个性特征外在化的自然结果。"① 孙宏云探讨了孙中山民权思想与职业代表制的关系,认为1924年11月孙中山在《北上宣言》中主张以商会、教育会、工会、农会等团体的代表组织国民会议。此一主张被认为具有职业代表制精神,甚至被国民党作为基本选举制度运用于1931年召集的国民会议,但实际上却与孙中山国民大会构想中的选举思想抵牾。究其原委,孙中山在其国民会议主张中所表达的职业代表制,很难说是其民权思想真正进展到一个新阶段的理论标志,更像是一种应对时局、把握机会的政治实用主义策略。② 在民族主义研究方面,关于孙中山的反帝思想一直是学界关注的热点。由于自身力量弱小,加之长期的海外流亡经历,孙中山一直谋求得到列强各国的支持。日本与孙中山有着密切的关系,日本朝野各方势力出于种种不同目的,对孙中山的革命活动给予过或多或少的支持,令孙中山对日本充满了期望和幻想,但最终的结果往往令孙中山倍感失望。对1924年底孙中山在日本神户所做的关于"大亚洲主义"讲演,学界已有非常多的研究,日本学者深町英夫提出不同以往的新见,认为,孙中山在其长达30年的革命生涯中,在使用"东方""亚洲""黄种"等词汇时,其含义和背景并非单纯。他并非是根据固定的原则,而是按照各国对中国革命的态度,极其灵活地选择了谋求支持的对象国家。故此,孙中山的对外宣传采取的修辞也是五花八门、千变万化,提倡了对方和自己能够共有的理念。对于苏俄人,他主张反帝国主义;对于英、美、法等西方人,他强调民主主义和基督教;对于日本人,他则根据"东/西""亚/欧""黄/白"等二分法高唱"同种同洲之亲",但在其他场合,却很少提到亚洲主义。亚洲"小国"(如朝鲜、越南等)的独立运动若不能直接有利于中国革命,则仅能作礼仪上、感情上的同情对象。③ 旅日中国学者赵军对两位极力鼓噪"大亚洲主义"思潮的日本近代右翼势力创始人头山满和内田良平的中国观及对中国革命的参与活动进行了对比研究,指出头山和内田之间既有大量的共通点,又有各自不同的政治主张、政策考量和价值判断。他们的"亚洲梦"是恃强凌弱的"亚洲梦",为了实现"大亚洲主义"的"统合"目标,他们将强硬的军事威胁、政治高压、经济侵略和文化渗透看作必不可少的手段,并且为日军实际发动的侵华战争欢呼、喝彩,因而使他们的"亚洲梦"在实现途径和行动方式上也打上了"极右翼"的标记。这种充满"偏见"、一意崇尚"高压手段"和武力的"亚洲梦",最终也只能是难以实现或者即便实现也是转瞬即

---

① 张冰:《孙中山自由观的多变性与一贯性》,《广东社会科学》2010年第5期。
② 孙宏云:《孙中山的民权思想与职业代表制》,《广东社会科学》2007年第1期。
③ 深町英夫:《同种同文?孙中山的亚洲主义话语》,《广东社会科学》2017年第3期。

逝的"黄粱一梦"。①

学术研究要顺应时代发展主题的变化，关照当下。进入新世纪以来，中国大陆在主抓经济建设的同时，提倡科学发展观，对社会建设亦非常重视，提出了建设和谐社会的理念。这种社会关切反映到孙中山研究领域，就是与以前因凸显孙中山近代民主革命家的形象而重视对孙中山革命思想、革命活动的研究有所不同，孙中山的建设思想引起学者的极大关注。孙中山本人并不是一个"不断革命论"者，他认为"革命的事情是万不得已才用，不可频频伤国民的元气"②，革命是建设的前提，是为从事建设创造一个良好的政治环境，建设才是最终目的。除了从传统的经济发展的角度来继续研究孙中山的民生主义和《实业计划》外，还有学者探究了孙中山的社会建设思想，如赵立彬的《孙中山政治设计中的社会建设考量》《"建设必自人民始"：从"立础"视角看民初孙中山政治思想的转变》、乔兆红的《孙中山伦理思想与和谐社会建设》、王先明的《建设告竣时 革命成功日——论孙中山建设思想的形成及其时代特征》、李芳清的《孙中山思想与民初广东社会建设》等。赵立彬指出："地方自治、革命程序、均权主义，是孙中山政治思想中关于政体和程序的方面，不仅对于建设民主政治具有重大意义，而且体现了社会建设方面的深刻考量。它们有机一体地包含了社会建设的因素。孙中山积极致力于社会改造，促进人民觉醒，推动民主政治，从社情、民情出发，努力探索实现政治理想的现实路径，其思想遗产对后来者产生了深远的影响。"③ 王先明则指出："民国以来，从革命到建设既是一个客观演进的历史进程，也是承载着厚重思想内涵的一个时代命题。民国后，孙中山系统的建设思想逐步形成。这是一个由三大部分构成的，以民权为核心，以民生为目标的思想体系。这一思想对于近代中国由革命走向建设的路径选择，以及对于革命的近代释义和历史定位，均具有重要的认知价值和理论意义。"④

孙中山先生具有悲天悯人的博爱情怀，他关注民生疾苦，一心一意想为广大人民谋求一种幸福安康的生活。孙中山没有具体描述他所追求的理想国是什么模样，但从其一生大量题写的"天下为公""博爱""大同"等题词来看，中国古代儒家所提出的大同社会无疑是他心驰神往的理想社会。伦敦蒙难后，孙中山在欧洲考察，"始知徒致国家富强、民权发达如欧洲列强者，犹未能登斯民于极乐之乡也；是以

---

① 赵军：《"亚洲梦"与日本右翼——头山满、内田良平的中国观及对中国革命的参与》，《广东社会科学》2017年第5期。
② 孙中山：《孙中山全集》第1卷，第326页。
③ 赵立彬：《孙中山政治设计中的社会建设考量》，《广东社会科学》2008年第1期。
④ 王先明：《建设告竣时 革命成功日——论孙中山建设思想的形成及其时代特征》，《广东社会科学》2013年第1期。

欧洲志士,犹有社会革命之运动也。予欲为一劳永逸之计,乃采取民生主义,以与民族、民权问题同时解决。"① 他向西方学习救国救民的真理,但不愿亦步亦趋的照搬西方的模式来发展中国,认为:"文明有善果,也有恶果,须要取那善果,避那恶果。欧美各国,善果尽被富人享尽,贫民反食恶果,总由少数人把持文明幸福,故成此不平等的世界。我们这回革命,不但要做国民的国家,而且要做社会的国家,这决是欧美所不能及的。"② 孙中山这种博爱情怀和为此所做的探索,是仍然值得当今主政者认真对待的问题,毕竟社会发展的终极目标是为了什么,关乎着一个民族、国家甚至是整个人类的命运。中国大陆经过以市场化为导向的四十年改革,一方面经济发展成就举世瞩目,成为全球第二大经济体,另一方面,社会发展十分不平衡,贫富分化严重,社会阶层固化,有滑向拉美化陷阱的危险。不少忧时之士对此忧心忡忡。好在大陆领导人已及时认识到问题的严重性,多次强调要创造公平的环境,让改革开放的成果更多地惠及普通民众。有学者深入发掘了孙中山民生主义思想的现实借鉴意义:1. 在农业增值收益方面,建立合理的利益分配机制;2. 加强农业的基础地位,走中国特色农业现代化道路;3. 拓展对外开放的深度和广度,提高开放型经济水平;4. 切实改善民生,逐步扭转收入分配差距扩大趋势,使全体人民共享社会发展成果。③ 还有学者如是概述孙中山民生观的当代意义:1. 以民为本乃兴国之宗旨;2. 关注民生乃当今之要务;3. 公正平等乃社会之诉求;4. 责任担当乃公民之义务。④

除了社会建设这个契合当下社会发展需要的热门议题外,在开辟新领域方面,李吉奎的《传统观念的现代诠释——孙中山宣誓观研究》《孙中山民德观刍议》、乔兆红的《孙中山与中国商民运动》、胡波的《地图上的爱国者与强国梦——论孙中山的地图情结》、徐涛的《以笔战枪:辛亥之后的孙中山与上海传媒》、赵立彬的《民国初年孙中山对名誉事件的反应》等均是较为新颖的题目。李吉奎认为:"宣誓是一种庄严的承诺。孙中山自投入反清革命之日始,便与宣誓的举措联系在一起。在他能行使话语权的阶段,他要求参加革命团体者必须宣誓。他不但要求他人,自己也一体实行。他对宣誓这种中华传统文化模式发挥到了极致。""不过,我们也看到,对孙中山而言,尽管宣誓了,但随着形势变化,自己曾经为之奋斗的神圣宗旨,对它也不是一成不变的。""皇皇大法、宣言、主义,既经通过、公布,即非儿戏可言;若主持者随意改变,权威自坏,诚信何求?以言民主政治,则难免缘木求鱼,

---

① 孙中山:《孙中山全集》第6卷,第232页。
② 《孙中山全集》第1卷,第327—328页。
③ 张顺昌:《论孙中山的民生思想及当代价值》,《广东社会科学》2010年第1期。
④ 周溯源、翟金懿:《论孙中山的民生观及其当代意义》,《广东社会科学》2015年第3期。

抑背道而驰。"① 胡波认为："地图在激发孙中山世界历史文化与现实生活想象的同时，也催生了他的爱国情与强国梦，迫使其在新的世界秩序之下积极寻找和建构中国人的中国观与世界观，并以一种开放进取的态度，在国际政治、经济和文化大融合的浪潮中，重绘中国人的世界地图。"②

关于近十年来的孙中山研究状况，可以借用两位长期从事孙中山研究的资深学者——王杰研究员和桑兵教授的心得体会来概括。王杰研究员将其归纳为七点：1. 成果丰硕；2. 涉面广阔；3. "纪念史学"色彩浓厚；4. 论作良莠不齐；5. 学术批评短缺；6. 后继人才堪虞；7. 一些不严谨的学术观点谬传，误导民众史观。③ 桑兵教授曾如是概述孙中山研究的发展历程："自从二十世纪八十年代以来，海峡两岸轮番竞相编辑更加完整的孙中山全集，相关的年谱、年谱长编以及各种专题性的资料汇编和史事编年也陆续问世，各种论著更是种类繁多，数量惊人，孙中山研究一度成为万众瞩目的'显学'。然而，在一番热火朝天之后，逐渐归于平静。社会上虽然不乏关注者，学界也还有坚守人，逢五逢十的纪念将持续进行，显学退隐，大概是普遍情形和长期趋势。专门从事此项研究者在新进中几乎无人，即使兼作者也为数甚少。在学位论文和研究课题方面，一般很少选取孙中山或相关问题进行研究和撰述。这样的情形，一方面显示孙中山研究在经历了曾经的繁荣之后，初创时期进入门槛很低的状况已经过去，另一方面，则反映学界对于孙中山研究摸高探深的成熟期到来准备不足，无缘以求精进。"④

二、如何推进孙中山研究

孙中山研究由热趋冷，转归平淡，另不少从事孙中山研究的老辈学者忧心忡忡。如何面对这种局面，继续推进孙中山研究，《广东社会科学》亦发表了不少著名孙中山研究专家的心得文章，如王杰、马敏等的《孙中山·辛亥革命研究回顾与前瞻》（内含章开沅、金冲及、张磊、林家有等著名学者的建议）、桑兵的《提升孙中山研究的取径》《两岸辛亥革命与孙中山交流的回顾与展望》、李文海的《孙中山研究领域的拓展与创新》等。这些学者长期从事孙中山研究，自然对今后如何推进孙中山研究最有发言权，从他们的见解中我们可以大致了解今后孙中山研究所要致力的方向。

---

① 李吉奎：《传统观念的现代诠释——孙中山宣誓观研究》，《广东社会科学》2008年第3期。
② 胡波：《地图上的爱国者与强国梦——论孙中山的地图情结》，《广东社会科学》2010年第1期。
③ 王杰：《告别"显学"回归本原——关于拓展孙中山研究的思考》，《广东社会科学》2014年第3期。
④ 桑兵：《提升孙中山研究的取径》，《广东社会科学》2013年第3期。

文献资料是搞好历史研究的坚实基础，尽管孙中山研究方面已出版有大量资料，但仍有极大的开放空间。即便是学者常用的一些文献资料，也存在这样那样的问题。如孔祥吉、村田雄二郎就将冯自由的《中华民国开国前革命史》和《革命逸史》的相关内容进行对比，认为在使用辛亥革命史史料时须"花大功夫，用大气力，做一番原始史料的深入发掘与爬梳考证的工作"。① 大陆学者研究孙中山最常使用的由中华书局上个世纪80年代出版的《孙中山全集》也有一些纰漏，如第一卷第286页收录的给冯自由、李自重的委任状，原件上署的日期是天运岁乙巳年八月十日，标题下编者标的时间是一九〇五年九月八日，显然是从旧历转换为新历。而同一卷第343—344页收录有给宫崎寅藏的委任状，原件上署的时间是天运岁次丁未年九月十三日，标题下编者标的时间是一九〇七年九月十三日。原件上同是干支纪年，为何前者有个新旧历的转换，而后者却没有，出现新旧历为同一个日子的现象？编者没有做出任何说明，不能不令读者不明就里。这两则资料不是事关大局的重要资料，但存在同一本书里，起码说明编者工作上的疏忽。

关于如何搜集整理孙中山的资料，桑兵教授建议扩大资料的收集范围："作为研究孙中山的基础性建设，编辑孙中山本人的文字言论无疑至关重要。可是要恰当全面地理解其言行，还应该广搜群籍，采集与之相关的文字，加以比较参证。所谓相关文字，直接联系者大别为三类，一是各方致孙中山的函电，二是讨论与孙中山相关的各种问题，三是有关孙中山言行及其相关史事的记述。前者取舍较为明确，其次则包括支持、反对和异议的各方面，甚至延伸到孙中山身后，至今不绝。第三项虽然时间限度清楚，空间的边际则相对模糊。尤其是要将孙中山放到历史的整体联系之中，而不仅仅以孙中山为轴串联历史。循着先易后难的途径，由编辑前一项的函电入手，其他则陆续展开。文献汇编之外，还要汇集事实，用前贤长编考异之法，编成大型史事编年。待上述各项工作完成，对于理解孙中山的文本言论行事，孙中山与各方的关系，以及与孙中山相关的各种大事要人，乃至于把握领悟近代以来中国观念文物制度的变化，都将有所裨益，不仅言之有据，而且彼此参证。尤其是可以依据时序综合考察孙中山的所有言行及其与各方的全面关系的发生演化，无论本事还是心路，较由一点一面立论，更易近真且得其头绪。"② 桑兵教授坐言起行，率领其团队先后编撰了《各方致孙中山函电汇编》（10册）、《孙中山史事编年》（12册），为孙中山研究送上大礼。王杰研究员亦指出史料的重要性："随着世

---

① 孔祥吉、村田雄二郎：《辛亥革命史料抉择之困惑——冯自由〈中华民国开国前革命史〉与〈革命逸史〉异议》，《广东社会科学》2012年第1期。
② 桑兵：《提升孙中山研究的取径》，《广东社会科学》2013年第3期。

界各地档案馆、图书馆开放程度的逐步提高,及海量民国报刊的影印再版(部分报刊甚至可以全文检索),为系统发掘孙中山的佚文提供了可能和极大便利。此外,学人应突破旧观念的藩篱,新资料除了分布在各地档案馆和数以百计的中外文报刊中所载的为数不菲的佚作(含著作、演说、谈话、宣言、公牍、文告、题词、杂文等)外,难以数计的其他样态相关史料(如各方致孙中山函电、民国时期学人的研究文章、各报刊对孙中山活动的详细报道及评论、同时代人对孙中山的回忆等)亦颇具学术价值。"①

孙中山研究不但有一个发掘新史料的问题,而且也面临着一个已有史料的新解读问题。比方说,提到华侨与孙中山的关系,不少人想当然地认为孙中山的革命得到华侨大力支持,孙中山对华侨很感激,称赞其为"革命之母"。其实,"华侨乃革命之母"(另说"华侨为革命之母""华侨是革命之母")这一表述是否出自孙中山之口,学界仍有争议。②虽然孙中山言次间确有此层意思的表达,如1916年9月30日,孙中山在上海欢迎从军华侨时称:"前时帝制之破坏,华侨实为一最大之力。"③1921年12月,在美利宾分部党所落成并开恳亲大会训词中说:"我海外同志,昔与文艰苦相共,或输财以充军实,或奋袂而杀国贼,其对革命之奋斗,历十余年如一日,故革命史上,无不有'华侨'二字,以长留于国人之脑海。"④但孙中山同时又有不少对华侨的非议之论。如他在《孙文学说》"有志竟成"一章中回顾当年在美国鼓动华侨参加反清革命时的情况时说:"美洲华侨之风气蔽塞,较檀岛尤甚。故予由太平洋东岸之三藩市登陆,横过美洲大陆,至大西洋东岸之纽约市,沿途所过多处,或留数日,或十余日,所至皆说以祖国危亡,清政腐败,非从民族根本改革,无以救亡;而改革之任,人人有责。然而劝者谆谆,听者终归藐藐,其欢迎革命主义者,每埠不过数人或十余人而已。""当予之在美洲鼓吹革命也,洪门之人,初亦不明吾旨。予乃反而叩之反清复明何为者,彼众多不能答也。"⑤讲到日本华侨,孙中山说:"日本有华侨万余人,然其风气之锢塞、闻革命而生畏者,则与他处华侨无异也。吾党同人有往返于横滨、神户之间鼓吹革命主义者,数年之中而慕义来归者,不过百数十人而已。以日本华侨之数较之,不及百分之一也。向海外华侨之传

---

① 王杰:《告别"显学"回归本原——关于拓展孙中山研究的思考》,《广东社会科学》2014年第3期。
② "华侨是革命之母"最早可能是出现在张永福的《南洋与创立民国》中,极可能是张氏根据孙中山对华侨评价的话语演绎出来的,所以他在这句话后又加了这样的解释:"他不过是勉力我们华侨,使华侨继续奋斗,完成革命的使命。这是真的。我们不要误会他说我们是革命之母,就居然以革命之母自豪,这样就大错特错了。"(张永福:《南洋与创立民国》,1933年版,第1页。)
③ 《孙中山全集》第3卷,第374页。
④ 《孙中山全集》第6卷,第52页。
⑤ 《孙中山全集》第6卷,第231页。

播革命主义也,其难困已如此,而欲向内地以传布,其难更可知矣。"① 如何全面地把握史料,正确评价孙中山与华侨的关系、孙中山对华侨的认识,仍是一个值得深入探讨的问题。

还比如,如何认识孙中山与庚戌广州新军起义的关系问题。说起这次起义,有不少人归之于孙中山名下,说他领导了该次起义。笼而统之地讲,此说亦能成立,因为毕竟起义的直接指挥者倪映典是同盟会南方支部成员,是在南方支部的指派下从事新军策反工作的,起义计划也是与南方支部的领导人胡汉民、黄兴、赵声等共同商定的,而南方支部是在孙中山的推动下成立的,主要任务就是运动新军、巡防营以及会党等,并且孙中山是同盟会的最高领导人,把倪映典的具体活动说成是孙中山领导的,从某种程度上讲,也是有一定道理的。但仔细深究,却可能会发现此次起义与孙中山关系不大。因为孙中山本人就认为该次起义并不是他直接领导的。他在《孙文学说》"有志竟成"一章中,回顾了民国成立前他投身革命推翻清王朝的历程,其中讲到为后人所熟知的10次起义,即乙未广州起义、庚子惠州起义、丁未黄冈起义、丁未惠州七女湖起义、丁未钦廉起义、丁未镇南关起义、戊申钦廉上思起义、戊申河口起义、庚戌广州新军起义、辛亥广州黄花岗起义。这里有一个往往被人忽略的小环节,即在叙述前八次起义时,孙中山使用的是"予第某次之失败",而在叙述庚戌广州新军起义时,他却改称"吾党第九次之失败也"(后来的黄花岗起义也称之为"吾党第十次之失败也")。这里的"予"字与"吾党",究竟是作者的无心之笔,指同一意思,"予"即"吾党","吾党"即"予",两者不分彼此,还是作者落笔时另有考虑,有意为之,以示区别?笔者认为是后者。具体理由如下:因为《孙文学说》是孙中山阐述革命建设思想的重要著述,孙本人对此非常重视,初稿完成后,进行了反复修改,可以说是字斟句酌,措辞用语相当谨慎。之所以没有接续上文继续用"予"字,是因为孙中山自己很清楚,他自己在起义中并没有起到多大作用,不敢贪天之功为己有。同时亦说明了孙中山的谦谨。

关于孙中山研究未来的前景,桑兵教授如是瞻望:"可以预期,在辛亥革命与孙中山研究经过乍暖还寒的过山车后,将逐渐步入学术的常态。一些学者将如前辈学者所希望的,以转治其他领域方向所得之视野、经验、取径、做法,回治辛亥革命与孙中山研究。随着进入门槛的提高,曾经一拥而上的热闹应当不复发生,而纷纷弃之而去的冷清也未必再现,代之而起的,或许有少数学者以此为专攻,另有一批学人则是兼顾。其取径与办法,无外乎强化语言和辅助学科的工具训练,打通各种文字的书刊报档新旧资料,整体之下研究具体,将所研治的具体人事置于整体联

---

① 《孙中山全集》第6卷,第233页。

系之中,并用心揣摩移植中古研究大家的治学良法于史料极大丰富的近代。所得成果,不是一己私见的主观,而是八面受敌的通贯,既呈现史事本相和前人本意,又于叙述中显其见识。摆脱今是而昨非的循环,进人积沙而上的常轨。"①

对于如何吸引年轻学人投身孙中山研究,桑兵教授建议:"要想吸引新进对此产生研究兴趣,消除畏难情绪,揭开障目之叶,还有待于浸淫多年的老师度以金针,教以精耕细作的良法,不要迷信以新材料发现新问题,动手动脚找东西,以为发现尘封已久、鲜为人知的人事或揭秘才是治史的大道正途;不要以为必须毫无限制、随心所欲才能深化,目前已有的空间已经相当广阔,认识表浅主要还是学术研究本身不得法所造成。近代史料极大丰富,一味开疆拓土,形同家有金山而沿门托钵,所得充其量不过是大杂烩层面的结果。成群结队探秘求奇的自娱自乐,或许还不如寂静孤往的摸高探深,于学术发展更具贡献。"②

《广东社会科学》将一如既往支持孙中山研究,期待有更多孙中山研究的优秀成果在这个平台上展示。本刊愿与学界共同努力,推动孙中山研究持续健康发展。

(作者单位:广东省社会科学院历史与孙中山研究所)

---

① 桑兵:《两岸辛亥革命与孙中山研究交流的回顾与展望》,《广东社会科学》2016 年第 3 期。
② 桑兵:《两岸辛亥革命与孙中山研究交流的回顾与展望》,《广东社会科学》2016 年第 3 期。

《孙中山全集续编》参编札记

李吉奎

《孙中山全集续编》（以下简称《续编》）全书五卷已经出版，中华书局近代史编辑室的同志，以我曾参加《孙中山全集》（以下简称《全集》）编辑，又参与《续编》编务，定有所感，建议我写一些印象记。我和张文苑同志承担的，仅是1913—1919年部分，所以谈编后印象，也只能就这一时段而言；涉及前、后部分，就只能说是读后感，所言可能不尽妥当，姑妄言之而已。

进入新世纪以来，孙中山研究已经很难说是什么"显学"了。不过，在上海、北京、广东等地，有不少学者和从业人员仍然在积极从事资料整理、编纂和研究工作，而且做出了不俗的成绩。上海市孙中山宋庆龄文物管理委员会、上海宋庆龄研究会坚持每月出版《孙中山宋庆龄研究动态》。长编巨著，则有中山大学孙中山研究所桑兵教授的团队，在2012年由社会科学文献出版社出版了十卷本约四百八十万字的《各方致孙中山函电汇编》；今年（2017），又由中华书局出版了国家社会科学基金重大项目成果《孙中山史事编年》全十二卷，五百五十余万字，百余年来孙中山年谱系列，无出其右者，令人叹为观止。全集方面，北京中国社科院近代史所以尚明轩先生为首的团队，获得国家出版基金立项的支持，由人民出版社于2016年出版了全新版的《孙中山全集》，为十五卷一千万字。广东省社科院孙中山研究所的黄彦先生，获地方政府的财政支持，立项以后，集结院内外力量，穷二十年之功，编为《孙文全集》二十卷，都一千二百万言，将由广东人民出版社出版，或谓此乃目前一套资料收集最齐全、考订最严密的孙中山全集。尚、黄二书，与台版《国父全集》（含补编）一样，都是类编。类编这种载体，对专业研究者而言，比较省事；但对并不十分熟悉孙中山研究的人来说，必先知篇名而后于各卷之中查找所需，或将一事分置于两处，则未免使人感觉支离、不便。

有关《全集》和《续编》的编辑过程，陈铮先生的《〈孙中山全集〉出版始末忆述》和李闻辛、张玉亮二先生的《〈孙中山全集续编〉的编辑过程——兼谈〈孙中山全集〉的修订》两文，已详为记述。中山大学孙中山研究所接手原由三家编辑的《孙中山全集》任续编工作，传说已久，到 2012 年 11 月中华书局近代史编辑室欧阳红主任等几位来中大，才正式敲定。到 2015 年 8 月书稿邮出，历时几及三年。不久，排好的书稿及审读意见退回，我对自己承担的部分，做了一些修订。但书稿内文与《全集》有无重复、所收有无遗漏需要补充（或删除），虽审读意见未尝言及，我并无把握，于是邀请张文苑同志合作。她认真负责，查出内文确有重复，也补充了多件材料，订正了个别误植的文字，并查对了全书体例。所以，全稿 1913—1919 年部分，实际是合作完成的。邱捷先生的合作者李兴国同志，现在广州孙中山大元帅府纪念馆工作，是中大历史学系毕业生，今仍在我系读博士学位。林家有先生和周兴樑先生，均是独立完成自己所承担的部分。全书编辑，发扬本系传统，在中山大学历史学系领导下进行，使编务得以顺利完成。

《全集》收文按时间排序，不能精确系月者系于本年之末，不能精确系日者系于本月之末，知道大体年代，查找不难。萧规曹随，《续编》之纂修，依例操作，省去分类成编的困扰，诚省时省事便利读者之举。至对全书的审读意见，皆尽力执行。《全集》十一卷，近五百万字，《续编》一百八十余万字，合并约七百万字。与尚明轩版《孙中山全集》和黄彦版《孙文全集》相较，所差数百万字，差在何处，读者见书之后，自不难分晓。

《全集》成书于 1981—1986 年间，当时虽在报章杂志书籍间及若干档案馆中可以不断发现新资料，但许多境外书刊未易征引，且保存于公私收藏者（如档案、图书馆或个人）手中的文章函牍，亦不轻易公示，故可见资料，极为有限。迨入九十年代后，不惟报刊书籍资料日繁，即东、西文书籍、档案可用者亦有无穷之势，对《全集》作续编，条件已备。今见录于《续编》各卷中者，可资说明。当然，号称"全集"者难言"集全"，这是编书者的共识。"续"之与"补"，其义亦不尽同，除"补"之外，实有延续、新建之义。《全集》与《续编》体量比例约为 5 比 2，若仅为"补"，则未免视之过浅。以下数端，或可概见此义。

（一）编辑"全集"，其义在"全"。所收文献，只要判明不属赝品，即应考虑收录。作为资料，读者（或使用者）有权"求全责备"，而编者义务，则是不作选择性对待，更无权删繁就简，如三秋之树。故《续编》对新出新见文献，避免偏颇，尽力收录，使之能以丰赡资料提供给使用者。此为编辑信守之原则。

（二）孙中山是造反派、职业革命家，是站在时代潮头的领航人，其立身处事，常有轶于常人者，固不可以凡夫俗子视之。《续编》参与诸人，多数曾参与《全集》编辑，以三十余年"孙学"研究，深识孙中山之所以为孙中山。《续编》收录了几件过去鲜为人知或颇存争议的资料。例如，①1895年3月1日和4月17日在中日甲午战争进行之际孙中山会见日本驻香港领事中川恒次郎，告以起义计划，寻求军械援助和"声援"，这个谈话记录，是孙中山为反清起义第一次寻求外国支持。②第一卷收录了孙中山在南京临时大总统任上，1912年2月3日、6日与日本三井财团的代表森恪、益田孝的谈话、电报，即所谓"满洲借款"谈判的实录。③如果将《续编》第二卷所收1914年11月孙中山与日本军部巨头上原勇作的谈话与同卷所收1915年3月14日致小池张造函及所附《盟约草案》两相对照，就不会对该函与"密约"的出现感到不可理解了。④1921年1月17日，孙中山与美国商人萨恩克签订了一亿美元的贷款合同，规定提供的"种种实业，系无限制者"，这个合同的签订，引起北京政府的严重关切与对美交涉。类似这些有关国家权益的承诺，非仅一时一事，收录这些文献，尤显孙中山从事革命之艰辛。

另有一些文献，虽然已广为人知，但此前的收录者可能考虑到他种原因，所收并不完整，此次《续编》重新收录完整版本。如①第三卷所收1922年6月12日孙对新闻记者的讲话，《全集》系取《陈炯明叛国史》一书中的"节录"本，而《续编》则从上海《申报》所刊全文收录，以见全豹。②《全集》第八卷所收1923年11月29日《批邓泽如等的上书》，仅收录孙中山的批示，对邓泽如等人的上书内容完全略去，省去被批示的内容，到底邓泽如等人说了些什么，读者满头雾水。而《续编》的处理方式则有不同。孙之批示原来写在该函天头，《续编》用小字体收录邓函全文，将孙的批示移入函中各该处，使读者知孙所批之针对性。当然，孙中山的批示为数甚多，若皆照录来函（或呈文），不知凡几。故多数地方还是仅收批示，未录来函。③1924年1月23日下午为国民党"一大"通过宣言的时刻，但在是日上午，孙中山派人招来苏联顾问鲍罗廷，表示要取消"宣言"，而以《建国大纲》代之。"宣言"为莫斯科所批准，若予以取消，则不但此次代表大会毫无意义，即鲍罗廷亦无法向莫斯科交代。故鲍用尽一切办法，说服孙中山，终于使得将"宣言"交代表大会讨论、通过。有关此事，仅在鲍的笔记中记述，中方文献，了无痕迹。中文资料，最早见之于苏联军事顾问切列潘诺夫所著《中国国民革命军的北伐》一书（1981年中国社会科学出版社版），《全集》未予收录。此次《续编》据中共中央党史研究室第一研究部译编《联共（布）、共产国际与中国国民革命运动（1920—1925）》（1997年北京图书馆出版社版）第四部分"国民党改组及其初步成果"之鲍罗廷的札记和通信收录。而切列潘诺夫的转引，作为附录收入。如此重大之事，若弃之不顾，殊非研究真实孙中山之道。至于孙中山为何要取消"宣言"及其后续动作，则是研究者们的事了。④1924年8月21日国民党中央根据一届二中全会通过的《关于国民党内之共产派问题的决议案》，形成并公布《国民党中央执委会关于党内共产派问题之训令》，此训令先刊于《中国国民党周刊》（第40期，1924年9月18日），随后在广州《民国日报》（1924年9月24、27、29日）连载。它之所以十分重要，是因为它强调了两党合作，国民党内的跨党成员"不容有党团作用"问题［可参阅前揭《联共（布）、共产国际与中国国民革命运动（1920—1925）》一书的若干部分］。此文《全集》缺收，《续编》予以收录，并将后出之《革命文献》（第十六辑）版作为同题异文一并载出。此类《全集》编辑时已问世却未收而由《续编》收录者尚有多件，本文未拟逐一指出。

（三）《续编》的编辑同仁，限于实际条件，未能到境外广事搜集材料，各卷所收，除小部分由热心朋友提供刊用外，基本上是从报刊、书籍上爬梳所得。凡此，均在资料征引处注明。作为编者，感到各卷所收资料，有一个共同点是，有几组资料，收入时较为系统，大体上能反映该件事的原委，较《全集》为优。例如，①第一卷收录了余定邦所撰《一九〇三年孙中山在曼谷的活动——读泰国国家档案馆藏有关孙中山一九〇三年访问曼谷的资料》一文中的几则资料，补充了孙中山在南洋活动的重要史事。②第一卷还系统收录了一组孙中山1913年3月访日及此后与涩泽荣一等人谈判设立"中国兴业公司"的资料，此事至1913年8月"二次革命"失败亡命日本之后才结束。③历来的说法是（根据孙的自述），"宋案"发生后，孙中山从日本回到国内，即力主对袁武力解决，而黄兴则坚持法律解决。（见《全集》第3卷第87页，1914年5月29日《复黄兴函》）但是，这种说法是不准确的。《续编》收录了一组孙中山在1913年3月25日由日本归沪后至"二次革命"爆发前与日本驻沪总领事有吉明的谈话、有吉报告外务省的记录，这组材料远比《全集》更准确地反映了"二次革命"爆发前孙的态度变化。宋案发生于1913年3月20日，《续编》收孙中山3月25日在归来当日对外称"以法律为准绳"；28日与有吉明谈话谓，"坚决采取光明正大的手段，在议会上弹劾袁世凯"，但如果袁世凯用武力对付议员，"我方也用武力对抗，南方已有这一决心"，可见28日孙已有武力主张，但仍犹豫不定。至3月31日与孙谈话后，有吉判断"孙文此时已主张武力讨袁"。《续编》所收为当时谈话，《全集》所收仅为孙氏日后追述，《续编》当是更准确。④当《全集》出版时，俞辛焞、王振锁先生编译的《孙中山在日活动密录（1913.8—1916.4）》（即日本外务省档案）以及其他日文公私文书，尚未翻译刊布，《全集》无法收录。《续编》利用汉译日本资料，较为完整地展示了孙中山组织中华革命党在日本谋划"三次革命"反袁的种种言行。⑤1922年4月上旬开始，孙中山与陈炯明关系迅速恶化，迄6月12日止，《全集》所收录涉陈者不过7篇，而《续编》所收录者为12篇（含与《全集》同题异文者三篇）。《全集》与《续编》两书资料合在一起，大体上可完整反映出孙陈决裂之由来。⑥1922年"六一六"陈炯明部兵变，是改变近代中国历史发展走向的重大事件。自兵变至次年1月26日《孙文越飞宣言》发表，《全集》所收录涉及莫斯科［共产国际、联共（布）、苏俄政府］有关人士者仅两件，其中除"宣言"外，另一件是1922年9月29日《对联俄联德外交密函的辨正》。可以说，从《全集》完全看不出孙中山"联俄"外交的形成过程。然而，《续编》得益于新资料的出现，编者将孙中山与达林、齐契林、马林、越飞、李大钊、格克尔、列宁等的谈话、通信、宣言等十一篇文字材料收录，从中可以清楚地看出孙中山"联俄"外交是"六一六"兵变的结果，随之而来的联共政策的形成，这便是1922年以来国共关系的起点。与之相关，当共产国际结束了它与吴佩孚的关系后，莫斯科方面也完全放弃了对陈炯明的联络。它在华南地区，便专注于孙中山了。在后续部分，如国民党"一大"、商团事件等，《续编》都利用了各方资料，较系统地形成一组组史料，展现孙中山其时的主张与举措，以及各该史事的全过程。

（四）《全集》凡例中，对同一演说、谈话的原始记录如达两种以上，而内容文字出入较大并各具特色者，则选用其中较完整者为主文，其余附载于后。这种设定，从第一卷开始，称之为"同题异文"。《续编》基本上仍循《全集》编例，值得注意的是，《续编》所收录的正文，有属于《全集》某篇的"同题异文"；而该文，亦有其"同题异文"，"异文"且有多至三篇者。此是当时不同来源的记录，除非有本人发表的正式署名文字，否则不同记录者记录角度不同、取舍不同，照收更能全面反映该演说或谈话本身的内容、当时记录者的判断与所取立场及受众接受的信息。资料编纂，是供研究用的，只要不是伪件，多一点比少一点好。

现在，较为完备的孙中山全集，有五个版本：台北中国国民党党史会版《国父全集》、北京中华书局版《孙中山全集》、台北秦孝仪版《国父全集》、北京尚明轩版《孙中山全集》与广东黄彦版《孙文全集》（待出版）。它们为国内外学术界研究孙中山和中国近代历史提供了丰富的资料，其中固然有不少重叠之处，但无疑是各有千秋。北京中华书局《孙中山全集》十一卷本出来后，三十余年间曾在大陆独领风骚。今《孙中山全集续编》刊世，尺有所短，寸有所长，是弹是赞，作为编者，都愿持谦卑的态度，等待读者的反应。

（作者单位：中山大学历史学系）

《孙中山史事编年》参编札记

张文苑

孙中山三次在广东建立政权，1917—1918 年的中华民国军政府大元帅府是他第一次尝试建立政权和成立自己的军队，虽然因自身实力较弱、各种势力错综复杂，最后于 1918 年 5 月辞去大元帅一职，"蛰伏"上海，潜心著述，此时段之重要毋庸置疑。笔者于 2012 年秋季开始参与桑兵教授主持的"孙中山史事编年"项目，负责其中 1918 年部分，最终出版时与 1919 年部分合为《孙中山史事编年》第六卷。第一次参加集众式的研究，在桑兵教授的指导下，与团队同人互相学习，与中华书局的编辑也有诸多互动，获益良多，谨就此谈一些收获和感想。

一、集众研究的成果

自 2012 年秋季团队组建，确定彼此负责时段后，主编桑兵教授与中华书局很早就定下明确的分段交稿时间，从而保证了项目的顺利进行和及时完成。具体交稿的时间点为：2013 年 6 月交一个月的试写稿；2013 年 12 月交全部初稿；2014 年 6 月交修改稿；2014 年 12 月交第一次定稿；2015 年 6 月 30 日交第二次定稿；2015 年 12 月 31 日交第三次定稿。这个时间是无变更余地的，一定要执行。同时，桑老师提供他尚未发表的《人物研究的取法》一文给大家参考，笔者由此一方面加深对"孙中山研究绝非已经达到可以束之高阁的程度"这一判断的认识，坚定能够做出好成绩的决心；另一方面，从开始即学习利用长编考异之法，汇集、排比、考异各方面史料，"将孙中山放到历史的整体联系之中，而不仅仅以孙中山为轴串联历史"，将理解孙中山的言行与认识近代中国的各种面相结合起来，努力做出一部好的孙中山研究著作。

在三年多的时间里，团队同人及中华书局编辑利用 QQ 群、微信群、邮件，随时沟通，必要时召开全体会议，讨论史料、方法、体例及各自碰到的疑难问题。重新翻阅当时的邮件，从2013年1月10日起至2016年5月，桑老师一共发了数十封的邮件，其中包括重要通告二十几封，召开近十次会议，督促众人：1. 要尽可能将日记、函电、文集、档案、报刊等各种类型的资料竭泽而渔，不要遗漏；2. 要尽可能将近二十余年的已有相关成果吸收、参考，不要出现已经纠正或补充却仍然沿用成说的情形，这是确保超越前人的前提；3. 对于长编考异的做法，要不断揣摩领会，不要仅仅罗列材料，要注意不要受后出外来观念的约束，尽力近真并得其头绪。因为是集众式的研究，作者多达十人以上，文字叙述的风格，体例的前后一致问题，也一再被强调。

2014年底，各卷初稿提交给主编审阅，2015年9月将定稿提交给中华书局，2016年5月由中华书局提交有关部门备案。期间邮件往来，线上讨论不断。本人多次在许可的范围内修改校样，给编辑造成不少困扰，在此非常感谢中华书局编辑的耐心包容、辛苦付出和专业素养。2016年10月底审稿意见返回，同时编辑也再次提出对全稿的校改意见，团队同人开始新一轮的书稿修订。2017年3月中旬中华书局编辑团队来到中大，与所有作者一起召开统稿会。数日埋头苦战后，书局的同志北返，又立即开始对征引文献、主要人名索引进行庞大、繁琐而紧张的梳理工作，付出了巨大的劳动。《孙中山史事编年》历时整整五年，全书稿修改至六七次，直到2017年7月全书付印，众人的工作终于告一段落。

二、史料考订与史事扩充

笔者第一次参加集众式研究，限于学力，桑兵教授分配给我的是1918年全年的篇幅，于是以本系先进编著的《孙中山全集》《孙中山年谱长编》《各方致孙中山函电汇编》等为基础，广泛搜集既有研究成果、出版史料，同时翻阅当时各大报纸，收集相关报道，并于2015年1月底与团队同人赴北京中国社会科学院近代史研究所，翻阅环龙路档案，最终排比校勘，"寻绎来源不一、去向各异的各种说法的发生及其衍化"（《孙中山史事编年》第1卷《提升孙中山研究的取径》第5页），根据具体问题灵活运用各种考异方法，梳理史事，将《孙中山年谱长编》中1918年时段两万多字的篇幅扩充成目前出版的约三十万字篇幅。资料的扩充，在于利用了三大块前人难以利用的丰富史料：一是中大历史学系与图书馆近十年来共建的近代报刊电子资源库；二是中大图书馆购买的各种数据库，研究者在中大历史学系即可翻阅大部分所需报刊；三是中国社会科学院近代史研究所引进的台北国民党党史馆藏环龙路档案史料。可以说，《孙中山史事编年》对史料、史事的订正和扩充都做到了超越前人。以下略述本人负责部分相关情况。

（一）订正基本史料

1. 各种版本的《国父全集》和《国父年谱》，可以算是研究孙中山的最基础的史料，而其来源则是最早的档案史料如党史会藏"原件""覆信撮要""总理函稿"等。使用者需要注意的是《国父全集》的两个版本：台北中国国民党党史会版和秦孝仪版。党史会版《国父全集》有两个版本，一个是 1973 年全 6 册版，一个是 1981 年全 7 册版；以后虽有新的印次，但版面都没有变化；1985 年还出版了《国父全集补编》。秦孝仪版《国父全集》全 12 册，1989 年出版，收录了党史会版的《国父全集》和《国父全集补编》的内容。中华书局版《孙中山全集》收录了党史会版和秦孝仪版的《国父全集》中的资料，但注释中未加区别，统称为《国父全集》。《孙中山史事编年》撰写过程中，利用了两版《国父全集》史料的重要来源环龙路档案，在两方面有所进益：一是得以利用最原始的档案，参以前人的编撰成果，对某些史料进行进一步的考订；二是编年以时间为轴，可以考察前后历史事件及人物，对两版《国父全集》以类编而导致的一些错讹，加以更正。

如 1973 年党史会版《国父全集》第四册"公牍"收录之《批陈春生函》，据《国父批牍墨迹》注释谓"陈函原件已失，仅存信封，年月不明"，认定当在 1919 年至 1920 年间，为各家文集及研究者所沿用。对"陈春生"名字向无疑意，但所谓"陈春生函"仅存署"港 陈缄"的信封，此批示直接题写在该信封上，现未知《国父批牍墨迹》《国父墨迹》编者据何而认定是香港报人陈春生来函。此次检阅环龙路档案，即有所收获：此函当是香山籍港商陈赓如来函，环龙路档案收录 1918 年 8 月、9 月 23 日、11 月 12 日陈赓如三封来函（环龙路档案第 03090.1 号、第 03090.2 号、第 01608 号），明确提到上述《批陈春生函》中的筑路一事，故《批陈春生函》应为《批陈赓如函》。再联系秦孝仪版《国父全集》第五册收录之《致孙科告以近况及所需款项已托廖仲恺代筹函》，即可定此被误为陈春生实为陈赓如来函的时间当在 1918 年 6 月底至 7 月上旬之间（《孙中山史事编年》第 6 卷第 3140 页）。

2. 通过各种史料比勘、根据史实考订文本，尤其是编年体裁对时间先后的敏感，对《国父全集》《国父年谱》《革命文献》《孙中山全集》及《军政府公报》、环龙路档案等基础资料性文献里日期、人名、句读等的考订、订正不少。

如《复林祖涵函》，《孙中山全集》第四卷沿用党史会版《国父全集》第三册，定为 1918 年 12 月 23 日，而撰写《孙中山史事编年》时以时间为序，即可发现其事不可能发生于 1918 年，后得环龙路档案中林祖涵来函原件，得以更正为 1919 年事（《孙中山史事编年》第 6 卷第 3521 页）。《致张学济等函》，《孙中山全集》第 4 卷沿用《国父全集》第三册,定为1918年11月25日,该函件实际只署月日,据相关历史事件发生之时间,考订其应为1919年事(《孙中山史事编年》第6卷第3515页)。又如1918年1月19日《复唐继尧电》,《孙中山全集》第4卷据《军政府公报》定为本日,而后来的《孙中山集外集》又据上海《民国日报》登载日期误定为3月19日(《孙中山史事编年》第6卷第2867页)。还有用往来信函及报刊材料互证,考订某些日期不明的函件,如1918年1月26日田应诏等人来电,即用孙中山2月4日复电校订其日期(《孙中山史事编年》第6卷第2886页)。

第六卷著述中诸如此类订正厘清,约有百条,兹不一一罗列。

(二)厘清史事,充实内容

用后出资料,如大量报刊及环龙路档案、日记(如《谢持日记未刊稿》)等,厘清、补正史事,丰富历史细节,充实内容。如之前研究少有提及的1918年前后张勋侄儿南下广州情况以及1919年初席正铭与段祺瑞接触之事,可补充孙中山当时与各方关系的纠葛,进而扩充当时南北各派之间的各种游说、谈判、利益勾连,体现历史现场的复杂性。又如结合西南方面的史料如《护法运动》、云南档案馆档案、《李烈钧文集》以及当时的报刊报道,按时间排比列出孙中山与程璧光、唐继尧、陆荣廷、熊克武、莫荣新等西南军人及西南各派彼此间的来往,力图澄清某些国民党人后来回忆中出现的记忆有误或有意拔高、讳饰而与史事不符的情况,不只以孙中山和国民党之是非为是非,而是力图展现当时各路势力在舆论、军事、政治方面的言论主张和实际行动,以及各自在粤、闽、湘、川、滇等护法省份的复杂斗争与彼此之间的合纵连横,对护法各省联合会及军政府改组过程中各派的主张及彼此联络斗争,都有更加详细的反映。孙中山与海军程璧光、国会吴景濂等人的关系,也利用更多各方面资料加以补充丰富,反映孙中山及国民党对后者的复杂态度及各种手段。

利用报刊、日记、档案等资料,更加丰富论述了孙中山在军政府时期为加强力量而进行的军事、外交、内政方面各种举措,以及由此一度产生的认为胜券在握的心情,如支持居正等人在广州试行的司法独立改革,争取外国承认而在美日之间斡旋的举动、言论。同时也揭示了当时日本朝野对中国事务的图谋,插手中国南北和议过程中对孙中山及其他国民党人的不同态度,以及国民党人在南北和议一事上的不同主张。又如利用报刊及档案资料,补充了孙中山辞去大元帅职后所谓"蛰伏"上海的期间,他与部下进行的各种军事布置和活动,可见在致力于著述《实业计划》《孙文学说》的同时,亦并未中断对各地军事行动的谋划。

还有排列各主要报纸对某些重要事件的报道,生动展现历史现场,反映当时人对时事的不同看法，更加展现出历史的多面相，如1918年1月7日条各报对孙中山炮轰督军府的报道，里面有各种讨论和猜测，亦可见各报消息灵通程度及各自的倾向（《孙中山史事编年》第6卷第2837—2839页）。当然，由于资料的缺失或各方报道的差异，有关孙中山言行存疑之处仍有不少，如孙中山1918年六七月间入住上海莫利爱路二十九号住宅的具体时间以及该住宅的来历等问题，都尽量用各方史料考证，不能确定的则存疑。

（三）从一个时段考察孙中山言行的复杂性

第六卷为1918—1919年，比起以往研究如《孙中山年谱长编》（1918—1919年共130页），充实了相当的篇幅（本卷共715页）。从中可见孙中山在与各方积极接洽联络后，1918年上半年一度对军政府前途乐观，对召开国会从而成立正式的南方政权颇有信心；受挫"蛰伏"上海期间，在致力著述的同时并未中断对各地军事行动的谋划和指挥；护法期间与张勋、段祺瑞等方面的接触，与美国、日本朝野的交往喊话。种种行动，表明在其革命过程中，孙中山从实际需要出发，与中外敌我多方势力发生各种联系；不管其目的是否达到，本卷将其为革命目的而做的各种努力一一客观、尽量全面体现，并将相关各方的反应、行为同时展现，从中揭示孙中山的本来地位与作用，读者可从中体会历史的复杂与丰富。

三、收获和不足

《孙中山史事编年》作为2013年度国家社科基金重大项目，于2017年付梓而告圆满结束。得以参加如此重大而有意义的项目，笔者深感荣幸。得益于《孙中山史事编年》的训练，本人在李吉奎老师的带领下，参加了《孙中山全集续编》的部分编撰工作，对两书的编撰互有裨益，个人也受益良多。参与两书的撰写，深刻体会到孙中山在中国近代史上的重要地位，他对中国实现民主、建设近代化国家的长远目光，不愧为近代中国的杰出领袖人物。

长编考异通过比较不同的史料以近真，并得其头绪。笔者深感撰述中，虽在追求近真方面着力较大，尽量扩展史料，力求反映相关各方言行，将孙中山放在一个社会的整体中考察，然而对史事背后的脉络、个人言行的社会背景乃至社会观念和体制的变化把握不够，如孙中山思想政见与同时代各种思想主义之间的关系，又如孙中山的思想言行中，哪些部分为宗旨，哪些时候又是权谋、权宜，或者不同报刊的政治背景对其报道的影响，种种"头绪"，并未做到贯通。这固是本人仅负责1918年一年时段有关，更主要是自己学识有限，有待进一步的学习与提升，这也是参与《孙中山史事编年》带来的收获。

由于学力有不逮,阅读不够全面,史实方面错误仍有存在。《孙中山史事编年》出版不久,即蒙上海孙中山故居纪念馆的朋友热情告知,该馆藏有1918年7月26日《致孙科函》(《孙中山史事编年》第6卷第3138页)中所提及的 Cell Intelligence, the Cause of Evolution 一书,一般的翻译是《细胞的智能——进化的动力》,作者为 Quevli Nels(圭哇里)。《孙中山史事编年》作为集众式研究,各位同人负责不同时段,虽然尽量彼此沟通,还是会有重复或错置。如《国父全集》第3册"函电"收录有1918年12月23日《复陈炯明奖勉在闽措施函》,虽然当时已有疑问,因陈炯明本人1918年12月9日亲自到上海(《孙中山史事编年》第6卷第3237页),完全可以自行上门拜会而无需托人转交信函及礼物;但无法确定,因函中有"此时专期实业计画有所著述",此与孙中山当时在撰述《实业计划》相符,提及与李厚基议和事亦符合当时陈炯明粤军动态,故虽该函落款仅有月日,仍照《国父全集》所定年份予以引用(《孙中山史事编年》第6卷第3254页);然而后来才发现《国父全集》第4册"公牍"收录的1919年12月5日《批陈炯明来函》,《革命文献》第51辑收录的落款时间为1919年12月5日的《陈炯明报告李厚基变卦不足与谋上国父函》(《孙中山史事编年》第6卷第3525页),排比三者,即一目了然:先是陈炯明1919年12月5日来函,接函后孙中山在其上批示(1919年12月5日的《批陈炯明来函》),然后是12月23日由秘书照批示拟复的《复陈炯明奖勉在闽措施函》。其他不足、错漏应仍有不少,愿读者不吝指正,待有改正之时。

(作者单位:中山大学历史学系)

征 稿 启 事

遵循孙中山基金会"推动孙中山学术研究,弘扬孙中山热爱祖国、振兴中华的伟大精神,促进中国繁荣统一和增进国际和平友好"的宗旨,本会决定编辑出版《孙中山研究》丛刊,作为"孙中山基金会丛书"的一种。本丛刊不定期刊行,原则上每年出版一辑。

敬邀国内外专家、学者、在校研究生等各界人士提供关于孙中山的生平事功及反映其政治、经济、社会、文化等思想的研究成果,与孙中山相关的人物、事件,国外高水平的孙中山研究成果的译文,孙中山相关资料等稿件。文章一经采用,即付稿酬。

引文请作页下注,按《近代史研究》规范,详细注明编著者、书名(册数)、出版地、出版者、年份、第几页等信息。来稿除邮寄一份纸质文本外,请同时发送电子版至本刊邮箱(sunysxs@163.com)。谢谢合作。

欢迎踊跃投稿,盼予鼎力支持。

孙中山基金会学术研究与文化交流委员会
2018 年 3 月